Kohlhammer

Die Autoren

Prof. Dr. Mona-Sabine Meis lehrt seit 2005 an der Hochschule Niederrhein am Fachbereich Sozialwesen. Ihre Schwerpunkte sind künstlerisch-ästhetische Methoden in sozialen und pädagogischen Arbeitsfeldern. Auf der Basis ihrer Erfahrungen als zertifizierte Yogalehrerin und ihrer Zusatzqualifikationen in unterschiedlichen therapeutischen Feldern (Kunst-, Klang-, Trance-, Körpertherapie und Theaterpädagogik) lehrt, forscht und publiziert sie außerdem zu den Themengebieten Kommunikation, Selbsterfahrung, Traumapädagogik, interkulturelle und transgenerative Projekte. Vor ihrer Berufung an die Hochschule war sie als Studiendirektorin, in der Erwachsenenbildung und in interaktiven künstlerischen Projekten tätig.

Prof. Dr. Georg-Achim Mies war bis 2008 Hochschullehrer am Fachbereich Sozialwesen der Hochschule Niederrhein in Mönchengladbach, wo er auf dem Gebiet der Theater- und Interaktionspädagogik unterrichtete. Während seiner Laufbahn hat Prof. Dr. Georg-Achim Mies zahlreiche „klassische", „moderne" und „verrückte" Theaterprojekte mit Studierenden „drinnen und draußen" initiiert. Außerdem war er als Regisseur und Dramaturg an verschiedenen deutschen Theatern, Musiktheatern und auch als Dramaturg für Konzertzyklen tätig.

Mona-Sabine Meis/Georg-Achim Mies (Hrsg.)

Künstlerisch-ästhetische Methoden in der Sozialen Arbeit

Kunst, Musik, Theater, Tanz und digitale Medien

2., aktualisierte Auflage

Verlag W. Kohlhammer

Dieses Werk einschließlich aller seiner Teile ist urheberrechtlich geschützt. Jede Verwendung außerhalb der engen Grenzen des Urheberrechts ist ohne Zustimmung des Verlags unzulässig und strafbar. Das gilt insbesondere für Vervielfältigungen, Übersetzungen, Mikroverfilmungen und für die Einspeicherung und Verarbeitung in elektronischen Systemen.

Die Wiedergabe von Warenbezeichnungen, Handelsnamen und sonstigen Kennzeichen in diesem Buch berechtigt nicht zu der Annahme, dass diese von jedermann frei benutzt werden dürfen. Vielmehr kann es sich auch dann um eingetragene Warenzeichen oder sonstige geschützte Kennzeichen handeln, wenn sie nicht eigens als solche gekennzeichnet sind.

Es konnten nicht alle Rechtsinhaber von Abbildungen ermittelt werden. Sollte dem Verlag gegenüber der Nachweis der Rechtsinhaberschaft geführt werden, wird das branchenübliche Honorar nachträglich gezahlt.

2., aktualisierte Auflage 2018

Alle Rechte vorbehalten
© W. Kohlhammer GmbH, Stuttgart
Gesamtherstellung: W. Kohlhammer GmbH, Stuttgart

Print:
ISBN 978-3-17-033419-9

E-Book-Formate:
pdf: ISBN 978-3-17-033420-5
epub: ISBN 978-3-17-033421-2
mobi: ISBN 978-3-17-033422-9

Für den Inhalt abgedruckter oder verlinkter Websites ist ausschließlich der jeweilige Betreiber verantwortlich. Die W. Kohlhammer GmbH hat keinen Einfluss auf die verknüpften Seiten und übernimmt hierfür keinerlei Haftung.

Vorwort zur Reihe

Mit dem so genannten „Bologna-Prozess" galt es neu auszutarieren, welches Wissen Studierende der Sozialen Arbeit benötigen, um trotz erheblich verkürzter Ausbildungszeiten auch weiterhin „berufliche Handlungsfähigkeit" zu erlangen. Die Ergebnisse dieses nicht ganz schmerzfreien Abstimmungs- und Anpassungsprozesses lassen sich heute allerorten in volumigen Handbüchern nachlesen, in denen die neu entwickelten Module detailliert nach Lernzielen, Lehrinhalten, Lehrmethoden und Prüfungsformen beschrieben sind. Eine diskursive Selbstvergewisserung dieses Ausmaßes und dieser Präzision hat es vor Bologna allenfalls im Ausnahmefall gegeben.

Für Studierende bedeutet die Beschränkung der akademischen Grundausbildung auf sechs Semester, eine annähernd gleich große Stofffülle in deutlich verringerter Lernzeit bewältigen zu müssen. Die Erwartungen an das selbständige Lernen und Vertiefen des Stoffs in den eigenen vier Wänden sind deshalb deutlich gestiegen. Bologna hat das eigene Arbeitszimmer als Lernort gewissermaßen rekultiviert.

Die Idee zu der Reihe, in der das vorliegende Buch erscheint, ist vor dem Hintergrund dieser bildungspolitisch veränderten Rahmenbedingungen entstanden. Die nach und nach erscheinenden Bände sollen in kompakter Form nicht nur unabdingbares Grundwissen für das Studium der Sozialen Arbeit bereitstellen, sondern sich durch ihre Leserfreundlichkeit auch für das Selbststudium Studierender besonders eignen. Die Autor/innen der Reihe verpflichten sich diesem Ziel auf unterschiedliche Weise: durch die lernzielorientierte Begründung der ausgewählten Inhalte, durch die Begrenzung der Stoffmenge auf ein überschaubares Volumen, durch die Verständlichkeit ihrer Sprache, durch Anschaulichkeit und gezielte Theorie-Praxis-Verknüpfungen, nicht zuletzt aber auch durch lese(r)freundliche Gestaltungselemente wie Schaubilder, Unterlegungen und andere Elemente.

Prof. Dr. Rudolf Bieker, Köln

Zu diesem Buch

Künstlerisch-ästhetische Methoden aus den Bereichen der Bildenden Kunst, der Musik, des Theaters und der Bewegung/des Tanzes sind seit über vierzig Jahren fester Bestandteil der Ausbildung an den Fachbereichen des Sozialwesens. In der Sozialen Praxis selbst haben sie eine noch längere Tradition. Zunehmende Bedeutung für diesen Bereich haben die später hinzugekommenen digitalen Medien gewonnen.

In dieser Publikation werden im ersten Teil die theoretischen Grundlagen für die Arbeit mit künstlerisch-ästhetischen Mitteln geschaffen. Basiswissen über Ästhetische Bildung wird bereitgestellt, es werden Anregungen zur Reflexion des Verhältnisses der Sozialen Arbeit und der Künste gegeben, Leitziele und Begründungen der künstlerisch-ästhetischen Methoden vorgestellt und eine Einführung in didaktisch-methodische Fragen sowie in die einschlägige Forschung vermittelt. Das Verständnis der Grundlagen aus dem ersten Teil erleichtert die Planung, Durchführung und Auswertung eigener künstlerisch-ästhetischer Projekte.

Der zweite Teil vertieft das Wissen in fünf Beiträgen zu den unterschiedlichen Künsten bzw. Medien, jeweils mit transferfähigen konkreten Praxis-Beispielen. Er enthält

- Grundlagen zu den Bereichen Kunst, Musik, Theater, Bewegung/Tanz und digitale Medien in der Sozialen Arbeit;
- Informationen zu ausgewählten Zielgruppen: (Klein-)Kinder, Jugendliche, (geistig und körperlich behinderte) Erwachsene und Senior/innen;
- die Begründungen für die Wahl eines künstlerisch-ästhetischen Mediums (beispielsweise warum eher Musik oder Theater, Kunst oder Tanz, wann eher digitale Medien?);
- einen Überblick, mit welchen Zielpersonen und in welchen Zusammenhängen künstlerisch-ästhetische Methoden in der Sozialarbeit eingesetzt werden (können);
- praxis- und handlungsorientierte Informationen zu den wichtigsten Methoden in der Arbeit mit den Künsten (u. a. Einzelarbeit, Gruppenarbeit, offene Arbeit, halboffene Projekte, Werkstatt- und Projektmethode und unterschiedliche Formen der Anleitung);
- kommentierte konkrete Projektbeschreibungen, die als Handlungsanleitungen genutzt und auch auf andere Praxis-Beispiele transferiert werden können.

Im zweiten Teil wird in den Autorenbeiträgen jeweils ein unterschiedlicher Praxis-Schwerpunkt behandelt. Die einzelnen Beiträge fügen sich so zusammen, dass ein umfassendes Spektrum an künstlerisch-ästhetischen Medien, Methoden, Schwerpunkten der künstlerisch-ästhetischen Arbeit sowie der Zielgruppen und Einsatzmöglichkeiten abgedeckt wird.

So wird beispielsweise die Werkstattmethode anhand des Mediums Kunst und der Zielgruppe Kinder vorgestellt. Die Schwerpunkte in diesem Beitrag sind individuelle bzw. Einzelarbeit und im Praxisbeispiel das experimentelle, forschende Handeln (Meis, Teil II, 1).

Die Möglichkeiten der Durchführung von künstlerisch-ästhetischen Projekten mit Jugendlichen werden an Beispielen aus den Bereichen digitale Medien (Hoffmann, Teil II, 2) und Tanz/Bewegung (Behrens/Tiedt, Teil II, 3) ausgeführt. Die Schwerpunkte sind dabei digitale Medien als Sozialisationsfaktor, kritische Mediennutzung/Mediengestaltung sowie die Konzeptentwicklung in der offenen, außerschulischen Jugendarbeit.

Der Beitrag zu Tanz und Bewegung fokussiert Ganzkörperlichkeit, Routinebruch sowie systematische Gestaltung in der Schulsozialarbeit bzw. der Arbeit in Jugendzentren.

Die (offene) Projektmethode wird am Beispiel der Erarbeitung eines Theaterstücks mit geistig und körperlich behinderten Erwachsenen erläutert (Mies, Teil II, 4). Der Schwerpunkt liegt auf spielerischem, weitgehend selbstbestimmtem Vorgehen im Rahmen einer betreuten Wohngruppe.

Die Arbeit mit Senior/innen wird mit dem Medium Musik verknüpft (Hartogh/Wickel, Teil II, 5). Die Schwerpunkte sind schöpferische Gemeinschaft durch synchrones Handeln und Kommunikation in der offenen, ambulanten und (teil-)stationären Altenhilfe (Lebenswelt- und Biografie-Orientierung, Capability-Approach).

Doch diese Verknüpfungen von den jeweiligen Künsten und Medien mit den Methoden, den gewählten Schwerpunkten, den einzelnen Zielgruppen und den Rahmenbedingungen sind nur exemplarisch zu verstehen: Die einzelnen Bausteine können auch anders kombiniert und das in den Beispielen erworbene Wissen auf andere Projekte transferiert werden. So kann beispielsweise die Projektmethode in der tänzerischen Arbeit mit Kindern, die Musik in Projekten mit Jugendlichen und die Kunst in der Arbeit mit Senior/innen eingesetzt und dabei die Schwerpunkte neu gewählt werden.

Das Buch ist so aufgebaut, dass es sowohl chronologisch als auch in Abschnitten gelesen und verstanden werden kann. Das Buch wendet sich an

- Studierende, die ein Studium der Sozialen Arbeit beginnen wollen oder bereits studieren;
- Studierende der Sozial- und Kulturpädagogik;
- Studierende, die ihre Abschlussarbeiten (Bachelor und Master) im Bereich künstlerisch-ästhetischer Projekte anfertigen möchten;
- Sozialarbeiter/innen, Sozial- und Kulturpädagog/innen, die ihr Wissen auffrischen, aktivieren oder erweitern möchten;
- Studierende benachbarter Studiengänge und Berufstätige in der Sozialen Arbeit verwandten Feldern (z. B. Heil- und Pflegepädagogik, Früh- und Kindheitspädagogik).

Der Band beruht auf den langjährigen Erfahrungen aus Lehre und Praxis der Herausgeber/innen und der Verfasser/innen der Beiträge im zweiten Teil. Einbezogen wurden damit Perspektiven und Kompetenzen aus unterschiedlichen Hochschulen, Künsten und Praxen, um dem komplexen Gebiet gerecht zu werden. Die meisten Autor/innen sind Mitglied im BAKÄM, dem Bundesarbeitskreis Kunst-Ästhetik-Medien der Lehrenden an Fachbereichen des Sozialwesens.

In unserer Publikation kann nicht das gesamte Spektrum der Studienangebote aus dem Bereich Kunst-Ästhetik-Medien an den Fachbereichen des Sozialwesens berücksichtigt werden. Da aus Gründen des Umfangs Schwerpunkte gesetzt werden mussten, wurden die Angebote und Aktivitäten der Spiel-, Sport-, Event- und Erlebnispädagogik sowie der Kulinarik zugunsten des künstlerisch-ästhetischen Schwerpunktes ausgeklammert.

Innerhalb des künstlerischen Spektrums blieb zudem die Sprachkunst/Literatur unberücksichtigt. Die Autor/innen wissen zwar um die hohe gesellschaftliche Relevanz der Wortsprache, um ihre Beherrschung als Schlüssel zur Teilhabe und um ihr großes künstlerisches Spektrum. Auch die meisten Bereiche der Sozialen Arbeit, vorgestellt in den anderen Bänden der vorliegenden Buchreihe, basieren auf der (diskursiv-symbolischen) Wortsprache. Um das Andersartige der präsentativ-symbolischen Ausdrucksformen herauszustellen, wurde der Schwerpunkt in diesem Band auf die Bereiche der Bild-, Körper- und Klangsprachen sowie auf die digitalen Medien gelegt.

An den Hochschulen und in der Praxis gibt es (noch) keine einheitliche Terminologie für die Prinzipien und Praktiken des Schwerpunktbereiches der vorliegenden Publikation: Neben Begriffen wie *Ästhetische Praxis, Kulturpädagogik, Gestaltungspädagogik, Angebote und Aktivitäten aus dem Bereich Kunst-Ästhetik-Medien, Verfahren aus den Künsten, Ästhetik und Kommunikation, Ästhetische Erziehung, Ästhetische* und *Kulturelle Bildung* wird – besonders in der Praxis – auch von *Medienpädagogik* gesprochen (heute jedoch verstärkt auf digitale Medien bezogen). Auch die Begriffe *Soziale Kulturarbeit* und *Kulturelle Sozialarbeit* sind zu finden.

In der vorliegenden Publikation werden dem Schwerpunkt entsprechend überwiegend die Adjektive *künstlerisch* und *ästhetisch* sowie ihre Verbindung verwendet, verknüpft mit den Nomen *Methoden, Verfahren, Projekte* und *Praxis*. Die oben aufgezählten Begriffe werden darüber hinaus ebenfalls genutzt, besonders dann, wenn durch sie Nuancen und Unterschiede betont werden können. So fokussiert *Soziale Kulturarbeit* stärker auf kulturelle Ziele, während die *Kulturelle Sozialarbeit* stärker die Anwendung der kulturellen Praktiken im Sinne der Sozialarbeit betont.

Die Schreibweise der sich auf Personen(-gruppen) aller Geschlechter beziehenden Wörter ist in den Beiträgen dieser Publikation nicht vereinheitlicht. Es gelten jedoch jeweils alle als einbezogen, solange dies nicht anders ausgewiesen oder aus dem Kontext erkennbar wird.

Prof. Dr. Mona-Sabine Meis (Wuppertal)
Prof. Dr. Georg-Achim Mies (Mönchengladbach)

Inhalt

Vorwort zur Reihe 5

Zu diesem Buch 7

TEIL I Allgemeine Grundlagen der künstlerisch-ästhetischen Praxis in der Sozialen Arbeit
Mona-Sabine Meis

1 Ästhetische Bildung 19
   1.1 Die Begriffe künstlerisch und ästhetisch 21
   1.2 Die Begriffe Ästhetische Bildung und Ästhetische Erziehung 23
   1.3 Historischer Hintergrund und gesellschaftliche Einordnung .. 23
   1.4 Subjektbezug und Selbstbildung in der Sozialen Arbeit 24
   1.5 Die Bedeutung der Wahrnehmung in der Ästhetischen Bildung 25
   1.6 Ästhetische Erfahrung – alltäglich und künstlerisch 28
   1.7 Ästhetische Praxis 29

2 Die Künste und die Soziale Arbeit 32
   2.1 Kunst und Kunstschaffen heute 32
   2.2 Kunst als Medium zum Verständnis der Welt oder als Mittel der Distinktion 33
   2.3 Die Künste als Initiatoren sozialen Handelns 34
      2.3.1 Religiöse Kunst, frühe Revolutions-Comics und sozial-politische Kunst 34
      2.3.2 Soziale Plastik 35
      2.3.3 Randgruppen agieren lassen 35
      2.3.4 Benefizveranstaltungen 36
      2.3.5 Interventionen im Öffentlichen Raum 36
      2.3.6 Gleichberechtigt und gemeinsam: Partizipatorische Kunst 36
      2.3.7 Nachhaltige soziale Eingriffe 37
      2.3.8 Folgerungen für die Soziale Arbeit 38

3 Leitvorstellungen und Leitziele der künstlerisch-ästhetischen Praxis in der Sozialen Arbeit 40
   3.1 Resilienz 41
   3.2 Das Konzept der Selbstbildung in der Sozialen Arbeit 41
   3.3 Aktivierung von Ressourcen 42
   3.4 Kreativität 44
      3.4.1 Historische Entwicklung 45

		3.4.2	Kreativitätsbegriff	46
		3.4.3	Kreativität konstituierende Faktoren	46
		3.4.4	Flow	48
		3.4.5	Kreativität fördern?	48
		3.4.6	Möglichkeits- und Entscheidungsräume schaffen	50
		3.4.7	Kreativitätsphasen	51
	3.5	Kompetenzen		53
		3.5.1	Kompetenzbegriff und Kategorisierung	53
		3.5.2	Kompetenzen und Bildung	54
		3.5.3	Lebenslanges, non-formales und informelles Lernen	55
		3.5.4	Zertifizierung der künstlerisch-ästhetischen Praxis?	56
4	Didaktik und Methodik			59
	4.1	Didaktik		59
	4.2	Methodik		61
		4.2.1	Traditionelle und neue Methoden in der Sozialarbeit	62
		4.2.2	Grundlagen der Methodenwahl	63
	4.3	Vorbereitung geschlossener und teiloffener künstlerisch-ästhetischer Angebote		66
		4.3.1	Zur Planung einzelner Einheiten auf der Mikro-Ebene	66
		4.3.2	Konzepterstellung für teiloffene Vorhaben	67
		4.3.3	Die Planung größerer Projekte	68
5	Ein Blick in die Forschung			72
	5.1	Relevante Studien		72
		5.1.1	UNESCO-Studie	73
		5.1.2	Enquete-Kommission „Kultur in Deutschland"	74
		5.1.3	Studie zu den Potenzialen der Ästhetischen Praxis	74
		5.1.4	Studien zur Mediennutzung	75
	5.2	Künstlerische Therapien, Neurobiologie, Hirnforschung, Neuroästhetik		75
	5.3	Ursachen- und Wirkungsforschung/Transferforschung		76
	5.4	Schwierigkeiten und Schwächen		77
	5.5	Methodische Herausforderungen		78
	5.6	Forschung im Wandel der Forscherperspektive		80

TEIL II Beiträge zu den künstlerischen und medialen Schwerpunkten

1	Verfahren der Bildenden Kunst in der Sozialen Arbeit – verdeutlicht am Beispiel der Einzelarbeit mit Kindern		87
	Mona-Sabine Meis		
	1.1	Funktion und Bedeutung von Bildender Kunst in der Sozialen Arbeit	87

1.2		Bildende Kunst im Kontext der Sozialen Arbeit	89
	1.2.1	Auswahlkriterien für Kunstwerke und künstlerische Verfahren	90
	1.2.2	Die Rolle der Sozialarbeiterin und des Sozialarbeiters	95
	1.2.3	Begabung und künstlerische Qualität	97
	1.2.4	Techniken	97
	1.2.5	Präsentationen	98
	1.2.6	Rezeption	99
1.3		Schwerpunkt: Künstlerische Arbeit mit Kindern	99
	1.3.1	Kindheit heute	99
	1.3.2	Auswirkungen der geänderten Lebensbedingungen	101
	1.3.3	(Früh-)Förderung	102
	1.3.4	Kognitive und künstlerische Entwicklung	102
	1.3.5	Verortung der Bildenden Kunst in der Sozialen Arbeit mit Kindern	105
	1.3.6	Einzelbetreuung	107
1.4		Praktische Beispiele für die künstlerisch-ästhetische Arbeit mit Kindern	107
	1.4.1	Die Werkstattmethode in der Sozialen Arbeit	107
	1.4.2	Der Kunst-Koffer	109
1.5		Beispiele aus der Praxis	115
2		**Digitale Medien im Kontext Sozialer Arbeit – dargestellt am Bereich offener Jugendarbeit** Bernward Hoffmann	**126**
2.1		Digitale Medien – Funktionen und pädagogische Bedeutung	126
	2.1.1	Medien-Begriff	127
	2.1.2	Mediennutzung	128
	2.1.3	Pädagogische Bedeutung	130
2.2		Digitale Medien im Kontext Sozialer Arbeit	132
2.3		Bezugsdisziplinen von Medienpädagogik in der Sozialen Arbeit	134
2.4		Schwerpunkt offene Jugendarbeit	135
	2.4.1	Bedeutung des Jugendalters (Adoleszenz)	135
	2.4.2	Offene Jugendarbeit als Teil der Jugendhilfe	137
	2.4.3	Verortung von Medienpädagogik mit digitalen Medien in der (offenen) Jugendarbeit	140
	2.4.4	Aktivierende Medienarbeit mit Jugendlichen	140
2.5		Praxisbeispiel Medienarbeit im Jugendzentrum	142
	2.5.1	Beispiele medienpädagogischer Strukturen	143
	2.5.2	Eine Medienwerkstatt im Jugendzentrum	143
	2.5.3	Praktische Medienarbeit in der Werkstatt des Jugendzentrums	146
	2.5.4	Ein Medienkonzept für eine Jugendeinrichtung	149
2.6		Zum Abschluss: Sozialpädagogen als Medienpädagogen	150

3   **Bewegung und Tanz als Gegenstand der ästhetisch-kulturellen Bildung in der Sozialen Arbeit mit Jugendlichen** 153
    Claudia Behrens & Wolfgang Tiedt
    3.1   Funktion und Bedeutung von Bewegung und Tanz in der Sozialen Arbeit 153
    3.2   Bewegung und Tanz in Kultur, Politik und Medien 156
    3.3   Zum (Wirkungs-)Forschungsstand in Bewegung, Tanz und Tanzpädagogik 157
    3.4   Die Zielgruppe Jugendliche 160
          3.4.1   Bildungspotenziale für Jugendliche von, durch und in Bewegung und Tanz 161
    3.5   Vermittlungswege – der künstlerisch-pädagogische Ansatz der Tanz und Bewegungserziehung 163
          3.5.1   Umgang mit Aufgabenstellungen 164
          3.5.2   Bedeutung der Wahl der Sozialform 169
          3.5.3   Umgang mit Organisationsformen 169
          3.5.4   Berücksichtigung von Stimmigkeit und Können 171
          3.5.5   Konstruktives Feedback und Anerkennung 171
    3.6   Ausgangspunkte zum Tanzen und Gestalten 172
          3.6.1   Ausgangspunkt Bewegung 172
          3.6.2   Ausgangspunkt Musik und Bewegung 174
          3.6.3   Ausgangspunkt Objekt und Bewegung 175
          3.6.4   Ausgangspunkt Sprache und Bewegung 176
    3.7   Exemplarische Einheit zum Thema Routinebruch 177

4   **Theater und Soziale Arbeit – Ein „offenes" Theaterprojekt mit geistig und körperlich behinderten Erwachsenen** 185
    Georg-Achim Mies
    4.1   Theaterspiel in der Sozialen Arbeit 185
    4.2   Funktion und Bedeutung 186
    4.3   Begründungen und Legitimierungen 186
          4.3.1   Wissenschaftliche Orientierungen und Begründungen   187
          4.3.2   Rechtliche Legitimierung – beispielhaft aufgezeigt für die Situation behinderter Menschen 187
          4.3.3   Pädagogisch-praktische Orientierungen und Begründungen 188
    4.4   Theaterspielen in der Sozialen Arbeit 188
    4.5   Zielgruppen und Felder 189
    4.6   Theaterspielen kann so einfach sein 190
    4.7   Mutmachen zum Theaterspielen 190
    4.8   Nach der „offenen" Projektmethode in der Sozialen Arbeit Theater machen 192
    4.9   Zehn Fähigkeiten, die ein Spielleiter für „offene" Theatervorhaben benötigt 194
    4.10 Das „offene" Theaterprojekt „Krippenspiel" 195

		4.10.1	Theater mit geistig und körperlich behinderten Erwachsenen	195

        4.10.1 Theater mit geistig und körperlich behinderten Erwachsenen 195
        4.10.2 Das Theaterprojekt, seine Teilnehmer/innen und seine Bedingungen 196
        4.10.3 Die Projektart 197
        4.10.4 Die Sitzungen des offenen Theaterprojektes „Krippenspiel" 197
    4.11 Was sich während und nach der Aufführung herausstellte ... 205
    4.12 Fazit 206

5 Musik in der Sozialen Arbeit – aufgezeigt am Arbeitsfeld Soziale Altenarbeit 211
Theo Hartogh & Hans Hermann Wickel
    5.1 Funktion und Bedeutung von Musik 211
    5.2 Musikalische Gestaltungen in der Sozialen Arbeit 213
    5.3 Bezugsdisziplinen von Musik in der Sozialen Arbeit 214
    5.4 Schwerpunkt Altenarbeit 215
        5.4.1 Demografische Entwicklung und Altersbild 215
        5.4.2 Aufgaben der Sozialen Altenarbeit in Alteneinrichtungen 217
        5.4.3 Verortung des Mediums Musik in der Sozialen Altenarbeit 218
        5.4.4 Musikalität 219
        5.4.5 Das Bildungspotenzial aktiven Musizierens 219
        5.4.6 Lebenswelt- und Biografieorientierung 220
        5.4.7 Musikalische Aktivitäten in der Altenarbeit 222
    5.5 Praxisbeispiel: Begegnungsstätte „Die Brücke" in Emsdetten 223
    5.6 Professionalisierung von Sozialpädagogen/Sozialarbeitern ... 227

Zu den Autoren und Autorinnen 231

TEIL I
ALLGEMEINE GRUNDLAGEN DER KÜNSTLERISCH-ÄSTHETISCHEN PRAXIS IN DER SOZIALEN ARBEIT

Mona-Sabine Meis

Was Sie im ersten Teil dieses Buches lernen können

Teil I des Buches stellt Basiswissen für die soziale Zielgruppen-Arbeit mit künstlerisch-ästhetischen Methoden bereit, welches im zweiten Teil in den Autorenbeiträgen zu den verschiedenen Künsten und Medien vertieft und konkretisiert wird. Er vermittelt

- eine Einführung in die Theorie und Praxis der Ästhetischen Bildung und der niedrigschwelligen ästhetischen Praxis;
- einen Zugang zum weiten Feld der Künste;
- einen exemplarischen Überblick über Kunstwerke und Kunstaktionen, bei denen sich Künstler/innen gezielt sozial engagieren;
- einen Überblick darüber, was die künstlerisch-ästhetischen Aktivitäten bei den Zielpersonen bewirken sollen und können;
- ein Verständnis davon, was unter Kompensation, Ressourcen-Aktivierung, Kompetenzen und Kreativität sowie ihrer Förderung im Kontext der kulturellen Sozialarbeit konkret zu verstehen ist;
- eine Einführung in die didaktisch-methodischen Grundlagen der künstlerisch-ästhetischen Praxis in der Sozialen Arbeit, die zur eigenen Planung und Durchführung künstlerisch-ästhetischer Angebote befähigt;
- einen Einblick in den Stand der einschlägigen Forschung.

TEIL I
ALLGEMEINE GRUNDLAGEN DER KÜNSTLERISCH-ÄSTHETISCHEN PRAXIS IN DER SOZIALEN ARBEIT

1 ÄSTHETISCHE BILDUNG

In nie vorher gekanntem Ausmaß wird heute die Bedeutung und Wirksamkeit der Ästhetischen Bildung propagiert. So ist in der Agenda der zweiten Unesco-Weltkonferenz zur Kulturellen Bildung zu lesen, dass Kulturelle Bildung als Grundlage einer ausgewogenen kreativen, kognitiven, emotionalen, ästhetischen und sozialen Entwicklung von Kindern, Jugendlichen und lebenslangen Lernern begriffen werden muss (Unesco 2010). Auch die vom Deutschen Bundestag eingesetzte Enquete-Kommission „Kultur in Deutschland" betont die Relevanz der kulturellen bzw. ästhetischen Bildung und legt in ihrem Abschlussbericht 2007 einen Katalog von konkreten Handlungsempfehlungen vor (Deutscher Bundestag 2007). 2017, also zehn Jahre nach Erscheinen des Enquete-Dokuments betont der Deutsche Kulturrat die Aktualität und Relevanz dieses Referenzdokumentes (kulturrat.de).

Künstlerisch-ästhetische Projekte mit gesellschaftlichen „Problem"-Gruppen werden gegenwärtig auch in den Medien bejubelt. An sie werden in diesem Zusammenhang hohe Erwartungen zur Lösung sozialer und kultureller Herausforderungen bis hin zu Heilszuschreibungen herangetragen. Die kulturelle Bildung soll Persönlichkeitsentwicklung, Empowerment und die Entwicklung von Kompetenzen und Kreativität fördern helfen. Außerdem soll sie die Zielgruppen zur Kooperation, Verantwortungsübernahme und zu gesellschaftlicher und kultureller Teilhabe befähigen. Frühe Beispiele für medienwirksame Projekte sind das durch den Film „Rhythm is it" (2004) bekannt gewordene Tanzprojekt unter Leitung des Choreografen Royston Maldoom und den Berliner Philharmonikern u. a. mit schulmüden Jugendlichen (vgl. Behrens/Tiedt, Teil II, 3), die Kunstaktionen der Künstlerinnen Christine & Irene Hohenbüchler mit gesellschaftlichen Randgruppen, der von Bob Cilman initiierte Seniorenchor (Verfilmung: „Young@ Heart" 2007; vgl. Hartogh/Wickel, Teil II, 5) und das gigantische Kunst-Projekt des amerikanischen Künstlers Vik Muniz mit Catadores – Sammler/innen wiederverwertbaren Mülls – aus brasilianischen Favelas (Verfilmung als „Waste Land" 2011). Ebenfalls bekannt und exemplarisch als Belege für die Popularität der ästhetischen Bildung zu nennen sind die Programme „Kulturrucksack", „Kunst und Schule", „JeKits" (Jedem Kind Instrumente, Tanzen, Singen), Musik-, Kunst- und Theaterklassen in Schulen, Sprachförderung in Kunstmuseen (u. a. „Bilder als Brücke zur Sprache", Von der Heydt-Museum Wuppertal) sowie großzügige Finanzierungen von sogenannten Leuchtturmprojekten durch öffentliche Gelder, Stiftungen und Sponsoren.

In der Sozialen Arbeit sind künstlerisch-ästhetische Projekte mit Klient/innen meist weniger spektakulär – für die Zielgruppen jedoch höchst wertvoll und möglicherweise gewinnbringender als die großen, öffentlich beifallsheischenden Aktionen: Eine Senior/innengruppe besucht gemeinsam eine Theater-Aufführung von Shakespeares Sommernachtstraum, eine Rollstuhlfahrerin fährt in eine Picasso-Ausstellung, die Tonarbeiten einer Gruppe von Menschen mit seelischer Erkrankung werden auf einem Basar verkauft, eine Gruppe von Straßenkindern aus dem Kongo führt die Ergebnisse aus einem biografischen Theaterprojekt vor, traumatisierte Kriegswaisen verarbeiten ihre Erlebnisse in Bildern, Collagen von Migrantinnen dienen dem Austausch über ihre Herkunftsländer und ihre Situation, drogensüchtige Frauen gehen fotografisch auf Identitätssuche (vgl. Hoffmann et al. 2004; Jäger/Kuckhermann 2004; Hölzle/Jansen 2011; Grosse/ Niederreiter/Skladny 2015).

In Anlehnung an Paul Watzlawick formulieren wir: „Ein Mensch kann sich nicht *nicht* ästhetisch verhalten." Damit verweisen wir auf die Tatsache, dass ästhetische Wahrnehmung und ästhetisches Verhalten nicht nur mit Kunst, Musik, Tanz und Theater verbunden sind, sondern auch in ganz alltäglichen Zusammenhängen „passieren". Dies ist beispielsweise schon beim morgendlichen Frisieren und Ankleiden der Fall und setzt sich in der Wohnraum-, Arbeitsplatz- und Mahlzeiten-Gestaltung fort.

Doch trotz einer umfassenden Ästhetisierung unseres Alltags haben nicht alle Menschen in unserer Gesellschaft die gleichen Chancen und Ressourcen, sich künstlerisch-ästhetisch zu verhalten oder anregen zu lassen: Viele Menschen, mit denen die Sozialarbeit zu tun hat, gehen kaum in die Oper und ins Museum, besuchen weniger häufig Kurse an Jugendkunstschulen oder bekommen seltener Ballettunterricht als Mitglieder des so genannten Bildungsbürgertums. Wer hat schon die Möglichkeit, seine „Sinne zu verfeinern"? Gleichzeitig wird ästhetische Bildung und Verfeinerung der Sinne (oder ihr Gegenteil) jederzeit im Alltag *sichtbar* (Selbstinszenierung durch Kleidung etc., Wohnraumgestaltung, Teilhabe am kulturellen Leben …). Daraus ergibt sich ein Teufelskreis, mit dem die Soziale Arbeit umgehen muss: Wer weniger Chancen auf ästhetische Bildung hat, kann sie oft weniger *genießen*. Das wiederum wird auch durch das ästhetische Verhalten ausgedrückt, welches zu Hierarchien, zu Abwertungen und sozialer Deklassierung führen kann: Die Chancen auf Anerkennung und soziale und kulturelle Teilhabe werden erschwert (vgl. zu dieser Thematik auch Bourdieu 1982 und Corbin 1990). Ästhetische Bildung und die Arbeit mit künstlerisch-ästhetischen Verfahren, wie sie in diesem Buch vorgestellt wird, sollen einer möglichen Ausgrenzung auf vielen Ebenen entgegenwirken, zu einem Mehr an kultureller Teilhabe beitragen und somit die Klient/innen stärken (*ermächtigen*). Und obwohl im Zuge der zunehmenden Professionalisierung des Berufsstandes der Sozialen Arbeit eine Tendenz hin zu Verwaltungsaufgaben, neuen Steuerungsmodellen (Schilling 2016, 263–280) und verbal geprägten Techniken unübersehbar ist, konnte die gesicherte Stellung der „Angebote und Aktivitäten aus dem Bereich Kultur, Ästhetik, Medien" in der Sozialen Arbeit nachgewiesen werden (Marquardt/Krieger 2007, 13). Künstlerisch-ästhetische Angebote bereichern die Soziale Arbeit in allen Handlungsfeldern und gehören in einigen vielfach – beispielsweise in der Arbeit mit Kindern und Senior/innen – sogar zu den „Basics". Eine entsprechende Vor- und Ausbildung ist daher auch für potenzielle Arbeitgeber/innen von Interesse. Diese Tendenz wird sich vor dem oben skizzierten Hintergrund vermutlich weiter verstärken.

1.1 Die Begriffe künstlerisch und ästhetisch

Die Begriffe künstlerisch und ästhetisch werden teilweise als Synonyme, also mit gleicher Bedeutung verwandt. Beide verweisen dann auf Handlungen und Phänomene, die im weitesten Sinne mit den Künsten zu tun haben: auf künstlerisches Schaffen, künstlerische Werke oder ein künstlerisches Leben. Der Begriff ästhetisch ist jedoch offener und umfassender als der Begriff künstlerisch und bezieht sich nicht immer direkt auf künstlerische Phänomene, sondern verweist in seiner weiten Bedeutung auf das Sinnenhafte und auf das Schöne.

> **Ästhetik – eine wissenschaftliche Disziplin**
>
> Der Begriff *Ästhetik* geht zurück auf *Aisthesis (griechisch): (sinnliche) Wahrnehmung*. Ästhetisch heißt daher auch sinnenhaft, mit allen Sinnen.
> Die Wissenschaft der Ästhetik ist die Disziplin, die „ein Wissen vom Sinnenhaften" anstrebt (Welsch 2003) und dabei sowohl die Künste, das „Schöne" als auch die Wirkung von Alltags und Naturphänomenen erforscht: Warum kann uns eine Blumenwiese betören und eine Schale Pommes verführen? Sie beschäftigt sich mit dem Verhältnis von Wahrnehmung und Wirklichkeit, von Schein und Sein, von Selbst- und Weltzugang und mit der Erkenntnis mit allen Sinnen.
> Grundlegende Kategorien der Ästhetik sind das Schöne und das Hässliche, das Erhabene und die Negation, das Versprechen einer Alternative durch das Aufzeigen von andersartigen Möglichkeiten (vgl. Majetschak 2006 und Welsch 2017).

Umgangssprachlich werden die Begriffe *Ästhet* und *ästhetisch* oft im Sinne von feingeistig und feinfühlig und im Rahmen geschmacklicher Wertungen verwandt. Man sagt beispielsweise: Ein Ästhet (hier als Feingeist verstanden) weiß, was ästhetisch ist (hier als normativ schön verstanden), und richtet seine Wohnung ästhetisch (hier = geschmackvoll) ein.

Um Missverständnisse zu vermeiden, verweisen wir darauf, dass diesem Beitrag die davon zu unterscheidenden, nicht normativen wissenschaftlichen Bedeutungen zu Grunde liegen.

> **Ästhetisch – künstlerisch – künstlerisch-ästhetisch**
>
> Wir nutzen das Adjektiv ästhetisch, wenn wir stärker die spielerischen, experimentellen, die Sinne einbeziehenden und ansprechenden Prozesse und Tätigkeiten im Umgang mit künstlerischen Materialien betonen wollen. Es verweist dann auf den (eigen-)sinnigen Umgang mit Material und Materialien. Ästhetisches Handeln kann in diesem Sinne ergebnisoffen bleiben, es muss kein präsentierbares Produkt am Ende entstehen. Dieser Aspekt wird in diesem Band besonders im Beitrag zur Bildenden Kunst (Meis, Teil II, 1) hervorgehoben.
> Mit dem Adjektiv *künstlerisch* dagegen betonen wir den gestaltenden und gestalterischen Aspekt, d. h. eine zielgerichtetere und ergebnis-orientiertere Haltung und Handlung. Dieser Aspekt wird besonders in den Beiträgen zu Bewegung/Tanz

> (Behrens/Tiedt, Teil II, 3) und zur Musik (Hartogh/Wickel, Teil II, 5) herausgearbeitet.
>
> *Künstlerisch* kann sich zudem auch auf gestaltetes Material und ein gestaltetes Werk beziehen und hebt dann im Gegensatz zu *ästhetisch* die bewusste Formung, Komposition und Ausarbeitung hervor (Beispiel: *Künstlerische Fotografie* gegenüber Alltags-Schnappschüssen).
>
> Die Kombination der beiden Begriffe, also *künstlerisch-ästhetisch* verwenden wir in dieser Publikation, um das Zusammenspiel der unterschiedlichen Schwerpunkte zu betonen.

Die Frage, was Kunst *ist* und wie künstlerische Qualität definiert werden kann, ist heute selbst in der offiziell anerkannten Museumskunst kaum mehr zu beantworten. Sie weicht daher zunehmend der Frage nach der Funktion von Kunst, also der Frage, was Kunst *kann*. Interessant werden auch zunehmend die Fragen, *wie* und *warum* Kunst *gemacht* wird und Fragen nach den Bedingungen ihrer Rezeption (vgl. Bourdieu 1999 und Zahner 2006/2016), also Fragestellungen, die von jeher für die Soziale Arbeit und ihre Klient/innen von größerem Interesse waren als die Frage nach Bewertungsmaßstäben für die Produkte.

Wenn über *Kunst* und *künstlerisches Arbeiten* gesprochen oder nachgedacht wird, existiert trotzdem noch immer ein nicht weiter definierter Qualitätsanspruch, der häufig mit den Kategorien technische Virtuosität, Innovation, Erfolg und Genialität verknüpft wird.

Die Adjektive *künstlerisch* und *ästhetisch* bezeichnen dagegen in allen Beiträgen dieses Buches Tätigkeiten, Ergebnisse und Produkte, die einem anderen, nicht unbedingt geringeren Qualitätsanspruch genügen, als er noch häufig für die offiziell anerkannte Kunst vermutet wird: Die künstlerisch-ästhetische Arbeit wird nicht an technischer Perfektion, an der Abgrenzung von Vorherigem oder an ihrem Marktwert gemessen. Qualität zeigt sich in der Sozialen Arbeit vielmehr darin, wie die künstlerisch-ästhetische Arbeit die Zielpersonen bereichern kann.

Das *ästhetische* (wissenschaftliche Bedeutung) Experimentieren eines Kleinkindes kann nach diesem Qualitätsanspruch für das Kleinkind und sein Umfeld sehr wertvoll sein, selbst wenn es umgangssprachlich als „unästhetisch", als Dreck machen und Schmieren bezeichnet wird (vgl. Meis, Teil II, 1).

Und obwohl das *künstlerische* Werk eines mehrfach behinderten Menschen selten traditionellen künstlerischen Marktansprüchen genügt, ist es für ihn Kunst und kann oftmals auch Außenstehende beeindrucken und berühren. Dies wird in der vorliegenden Publikation besonders im Theater-Beitrag verdeutlicht (Mies, Teil II, 4).

1.2 Die Begriffe Ästhetische Bildung und Ästhetische Erziehung

In der Sozialen Arbeit gibt es sowohl Konzepte zur angeleiteten als auch zur selbstständig erworbenen ästhetischen Bildung. In beiden Konzepten stehen dabei die Sinne und die Ganzheitlichkeit im Mittelpunkt, und es geht weniger um künstlerische Fertigkeiten im Sinne technischer Perfektion oder um kunstbezogenes Wissen.

Ästhetische Bildung zeigt sich in *Ästhetischem Verhalten*. Dieses wird in *subjektinterne* Abläufe und *subjektextern* beobachtbare Handlungen unterteilt.

Zu den inneren Vorgängen zählt die *Wahrnehmung* mit allen dazugehörigen emotionalen und kognitiven Faktoren.

Zu den äußeren Vorgängen gehören alle sichtbaren ästhetischen und sinnlichen Formen der Auseinandersetzung mit sich selbst und der äußeren Welt, vor allem in symbolischer Ausprägung, also beispielsweise Aktivitäten wie Malen, Musizieren, Schauspielern, Tanzen und digitale Gestaltungen, aber auch (teilweise) experimentelles sowie spielerisches Verhalten.

Beeinflusst wird das Verhalten durch „dispositionelle" und „situationale Variable" (Zimbardo/Gerrig 2004, 6). „Dispositionell" bezieht sich auf die genetische Ausstattung, die Motivation, Intelligenz und das Selbstwertgefühl eines Menschen und umfasst zunächst dessen rein körperliche, sensomotorische und entwicklungspsychologische Voraussetzungen. Darüber hinaus sind auch Neugier, Interesse, Selbstbild, Vorerfahrungen, die Bildung von Zielvorstellungen sowie sozialisations- und bildungsbedingte Voraussetzungen einbegriffen. Mit situational werden äußere, subjektexterne Variablen bezeichnet, also die materiellen, räumlichen, zeitlichen und personellen Bedingungen der Entfaltung (Zimbardo/Gerrig 2004, 6). Als Beispiele können hier Arbeitslosigkeit, Armut, körperliche und geistige Vernachlässigung sowie Förderangebote, zuverlässige Bezugspersonen etc. genannt werden.

Spezifisch für das *ästhetische* Verhalten ist der Bezug zu den Sinnen und zu ästhetischen Kategorien wie das *Schöne*, das *Hässliche*, das *Erhabene* und die *Atmosphäre* (vgl. Goetz/Graupner 2007; 2011).

1.3 Historischer Hintergrund und gesellschaftliche Einordnung

Die Diskussion um das Wesen, die Inhalte und die Relevanz der Ästhetischen Bildung haben bereits die großen Denker der Antike wie Platon und Aristoteles geführt. Seitdem werden die komplexen und vielfältigen Sinngehalte in Bezug auf eine Erziehung mit und durch die Künste erörtert (vgl. Bilstein et al. 2009; Zirfas/Lohwasser 2016). Der Terminus Ästhetische Erziehung selbst geht auf Friedrich Schillers „Über die ästhetische Erziehung des Menschen in einer Reihe von Briefen" (Schiller 1801/2000) zurück.

In den 1970er Jahren erlebte die Diskussion eine Blüte und differenzierte sich in unterschiedliche Hauptstränge, zu deren bekanntesten Protagonisten die Kunstpädagogen Gunter Otto und Gert Selle gehörten. Gunter Otto versuchte im Spannungsfeld zwischen kunstdidaktischem Erkenntnisinteresse und Legitimationsdruck gegenüber den Sprachen, der Mathematik und den Naturwissenschaften in der schulischen Bildung eine Verwissenschaftlichung der künstlerischen Unterrichtsfächer zu erreichen. Ästhetische Erziehung bedeutete für ihn zielorientiertes, geplantes, didaktisch begründetes und strukturiertes Handeln seitens der Lehrenden, was Kunst lehr- und lernbar und den Erfolg messbar machen könne (Otto/Otto 1987). Demgegenüber betonte Selle das Anarchisch-Unkontrollierte von ästhetischen Erfahrungsprozessen, ihre Offenheit und ihren Selbstbildungswert als autonome Form der Aneignung eines Selbst und der Welt. Er plädierte für Methoden zur Unterstützung eines offenen, experimentellen und eigenwilligen Verhaltens (vgl. Selle 1990). Um den Subjektcharakter – anstelle des Anleitungsaspektes – zu betonen, spricht er von Ästhetischer Bildung statt Erziehung. Deutlich ist seine Nähe zu den Positionen von Joseph Beuys und zu Klaus Mollenhauer (1996).

Organisatorisch manifestierte sich die Polarisierung zwischen Verwissenschaftlichung/Lenkung und Freiheit/Subjektbezug darin, dass künstlerisch orientierte Pädagog/innen die Schulen verließen, um in einer neuen außerschulischen sozialen Kulturarbeit/Kulturpädagogik freier wirken zu können (vgl. Mandel 2004).

1.4 Subjektbezug und Selbstbildung in der Sozialen Arbeit

Die Subjektorientierung in der Sozialen Arbeit korrespondiert mit den Veröffentlichungen von G. Selle und K. Mollenhauer. Es geht vor allem um die Förderung der Selbstbildungspotenziale, die das Bundesministerium für Schule, Jugend und Kinder des Landes Nordrhein-Westfalen folgendermaßen definiert:

- „Differenzierung von Wahrnehmungserfahrung über die Körpersinne, über die Fernsinne und über die Gefühle,
- innere Verarbeitung durch Eigenkonstruktionen, durch Phantasie, durch sprachliches Denken und durch naturwissenschaftlich-logisches Denken,
- soziale Beziehungen und Beziehungen zur sachlichen Umwelt,
- Umgang mit Komplexität und Lernen in Sinnzusammenhängen sowie
- forschendes Lernen" (MSJK, 7; vgl. auch Schäfer 2016).

Auch wenn in der Folge von Pisa- und Iglu-Studien zunehmend Ansprüche an die Soziale Arbeit herangetragen werden, die eher der *Erziehung* zuzurechnen sind, nutzen wir im Folgenden für die künstlerisch-ästhetische Arbeit den Begriff *Bildung*. Dies soll die Betonung auf den Subjektbezug und den Selbstbildungsaspekt in diesem Bereich der Sozialen Arbeit legen. Der erzieherische Effekt kann sich dabei eher beiläufig und als willkommenes Zusatzprodukt einstellen.

1.5 Die Bedeutung der Wahrnehmung in der Ästhetischen Bildung

Wahrnehmung

Wahrnehmung bezeichnet zunächst einen biologischen und physikalischen Vorgang unter Beteiligung der Sinnesorgane, zu denen traditionell der Sehsinn (Augen), der Geruchssinn (Nase), der Geschmackssinn (Mund), der Gehörsinn (Ohren), der Tastsinn (Haut) und auch der Gleichgewichtssinn (inneres Ohr) gezählt werden. Hinzu kommt das kinästhetische System, der Bewegungs-, Kraft- und Stellungssinn (Propriozeptoren) (Zimmer 2014). Es gibt noch viele andere, differenziertere Kategorisierungssysteme, beispielsweise bezüglich der Wahrnehmung von Temperaturen, Konsistenten usw., die hier jedoch nicht alle vorgestellt werden können.

Wahrnehmung bezeichnet über den reinen Sinnesreiz hinaus auch den komplizierten Auswahl-, Filter-, Kategorisierungs- und Interpretationsprozess im Gehirn, der durch die Sinneseindrücke ausgelöst wird. Wahrnehmung geschieht dabei immer in einem hochkomplexen Vernetzungsprozess mit früheren Wahrnehmungen. Hinzu kommt ein ständig aktiver Rückkopplungskreislauf zwischen äußeren und inneren Vorgängen und Informationen und ihren Interpretationen.

Wahrnehmung bedeutet auch gleichzeitig Nicht-Wahrnehmung: Durch die Fokussierung unserer Aufmerksamkeit werden immer auch Informationen für die Wahrnehmung ausgewählt und andere wie durch einen Filter ausgeblendet, weil sie in der jeweiligen Situation nicht relevant erscheinen.

Durch Differenzerfahrungen (Begegnung mit dem Andersartigen) wird die Wahrnehmung irritiert, neue Kategorien können gebildet und der Erfahrungshorizont erweitert werden (= Lernen).

Wahrnehmungsprozesse sind komplex und uneindeutig. Dies wird u. a. von der Wahrnehmungspsychologie untersucht (vgl. Arnheim 2000). Einen Einblick in die spannende Problematik vermitteln die vielen Beispiele der optischen Illusionen und visuellen Rätsel, der Obertöne im akustischen Bereich, aber auch der Vorurteilsforschung in der Sozialpsychologie (vgl. Förster 2007).

Wahrnehmungsförderung als Persönlichkeitsentwicklung und Politikum

Die Wahrnehmungsfähigkeit kann angeregt, gefördert und differenziert werden. Sie kann aber auch verkümmern – krankheitsbedingt und durch Unter- oder Überforderung –, was uns in der Praxis der Sozialen Arbeit oft begegnet. Es handelt sich dann um Probleme, die von den oben genannten dispositonellen und situationalen Variablen abhängen. Eine Abstumpfung kann jedoch in Fällen, wo keine Änderung möglich ist, auch hilfreich sein und hat dann eine Schutzfunktion. Wenn beispielsweise ein unangenehmer Geruch immer und unabänderlich da ist, wird er nach einiger Zeit nicht mehr wahrgenommen.

Wahrnehmungsförderung ist ein zentraler Bestandteil der künstlerisch-ästhetischen Arbeit. Die bewusste Wahrnehmung kann zum zentralen Element der (niedrigschwelligen) künstlerisch-ästhetischen Sozialen Arbeit werden.

Warum die genaue Wahrnehmung mit ihrer *Leiblichkeit, Gegenwärtigkeit, Öffnung, Achtsamkeit und der Einbeziehung aller Sinne* wichtig für das Individuum ist, liegt auf der Hand: Sie fokussiert auf die Gegenwart und macht das Hier und Jetzt ganzkörperlich bewusst. Dies alles bietet ein grundlegendes Gegengewicht zur medial bestimmten Wirklichkeit in unserer technisierten Zivilisation, ein Gegengewicht zu Virtualität, zeitlicher und örtlicher Entgrenzung, Dominanz des technischen und rationalen Denkens, emotionsloser „Coolness" sowie der Abstumpfung durch Reizüberflutung.

> Die sinnenhafte – teilweise unbewusst und/oder verkümmert bereits vorhandene – elementare Wahrnehmungsfähigkeit zu entfalten heißt, sich selbst als ganzheitliches Wesen zu erleben und ernst zu nehmen. Die Stärkung der Wahrnehmungs-Kompetenz kann somit als wichtiger Schritt der Persönlichkeitsentwicklung in der Sozialen Arbeit angesehen werden.

Mit Wahrnehmungsförderung ist in der Sozialen Arbeit jedoch keinesfalls eine Anpassung und Normierung aus vermeintlich höherer und besserwisserischer Warte gemeint. Wie brisant der Bereich des nur vordergründig unpolitischen Themenkomplexes der Sinne und der Wahrnehmung in einer Gesellschaft ist und wie stark ästhetische Fragen zu Ausgrenzung und Randständigkeit beitragen können und damit zum Thema der Sozialen Arbeit werden, wurde bereits thematisiert.

Wahrnehmungsübungen

Die Wahrnehmung intensivierende und lenkende Übungen schaffen auf der situationalen Seite Angebote, die durch ungewöhnliche Maßnahmen die Alltagswahrnehmung auf angenehme Weise irritieren und anregen können, und die darüber hinaus Möglichkeiten der Optimierung der Wahrnehmungsfähigkeit bieten. Angeregt werden kann die Wahrnehmung u. a. durch eine Führung mit verbundenen Augen (vgl. Dorner 2004): Die Teilnehmer/innen helfen sich dabei gegenseitig, die Führenden immer mit offenen Augen. Durch die Ausschaltung des dominanten Sehsinns bei den Geführten wird die Aufmerksamkeit verstärkt auf die Einbeziehung aller anderen, oftmals weniger geschulten Sinne gelenkt. Die Führenden leiten die *temporär Blinden* dabei auch zu Stellen, an denen sie Besonderes fühlen, riechen und hören können: Raue Tapeten und kaltes Glas, Autos am offenen Fenster, geschäftiges Treiben auf dem Flur, duftende Blüten usw.

Die Wahrnehmung kann dabei gleichzeitig innen- und außengerichtet sein: Was geht in mir vor? Was empfinde ich „draußen"?

Die Angebotsvielfalt für die Wahrnehmung kann auch durch die Bereitstellung von vorbereiteten Gefäßen oder gefüllten Kissen gesteigert werden, die auch mit bewegungseingeschränkten, mit demenziell veränderten und/oder bettlägerigen Menschen erfühlt und erforscht werden können:

- „Sinnes"-Kissen (z. B. Kissen, in die Steine, Bohnen, Lavendel eingenäht wurden),
- „Sinnes"-Kisten (z. B. Schuhkartons), in denen unterschiedliche – ggf. blind – zu erforschende Gegenstände bereitliegen (Stoff- und Plastiktiere, Spielzeug, Reis, gekochte Nudeln, Eiswürfel, mit Wasser gefüllte Luftballons, duftende, raschelnde Materialien ...),
- Riechfläschchen (Knoblauch, Honig, Senf, Lavendel ...),
- Geräuschkisten (Papier zum Knüllen und Zerreißen, Klangschale, Besteck/Topf/Teller zum Klappern ...).

Lenkung heißt hier Anregung und Fokussierung, aber keineswegs Zielorientierung im Sinne von vorhersehbaren oder gar gesetzten Wahrnehmungsergebnissen oder Leistungserwartungen.

Natürlich kann ein Wettspiel initiiert werden mit der Frage, wer als Erster oder wer die meisten Dinge blind erfühlen oder „erriechen" kann. Das macht sicherlich besonders Kindern und Jugendlichen Spaß und steigert auch möglicherweise kurzfristig deren – extrinsische – Motivation und Konzentration.

Aber vielschichtiger, individueller und daher wünschenswerter ist die nicht auf ein Ergebnis/Effizienz hin gesteuerte Wahrnehmung. Rosenduft erschöpft sich dann nicht in der Aktivierung begrifflicher Zuordnungen nach dem Muster „aha: Rose", sondern geht einher mit der Wahrnehmung von Assoziationen, Erinnerungen, Bildern und Gefühlen, die ausgelöst werden, z. B. an den eigenen Kleingarten oder eine romantische Begegnung.

Darüber kann anschließend gemeinsam gesprochen werden. Eine Verbalisierung muss aber auch nicht in jedem Fall erfolgen. Mit oder ohne Besprechung handelt es sich meist um ein sehr intensives Wahrnehmen und Erleben.

Erweiterte Wahrnehmungsfähigkeit

Der bewussten Wahrnehmung kann eine Analyse folgen, für die eine *erweiterte Wahrnehmungsfähigkeit* erforderlich ist: Über die Beschreibung und Benennung der Wirkung und der subjektiven Empfindungen hinaus wird nach den Ursachen geforscht. Die (gemeinsame) Suche nach den entscheidenden Faktoren für die Wirkung beispielsweise der Farbgestaltung eines Raums oder einer Tischdekoration beim festlichen Speisen hilft, diese erweiterte Kompetenz zu entwickeln und zu entfalten. Es schließt auch ihre Verbalisierung, die Benennung von Faktoren, Kriterien und Wirkungen ein, also die Nutzung – oder vielleicht auch erst Vermittlung und Bereitstellung – eines entsprechenden Vokabulars.

Bei Klienten/innen, die hierzu nicht fähig sind, sind die Anleiter/innen gefordert, mit besonderer Sensibilität aus den möglichen Interaktionsformen Aussagen und Wünsche abzuleiten. Sie müssen möglicherweise das Blinzeln eines schwerstbehinderten Menschen bei zu grellem Licht, die kommentierende Geste einer sprachgestörten Schlaganfallpatientin bei zu stark duftenden Blumen oder das Lächeln eines taubstummen Menschen bei der Hängung neuer Bilder entsprechend interpretieren.

Die Beschäftigung mit den Künsten kann die Vorstellung schärfen helfen, welche Faktoren bei Wahrnehmung und Wirkung eine Rolle spielen. Kunst und

Künstler/innen sind gewissermaßen auf die Erzeugung von Wirkungen spezialisiert: Sie analysieren und greifen aktiv gestaltend ein.

Ästhetische Bildung in der Sozialen Arbeit hat jedoch vor allem Alltagsrelevanz und ist nicht notwendigerweise mit den Künsten im engeren Sinne verknüpft. Die Arbeit der Wohn- und Aufenthaltsraumgestaltung (Einrichtung, Farben, Beleuchtung, akustische Möblierung etc.), jahreszeitliche Dekorationen, Inszenierung gemeinsamer Mahlzeiten und Feste – all dies sind Bereiche der sozialarbeiterischen ästhetischen Arbeit und Bildung. Bekannt sind zudem auch die Verfahren aus der Sozialraumforschung und -arbeit, die alle Sinne einbeziehen und daher ebenfalls der ästhetischen Arbeit zugerechnet werden können: die gemeinsame Raumerkundung beispielsweise blind oder mit virtueller Landkarten, verschiedene Arten des Kartografierens und Mappings (vgl. Busse 2007) – u. a. die Nadelmethode, subjektive Landkarten und Autofotografie (vgl. Meis 2003; Deinet 2012). Diese Bereiche können ebenso wie die im zweiten Teil dieser Publikation vorgestellten Verfahren alle Aspekte der Ästhetischen Bildung umfassen: Wahrnehmung und ihre Förderung, ästhetische Erfahrungen und ästhetische Praxis.

1.6 Ästhetische Erfahrung – alltäglich und künstlerisch

Ästhetische Erfahrungen werden sowohl in Alltags- und natürlichen Situationen gemacht als auch im Zusammenhang mit den Künsten. Sie sind eng verknüpft mit dem bereits erörterten Phänomen der Wahrnehmung.

Ein Naturereignis wie ein *berauschender* Sonnenuntergang oder ein *dramatischer* Gewitterhimmel, eine *verführerische* Geburtstagstorte, ein Alltagsgegenstand wie ein *kunstvoller* Schreibtischstuhl oder auch die *verwunschene* Atmosphäre in einem lichtdurchfluteten alten Gemäuer, dies sind *Augenblicke*, in denen uns eine ästhetische Erfahrung in einen sprachlich nur ungenau zu fassenden Zustand versetzt. Vergleichbar ist er mit dem Zustand, den wir in der Begegnung mit Kunst erfahren können: Ein Bild ist *unbeschreiblich schön*, ein Theaterstück *berührt* uns zutiefst, eine Musik versetzt uns in *unsagbare* Melancholie, ein Tanz lässt uns *schwerelos* träumen ... Und neben diesen eher als positiv empfundenen Beispielen gibt es auch die ästhetische Erfahrung der Bedrohung, des Schreckens, die Faszination des Bösen und vieles mehr.

Die Sprache verrät viel über das Wesen der Ästhetischen Erfahrung. Rausch, Dramatik, Zauber, Wunsch, unsagbar und unbeschreibbar, berührend und schwerelos – die Liste kann fortgesetzt werden: Schöne *Eindrücke* und *Augenblicke* werden oft als *blendend, bedrückend, umwerfend, betäubend* oder *überwältigend* empfunden. Die Adjektive und Nomen verraten den engen Bezug zu den Sinnen (Sehen, Hören, Riechen, Schmecken, Fühlen) und zu ganzkörperlichen Erfahrungen. Sie verweisen damit auf wesentliche Aspekte der Ästhetischen Erfahrung, auf die *Wahrnehmung, die Überraschung, den Genuss (oder sein Gegenteil)* und auf den *Zwischenzustand*, das so genannte Liminale (Winnicott 2015; Turner 2009), einen Zustand zwischen dem Innen und Außen und zwischen einem Nicht-Mehr und Noch-Nicht. Das Liminale kann beispielsweise in der Inkubationsphase beim kreativen Prozess durchlebt werden (vgl. Teil I, 3.4.6), ist aber auch typisch bei Initialphasen und Initiationsriten.

Gleichberechtigt zu dieser nicht-sprachlichen elementar-ästhetischen Reaktion mit allen Sinnen kann – nach individuellen Möglichkeiten in unterschiedlicher Ausprägung – die erkenntnistheoretische Verarbeitung und Versprachlichung sowie die Urteilsbildung bezüglich der gemachten Erfahrungen erfolgen, d. h., die Erfahrungen werden reflektiert, verglichen und diskutiert sowie bewertet.

Während im Alltag und in der Natur ästhetische Erfahrung *passieren kann*, ist ihre Erzeugung erklärtes Ziel und Sinn der Künste. In der Auseinandersetzung mit ihnen – beispielsweise im Museum, im Theater, bei Musikveranstaltungen, aber auch in der praktischen künstlerischen Tätigkeit – werden daher ästhetische Erfahrungen gezielt herbeigerufen.

1.7 Ästhetische Praxis

Wenn die ästhetische Handlung dem *spontanen Ausdruck* von Gefühlen, dem *Experiment* und *Spiel* oder der *Forschung* dient, was häufig bei kleinen Kindern und teilweise auch bei schwer behinderten Menschen der Fall ist, muss es keine gestalterische (z. B. formgebende, strukturierende) Absicht, kein künstlerisch durchgestaltetes Produkt und keine symbolische Aussage geben. In diesen Fällen dominiert der *ästhetische* Aspekt. Der ästhetische Umgang mit Materialien dient dann beispielsweise der Bewältigung von Emotionen oder der Erkundung von Materialien und Wirkungen und muss nicht notwendigerweise zu einer *Gestaltung* im engeren Sinne führen.

Der im engeren Sinne *künstlerische* Aspekt ist jedoch mit *Gestaltung* (Gestaltungswillen, gezielter Gestaltung = Formgebung) im Prozess und einem künstlerisch gestalteten (z. B. strukturierten) Ergebnis verbunden. Oftmals geht es im Prozess auch um *Symbolfindung* und symbolische Aussagen: So kann beispielsweise in einem Bild ein Familienmitglied durch ein Tier symbolisch dargestellt werden oder Farben und Größenverhältnisse symbolisch eingesetzt werden. Die Symbolfindung findet dabei vielfach intuitiv und nicht rational begründet statt.

Das Ergebnis oder *Produkt* (= „Kunstwerk") kann sowohl handfest als auch immateriell sein: Gemälde, Skulpturen, Literatur, Musik, Tänze, Theaterstücke und digitale Gestaltungen (z. B. Fotos und Filme) sind kunstlerisch-ästhetische Produkte, ebenso sind es Feste, Speisen, Dekorationen und (Selbst-)Inszenierungen. Wenn das Produkt experimentell, forschend oder spielerisch motiviert ist, kann es primär *ästhetische* Qualitäten vorweisen. Besondere *künstlerische* Qualitäten können dabei zufällig entstehen oder anschließend durch bewusste oder unbewusste gestaltende Überarbeitungen erzielt werden.

Möglicherweise divergieren die (stilistischen, geschmacklichen) Vorstellungen der Klient/innen und der Begleiter/innen. Hier muss achtsam und einfühlsam abgewogen werden, wie die Anleiter/innen mit möglichen Diskrepanzen umgehen können, ohne die Würde, den Stolz und die Selbstbestimmung der Zielpersonen zu verletzen. Häufig müssen Sozialarbeiter/innen ihre eigenen Vorstellungen zurückstellen.

Präsentieren ist eine weitere mögliche künstlerisch-ästhetische Praxis. Erfolgreiche Präsentationen, bei denen die Klient/innen eine wertschätzende und in ihrem Sinne positive Rückmeldung bekommen, können das Selbstbewusstsein und das Selbstwertgefühl stärken und zu weiteren Aktivitäten motivieren. Sie können auch für die Belange der Zielgruppe sensibilisieren und das Renommee der Projektteilnehmer/innen, ihrer Anleiter/innen und ihrer Institution stärken.

Manche Projekte sind jedoch zu sensibel oder zu intim, als dass sie einer Öffentlichkeit präsentiert werden könnten. Und für manche Zielgruppen stellen öffentliche oder auch halböffentliche Präsentationen generell eine Überforderung dar, sodass sie unterbleiben sollten.

Und wenn Präsentationen misslingen – beispielsweise etwa bei Unverständnis und divergierenden Vorstellungen der Besucher/innen oder durch die Beschämung der Präsentierenden (etwa durch das Gefühl, ungewollt vorgeführt oder belächelt zu werden) –, besteht die Gefahr, dass die Betroffenen entmutigt und in ihrer Entwicklung eher geschwächt als gestärkt werden.

Wenn eine Präsentation grundsätzlich für sinnvoll gehalten und gewünscht wird, gibt es hierfür unterschiedliche Formen und Formate sowie für die Vorbereitung zu bedenkende Aspekte. Hierauf wird in den Autorbeiträgen im zweiten Teil dieser Publikation konkret eingegangen – bezogen auf die unterschiedlichen Künste bzw. Medien.

Literatur (Kursiv gedruckte Titel werden zur Vertiefung empfohlen)

Arnheim, R. (2000): Kunst und Sehen. 3. Aufl. Berlin: de Gruyter.
Bilstein, J./Klepacki, L./Liebau, E./Zirfas, J. (2009): Geschichte der ästhetischen Bildung, Bd. 1: Antike und Mittelalter. Paderborn, München, Wien, Zürich: Schöningh.
Bourdieu, P. (1982): Die feinen Unterschiede. Kritik der gesellschaftlichen Urteilskraft. Frankfurt a. M.: Suhrkamp.
Bourdieu, P. (1999): Die Regeln der Kunst. Frankfurt a. M.: Suhrkamp.
Busse, K.-P. (2007): Vom Bild zum Ort – Mapping lernen. Books on Demand.
Corbin, A. (1990): Zur Geschichte und Anthropologie der Sinneswahrnehmung. In: Hauser, S./Kamleithner, C./Meyer, R. (2011) (Hg.): Architekturwissen. Grundlagentexte aus den Kulturwissenschaften. Zur Ästhetik des sozialen Raumes. Bielefeld: transcript, S. 167–175.
Deinet, U. (Hg.) (2012): Methodenbuch Sozialraum. Lehrbuch. Wiesbaden: VS.
Deutscher Bundestag (2007): Schlussbericht der Enquete-Kommission „Kultur in Deutschland". Online: URL: http://dipbt.bundestag.de/dip21/btd/16/070/1607000.pdf, Aufruf: 15.10.2017.
Dorner, B. (2004): Bildende Kunst. In: Jäger, J./Kuckhermann, R. (Hg.): Ästhetische Praxis in der Sozialen Arbeit. Wahrnehmung, Gestaltung und Kommunikation. Weinheim, München: Juventa, S. 83–102.
Förster, J. (2007): Kleine Einführung in das Schubladendenken. Über Nutzen und Nachteil des Vorurteils. München: DVA.
Goetz, R./Graupner, S. (2007): ATMOSPHÄRE(N): Interdisziplinäre Annährungen an einen unscharfen Begriff. München: kopaed.
Goetz, R./Graupner, S. (2011): ATMOSPHÄRE(N) II. Interdisziplinäre Annährungen an einen unscharfen Begriff. München: kopaed.
Grosse, Th./Niederreiter, L./Skladny, H. (Hg.) (2015): Inklusion und Ästhetische Praxis in der Sozialen Arbeit. Weinheim: Beltz Juventa.

Hoffmann, B./Martini, H./Martini, U./Rebel, G./Wickel, H. H./Wilhelm, E. (2004): Gestaltungspädagogik in der Sozialen Arbeit. Paderborn, München, Wien, Zürich: Schöningh.
Imdahl, M. (1994): Ikonik. Bilder und ihre Anschauung. In: Böhm, G.: Was ist ein Bild. München: Fink, S. 300–324.
Jäger, J./Kuckhermann, R. (Hg.) (2004): Ästhetische Praxis in der Sozialen Arbeit. Weinheim, München: Juventa.
Hölzle, Ch./Jansen, I. (Hg.) (2011): Ressourcenorientierte Biografiearbeit. Grundlagen-Zielgruppen-Kreative Methoden. 2., durchges. Aufl., Wiesbaden: VS.
Kulturrat.de Enquete Bericht „Kultur in Deutschland": Zehn Jahre Referenzdokument, Aufruf: 18.01.2018.
Lachmann, R. (2000): Susanne K. Langer. Die lebendige Form menschlichen Fühlens und Verstehens. München: W. Fink.
Majetschak, S. (2007): Ästhetik zur Einführung. 2. Aufl., Hamburg: Junius Verlag.
Marquardt, P./Krieger, W. (2007): Potenziale Ästhetischer Praxis in der Sozialen Arbeit. Baltmannsweiler: Schneider Verlag Hohengehren.
Mandel, B. (2004): Schulische Kunstpädagogik und außerschulische Kulturpädagogik – Abgrenzung oder Kooperation? In: Kirschenmann, J./Wenrich, R./Zacharias, W. (Hg.), Kunstpädagogisches Generationengespräch. Zukunft braucht Herkunft. München: kopaed.
Meis, M. S. (2003): Spielräume. In: Kunst + Unterricht, H. 274/275, S. 25–27. *Mollenhauer, K. (1996): Grundfragen ästhetischer Bildung. Weinheim, München: Juventa.* MSJK (Ministerium für Schule, Jugend und Kinder des Landes Nordrhein-Westfalen) (o. J.): Bildungsvereinbarung. Online: URL: https://services.nordrheinwestfalendirekt.de/broschue¬ renservice/download/1343/bildungsvereinbarung.pdf, Aufruf: 13.04.2018.
Otto, G. (1974): Didaktik der ästhetischen Erziehung. Braunschweig: Westermann.
Otto, G./Otto, M. (1987): Auslegen. Ästhetische Erziehung als Praxis des Auslegens in Bildern und des Auslegens von Bildern. Seelze: Friedrich.
Schäfer, G. E. (2016): Bildungsprozesse im Kindesalter: Selbstbildung, Erfahrung und Lernen in früher Kindheit. 5. Aufl. Weinheim, München: Juventa.
Schiller, F. (1801/2000): Über die ästhetische Erziehung des Menschen in einer Reihe von Briefen: Mit den Augustenburger Briefen von Friedrich von Schiller und Klaus L. Berghahn. Leipzig: Reclam.
Selle, G. (1990): Experiment Ästhetische Bildung. Aktuelle Beispiele für Handeln und Verstehen. Reinbek: Rowohlt.
Turner, V. (2009): Vom Ritual zum Theater. Der Ernst des menschlichen Spiels. Neuausgabe, Frankfurt, New York: Campus.
UNESCO (2010): Agenda der zweiten UNESCO-Weltkonferenz zur Kulturellen Bildung in Seoul. Online: URL: http://portal.unesco.org/culture/en/files/41171/128135985752nd_World_Con¬ ference_on_Arts_Education_-_Final_Report pdf/2nd%2BWorld%2BConference%2Bon%¬ 2BArts%2BEducation%2B-%2BFinal%2BReport.pdf, Aufruf: 27.08.2017.
Welsch, W. (2017): Ästhetisches Denken. 8., erw. Aufl., Stuttgart: Reclam.
Winnicott, D.W. (2015): Vom Spiel zur Kreativität. 12. Aufl., Stuttgart: Klett-Cotta.
Zahner, N. T. (2006): Die Neuen Regeln der Kunst. Andy Warhol und der Umbau des Kunstbetriebs im 20. Jahrhundert. Frankfurt a. M.: Campus.
Zahner, N. T. (2016): Autonomie der Kunst? Zur Aktualität eines gesellschaftlichen Leitbildes. Wiesbaden: Springer VS.
Zimbardo, Ph. G./Gerrig, R. J. (2004): Psychologie. Heidelberg, Berlin: Springer.
Zimmer, R. (2014): Handbuch der Sinneswahrnehmung. Grundlagen einer ganzheitlichen Bildung und Erziehung. Freiburg. Basel. Wien: Herder.
Zirfas, J./Lohwasser. (2011): Geschichte der ästhetischen Bildung, Bd. 3: Neuzeit. Paderborn, München, Wien, Zürich: Schöningh.

2 DIE KÜNSTE UND DIE SOZIALE ARBEIT

Häufig werden in der Sozialen Arbeit künstlerische Verfahren einbezogen, ohne dass konkrete Werke professioneller Künstler/innen eine Rolle spielen: Mit Zielgruppen musizieren, tanzen und Videos drehen ist auch möglich ohne die Kenntnis anerkannter Kunstwerke der verschiedenen Disziplinen. Ein Museums- oder Theaterbesuch ist keinesfalls die Voraussetzung für eine erfolgreiche Arbeit mit plastischen, bildnerischen, performativen oder multimedialen Medien in der Sozialarbeit. Zweifelsohne kann jedoch die Auseinandersetzung mit anerkannt künstlerischen Verfahrensweisen und Werken die Arbeit und das Leben bereichern, kann u. a. die Wahrnehmung schulen, neue Perspektiven und Sichtweisen vermitteln, kann irritieren, erfreuen und trösten – und dies alles sowohl für die Sozialarbeiter/innen als auch für die Klient/innen. Die Auseinandersetzung mit den Künsten und der Austausch mit Anderen über die gemachten Erfahrungen bedeutet zudem einen Schritt hin zu kultureller Teilhabe.

2.1 Kunst und Kunstschaffen heute

Die Künste

Im Allgemeinen werden zu den Künsten Werke der Malerei, Skulptur, Musik, Performance, des Theaters, Tanzes, auch Sprachkunstwerke und die angewandten Künste wie Architektur und Design sowie die künstlerischen Ergebnisse aus Gestaltungen mit diversen technischen und digitalen Medien gezählt. Heute kommen verschiedene neuere Formen wie Konzeptkunst, Street Art, (digitale) Cross-Over-Projekte, urbane Interventionen und partizipatorische Kunstprojekte dazu.

Die Unterscheidung zwischen künstlerischen und alltags-ästhetischen Äußerungen sowie die zwischen *High and Low* – anspruchsvoller, hochstehender Kunst einerseits, und trivialer, populärer Kunst andererseits – unterliegt einer grundsätzlichen Revision und ist teilweise sogar ganz aufgehoben. Und auch die Grenze zwischen politischer oder sozialer Aktion und Kunst wird in einigen Bereichen aufgeweicht.

Künste gibt es nicht pur, für sich. Die Künste sind immer eingebunden in Situationen, die sozial geprägt sind und sie dienen stets der Kommunikation. Künste können mitteilungsorientiert, dokumentarisch, belehrend, unterhaltsam oder betroffen machend sein. Kunst kann frei sein, Freiheit bedeuten und sie kann befreien. Sie kann das Unmögliche zulassen. Sie kann eine andere Welt und Wirklichkeit konstruieren, Alternativen aufscheinen lassen und faszinieren – mit Gutem und mit Bösem. Sie kann Perspektivwechsel, Entgrenzung und Grenzüberschreitung initiieren, Ambiguitätstoleranz begünstigen. Sie kann Witz haben, Humor aktivieren, Spaß machen. Sie kann berühren, Sinne und Gefühle ansprechen, Emotionen und Resonanzen wecken. Sie kann zur Auseinandersetzung herausfordern, eine individuelle Stellungnahme verlangen, Gespräche initiieren, provozieren, zu produktiven Konfrontationen mit dem ganz Anderen ermutigen. Kunst kann zu Partizipation und Aktivierung einladen. Kunst kann auch ohne intellektuelle Vorbildung *verständlich* und *bereichernd* sein.

Die einzelnen Künste werden spätestens seit den 1960er Jahren vielfach miteinander verbunden. In diesem Sinn spricht man von *Gesamtkunstwerken* oder auch von *interdisziplinären, intermedialen* oder *symmedialen* Kunstereignissen. Diese auch als *Crossover-Kunst* bezeichnete Verknüpfung der Künste wird heutzutage durch die Digitalisierung vieler Medien begünstigt, erleichtert und vorangetrieben.

2.2 Kunst als Medium zum Verständnis der Welt oder als Mittel der Distinktion

Schon bei Aristoteles und wissenschaftlich institutionalisiert mit Baumgarten, der 1750 die philosophische Ästhetik als Lehre von und über die Künste begründet hat, wird der Kunst Erkenntnischarakter zugestanden. Ihr Instrumentarium sind die Sinne, die Wahrnehmung, das diskursive Denken und die Symbolsprachen: Bild-, Klang-, Körper- und poetische Wortsprache.

In der Sozialen Arbeit gibt es auf der einen Seite Verständnis, Wertschätzung und sogar auch Begeisterung für das alltags-künstlerische Rezeptions- und Produktionsverhalten der Klient/innen. Auf der anderen Seite ist gleichzeitig zu beobachten, dass sich viele Sozialarbeiter/innen von den künstlerischen Formen der so genannten *Hochkultur* distanzieren: Theater, bildende Kunst, Tanz oder (klassische) Musik werden dann beispielsweise als elitär klassifiziert und deren Rezeption wie Produktion abgelehnt. Diese distanzierte Haltung ist teilweise darauf zurückzuführen, dass sich die sogenannte Hochkultur überwiegend in exklusiven (= ausschließenden) Institutionen wie städtischen Theatern, Galerien, Museen oder Stadthallen präsentiert. Die Eintrittspreise sind oft für viele Klient/innen der Sozialen Arbeit unerschwinglich. Gleichzeitig hat sich in den „hohen" Künsten ein Experten-Wissen etabliert, zu dem sowohl manche Sozialarbeiter/innen selbst, aber vor allem auch die Mehrheit der häufig bildungsfernen Klient/innen keinen Zugang finden: die moderne Kunst, die zeitgenössische ernste Musik oder auch das zeitgenössische (Tanz-)Theater gelten als unverständlich und abgehoben – Hoch-Kultur eben.

Zudem konkurrieren oftmals die Sozialbudgets mit den Budgets für Kultur – beide werden nicht selten aus den gleichen Töpfen bestritten. Und da erscheint es manchmal auf Seiten der Sozialarbeit unverständlich, dass große Mengen an Geld für Hoch-Kultur bereitgestellt werden, gleichzeitig aber die Stadtteilbibliothek oder ein Jugendtreff wegen fehlender Gelder geschlossen werden.

Teilweise ist der Unmut gegenüber den Künsten auch zurückzuführen auf Verunsicherungen durch die Entgrenzung und Vermengung von Kunst, Werbung und Design und auf die heute oft aggressiven Vermarktungsstrategien der

Kunst als Ware: Ein Kunst-Markt (Galeristen, Sammler, Auktionshäuser), der bestimmt, was Kunst ist, und der sie ausschließlich als Selbstzweck kultiviert, ist der Sozialen Arbeit ebenso suspekt wie die Tatsache, dass diese Kunst hochpreisig in exklusiven Institutionen nur den Eingeweihten (inhaltlich und ökonomisch) zugänglich gemacht und präsentiert wird. Das ökonomische Diktat, das privilegierte Milieu und die fehlenden Mittel auf der Seite der Sozialen Arbeit führen zu verständlichen Distanzierungen. Kunst und Kultur fungieren in unserer Gesellschaft häufig als Ab- und Ausgrenzungsfaktor gegenüber den Klient/innen der Sozialen Arbeit (vgl. Bourdieu 1982; Schulze 1992, 285 ff.): Hochkulturelle Praktiken und die Abwertung von alltagsästhetischen Äußerungen erschweren vielen Klient/innen der Sozialen Arbeit die kulturelle und soziale Teilhabe.

Das scheinbar Paradoxe an dieser Situation ist aber: Kunst und Kultur können auch Brücken bauen. Und gerade die Kultur und die künstlerisch-ästhetische Praxis können zu einer größeren gesellschaftlichen Teilhabe der Klient/innen der Sozialen Arbeit führen. Wie und unter welchen Bedingungen wird im zweiten Teil dieser Publikation in vielen Facetten konkretisiert.

2.3 Die Künste als Initiatoren sozialen Handelns

Im Folgenden soll eine kleine Einführung in die Kunstrichtungen gegeben werden, die sich explizit dem Sozialen Feld zuwenden und damit Möglichkeitsräume durch die Künste mit ihren Prinzipien und Praktiken bereitstellen. Die Beispiele können die soziale Kulturarbeit inspirieren. Bei Interesse kann die Auseinandersetzung mit Hilfe der angeführten Literatur und des Internet eigenständig fortgesetzt werden (vgl. Rollig/Sturm 2001; Kester 2004; Lewitzky 2005; Kirschenmann 2010; Seitz 2011; Möntmann 2017).

2.3.1 Religiöse Kunst, frühe Revolutions-Comics und sozial-politische Kunst

Beispiele aus vielen Jahrhunderten legen nahe, dass das soziale Engagement immer zumindest ein Teilbereich der Künste war. Bekannte Werke, die dies belegen, sind beispielsweise die vielen Gemälde, die Bildbotschaften für Analphabeten bereitstellen: Religiöse oder auch politische, wie die Illustrationen biblischer Themen und die ROSTA-Fenster, Comic-artige Kunstwerke, die Wladimir Majakovski im Zusammenhang mit der Russischen Revolution zu Anfang des 20. Jahrhunderts fertigte (vgl. Duwakin 1975). Zudem ist in diesem Zusammenhang auf die vielen Kunstwerke zu verweisen, die Missstände und Probleme aufdecken oder mahnend auf sie hinweisen, so u. a. die Werke der mexikanischen Künstlerin Teresa Margolles (Platter/Margolles 2017), die ebenso wie viele weitere Beispiele über Suchmaschinen im WWW zu finden sind (vgl. auch Frohne/ Held 2007).

Künstlerische Manifeste wie die der Konstruktivisten, der Futuristen, der Situationisten und auch die Theorien von Beuys bezeugen den Traum von weitreichenden künstlerisch motivierten sozial-politischen Weltumwandlungen.

Eine Indienstnahme der Künste und Medien, etwa für die Vermittlung religiöser, politischer und ökonomischer Botschaften, ist allerdings durchaus auch kritisch zu reflektieren. Zur Vertiefung dieser Frage sei auf die folgenden Beispiele hingewiesen: die faschistische Kulturpolitik in Deutschland und das Diktat des „Sozialistischen Realismus" u. a. in der ehemaligen DDR (vgl. Kunst und Propaganda 2007), die Prägung moderner „Ikonen" (z. B. Fotos einstürzender Twintower als Symbol für Terrorismus und Rechtfertigung von Kriegen und Folterungen, vgl. auch „Covering the Real" 2005) und diverse Formen des „Radical Advertising" (2008).

2.3.2 Soziale Plastik

Die radikale Erweiterung des Kunstbegriffs bis hin zur „Sozialen Plastik" ist mit Joseph Beuys verbunden. Zentral war ihm das Anliegen, alte und erstarrte, von ihm so genannte „kristalline" Formen abzulösen und durch neue „geistig seelische Gestaltungen" zu ersetzen. Dies war durchaus politisch gemeint: Beuys strebte eine Umgestaltung der Ökonomie an, verfolgte früh eine ökologische Ausrichtung sämtlicher Lebenswelten und sprach sich stets für eine radikale Erneuerung der gesamten Gesellschaft und ihres Bildungssystems aus. Mit seinem meist aus dem Zusammenhang gerissenen Ausspruch „Jeder Mensch ist ein Künstler" meinte er keinesfalls, dass jeder Mensch ein Leonardo da Vinci sei. Er verwies vielmehr auf die kreative Kraft, die jedem Menschen innewohne und die jeder zur Gestaltung des eigenen und des gesellschaftlichen Lebens nutzen solle. Damit wird deutlich, dass Beuys sich von der bis dahin herrschenden Vorstellung eines (materiellen) Kunst-Werkes weit entfernte und den (formalästhetischen) Kunstbegriff auf immaterielle, geistige Schöpfungen ausweitete. Seine „Soziale Plastik" umschließt ausdrücklich schöpferisches Handeln, das auf die Formung von Gesellschaft ausgerichtet ist (anthropologischer Kunstbegriff). Daher beinhalten das Werk und die Ideen von Beuys viele künstlerische, sozialkritische und auch pädagogische Impulse (vgl. Buschkühle 1997), die für die Soziale Arbeit fruchtbar gemacht werden können.

2.3.3 Randgruppen agieren lassen

Andere Künstler/innen lassen Vertreter/innen von Randgruppen agieren (vgl. Teil I, 1). Dies tat beispielsweise auch Christoph Schlingensief. U. a. inszenierte er im Jahr 2000 in Wien mit Asylbewerbern in einem öffentlich ausgestellten Container eine Art Big-Brother-Show (Lilienthal/Philipp 2000), in der er keine Antworten oder Lösungen vorgeben wollte, jedoch auf provokative Weise die Öffentlichkeit zur Stellungnahme zu Ausländerfeindlichkeit und Abschiebepraxis bewegen wollte. In dieser und weiteren aufsehenerregenden Aktionen mit Randgruppen interessierte sich Schlingensief allerdings nicht dafür, welche Auswirkungen sich durch die Projekte auf die unmittelbar beteiligten Individuen ergeben. Schlingensief ging es ausschließlich um die gesellschaftliche Außenwirkung seiner Aktionen, während die Soziale Arbeit auch die individuelle (Innen-)

Wirkung, also die Entwicklung der an einem Projekt beteiligten Akteure, im Blick hat.

2.3.4 Benefizveranstaltungen

Andere Künstler/innen verbreiten über die Kunst nicht nur soziale oder politische Inhalte, sie stellen ihre Kunst auch (gratis) zur Verfügung, um die Bedingungen für soziale Randgruppen zu verbessern. Sie tun dies beispielsweise in (teilweise kontrovers bewerteten) Benefizveranstaltungen.

Auch (umstrittene) Aktionen wie die der Künstlerin Miriam Kilali sind hier zu nennen: Sie gestaltete in ihrem Projekt namens „Reichtum 2" ein Obdachlosenheim in Berlin um in eine schmuckvolle Villa.

2.3.5 Interventionen im Öffentlichen Raum

Wieder andere Künstler/innen bringen die Kunst aus dem Museum in den öffentlichen Raum und damit zum Publikum. Dabei geht es ihnen nicht um die große Weltverbesserung, sondern um ganz konkrete Eingriffe. Nach – und neben – Graffiti und Street Art handelt es sich besonders um die neue Form der *Urban Interventions*, die sich in einer Verbindung von Kunst, Architektur, Installation, Performance und Aktivismus mit unterschiedlichen Aspekten der Stadt beschäftigen und sie durch ihre (teilweise illegalen) Interventionen kommentieren, verändern und für sich (zurück) erobern. Unter dem Begriff *Urban Interventions* sammeln sich Aktionen und Präsentationen mit künstlerischen Eingriffen in den öffentlichen Raum und kontextbezogenen Werken in Form von Schriften, Bildern, Skulpturen und Installationen, z. B. *Urban Gardening* und *Guerilla Knitting*.

Das Quartier wird zum Ausstellungsraum, die Wände zu Malgründen und Nischen zu Bühnen. Künstlerische Eingriffe modifizieren Hydranten und Absperrungen, verändern ironisierend Aufschriften und Werbetafeln. Manche Eingriffe sind dekorativ, überraschend und liebevoll, andere beziehen sich sozialkritisch auf aktuelle Themen wie (misslungene) Stadtplanung, (fehlende) Kommunikationsräume und Kommerzialisierung des öffentlichen Raums. Teilweise offensichtlich, teilweise erst auf den zweiten Blick als Intervention zu erkennen, laden sie die Passant/innen ein, das Umfeld neu wahrzunehmen, zu reflektieren, zu kommunizieren und den öffentlichen Raum neu und sozial zu besetzen (vgl. Klanten/Hübner 2010; Seitz 2011; Laister;/Lederer 2014).

2.3.6 Gleichberechtigt und gemeinsam: Partizipatorische Kunst

Wieder andere Künstler/innen stellen ihre Kunst nicht nur zur Verfügung, sondern arbeiten *mit* benachteiligten Randgruppen in partizipatorischen Projekten (vgl. Bishop 2006; Möntmann 2017).

Eine frühe international Aufsehen erregende Arbeit war die der amerikanischen Künstlerin Judy Chicago, die mit hunderten Stickerinnen in ihrer damals noch als minderwertiges Kunsthandwerk abgestempelten Technik 1974–1979 das gigantische feministische Kunstprojekt „Dinner Party" verwirklichte (Chicago 1987).

Heute sind u. a. die Künstlerinnen Christine & Irene Hohenbüchler, die auch auf der Documenta X (1997) vertreten waren, für ihre Projekte mit „multipler Autorenschaft" bekannt. Sie arbeiten nach eigenen Angaben gleichberechtigt mit psychisch erkrankten, lernverzögerten, strafgefangenen und blinden Menschen in den Bereichen der Bildenden Kunst und stellen die Werke gemeinsam aus. In diesem Zusammenhang ist auch das „Battaille Monument" von Thomas Hirschhorn auf der Documenta 11 (2002) zu nennen, aufgebaut in einer tristen Vorstadtsiedlung an der Peripherie im Norden von Kassel unter Einbeziehung der Anwohner/innen. Diese temporäre Installation enthielt u. a. einen Imbiss, eine Bibliothek, einen Pendel-Fahrdienst zur Documenta sowie ein Workshop und TV-Studio. Weniger prominent, aber ebenfalls in diesem Kontext zu nennen sind auch unterschiedliche *Flash-Mobs,* gemeinsame öffentliche Speisetafeln und „Suppenküchen".

2.3.7 Nachhaltige soziale Eingriffe

Die Wiener Künstlergruppe *WochenKlausur* ist eines der bekanntesten Beispiele für die radikale Hinwendung ihres künstlerischen Schaffens zu nachhaltigen Aktionen in sozialer Verantwortung. „Seit 1993 entwickelt die Gruppe kleine, aber sehr konkrete Vorschläge zur Verringerung gesellschaftspolitischer Defizite und setzt diese Vorschläge auch um. Künstlerische Gestaltung wird dabei nicht mehr als formaler Akt, sondern als Eingriff in unsere Gesellschaft gesehen" (Wochen-Klausur o. J.). Die Wiener Gruppe plant europaweit sozial-politische Aktionen – initiiert und ermöglicht also gewissermaßen „Soziale Plastiken". Sie reduziert den Anteil traditioneller künstlerischer Bezüge in ihrer Arbeit weitgehend auf den Ort ihres Büros: Sie entwickelt ihre Projekte auf Einladung in Museen und Galerien, wo ihre Mitglieder hierfür für einige *Wochen in Klausur gehen* (= sich absondern, sich isolieren), worauf ihr Name verweist. In dieser Zeit entwickeln sie Projekte, die sie dann anschließend durchführen. In ihrer ersten Aktion 1993 in Wien erreichten sie beispielsweise die Sicherstellung der medizinischen Versorgung für Obdachlose: Seitdem betreut ein städtisch finanzierter Ärztebus jeden Monat rund 600 Patient/innen kostenlos und ohne Krankenschein. In weiteren Aktionen erreichten sie u. a. die Zur-Verfügung-Stellung von kostenlosen Schlafplätzen für drogenabhängige Frauen, die Finanzierung eines Altenzentrums und eines Programmkinos für Migrant/innen, die Einrichtung von Sprachschulen im Balkankrieg, Qualifikations-Maßnahmen für ehemalige Drogenabhängige sowie die Verbesserung von diversen Quartiers- und Kommunikations-Angeboten (vgl. Wochen-Klausur o. J. und Zinggl 2001).

2.3.8 Folgerungen für die Soziale Arbeit

Viele weitere Beispiele aus den zeitgenössischen Künsten könnten angeführt werden. Einige sind „affirmativ": Sie stützen sich auf Erfahrungen, Wissen und Tradition, dokumentieren und bestätigen sie. Andere sind „investigativ": Sie stellen in Frage, befragen, sehen Sinnfindung nicht als Fakt, sondern als Prozess. Manche sind „bequem", dekorativ, befried(ig)end und besänftigend. Andere sind „unbequem", aufrüttelnd, emanzipierend, radikal und Erkenntnis fördernd (vgl. Rollig/Sturm 2001).

Zu beobachten ist auch, dass sich die Künstler/innen im 21. Jahrhundert in zwei entgegengesetzte Richtungen entwickeln: Der Ausrichtung eines Teils der professionellen Kunstschaffenden hin zu Wirtschaft, Geld, Ruhm und Macht gegenüber stehen Künstler/innen, die abseits der großen Profite und des eigenen Renommees nach Möglichkeiten suchen, die (gemeinsamen) Lebensbedingungen zu verbessern.

Auch wenn die Aufgaben und Freiheiten der Künste andere sind als die der Sozialen Arbeit, können sich interessante Anregungen oder auch gegenseitig bereichernde Kooperationen ergeben, wünschenswerterweise auch jenseits von Zielorientierung und Verwertbarkeit (vgl. AG Borderline-Kongress 2002).

📖 *Literatur (Kursiv gedruckte Titel werden zur Vertiefung empfohlen)*

AG Borderline-Kongress, Wiesbaden (Hg.) (2002): Strategien und Taktiken für Kunst und soziale Praxis. Books on Demand.

Bishop, C. (Hg.) (2006): Participation. Documents of Contemporary Art. London: Whitechapel.

Bourdieu, P. (1982): Die feinen Unterschiede. Kritik der gesellschaftlichen Urteilskraft. Frankfurt a. M.: Suhrkamp.

Buschkühle, C.-P. (1997): Wärmezeit. Zur Kunst als Kunstpädagogik bei Joseph Beuys. Frankfurt a. M., Berlin, Paris, New York: Peter Lang.

Chicago, J. (1987): The Dinner Party. Ausstellungskatalog. Schirn Kunsthalle Frankfurt. Hg. v. Vitali, C., Frankfurt a. M.: Athenäum.

Covering the Real (2005). Ausstellungskatalog. Kunstmuseum Basel. Köln: DuMont.

Duwakin, W. (1980): ROSTA FENSTER. Majakowski als Dichter und bildender Künstler. 3. Aufl., Dresden: VEB Verlag der Kunst.

Frohne, U./Held, J. (2007): Kunst und Politik. Jahrbuch der Guernica-Gesellschaft: Schwerpunkt: Politische Kunst Heute. Göttingen: V & R unipress.

Kester, G. H. (2004): Conversation Pieces. Community + Communication in Modern Art. Berkeley, Los Angeles, London: University of California Press.

Kirschenmann, J. (2010): Kunst als soziales Handeln. Positionen zwischen Dokumentation und Intervention. In: Gockel, C./Kirschenmann, J.: Orientierung in der Gegenwartskunst. Seelze: Friedrich Verlag.

Klanten, R., Hübner, M. (Hg.) (2010): Urban Interventions. Personal Projects in Public Spaces. Berlin: Gestalten.

Kunst und Propaganda. Im Streit der Nationen 1930–1945 (2007). Ausstellungskatalog. Deutsches Historisches Museum Berlin. Dresden: Michael Sandstein.

Laister, J./Lederer, A. (2014): Die Kunst des Urbanen Handelns. Wien: Löcker Verlag.

Lewitzky, U. (2005): Kunst für alle? Kunst im öffentlichen Raum zwischen Partizipation, Intervention und Neuer Urbanität. Bielefeld: transcript.

Lilienthal, M./Philipp, C. (2000): Schlingensiefs „Ausländer raus!" Bitte liebt Österreich. Frankfurt a. M.: Suhrkamp.

Möntmann, N. (2017): Kunst als Sozialer Raum. Köln: Walther König.
Platter, J./Margolles, T. (2017): Mitleiden, Mitwissen, Mitfühlen. Freiburg i. Br.: modo Verlag.
Radical Advertising (2008). Ausstellungskatalog. NRW-Forum Kultur und Wirtschaft. Düsseldorf. Hrsg. von Wenzel, P./Lippert, W. Düsseldorf.
Rollig, S./Sturm, E. (Hg.) (2001): Dürfen die das? Wien, Berlin: Turia + Kant.
Seitz, H. (2011): Kunst als soziale Herausforderung. Zur Praxis künstlerischer Interventionen im öffentlichen Raum. In: Messner, B./Wrentschur, M. (Hg.): Initiative Soziokultur. Diskurse. Konzepte. Praxis. Wien: Lit Verlag.
WOCHENKLAUSUR. O. J., Online: www.wochenklausur.at, Aufruf: 20.01.2018.
Zahner, N. T. (2006): Die Neuen Regeln der Kunst. Andy Warhol und der Umbau des Kunstbetriebs im 20. Jahrhundert. Frankfurt a. M.: Campus.
Zahner, N. T. (2016): Autonomie der Kunst? Zur Aktualität eines gesellschaftlichen Leitbildes. Wiesbaden: Springer VS.
Zinggl, W. (2001): WochenKlausur. Gesellschaftspolitischer Aktivismus in der Kunst.

3 LEITVORSTELLUNGEN UND LEITZIELE DER KÜNSTLERISCH-ÄSTHETISCHEN PRAXIS IN DER SOZIALEN ARBEIT

Weitgehende Einigkeit herrscht in der Sozialen Arbeit darüber, dass die Wahl der Inhalte und Methoden, auch wenn mit den Künsten gearbeitet wird, den Zielen *Selbstbildung, Empowerment,* und Selbs*ter*mächtigung (auch Selbs*tbe*mächtigung) der Klient/innen dienen soll. Es geht darum, heilsame Resonanzen und *Resilienz* zu fördern (vgl. Titze 2008; Rönnau-Böse/Fröhlich-Gildhoff 2015, Weiß et al. 2016).

Die künstlerisch-ästhetische Praxis in der Sozialen Arbeit ist daher vor allem auf die Aktivierung der Selbsthilfe und Selbstbildungspotenziale und auf Selbstständigkeit und Mündigkeit der Klient/innen ausgerichtet. Ziel ist die Befähigung der Klient/innen, ein (möglichst) selbstbestimmtes und autonomes Leben (wieder) führen zu können: „Menschen das Rüstzeug für ein eigenverantwortliches Lebensmanagement zur Verfügung zu stellen und ihre Möglichkeitsräume aufzuschließen, in denen sie sich die Erfahrung der eigenen Stärke aneignen und Muster einer solidarischen Vernetzung erproben können" (Herriger 2014, 19).

Die künstlerisch-ästhetische Praxis zielt dabei ab auf

- Aktivierung und Selbststeuerung,
- Generierung, Aufarbeitung und Vernetzung eigener Erlebnisse und Erfahrungen,
- Differenzierung von Wahrnehmung,
- neue Eindrücke und neue Ausdrucksformen, Kommunikation und Interaktion,
- (eigen-sinnigen) Erwerb von Wissen, Kenntnissen und Fertigkeiten,
- selbstständiges Forschen/Erforschen von alltagsrelevanten Zusammenhängen,
- (Welt-)Erfahrung und (Welt-)Zugang,
- (selbstbewusst und selbstwirksam) schöpferisch produktiv sein, Werte schaffen und Sinn stiften,
- Lebensfreude und Glück,
- soziale Kontakte, gesellschaftliche und kulturelle Teilhabe.

(In Teil II dieser Publikation wird dies auf die unterschiedlichen Künste bezogen konkretisiert und vertieft.)

Um diese Ziele zu erreichen, liegt der Fokus auf der *Ressourcen-Orientierung* statt auf *Defizit-Orientierung*: Der – gemeinsame – Blick wird auf die (potenziellen) Stärken der Klient/innen, statt auf die hinderlichen Schwächen gerichtet, um bei der Entwicklung und Stärkung von *Einstellungen, Fähigkeiten und Fertigkeiten*, die der Lebensführung dienen, zu helfen. Dabei geht es häufig um Kompensation von Beeinträchtigungen und Benachteiligungen (materiell, physisch, psychisch): „Dort, wo Menschen diese Erfahrungen von Selbstwert und aktiver Gestaltungskraft sammeln können, vollziehen sich mutmachende Prozesse einer ‚Stärkung von Eigenmacht'" (Herriger 2014, 20).

3.1 Resilienz

Resilienz (lat. resilire ‚zurückspringen', ‚abprallen') bedeutet die Fähigkeit, mit widrigen Lebensumständen konstruktiv umgehen zu können und bezeichnet somit die psychische Widerstandskraft. Umgangssprachlich spricht man auch von seelischer Belastbarkeit oder von der Fähigkeit „wieder auf die Beine zu kommen". Der Begriff Resilienz wird seit den 70er Jahren des letzten Jahrhunderts genutzt. Die Resilienzforschung beschäftigt sich seit dem mit der Frage, warum manche Menschen besser mit schwierigen Ereignissen umgehen können als andere, und mit den Möglichkeiten, Resilienz zu fördern.

Herauskristallisiert wurden sieben Schlüsselfaktoren, von deren Ausprägung die persönliche Widerstandsfähigkeit abhängt, und die es in der Sozialen Arbeit zu stärken gilt, u. a. auch mit künstlerisch-ästhetischen Methoden.

- Die Akzeptanz der eigenen Biografie und Lebenssituation, auch die der möglicherweise schweren Erlebnisse und Umstände – im Gegensatz zur Auflehnung gegen das eigene Schicksal,
- Optimismus und Vertrauen darauf, dass es besser wird oder zumindest besser werden kann,
- Selbstwirksamkeit – etwas bewirken (können), eigene Bedürfnisse verwirklichen (können),
- Verantwortung und Selbstverantwortung übernehmen – raus aus der Opferrolle,
- soziale Kontakte und Netzwerkorientierung,
- aktiv werden (können) und Lösungsorientierung,
- Neuausrichtung mit Zukunftsplänen und Umsetzungsstrategien (vgl. Heller 2013).

3.2 Das Konzept der Selbstbildung in der Sozialen Arbeit

Genuin sozialarbeiterisch ist das Konzept der Selbstbildung (nach Mollenhauer 1996) in der Sozialen Arbeit. Es nimmt didaktisch-methodische „Defizite" in Kauf, akzeptiert auch unfertige und misslungene Produkte und hält den immerwährenden Konflikt zwischen nicht normengeleiteter, niedriger Bildung und gesellschaftlich geforderter hoher Bildung und Anpassung an gesellschaftlich anerkanntes Normverhalten aus. Kritiker/innen und Außenstehende haben teilweise wenig Verständnis für die nach diesem Konzept entstehenden Ergebnisse oder Präsentationen, da diese – unter rein formal-ästhetischen Aspekten betrachtet – häufig nicht mit Ergebnissen aus der gelenkten künstlerisch-ästhetischen Arbeit konkurrieren können. Für Mollenhauer ist jedoch die künstlerisch-ästhetische Erfahrung der an den Prozessen Beteiligten das Entscheidende – Erfahrungen, die ihnen niemand abnehmen oder absprechen kann (Schulze 1992; Mollenhauer 1996; Höller 1996).

Unter Selbstbildung wird die flexible Fähigkeit verstanden, spielerisch mit Bestimmtem als Unbestimmtem umzugehen, im Dogmatischen Undogmatisches zu entdecken und im Eindeutigen Vieldeutiges auszumachen. Bei künstlerisch-ästhetischen Selbstbildungsprozessen kann es also nicht darum gehen, dass etwas ganz Bestimmtes in einem von außen bestimmten Sinn zu passieren hat (Seeliger 2003, 153–172). Stattdessen liegt der Fokus darauf, dass sich im Umgang mit Kunst bei den Klient/innen bildungsmäßig etwas vorher nicht klar Festgelegtes ereignet. Selbstbildung in diesem Sinne geht auch über die begrenzte individuelle Ebene hinaus und zielt ab auf Chancengleichheit, Partizipation und zwischenmenschliche Verständigung. Die Sozialarbeiter/innen sind in diesem Sinn weniger Leiter/innen als Begleiter/innen und Mentor/innen. Sie müssen mit ihrem Wissen und Können assistieren und Selbsttätigkeit ermöglichen (vgl. Herriger 2014, 227 ff.; vgl. auch Jank/Meyer 2002, 261–285, 282 ff.).

Bei künstlerisch-ästhetischen Methoden, die der Hilfe zur Selbsthilfe konsequent verpflichtet sind, wird künstlerisch-ästhetisches Gestalten durch Gewährenlassen, durch Mitmachen und Vormachen angeregt. Die *Hilfen* der Sozialarbeiter/innen können nach dieser Devise sein:

- Hilfen zur Selbstgestaltung von künstlerisch-ästhetischen Prozessen und Produkten,
- Hilfen zur Selbstregulierung von Ablauf und einzelnen Gestaltungsschritten,
- Hilfen zur Selbstsicherung der Partizipation,
- Hilfen zur Metainteraktion: Angebote zur eigenständigen Reflexion von Beigetragenem oder Zurückgehaltenem,
- Hilfen zur Selbstgestaltung eines flexiblen Möglichkeitsraums. Flexibel meint: Je nach den Erfordernissen des Einzelnen, der Gruppe oder des Vorhabens, wenn nötig, aber dann auch begründet, gegen institutionelle oder andere Beschränkungen und Zensuren,
- Hilfen zur eigenständigen Informationsgewinnung, Reflexion und Analyse von jeweils eigener und anderer Tätigkeiten, Äußerungen, Biografien, Lebenssituationen, sozialräumlicher Strukturen und Netzwerke (frei nach Galuske/Müller 2010, 593).

Helfen wird hier im Gegensatz zu Normieren verstanden und von paternalistischem und missionarischem Handeln unterschieden. Konkretisiert wird dies in den Autorenbeiträgen im zweiten Teil des Buches.

3.3 Aktivierung von Ressourcen

Alles, worauf in bestimmten Situationen unterstützend zurückgegriffen werden kann, kann als Ressource (von lat. Quelle, hervorquellen) definiert und gesehen werden. Ressourcen können sowohl materiell sein (ein Taschenmesser, Geld) als auch immateriell (Erinnerung, Lebensfreude, Freundschaften, Fähigkeiten).

> **Ressourcen**
>
> Unter Ressourcen fasst Norbert Herriger (2014, 90) die positiven Personenpotenziale (‚personale' oder ‚internale' Ressourcen) und Umweltpotenziale (‚soziale' oder ‚externale' Ressourcen), die von der Person genutzt werden können, um
> - Alltagsanforderungen zu bewältigen,
> - Entwicklungsaufgaben zu meistern,
> - kritische Lebensereignisse zu bearbeiten
> - und Identitätsziele zu erreichen.

Ressourcen werden erst sichtbar und wirksam, wenn auf sie zurückgegriffen wird. Daher ist vielen Menschen ihre Existenz überhaupt nicht bewusst. Das Bewusstsein über Ressourcen und der Rückgriff auf sie bedeutet ihre Aktivierung. Es wird angenommen, dass das Wissen um ihre Existenz und der Zugang zu den eigenen Ressourcen das Individuum stärkt und zu größerer Autonomie und Lebensbejahung verhilft.

Im Folgenden werden kategorisierte Ressourcen in einer Tabelle vorgestellt und exemplarisch mit künstlerisch-ästhetischen Verfahren zu ihrer Aktivierung kombiniert.

Tab. I.3.1: Ressourcenaktivierung durch künstlerisch-ästhetische Verfahren

Ressourcen (Kategorisierung nach Norbert Herriger 2014, 90 ff.)	Künstlerisch-ästhetische Verfahren zur Aktivierung
Physische Ressourcen	
Gesundheit, Kraft, Ausdauer, stabile Konstitution etc. positiver Bezug zum eigenen Körper	Besonders Bewegung, Tanz, aber auch Theater, Musik (z. B. Singen)
Protektive Temperamentsmerkmale wie z. B. ausgeglichene Stimmungslage, positive Emotionalität etc.	Besonders Musik, Bildende Kunst, Bewegung/Tanz
Psychische Ressourcen	
Begabungsressourcen: intellektuelle und Informations-Verarbeitungskompetenzen, Lern- und Leistungsfähigkeiten, kreative und künstlerische Talente, etc.	Alle Medien
Selbstakzeptanz und Selbstwertüberzeugung	Alle Medien
Motivationale Ressourcen: Interessen und identitätsstiftende Lebensziele	Alle Medien
Bewältigungsoptimismus: Selbstwirksamkeitsüberzeugungen etc.	Alle Medien
Zukunftsoptimismus	Alle Medien

Tab. I.3.1: Ressourcenaktivierung durch künstlerisch-ästhetische Verfahren – Fortsetzung

Ressourcen (Kategorisierung nach Norbert Herriger 2014, 90 ff.)	Künstlerisch-ästhetische Verfahren zur Aktivierung
Positive emotionale Regulationen	Alle Medien
Kulturelle und symbolische Ressourcen	
„Kulturtechniken" (Lesen, Schreiben, Rechnen, Fremdsprachen ...), persönliches und berufliches Wissen und Können; spirituelle, religiöse, ethische, moralische Überzeugungen; Orientierung am Gemeinwohl ...	Alle Medien
Relationale Ressourcen	
Empathie, Offenheit, Beziehungsfähigkeit, Konfliktfähigkeit, Kritikfähigkeit und Ambiguitätstoleranz	Besonders künstlerische Gruppen-Aktivitäten (z. B. Theater, Tanz, gemeinsames Musizieren ...)
Relationale Ressourcen in belastenden Lebenslagen	
Veröffentlichungsbereitschaft, zielgerichtete Hilfenachfrage, Reziprozitätsbalance	Alle Medien und Verfahren, die nicht individuell und im Verborgenen praktiziert werden
Umweltressourcen	
Embedding: das soziale Eingebunden Sein in unterstützende Netzwerke	Künstlerische Gruppenaktivitäten
Ökologische Ressourcen Wohn-, Arbeitsplatz und Umfeldgestaltung	Diverse künstlerisch-ästhetische Verfahren

3.4 Kreativität

Kreativität wird meist mit den Künsten und der künstlerisch-ästhetischen Arbeit assoziiert: Hier wird ihre Förderung daher auch im Besonderen vermutet und erwartet. Sie wird heute als eine der wichtigsten *Kernkompetenzen* angesehen und für ihre Förderung gibt es aktuell unterschiedliche, besonders auch ökonomisch motivierte Begründungen (vgl. u. a. „Kultur- und Kreativ-Wirtschaft" und „Wirtschafts- und Standortfaktor", BMWi). Kreativität in diesem Zusammenhang unterliegt einer gewissen Normierung und wird eng mit dem Begriff der *Innovation* verknüpft (vgl. Rustler 2018). Im Unterschied dazu wird Kreativität in der Sozialen Arbeit offener, ganzheitlicher, nicht notwendigerweise zielgerichtet und stärker auf das Individuum bezogen verstanden.

> **Kreativität und Phantasie**
>
> Kreativität wird heute meist mit kognitiven Prozessen (Problemlösungsstrategien) und kreativen „Leistungen" in Verbindung gebracht. Als solche (im weitesten Sinne) bezeichnen wir in der Sozialen Arbeit Ideen, Verhaltensweisen, Alltagslösungen und künstlerisch-ästhetische Gestaltungen, die für die jeweiligen Produzent/innen neu, wertvoll, befriedigend und identitätsstiftend sind (vgl. Theunissen 2006, 19). Die ganzheitliche, sinnliche und zweckfreie Kreativität wird meist als *Phantasie* bezeichnet, die mit Vorstellungskraft, Einbildungskraft, Imaginationsfähigkeit und Intuition verbunden wird (vgl. Kirchner et al. 2006).

Kreativität bedeutet für viele Zielpersonen der Sozialen Arbeit eine lebenswichtige *Ressource*: Obdachlose beispielsweise müssen immer neue Ideen entwickeln, um ihr Überleben zu sichern; arme Familien müssen immer neue Strategien entwerfen, um ihren Kindern ein gedeihliches Aufwachsen zu gewährleisten; Senior/innen müssen neue Wege finden, in der sich ständig ändernden Gesellschaft zu Recht zu kommen. Die gefundenen, individuellen und kreativen Lösungen müssen dabei keinesfalls für *andere* Personen oder für die *Gesellschaft* neu (= innovativ) oder wertvoll sein. Das gilt auch für die kindliche Kreativität, von der auch keine überindividuellen Innovationen erwartet werden.

3.4.1 Historische Entwicklung

Der gegenwärtig inflationär gebrauchte Begriff *Kreativität* wurde in Deutschland erst ab den 1950/1960er Jahren für schöpferisches Denken und Handeln genutzt (Ulmann 1968, 70). Er wurde aus den USA übernommen, wo der Begriff *creativity* in den 1950er Jahren Verbreitung fand. Der so genannte Sputnik-Schock löste dort eine emsige Kreativitätsforschung aus: Da es den Russen vor den USA gelungen war, den ersten künstlichen Erdsatelliten („Sputnik 1") 1957 ins Weltall zu schicken, sahen sich die US-Amerikaner von ihren Konkurrenten (nicht nur) in der Raumfahrt übertroffen – und das zu Zeiten der sogenannten Suez-Krise und des Kalten Krieges.

Die gezielte Förderung von Kreativität sollte den USA im Anschluss an den Sputnik-Schock dazu verhelfen, ihre uneingeschränkte ökonomische, politische und strategische Führungsposition (zurück) zu erobern und langfristig zu sichern. So entstand die Kreativitätsforschung aus wirtschaftlichem und militärischem Interesse (vgl. Landau 1969, 9 ff.; Ulmann 1968, 17 ff.). Der sogenannte Pisa-Schock in Deutschland und seine Auswirkungen sind auf vielen Ebenen mit dem Sputnik-Schock der 1960er Jahre in den USA und der darauffolgenden „Kanalisierung von Kreativität" (Schulz 2009) zu vergleichen.

3.4.2 Kreativitätsbegriff

Der Ursprung des Wortes *Kreativität* ist das lateinische Wort *creare (erschaffen, verursachen, hervorbringen)* und seine präfigierten Abwandlungen *recreare (wiederherstellen, wiederbeleben, erfrischen)* und *procreare (erzeugen, erschaffen, hervorbringen)*.

Recreare meint die Wiederherstellung von verbrauchter Kraft. Heute wird das davon abgeleitete Nomen *Rekreation* auch synonym zu *Regeneration* verwandt. *Recreare* ist ein wichtiger Ausgangspunkt im schöpferischen Akt. „*Procreare*" dagegen verweist auf die Hervorbringung von etwas, was es so noch nicht gab.

> **Kreativität definieren = Kreativität einschränken**
>
> Eine Definition (abgeleitet von lateinisch definire = abgrenzen, begrenzen) ist die genaue Bestimmung eines Begriffs, also die Be- oder Eingrenzung seiner Bedeutung. Da jedoch gerade das ganz Andere (Originalität), das Grenzen Sprengende (Neues schaffen), das Mehrdeutigkeiten Schaffende und sie Verbindende/Akzeptierende (Ambiguitätstoleranz) die Kreativität ausmachen, ist es schwer, sie genau zu definieren – ohne sie einzuschränken.

Heute wird meist davon ausgegangen, dass Kreativität eine menschliche Fähigkeit zur Problemlösung ist. Sie wird daher oft abgegrenzt gegen die verwandten Phänomene Phantasie und Imaginationskraft (Vorstellungskraft), die keine Zielrichtung und Lösungsfindung beinhalten müssen. Einzelne Wissenschaftler koppeln die Kreativität an Intelligenz (Winnicott 2015; Csikszentmihalyi 1997). Andere widersprechen dieser Sicht – vor allem auch aus der Perspektive der Sozialen Arbeit, u. a. mit geistig behinderten Menschen (Theunissen/Großwendt 2006). Und entgegen der früheren Kreativitätsvorstellung, die sie nur Genies vorbehalten sah, ist nach Brodbeck Kreativität die „Vermassung des Schöpferischen, positiv gedeutet dessen Demokratisierung" (Brodbeck nach Theunissen/Großwendt 2006, 37). Heute, so könnte man ergänzen, sind wir noch einen Schritt weiter: Kreativität wird keinesfalls als Eigenschaft nur einzelnen Genies zugeschrieben. Auch können wir nicht mehr von einer Demokratisierung von Kreativität sprechen: Vielmehr wird heute Kreativität zum Standard- und Norm-Anspruch erhoben, d. h, es besteht gewissermaßen eine Verpflichtung zur Kreativität, was auch auf diesem Gebiet zu Leistungs- und Erfolgsdruck führt. Zudem wird Kreativität häufig eng verbunden mit dem – vielfach wirtschaftlich gewendeten – Begriff der *Innovation*, was wiederum Kreativität im sozialarbeiterischen Sinne beschränkt (s. o.).

3.4.3 Kreativität konstituierende Faktoren

In der Wissenschaft werden sieben Kreativität konstituierende Faktoren definiert – nicht zuletzt in der Hoffnung, Kreativität dadurch operationalisierbar und lehrbar zu machen.

> **Kreativität konstituierende Faktoren (vgl. Ulmann 1968; Csikszentmihalyi 1997)**
>
> Als besonders kreativ gilt,
>
> - wer überraschende und abweichende Ideen und Lösungen finden kann *(Originalität)*,
> - sich unkonventionell auf Situationen und Menschen einstellen und neue Wege einschlagen kann *(Flexibilität)*,
> - sich in andere empathisch einfühlen und sensibel mit Materialien und Lösungen umgehen kann *Sensitivität)*,
> - schnell viele neue Ideen entwickelt *(Fluktualität)*,
> - sich nicht mit den einfachsten Lösungen zufrieden gibt *(Komplexitätspräferenz)*,
> - Durchhaltevermögen und Zielstrebigkeit zeigt *(Elaborationsfähigkeit)*,
> - Frustrationen, Mehrdeutigkeiten, unterschiedliche Ansichten und Andersartigkeit aushält oder sogar wertschätzt *(Ambiguitätstoleranz)*.
>
> Für die Soziale Arbeit ist eine ebenso wichtige Komponente die *Phantasie*, also die spielerische, ganzheitliche, nicht effektive, nicht zielgerichtete Kreativität.

Es gibt nur wenige Genies, die über eine Kreativität verfügen, die alle genannten wissenschaftlich definierten Faktoren in sich verbindet. Beispiele für eine Verbindung auf hohem Niveau sind Albert Einstein und Leonardo da Vinci. Bei anderen Kreativen sind die genannten Faktoren aber möglicherweise unterschiedlich stark ausgeprägt und ergänzen sich erst im Kollektiv mit Menschen mit unterschiedlichen Begabungen. Ein kreativer Mensch kann beispielsweise viele neue Ideen entwickeln (*Fluktualität*), ohne dass er die Fähigkeit haben muss, diese dann auch zielstrebig umzusetzen (*Elaborationsfähigkeit*). Und umgekehrt würde niemand einen Künstler, der – statt viele neue Ideen zu entwickeln – einen einzigen künstlerischen Ansatz stringent vertiefend weiterentwickelt, als unkreativ bezeichnen. Auch kann ein Individuum in unserer heutigen Zeit höchstes Ansehen genießen und auf seine Weise „kreativ" sein (im Sinne der Findung von Lösungsstrategien) – ohne dass sich außerordentliche Flexibilität (Papst) oder besondere Originalität (Mitglied beim Verfassungsgericht) zeigen müssen. Damit wird deutlich, dass die Definitionen und die an Kreativität gebundenen Erwartungen interessensabhängig und situationsgebunden sind.

Ein phantasievoller Mensch, der seine Imaginationskraft nicht in Lösungsstrategien und Innovationen umsetzt, ist im Verständnis der Sozialen Arbeit ebenfalls kreativ und ebenso wertvoll, wie ein Erfinder neuer Technologien. Mit Georg Theunissen wird an dieser Stelle betont: „Kreativität kennt keine Defizite. Folglich kann sie auch nicht durch organische Schäden oder Funktionsstörungen behindert werden ..., wohl aber auf eine einzigartige, ausgesprochen individuelle Weise zum Ausdruck kommen, die *unkonventionell* bzw. *ungewöhnlich* ist, sich eben durch *Originalität* auszeichnet, was ein Hauptmerkmal von Kreativität ist ..." (Theunissen 2006, 21).

3.4.4 Flow

Der Psychologe Mihaly Csikszentmihalyi hat das mit dem kreativen Schaffen verbundene Gefühl des Glücklich-, Befriedigt- und Vollkommenseins erforscht und bezeichnet dieses Phänomen als *Flow*. Es kann von jedem Menschen erlebt werden und wird oft in künstlerisch-ästhetischen Projekten von den Teilnehmer/innen erfahren und beschrieben. Flow ist eng verknüpft mit dem Erleben der eigenen Kreativität und (basalen) künstlerischen Fähigkeiten, mit der Konzentration und Versenkung in den schöpferischen Prozess, der alles andere vergessen macht.

> **Flow**
>
> Typisch für den Zustand des Flow ist das Gefühl des mit sich selbst im Reinen und im Fluss sein. Und viele Menschen empfinden Flow als einen Zustand von Schwere- und Zeitlosigkeit (vgl. Csikszentmihalyi 2017, 163 ff.)

Es wird angenommen, dass die entwicklungsgeschichtliche Bedeutung des *Flow* darin besteht, „ein mächtiger Antrieb für unser Streben nach Entfaltung unserer Kreativität" zu sein, und wir unser Leben ohne Flow-Erlebnisse als unbefriedigend empfinden (Burow 1999, 116). Allein schon die Bereitstellung von Möglichkeiten in der Sozialen Arbeit, den *Flow* zu genießen – also vollkommene Glücksgefühle ohne Drogen –, rechtfertigt unserer Meinung nach den Einsatz künstlerisch-ästhetischer Methoden.

3.4.5 Kreativität fördern?

Theunissen unterscheidet in das *kreative Potenzial* und die *kreative Performance*. Das kreative Potenzial ist nach dieser Unterscheidung das, was in einem Menschen als Möglichkeit vorhanden ist – also gewissermaßen seine jeweilige Ressource. Die kreative Performance ist das, was aus dieser Ressource gemacht wird – wie also die innere Ressource aktiviert, genutzt oder erweitert wird (Theunissen 2006, 21). Bei der kreativen Performance (der Aktivierung, Anwendung und Erweiterung der kreativen Ressourcen) ist die Soziale Arbeit mit ihren künstlerisch-ästhetischen Methoden gefragt. Die Frage lautet daher, *wie* diese *Performance* unterstützt werden kann. Mit anderen Worten: *Wie* können die Klient/innen darin bestärkt werden, ihre Möglichkeiten zu entwickeln; *wie* kann Kreativität gefördert werden? Daher soll zunächst ein Blick auf die Faktoren geworfen werden, die in der Literatur bzw. von Studierenden in einer diesbezüglichen Studie (Meis 2010b) als Kreativitäts-fördernd oder als Kreativitäts-hemmend benannt werden:

> Als Kreativitäts-förderlich werden häufig Selbstbewusstsein, Selbstvertrauen, Neugier und Eigensinn sowie das Gefühl, darin bestärkt zu werden, beschrieben.

> Als förderlich werden zudem Menschen, Situationen und Aufgaben (im weitesten Sinne) genannt, die mit Begriffen beschrieben werden wie inspirierend, quer, ungewöhnlich, unkonventionell, verrückt, das ganz Andere, Überraschung und Routinebruch.

Darüber hinaus werden folgende Aussagen getroffen:

Tab. I.3.2: Individuell unterschiedliche Auswirkungen ähnlicher Faktoren auf die Kreativitätsentfaltung

Kreativität fördernd	Kreativität hemmend
• Eine ablenkungsarme Umgebung	• Eine anregungsarme Umgebung
• Viele unterschiedliche Reize	• Reizüberflutung
• Beaufsichtigung und Beobachtung, die als Herausforderung erlebt wird	• Beaufsichtigung und Beobachtung, die die Risikobereitschaft verringert
• Weite, offene oder keine Vorgaben	• Weite und unklare Grenzen, fehlende Zielvorgaben
• Klare Zielvorstellungen	• Das Setzen enger Grenzen und Zielvorgaben verhindert Selbstständigkeit, Gängelung
• Bewertung, Belohnungen, Wettbewerb, Konkurrenz als Anreiz	• Bewertung, Belohnungen, Wettbewerb, Konkurrenz, die die Aufmerksamkeit auf die Außenperspektive verlagern, als Folge fehlende Konzentration auf den eigenständigen Prozess und das eigenwillige Ergebnis (extrinsische statt intrinsische Motivation)
• Zeitdruck als Stimulus	• Zeitdruck: das (notwendige) Explorationsverhalten wird schnell als Zeitverschwendung empfunden
• Begrenzungen	• Einengung der Entscheidungsspielräume/Vorschriften
• Druck beflügelt	• Druck/überhöhte Erwartungen/Zeitdruck, Leistungsdruck, Konkurrenzdruck
• Stille	• Stille
• Bestimmte Musik, z. B. Techno	• Bestimmte Musik, z. B. Techno
• Langeweile	• Langeweile
• Alkohol/Drogen, Schlafmangel	• Alkohol/Drogen, Schlafmangel
• Kooperation, Gruppenarbeit	• Kooperation, Gruppenarbeit
• Harmonie/Konflikte	• Harmonie/Konflikte

Deutlich wird bei der Tabelle, dass gerade die Faktoren, die bei der einen Person zur Blockade und damit zur Kreativitäts-Hemmung führen können, bei einer anderen Person – teilweise durch etwas andere Bewertungen – kreative Höchstleistungen ermöglichen. So kann beispielsweise Kooperation oder auch Langeweile die Einen in ihrer Kreativität beflügeln und die Anderen hemmen. Und selbst bei ein und derselben Person kann ein Faktor – beispielsweise Zeitdruck – einmal zum Versagen und einmal zu ungeahnten Höhenflügen führen. Sicher scheint allerdings, dass eine abwertende Haltung gegenüber dem Individuum (*„Du kannst das doch sowieso nicht"*; *„Ach du schon wieder"*) und eine Abwertung seiner individuellen Kreativität (*„Du träumst zu viel"*; *„Du immer mit deinen Spinnereien"*; *„Das macht doch keinen Sinn"*) eher zu Blockaden als zu ihrer Entfaltung führen. Dies ist bedauerlicherweise häufig in unserem Bildungssystem zu beobachten, aber auch gesamtgesellschaftlich verbreitet. „Zwei faktisch kaum miteinander zu vereinbarende Ziele" nennt schon Gisela Ulmann: „Zum einen die Erziehung zum normalen, problemlosen, sozial angepaßten Menschen, zum anderen zum außerordentlichen, problembewußten, individuellen und schöpferischen Menschen" (Ulmann 1968, 9). Bekannt sind daher allen Schulsozialarbeiter/innen die als aufmüpfig abgestempelten kleinen Kreativen, deren Eigensinnigkeit leider oft nicht als Potenzial, sondern als Quelle unerwünschter Störungen gewertet wird. So lernen diese kleinen schöpferischen Wesen tragischerweise schon früh das Denken in vorgegebenen Bahnen, das Fesseln ihrer Phantasie und den Dienst nach Vorschrift.

3.4.6 Möglichkeits- und Entscheidungsräume schaffen

Kreativität lässt sich nicht lehren. Und schon gar nicht lässt sie sich hervorbringen, erzwingen, anordnen oder durchsetzen. Aber man kann – statt die Kreativität zu beschränken – *Möglichkeits- und Entscheidungsräume* schaffen, in denen Freiheit und Offenheit und genügend Anregungspotenzial existieren bzw. bereitgestellt werden, um *Eigensinn* entstehen zu lassen: „Entscheidungsräume aufspannen, riskieren und so *neues* Fühlen, Denken und Handeln anstoßen, Rollen neu schreiben, Geschichte(n) neu erfinden, ein eigenes Selbst aktiv, kreativ erschaffen – das eigene Leben als persönliches *Kunstwerk* hervorbringen – so könnte eine Spur zum Eigensinn führen" (Novotny 2009, 135). In diesen *Möglichkeitsräumen* kann sich *kreative Performance* entwickeln und können Menschen zu schöpferischen Aktivitäten ermutigt werden. Und diese *Möglichkeitsräume* lassen sich sowohl materiell (konkrete Räume) wie immateriell (Anregungen, Atmosphären usw.) ausgestalten.

Künstlerisch-ästhetische Projekte zu initiieren bedeutet, konkrete Möglichkeits- und Entscheidungsräume für Kreativität bereit zu stellen: Von Seiten der jeweiligen Anleiter/innen können die materiellen wie immateriellen Voraussetzungen gefunden oder geschaffen werden, in denen sich die Kreativität der Klient/innen im Sinne von Ressourcen-Aktivierung nicht nur zeigen, sondern sich auch weiterentwickeln und entfalten kann. Und diese Möglichkeitsräume sollten so beschaffen sein, dass die Teilnehmer/innen sich in all ihrer Unterschiedlichkeit und mit möglichst umfassenden Entscheidungsfreiheiten einbringen können.

Wie sich Kreativität dann jeweils äußert, hängt von den konkreten Projekten und Situationen ab. So wird beim Malen oft der kreative Umgang mit Materialien und die Symbol- und Bildfindung angeregt; im Theaterspiel wird beispielsweise der Perspektivwechsel der Akteur/innen gefördert; beim Tanz kann möglicherweise die körperliche Improvisation, bei digitalen Medien vielleicht die kreative Erstellung und Verknüpfung von Dateien und Programmen und bei der Musik das völlig unkonventionelle Bespielen eines Instrumentes nach einem erlittenen Schlaganfall ermöglicht werden. Viele konkrete Anregungen für die Kreativitäts-Prozesse in den unterschiedlichen Sparten enthalten die Beiträge im zweiten Teil dieser Publikation.

> Jede eigenständige und eigenwillige Lösung trägt zur Stärkung der Ich-Funktionen der Klient/innen bei. Und möglicherweise kann die in künstlerisch-kreativen Zusammenhängen gestärkte Kreativität auf andere Lebensbereiche transferiert werden.
> „Ein *phantasievolles* Selbst schafft eine reflektierte, schöpferische Lebenskunst. Die Vorstellungskraft der *Phantasie* entwirft das Andere als *Idee*, als *Möglichkeit*, das Andere *seiner selbst* und sie stiftet die Beziehung zum *Anderen als Person*" (Novotny 2010, 135).

Es gibt eine Unmenge von Publikationen unterschiedlicher Qualität, die auf Kreativitätsförderung abzielen. Die meisten bieten verselbstständigte Methoden an, die sich in ihrer Loslösung von konkreten Beispielen, Problemen und Prozessen als inhaltslose Spielereien darstellen. Die anspruchsvollen dagegen sind kontextgebunden und inspirierend. Viele Übungen aus diesen Büchern machen einfach Spaß, einige irritieren das Alltagsdenken, initiieren Perspektivwechsel und regen dazu an, unorthodoxe Gedankenspiele und Wege zu erproben (z. B. Pricken 2007; Reck 2007). Einem ganzheitlichen und nicht normierten Kreativitätsverständnis, wie wir es für die Soziale Arbeit zu Grunde legen, werden die isolierten und formalisierten Ansätze der meisten Publikationen – im Gegensatz zu komplexen künstlerisch-ästhetischen Verfahren – allerdings nicht gerecht.

3.4.7 Kreativitätsphasen

Kreativitätsforscher/innen haben festgestellt, dass kreative Prozesse im Sinne von Problemlösungsstrategien im weitesten Sinne (also keine reinen Imaginationen, Phantasien), so unterschiedlich diese auch sein mögen, häufig in ähnlichen Phasen verlaufen (vgl. Landau 1969; vgl. auch Mies, Teil II, 4):

> **Kreativitätsphasen**
>
> - *Initiation:*
>
> Eine Idee oder eine Aufgabe initiiert den kreativen Prozess.

- *Präparations- und Sammelphase:*

  Weitere Ideen, Materialien und erste Lösungsmöglichkeiten werden gesammelt.

- *Inkubation (auch Dümpel-, Latenz-, Frustrationsphase):*

  Die (künstlerische) Lösung wird „ausgebrütet". Ein Festbeißen, nicht Vorwärtskommen, sich in Kreisendrehen ist hier oftmals zu beobachten. Abstandnehmen kann helfen (Spazierengehen, Duschen, Kaffeetrinken, Schlafen ...), wovon auch berühmte kreative Menschen wie Leonardo da Vinci und Einstein berichten. Effektivitätsdenken ist hier ausgesprochen kontraproduktiv.

Hinweis:
Besonders in dieser Phase, also beim Dümpeln, ist die Sensibilität und Achtsamkeit der begleitenden Sozialarbeiter/innen gefragt: Zu schnelle Hilfen können die Findung einer eigenen und eigen-sinnigen Lösung verhindern. Andererseits kann ein Scheitern in dieser Phase ebenfalls schädlich sein: Wenn Aufgeben und Versagen drohen, kann dies möglicherweise – wenn gewollt – durch sensible Unterstützungsangebote und Hilfen verhindert werden.

- *Inspiration oder Illumination:*

  Eine mögliche Lösung wird gefunden.

- *Verifikation oder Realisation:*

  Die (künstlerische) Lösung wird umgesetzt, das „Werk" vollendet.

- *Evaluation:*

  Das Ergebnis wird auf seine Stimmigkeit und Gültigkeit (in der Sozialen Arbeit vor allem auf das Individuum bezogen) überprüft und möglicherweise Änderungen vorgenommen.

Dieses idealtypische Phasenmodell der Kreativität ist, wie jedes Modell, die Vereinfachung eines komplexen Vorgangs durch Reduktion und Schematisierung. Die Reihenfolge der Aspekte oder Phasen ist nicht immer gleichbleibend. Und nicht in jedem kreativen Einzel- oder Gruppenprozess muss jede einzelne Phase durchlaufen werden: Phasen können übersprungen, vertauscht oder auch wiederholt werden. Meistens verläuft der Prozess eher in Schleifen. Auch sind einzelne Aspekte manchmal nicht voneinander zu trennen – beispielsweise fallen Realisation und Evaluation oft zusammen, manchmal folgt sehr schnell ein Geistesblitz, die Inkubation scheint zu entfallen. Trotzdem hilft die Kenntnis der Phasen und die Eigen- und Fremdbeobachtung vor diesem Hintergrund dem Verständnis kreativer Prozesse und der Achtsamkeit im Umgang mit diesen.

3.5 Kompetenzen

Zu den wichtigen *Ressourcen* eines Individuums zählt auch das, was heute mit dem Begriff der *Kompetenz* beschrieben wird. Die Annahme, dass gerade die künstlerisch-ästhetische Praxis im Bereich der Kompetenzförderung einen erheblichen Beitrag leisten kann, ist eng mit der gegenwärtigen Bildungsdiskussion verknüpft; und die *Kompetenzförderung* ihrer Klient/innen wird heute zunehmend als Erwartung an die Soziale Arbeit herangetragen. Ausgegangen wird dabei u. a. von der Annahme, dass in der kulturellen Sozialarbeit eine Vielzahl von Fähigkeiten und Fertigkeiten geschult werden kann, die nicht direkt mit den künstlerisch-ästhetischen Inhalten zu tun haben: Gemeint ist die Stärkung sogenannter *Soft Skills* und *Schlüsselkompetenzen*, die vielfach als ein erfreulicher und willkommener Begleiteffekt bei der Betätigung in Projekten der kulturellen Sozialarbeit beschrieben wird (vgl. hierzu die Autorenbeiträge im zweiten Teil dieser Publikation). Die Projekte darauf zu fokussieren, zuzuschneiden oder gar zu reduzieren ist jedoch nur in wenigen Fällen vertretbar. Eine derartige Schwerpunktsetzung ist meist eher dem Legitimationsdruck geschuldet, der teilweise auf der künstlerisch-ästhetischen Arbeit lastet, und „beruht weniger auf wissenschaftlichen Erkenntnissen als auf tradierten und neuen Heilsversprechungen" (Hentschel 2007, 6).

3.5.1 Kompetenzbegriff und Kategorisierung

Kompetenzen sind Fähigkeiten, komplexen inneren und äußeren Anforderungen gerecht zu werden. Im Gegensatz zu Qualifikationen, die funktional auf einen Verwertungszusammenhang bezogen werden (z. B. Qualifikation für einen bestimmten Beruf, eine bestimmte Position), sind Kompetenzen personengebunden.
Als *Schlüsselkompetenzen (= Kern-, Grundkompetenzen)* werden jene Kenntnisse und Fähigkeiten bezeichnet, die den Mitgliedern einer Gesellschaft ermöglichen, in ihr ein erfolgreiches und verantwortungsvolles Leben in sozialer und kultureller Teilhabe zu führen. Hierzu wird heute auch die *Kreativität* (s. o.) gerechnet.
Unter dem Begriff *Soft Skills* werden meist die sogenannten „sozialen" und/oder „emotionalen" Kompetenzen genannt (z. B. Eigenverantwortung, Selbstkritik, Empathie, Kommunikations- und Konfliktfähigkeit, Teamfähigkeit ...).

Ziel von Kompetenzmodellen und Kompetenzkatalogen ist die Operationalisierung von (Aus-)Bildung mit dem Ziel der Effizienzsteigerung, verbunden mit dem Wunsch nach Quantifizierung und Messbarkeit, nach Berechen- und Vorhersagbarkeit sowie nach Kontrolle (vgl. Reichenbach 2007, 77). Zentral ist die Frage nach dem Nutzen, nach der Verwertbarkeit und nach der Kosten-Nutzen-Relation.

Jedoch was manchen vordergründig logisch und einfach und daher verlockend erscheint, erweist sich bei genauerer Beschäftigung als höchst kompliziert und verwirrend. National wie international wird seit vielen Jahren darüber debattiert, wie Kompetenzen identifiziert und kategorisiert und welche Kompetenzen als Schlüsselkompetenzen bezeichnet werden können. Wenn sie beispielsweise dazu dienen sollen, ein erfolgreiches Leben zu führen, beginnt die Schwierigkeit bereits mit der Frage, wie ein solches Leben definiert wird und was ein „erfolgreiches" Leben ausmacht. Kann beispielsweise ein Leben erst dann erfolgreich genannt werden, wenn gesellschaftlich anerkannte Arbeit geleistet wird? Ist erfolgreiches Leben etwa abhängig von Erwerbstätigkeit? Oder gibt es auch andere „Erfolgs-"Konzepte? Wer definiert Schlüsselkompetenzen und für welche Bereiche werden sie festgelegt? Welche Kompetenzen sind als *Schlüssel*kompetenzen zentraler zu bewerten als andere? Wie werden sie – wenn erst einmal definiert – im gesellschaftlichen Bewusstsein aufgenommen und verarbeitet? Schwierig ist auch die analytische Unterscheidung. So enthalten die unterschiedlichen Kataloge für Soft-Skills (vgl. Reichenbach 2007, 67) beispielsweise sowohl „Fertigkeiten, Fähigkeiten oder Kompetenzen, Persönlichkeitseigenschaften, Verhaltensdispositionen und Tugenden", was „weder analytisch noch überhaupt irgendwie unterschieden wird" (ebd., 67). Und auch die unterschiedlichen Listen der sogenannten Kern- und Schlüsselkompetenzen beziehen sich auf unterschiedliche Annahmen und Kategorien.

3.5.2 Kompetenzen und Bildung

Die zunehmende Fokussierung auf Kompetenzen im Bildungs- und Sozialwesen bedeutet die Entfernung von dem Ideal einer ganzheitlichen *Bildung* hin zu einer modularisierten (Teil-)*Ausbildung*. Verbunden damit ist eine Änderung von Werten, die diesen Bereichen zu Grunde liegt (vgl. Pongratz/Reichenbach/Wimmer 2007). Traditionelle *Bildung* zielt auf die Herausbildung einer selbst-, sozial und politisch verantwortlichen *Persönlichkeit* auf der Grundlage humanistischer Werte. In ihrem ganzheitlichen Verständnis ist auch „Schöngeistiges" und scheinbar „Nutzloses" inbegriffen. Das Ziel der *Kompetenzmodelle* hingegen ist die Operationalisierbarkeit, Quantifizierbarkeit und Messbarkeit von Lernprozessen. Und die daraus entwickelte Aus-Bildung zielt auf die Optimierung *verwertbarer Kompetenzen* – verwertbar im persönlichen und ökonomischen Sinne (= angemessen Funktionieren, Spielregeln beherrschen). Die Betonung der Verwertbarkeit, die an Kompetenzen geknüpft ist, birgt unterschiedliche Gefahren. So werden möglicherweise zentrale *Werte* (Inhalte) zugunsten von *Kompetenzförderung* (Methoden) vernachlässigt, und bei den Lernenden wird nicht Wissbegierde und Offenheit initiiert, sondern die Frage nach dem direkten Nutzen in den Vordergrund gerückt – individuell, gesellschaftlich und ökonomisch (vgl. zum Verhältnis von Bildung und Kompetenzerwerb auch BMFSFJ 2005). Die Interessen und die Aufgaben der Sozialen Arbeit sind jedoch nicht primär mit den Kategorien Verwertbarkeit, Messbarkeit und Effizienz verbunden: Auf die Stärkung und Unterstützung ihrer Klient/innen zugeschnitten richten sie sich nicht unbedingt auf eine (patriarchalische/missionarische) „Re-Sozialisierung" oder (Wieder-) Eingliederung in den Arbeitsprozess mit entsprechender „Kompetenzförderung", sondern unterstützen auch ökonomisch unrentable Lebensentwürfe – einschließlich der hierfür relevanten, vielleicht ganz anderen „Kompetenzen".

3.5.3 Lebenslanges, non-formales und informelles Lernen

Die schlechten Ergebnisse von deutschen Schüler/innen bei den von der Oecd in Auftrag gegebenen Pisa-Studien führten zu einer Sorge um die internationale Wettbewerbsfähigkeit. Der *Kompetenzerwerb* wurde zum zentralen Thema. Im Konzept des *lebenslangen Lernens* wird dementsprechend betont, dass Kompetenzerwerb und -entwicklung sich nicht auf den Ersterwerb in der formalen Bildung bzw. in der Jugend beschränken kann, sondern lebenslang in einer „kohärente(n) Gesamtstrategie" (DeSeCo 2005, 19) – das meint beispielsweise in der Freizeit und in der Erwachsenenbildung – fortgesetzt werden soll. Große Erwartungen werden in diesem Zusammenhang in die künstlerisch-ästhetische Bildungs- und Sozial-Arbeit gesetzt, von der die Förderung der Kernkompetenzen in besonderem Maße erhofft wird.

Lebenslanges Lernen
Lebenslanges Lernen ist ein Bildungsprogramm der Europäischen Union (2007–2013): Lernen soll nicht in und mit der Schule abgeschlossen sein, sondern sich über das gesamte Leben erstrecken.

Formales Lernen
findet in hierzu eingerichteten Bildungs- und Ausbildungseinrichtungen statt, den (Hoch-)Schulen. Es führt zu anerkannten Abschlüssen, Zeugnissen und Qualifikationen.

Non-formales bzw. nicht-formales Lernen
findet in einem organisierten, oft institutionalisierten Rahmen statt (VHS, Caritas, Musikschule etc.), jedoch ohne anerkannte Abschlüsse.

Informelles Lernen
findet nicht-organisiert und nicht-geplant und meist außerhalb der Bildungseinrichtungen statt. Es bezeichnet beispielsweise das Lernen in der Familie, in der Peer-Group und in der Freizeit.

Fraglich ist, ob eine „kohärente Gesamtstrategie" zur (Wieder-)Herstellung der internationalen Wettbewerbsfähigkeit (nicht nur) aus der Perspektive der kulturellen Sozialarbeit positiv zu bewerten ist.

3.5.4 Zertifizierung der künstlerisch-ästhetischen Praxis?

In der künstlerisch-ästhetischen (sozialen) Praxis wird heute teilweise mit Zertifizierungsverfahren gearbeitet. Sinnvoll ist dies sicherlich bei einigen Zielgruppen, um die erfolgreiche Teilnahme und die Wertschätzung der Projektbeiträge zu dokumentieren („Anerkennungskultur", Steigerung des Selbstwertgefühls, Bewerbungsunterlagen etc.) und damit die Nachhaltigkeit der Maßnahmen zu unterstützen. Der *Kompetenznachweis Kultur (KNK)*, der nach den Kompetenzkatalogen der Oecd vom bkj (Bundesvereinigung kultureller Jugendbildung) entwickelt wurde, ist in diesem Bereich das aufwendigste Zertifizierungsverfahren. Wie der Name bereits sagt, betont und dokumentiert er die *Kompetenz*entwicklung in künstlerisch-ästhetischen Projekten und stellt damit den Nützlichkeits- und Verwertbarkeitsgedanken ins Zentrum: Die Kompetenzen und das Methodische rücken bei diesem Zertifizierungsverfahren in den Vordergrund, die Reflexion von Inhalten und ästhetischen Erfahrungen in den Projekten ist dagegen nicht von zentraler Bedeutung. Von Kritiker/innen wird daher die These vertreten, dass es sich bei Projekten, „in denen der Kompetenznachweis Kultur vergeben wird, in Bezug auf die Bildungsarbeit ... sozusagen um unter der Hand eingeführte ‚Kompetenztrainings'" handele, „welche dem Ökonomismus oder der Utilitarisierung kultureller Bildungsarbeit Vorschub leisten", was die an der Entwicklung und Verbreitung des Verfahrens maßgeblich beteiligten Autorinnen Vera Timmerberg und Brigitte Schorn allerdings bestreiten (Timmerberg/Schorn 2009, 26). Die im KNK aufgelisteten Kompetenzen sind in künstlerisch-ästhetischen Projekten in der Sozialen Arbeit durchaus von Bedeutung (vgl. Teil II). Gleichwohl bleibt die Frage, ob durch ihre Auflistung, Kategorisierung und Normierung im Zusammenhang mit Nützlichkeits- und Verwertbarkeitsansprüchen – wie sie sich auch im KNK zeigen – nicht einer Anpassung persönlicher Interessen, kreativer Eigenschaften und Fähigkeiten an vorgegebene Erwartungen und Bedingungen und einer Verdinglichung menschlicher Potenziale und Bedürfnisse Vorschub geleistet wird (Stichworte „Arbeitssubjekt", „Humankapital" und Foucaults „Gouvernementalität", vgl. auch Hafke 2009).

📖 *Literatur (Kursiv gedruckte Titel werden zur Vertiefung empfohlen)*

BMFSFJ (Bundesministerium für Familie, Senioren, Frauen und Jugend) (2005): Zwölfter Kinder- und Jugendbericht. Bericht über die Lebenssituation junger Menschen und die Leistungen der Kinder- und Jugendhilfe in Deutschland. Online: URL: http://www.¬bmfsfj.de/doku/kjb/data/download/kjb_060228_ak3.pdf, Aufruf: 10.10.2017.
BMWi (Bundesministerium für Wirtschaft und Technologie): Kultur und Kreativwirtschaft. Online: URL: http://www.kultur-kreativ-wirtschaft.de/KuK/Navigation/kultur-kreativ¬wirtschaft.html, Aufruf: 12.06.2017.
Burow, O.-A. (1999): Die Individualisierungsfalle: Kreativität gibt es nur im Plural. Stuttgart: Klett-Cotta.
Csikszentmihalyi, M. (2017): Flow. Das Geheimnis des Glücks. 11. Aufl., Stuttgart: Klett Cotta.
DeSeCo (2005): Definition und Auswahl von Schlüsselkompetenzen. Zusammenfassung. Online: URL: http://www.oecd.org/dataoecd/36/56/35693281.pdf, Aufruf: 06.07.2017.
Galuske, M./Müller, C. W. (2010): Handlungsformen der Sozialen Arbeit. Geschichte und Entwicklung. In: Thole, W./Küster, E.-U./Bock, K. (Hg.): Grundriss Soziale Arbeit. Ein

einführendes Handbuch. 3., überarb. u. erw. Aufl., Wiesbaden: VS, S. 587–609. Hafke, Ch. (2009): „Jede gute Praxis braucht Theorie" – Ästhetische Praxis und Foucault. Foucaults Gouvernementalitätsansatz und die Kulturelle Bildung. In: Korrespondenzen. Zeitschrift für Theaterpädagogik. H. 55. 25. Jg.
Hentschel, U. (2007): „... mit Schiller zu mehr ‚social skills'". In: kiss – Kultur in Schule und Studium. Hrsg. vom Siemens Arts Program. München, S. 6–7.
Heller, J. (2013): Resilienz. 7 Schlüssel für mehr innere Stärke. München: GU.
Herriger, N. (2014): Empowerment in der Sozialen Arbeit. Eine Einführung. 5. Aufl., Stuttgart: Kohlhammer.
Höller, Ch. (1996): Widerstandsrituale und Pop-Plateaus. In: Holert, T./Terkessidis, M. (Hg.) (1996): Mainstream der Minderheiten. Berlin-Amsterdam: Edition ID-Archiv, S. 55–71.
Jank, W./Meyer, H. (2002): Didaktische Modelle. 5. Aufl., Berlin: Cornelsen.
Kirchner, C./Schiefer Ferrari, M./Spinner, K. H. (Hg.) (2006): Ästhetische Bildung und Identität. Fächerverbindende Vorschläge für die Sekundarstufe I und II. München: kopaed.
Klafki, W. (1996): Neue Studien zur Bildungstheorie und Didaktik. Zeitgemäße Allgemeinbildung und kritisch-konstruktive Didaktik. Weinheim u. a.: Beltz.
Landau, E. (1969): Psychologie der Kreativität. München, Basel: UTB.
Meis, M. S. (2010b): Studie zur Erfassung kreativitätsfördernder und -hemmender Faktoren. Unveröffentlicht.
Mollenhauer, K. (1996): Grundfragen ästhetischer Bildung, Weinheim, München: Juventa.
Novotny, E. (2010): Ermächtigen: Ein Bildungsbuch. Für eine wache Zeitgenossenschaft im Spannungsfeld von Individualisierung und neuen Formen von Gemeinschaft. Frankfurt a. M.: Peter Lang.
Pongratz, L. A./Reichenbach, R./Wimmer, M. (Hg.) (2007): Bildung-Wissen-Kompetenz.
Rönnau-Böse, M./Fröhlich-Gildhoff, K. (2015): Resilienz und Resilienzförderung über die Lebensspanne. Stuttgart: Kohlhammer.
Bielefeld: Janus Presse.
Pricken, M. (2007): Kribbeln im Kopf. Kreativitätstechniken & Denkstrategien für Werbung, Marketing & Medien. Mainz: Schmidt Hermann.
Reck, H. U. (2007): Index Kreativität. Köln: Walther König.
Reichenbach, R. (2007): Soft Skills: destruktive Potentiale des Kompetenzdenkens. In: Pongratz, L. A./Reichenbach, R./Wimmer, M. (Hg.): Bildung-Wissen-Kompetenz. Bielefeld: Janus Presse, S. 64–81.
Rustler, Florian (2018): Denkwerkzeuge der Kreativität und Innovation. Zürich: Midas Management Verlag AG.
Schilling, J. (2016): Didaktik und Methodik der Sozialen Arbeit. 7. Aufl., München, Basel: UTB.
Schulz, F. (2009): Umgangsweisen mit Kreativität. In: Kunst + Unterricht. H. 261, S. 4–9.
Schulze, G. (1992): Die Erlebnisgesellschaft. Kultursoziologie der Gegenwart. Frankfurt a. M., New York: Campus.
Seeliger, M. (2003): Das Musikschiff. Kinder und Eltern erleben Musik. Von der pränatalen Zeit bis ins vierte Lebensjahr. 2. Aufl., Regensburg: ConBrio.
Theunissen, G. (2006): Kreativität und geistige Behinderung. In: Theunissen, G./Großwendt, U. (Hg.): Kreativität von Menschen mit geistigen und mehrfachen Behinderungen. Grundlagen. Ästhetische Praxis. Theaterarbeit. Kunst- und Musiktherapie. Bad Heilbrunn: Julius Klinkhardt, S. 11–27.
Theunissen, G./Großwendt, U. (2006) (Hg.): Kreativität von Menschen mit geistigen und mehrfachen Behinderungen. Grundlagen. Ästhetische Praxis. Theaterarbeit. Kunst- und Musiktherapie. Bad Heilbrunn: Julius Klinkhardt.
Titze, D. (2008) (Hg.): Resonanz und Resilienz. Die Kunst der Kunst Therapie. Dresden: Sandstein.

Timmerberg, V./Schorn, B. (Hg.) (2009): Neue Wege der Anerkennung von Kompetenzen in der Kulturellen Bildung. Der Kompetenznachweis Kultur in Theorie und Praxis. München: kopaed.
Ulmann, G. (1968): Kreativität. Neue amerikanische Ansätze zur Erweiterung des Intelligenzkonzeptes. Weinheim, Berlin, Basel: Beltz.
Weiß, W./Kessler, T./Gahleitner, S. B. (Hg.) (2016): Handbuch Traumapädagogik. Weinheim: Beltz.
Winnicott, D. W. (2015): Vom Spiel zur Kreativität. 12. Aufl. Stuttgart: Klett-Cotta.
Wustmann, C./Fthenakis, W. (2004): Resilienz. Widerstandsfähigkeit von Kindern in Tageseinrichtungen fördern. Berlin: Cornelsen.

4 DIDAKTIK UND METHODIK

Die für diese Publikation geltenden Grundlagen, die den Hintergrund für alle didaktisch-methodischen Entscheidungen bilden, können am ehesten mit einer „Pädagogik der Vielfalt" (Prengel 2006) umschrieben werden. Das Menschenbild ist ein humanistisches, in dem von dem Bestreben eines jeden Menschen nach einem glücklichen Leben in der sozialen Gemeinschaft ausgegangen wird. Die Alltagsbedeutungen der Begriffe *glücklich* und *Gemeinschaft* liegen diesem Verständnis zu Grunde. Ausgangsthese ist, dass die Unterschiedlichkeit der Menschen eine Bereicherung und Ressource darstellt, und nicht als Negativum gesehen werden darf (vgl. Deutsches Hygiene-Museum 2001). Heterogenität stellt uns zwar oftmals vor Probleme, da es nicht immer leicht ist, den unterschiedlichen Interessen gerecht zu werden. Aber die in unserer Gesellschaft erkennbare Tendenz zu Normierung und Homogenisierung, die u. a. in unserem dreigliedrigen Schulsystem, in Kompetenzsystemen und in unseren Stadt- und Einkaufslandschaften sichtbar wird, führt zu neuen Problemen und zu einer Reduktion an Möglichkeiten.

Die vorliegende Publikation schließt an pädagogische Ansätze an, die unter den folgenden Begriffen bekannt sind: Subjektorientierung, Prozessorientierung, entdeckendes Lernen, Werkstattprinzip, Projektarbeit und Ästhetische Forschung. Im Vergleich zu schulischen Ansätzen sind sie nicht an konkrete Lernziele gebunden.

Zu Grunde liegen Erkenntnisse der Entwicklungs- und Lerntheorien, die jene Umgangsweisen für besonders wirkungsvoll und nachhaltig erachten, die an den individuellen Interessen, Motivationen und Möglichkeiten der Klient/innen anknüpfen, und die die Zielpersonen in hohem Maße aktiv einbeziehen (vgl. Mandl/Reinmann-Rothmeier/Gräsel 1998).

Die humanistische Psychologie liefert die Begründungen für eine weitere Bedingung für die erfolgreiche Arbeit auf Seiten der Sozialarbeiter/innen (vgl. Tausch/Tausch 1998):

- eine durch Wertschätzung, Achtung, Achtsamkeit und Rücksichtnahme geprägte Grundhaltung,
- ein durch Empathie und Verständnis geprägtes Verhalten,
- Authentizität und Aufrichtigkeit,
- Ermöglichung von Individualisierung und Eigentätigkeit der Klient/innen durch ein geschicktes Ausbalancieren von Zurückhaltung einerseits und Unterstützung/Lenkung seitens der Anleiter- bzw. Mentor/innen andererseits.

4.1 Didaktik

Die Didaktik ist die Wissenschaft, die sich um Systematisierung, Begründung und Erforschung von Lernprozessen bemüht. Didaktische Fragen spielen nicht nur in formalisierten Lernarrangements wie der Schule oder der beruflichen Bildung eine Rolle, sondern auch in der Sozialen Arbeit. Auch sie will auf der Seite ihrer Adressat/innen Lernen ermöglichen und bewirken. Die Didaktik entwickelt Theorien und Konzepte, die die Prozesse optimieren sollen und Hilfen bei der Auswahl und Anwendung von Inhalten und Vorgehensweisen bereitstellen.

> **Didaktik** (von griechisch didáskein = lehren) bezeichnet die Theorie und Praxis des Lehrens, Unterrichtens und Lernens.
> Ihr Schwerpunkt liegt dabei auf den folgenden „W-Fragen":
>
> - Was? (Grundlegende Reflexion der möglichen Angebote)
> - Warum und Wozu? (Reflexion der Potenziale und der Ziele)
>
> Aber auch die folgenden Fragen spielen eine Rolle:
>
> - Wer? (Zielgruppenanalyse)
> - Von wem? (Gedanken über die Anleitung: Sozialarbeiter/in, Team, Kooperationen, Peers?)
> - Wann? (Zeitlicher Rahmen)
> - Wo? (Räumliche Bedingungen)
> - Womit? (Mit welchen Medien und Hilfsmitteln)
> - Wie? (Methodische Überlegungen)

Es gibt allgemeine Didaktiken und Fachdidaktiken, die die allgemeinen Grundlagen auf die jeweiligen fachlichen Bedingungen zuspitzen und konkretisieren: Offensichtlich muss die Fachdidaktik des Schulfaches Englisch mit seinen eindeutigen und überprüfbaren Ergebnissen wie Vokabeln und Grammatik ganz anders angelegt sein als eine Fachdidaktik für die Soziale Arbeit mit ihren offenen Lernprozessen.

Zurzeit steht die Erstellung einer allgemeinen oder gar künstlerischen Fachdidaktik der Sozialen Arbeit als allgemein anerkanntes Werk noch aus. Schillings „Didaktik/Methodik Sozialer Arbeit" bildet diesbezüglich eine interessante Diskussionsgrundlage, bei der er jedoch selbst die starke Anlehnung an schulische Didaktiken betont (Schilling 2016), was dem Arbeitsfeld der Sozialen Arbeit nicht immer gerecht wird.

Warum es noch keine explizit sozialarbeiterische Fachdidaktik gibt, ist mit der Komplexität der Materie zu erklären, die bereits deutlich geworden ist: Der Bereich des *Lehrens und Lernens,* also der Gegenstand der Didaktik, stellt nur einen Teilbereich der sozialarbeiterischen Praxis dar. Diese – speziell auch die künstlerisch-ästhetische – ist zu vielfältig und heterogen, als dass sie – wie in den formalen Bildungsbereichen – bislang klar umrissen werden konnte.

Daher reduziert sich die Gemeinsamkeit in der künstlerisch-ästhetischen Praxis im Rahmen der Sozialarbeit auf die weitgehende Einigkeit in Bezug auf die bereits ausgeführten Zielsetzungen: Kompensation von Benachteiligungen und Beeinträchtigungen, Empowerment, Selbstbildung und Selbstermächtigung verbunden mit Ressourcenorientierung, Entwicklung von Fähigkeiten, Fertigkeiten und Stärken.

> **Sozialarbeit und Sozialpädagogik**
>
> Selbstbildungskonzepte (Mollenhauer 1996) und der Ansatz des Empowerments (Herriger 2014) werden vielfach im engeren Sinne als sozial*arbeiterisch* verstanden. Die meisten anderen didaktischen Ansätze – wie z. B. auch die von Schilling (2016) – sind in Anlehnung an schulische Didaktiken entstanden und daher traditionell eher sozial*pädagogisch* orientiert, da eine pädagogisch ausgerichtete Arbeit früher in Studium und Praxis der *Sozialpädagogik* verortet war.
>
> Die Veränderungen in der Gesellschaft und an den Hochschulen haben jedoch in vielen Bereichen zu einer starken Annäherung der Bereiche *Soziale Arbeit* und *Sozialpädagogik* geführt, wodurch die Bedeutung der pädagogischen Ausrichtung in der Sozialen Arbeit gewachsen ist, nicht nur in der Schulsozialarbeit und der Kinder- und Jugendarbeit (vgl. BMFSFJ 2005).
>
> In dieser Publikation werden daher in pädagogischen Zusammenhängen die Begriffe *sozialarbeiterisch* und *sozialpädagogisch* teilweise synonym genutzt, wie dies heute vielfach der Fall ist.

4.2 Methodik

Methoden sind Hilfen und Verfahren, ein Ziel zu erreichen. Sie stellen beispielsweise Möglichkeiten bereit, *wie* Sozialarbeiter/innen Jugendliche im verantwortlichen Umgang mit digitalen Medien unterstützen können (vgl. Hoffmann, Teil II, 2). Methoden stellen ein Instrumentarium an Handlungsmöglichkeiten dar, womit im Alltag die Komplexität der Handlungsanforderungen reduziert werden kann: sie helfen, planvoll und nachvollziehbar zu handeln, wenn dies sinnvoll erscheint (in der geschlossenen und teiloffenen Arbeit, S. u.), und ergänzen das achtsame, intuitive Begleiten und Improvisieren, welches die offene Arbeit auszeichnet.

Zudem steht die Soziale Arbeit im Zuge der Verwissenschaftlichung unter einem erheblichen Druck, eigene Methoden vorzuweisen, um als Beruf mit Hochschulabschluss anerkannt zu sein. In diesem Kontext dienen Methoden als Beleg für eine professionelle Vorgehensweise und festigen das Renommee der Sozialen Arbeit als Beruf mit akademischem Abschluss.

> **Methodik**
>
> Die *Methodik* ist die Gesamtheit der in der jeweiligen Fachrichtung relevanten Methoden. Sie befasst sich mit der Entwicklung, der praktischen Umsetzung und der Evaluation der Methoden. Ihr Schwerpunkt innerhalb der Fachdisziplin ist vor allem das *Wie?*
>
> *Didaktische* und *methodische Fragen* sind nicht immer zu trennen. So kann das (methodische) *Wie* in der *Didaktik* ebenso wenig ausgeklammert werden wie Fra-

> gen der *Didaktik* in der *Methodik*. Häufig wird daher auch von *didaktisch-methodischen* Fragen gesprochen.

4.2.1 Traditionelle und neue Methoden in der Sozialarbeit

Johannes Schilling, dem wir in diesem Aspekt folgen, unterteilt in Anlehnung an schulische Didaktiken in unterschiedliche Methodenebenen (Schilling 2016, 113):

1. Makroebene
Auf der Makroebene befinden sich die drei Methoden, die die Sozialarbeit im Laufe ihrer Geschichte für ihre spezifische Arbeit ausgebildet hat. Sie geben nur einen groben Rahmen vor:

- die Einzelhilfe mit dem Schwerpunkt Beziehungs-Orientierung,
- die Gruppenarbeit mit der Tendenz Aktivitäts-Orientierung,
- die Gemeinwesenarbeit mit einer Ausrichtung auf Lebensraum-Orientierung.

Heute besteht keine Einigung mehr darüber, ob die drei genannten Methoden überhaupt Methoden oder nur mögliche Arbeits- oder Beziehungsformen sind (Schilling 2016, 112–114).

2. Mesoebene
In den 1990er Jahren wurde die Soziale Arbeit mit vielfältigen möglichen „jungen" Methoden angereichert, die meist aus angrenzenden Disziplinen adaptiert wurden (Vgl. Galuske/Müller 2010, 603, Galuske 2013). Sie stellen Hilfen für die tägliche Arbeit bereit: Methoden der Gruppenarbeit, der Gesprächsführung, künstlerisch-ästhetische Methoden usw.

Die Beiträge im zweiten Teil der vorliegenden Publikation stellen ein solches Methodenpaket auf der Mesoebene zur Verfügung.

3. Mikroebene
Auf der Mikroebene finden wir konkrete Handlungsanweisungen, die wir auch als *Techniken* und *Übungen* bezeichnen. Sie werden zur Unterstützung der Mesoebene hinzugezogen.

Häufig werden diese niederschwelligen kleineren künstlerisch-ästhetischen Verfahren auch in der sozialen Praxis ausgewählt und ergänzend in die ansonsten nicht künstlerisch-ästhetisch ausgerichtete Arbeit aufgenommen: Zum Kennenlernen, in Konfliktsituationen, zur Entspannung, aber auch in der Therapie usw. werden sie in kurzen Phasen eingesetzt. So kann beispielsweise ein Turmbau aus Papier als Kooperationsaufgabe das Gruppengefühl stärken, ein eingeschobener Tanz die Konzentrationsfähigkeit einer Kindergruppe wiederherstellen und ein gemeinsames Lied den Abschluss einer verbalen Gruppenarbeit bilden. Der Einsatz dieser Übungen zielt dann nicht auf kulturelle Bildung und

Teilhabe, sondern dient beispielsweise der Motivation, der Abwechslung, der Einbeziehung anderer Ausdrucksformen zur Optimierung der Kommunikation und Interaktion und der Diagnostik.

Bisher ist es noch nicht gelungen, national oder gar international einheitliche Ziele, Verfahren oder verbindliche Vorschriften für künstlerisch-ästhetische Tätigkeiten in der Sozialen Arbeit zu entwickeln. Solche „Standards und Verfahrensgrundsätze müssen arbeitsfeldspezifisch entwickelt, beraten und gesetzt werden – unter Beteiligung derjenigen, die sie in die Praxis umsetzen, aber auch derjenigen, auf die sie zielen" (Hansen 2009, 513).

Ob einheitliche Standards und Verfahrensgrundsätze in diesem Bereich überhaupt sinnvoll und möglich sind, bleibt zudem fraglich. Wie generell bei der Methodenwahl und -handhabung sind die situative, individuelle und persönliche Angemessenheit und der kreative Umgang der Sozialarbeiter/innen entscheidende Kriterien dafür, ob eine Methode wirkungsvoll und hilfreich sein kann oder nicht.

> **Hinweise**
>
> Bei der Auswahl einer künstlerisch-ästhetischen Methode gilt ein Ausschlusskriterium in besonderem Maße: Wenn die Anleiter/innen keinen persönlichen Zugang zur Methode finden, kann sie kaum produktiv genutzt werden. Nur mit eigener Überzeugung können künstlerisch-ästhetische Verfahren die Arbeit bereichern.
>
> Solange eine wertschätzende Grundhaltung den Klient/innen gegenüber gewahrt wird, können vermeintliche methodische Fehler von (unerfahrenen) Sozialarbeiter/innen kaum Schaden anrichten. Wenn es die Situation zulässt, helfen dann oftmals Humor und das gemeinsame Lachen (nicht über jemanden oder etwas, sondern miteinander) über methodische Schwächen hinweg.

4.2.2 Grundlagen der Methodenwahl

In der kulturellen Sozialarbeit können drei unterschiedliche Ausrichtungen unterschieden werden:

- *Die geschlossene, vorstrukturierte, verbindliche und in Verlauf und Ergebnis durch eine Leitung bzw. Institution eingebrachte Ausrichtung:*

Die jeweiligen Klient/innen sind nach festgelegten Kriterien ausgewählt. Gruppenzusammensetzungen werden nach bestimmten Voraussetzungen oder Kennzeichen entschieden. Die Arbeitsergebnisse (Leistungen) der Einzelnen und/oder der Gruppe werden nach einem bestimmten Schlüssel bzw. einer Norm überprüft und bewertet (vgl. Schule, Weiterbildung, Erziehung, Qualifizierung, Zertifizierung ...).

Beispiel:
Eine Gruppe straffällig gewordener Jugendlicher meißelt aus Ytong nach Vorlagen und unter Anleitung Schachfiguren für eine Außenanlage. Nur die Figuren kommen ins Spiel, die genau der Norm entsprechen. Teilnahme ist Pflicht, Zeiten und Raumordnung sind festgelegt. Es gibt Teilnahme- und Arbeitsaufgabenlisten.

- *Teiloffene, halboffene, teilweise vorstrukturierte Ausrichtung:*

Die Anleiter/innen schlagen mögliche, zumeist niederschwellige und lebenslagenbezogene Angebote und Rahmungen vor. Es gibt keine Teilnahmevoraussetzungen. Die Teilnehmer/innen können aus Angeboten wählen. Die Verantwortung hat die Leitung. Die Wahlen der Teilnehmer/innen werden von ihr beobachtet, auch Scheitern und dessen Gründe werden registriert, Ursachen dafür analysiert. Auf Grund ihrer besonderen pädagogischen (künstlerisch-ästhetischen) Kompetenz schlägt die Leitung inhaltliche, materiale und personelle Optimierungen und Veränderungen vor und motiviert methodisch geschickt zur Weiterarbeit (Vereinfachungen, Schritte, Phasen, Zwischenlernschritte, Modelle, Lockerung, Training ...). Die Arbeitsergebnisse stellen die Teilnehmer/innen vor – wenn sie wollen und wie sie wollen. Es kommt zu einem von den anleitenden Pädagog/innen gelenktem Austausch über Prozesse und Produkte (Stichworte: Freizeitangebote, Workshops, Freiwilligkeit ...). Es gibt vom Setting her gegebene Verpflichtungen und Verantwortungen, ein Teilnahmeabbruch ist selbst gewählt oder von der Leitung nahegelegt möglich (vgl. Behrens/Tiedt, Teil II, 3; Hartogh/Wickel Teil II, 5).

Beispiel:
Im Rahmen eines Angebotes „Szenisches Spiel" für eine Mädchengruppe entscheidet sich eine Gruppe für ein Stück, in dem „Anmache" Thema ist. Geschichte, Rollen, Bühne und Organisation werden mit Unterstützung der Anleitenden entwickelt. Letztere leiten zudem gruppendynamische Übungen an (Aufwärm-, Kennenlern-, Kooperationsspiele etc.) und geben Texte und Filmmaterial als Anregungen in die Gruppe. Bei fehlender Motivation und bei vermeintlichen inhaltlichen Schwächen greifen sie vorsichtig lenkend ein.

- *Offene Ausrichtung:*

Inhalte und Vorgehensweise entwickeln sich aus dem Gruppenprozess heraus. Es gibt keine Vorgaben und keine Voraussetzungen. Die Verantwortung liegt weitgehend bei den Teilnehmenden selbst. Die begleitenden Sozialarbeiter/innen verstehen sich als Helfer/innen und Mentor/innen, die je nach Bedarf unterstützend zur Seite stehen. Sie greifen jedoch nicht lenkend oder (an-)leitend ein (z. B. in Wohngruppen, in offenen Jugend- und Seniorentreffs ...). Oftmals bleibt es bei einer relativen Unverbindlichkeit der Teilnahme und des jeweiligen individuellen Beitrags. Verbindlichkeiten können sich jedoch aus dem Setting ergeben (vgl. Hoffmann, Teil II, 2 und Mies, Teil II, 4).

Beispiel:
Jugendliche wollen die Außenwände ihres Treffs malerisch gestalten. Der begleitende Sozialarbeiter unterstützt beim Genehmigungsverfahren, bei der Materialbeschaffung und der Organisation, sofern dies nötig ist. Er nimmt keinen Einfluss auf die Ausführung, die inhaltlichen und ästhetischen Entscheidungen. Einzelne Jugendliche verlassen vorzeitig das Projekt, andere kommen hinzu. Der Begleiter stellt seine Vorstellungen zurück und akzeptiert die seinem Geschmack und seinen Vorstellungen widersprechende Gestaltung sowie die manchmal frustrierende und den Prozess behindernde Fluktuation bei der Teilnahme, wenngleich er vorsichtig für kontinuierliche Mitarbeit zu motivieren sucht.

Nach dem Verständnis der Sozialen Arbeit unterscheidet sich das Umgehen mit Methoden also grundsätzlich nach den folgenden Aspekten, die bei der Planung eines Vorhabens reflektiert werden sollten (warum und mit welchen Konsequenzen und möglicherweise Alternativen werden die diesbezüglichen Entscheidungen getroffen) (vgl. Autorenbeiträge in Teil II):

- Werden die Teilnehmer/innen über Zugangsvoraussetzungen oder besondere Merkmale reflektiert, sortiert (z.B. Alter, Geschlecht, Fähigkeiten, Problemlagen…), zugelassen und/oder zugewiesen oder sind die Gruppen freiwillig, gemischt, zufällig, überraschend zusammengesetzt?
- Steht das Thema, die Aufgabe, das Vorhaben fest oder ist es offen?
- Ist der Zeitrahmen insgesamt festgelegt; wie genau ist er in einzelne Abschnitte, Phasen, Perioden untergliedert – oder wird im Verlauf darüber gemeinsam entschieden?
- Wie viel Lenkung, Grenzsetzung, Erziehung ist notwendig/sinnvoll bzw. wie viel Freiheit, Spiel-Raum, Eigenverantwortung und Eigeninitiative ist wichtig?
- Ist das Vorhaben leitungszentriert oder (weitgehend) eigenständig von der Gruppe geführt?
- Sind die Räume (Werkstatt, Theater, Aufenthaltsraum) für das Thema, die Aufgabe, das Vorhaben vorstrukturiert oder offen für das, was kommen kann?
- Ist das Material vollständig, thematisch ausgewählt, möglicherweise verbindlich oder wird es gesucht und gefunden, wie es für das sich entwickelnde Vorhaben benötigt wird?
- Wird auf ein Ergebnis (Ausstellung, Präsentation) hin gearbeitet oder steht der Prozess und seine Wirkung im Vordergrund (Produkt- versus Prozessorientierung)?
- Ist die Auswertung, Dokumentation und/oder Beurteilung kategorial (Operationalisierung der Qualität) und kanonisch (Gütekriterien), liegt sie vorab fest oder wird sie produkt- und prozessspezifisch von der Gruppe oder dem Einzelnen selbst gefunden, entwickelt, mitbestimmt?

Es gibt weder für die Auswahl einer Methode noch auf der methodischen Ebene selbst einfache Rezepte: Die künstlerisch-ästhetische Arbeit muss sowohl den unterschiedlichen strukturellen Bedingungen als auch den jeweiligen Menschen mit ihren vielfältigen künstlerischen Produktions- und Rezeptionsvermögen und ihren heterogenen Interessen gerecht werden (Galuske/Müller 2010, 592 f.). Sozialarbeit kann nur nah am Alltag der Klient/innen und deren Problemen gelingen. Sozialarbeiter/innen dürfen daher auf die Vielgestaltigkeiten und Kontingenzen des Alltags nicht mit starren Instrumenten oder zielgenauen Technologien reagieren, sondern ihre Methodenwahl sensibel und achtsam auf die jeweiligen Bedürfnisse abstimmen.

4.3 Vorbereitung geschlossener und teiloffener künstlerisch-ästhetischer Angebote

Geschlossene, vorstrukturierte, verbindliche sowie halboffene, teilweise vorstrukturierte künstlerisch-ästhetische Vorhaben müssen vorbereitet werden. Die Ausführlichkeit und Detailliertheit der Planung richtet sich nach den Zielvorstellungen. Doch selbst wenn im Spezialfall vielleicht eine genaue Festlegung der Durchführung durch die Vorbereitung wünschenswert wäre (siehe Beispiel mit straffällig gewordenen Jugendlichen), ist ihr Verlauf doch nicht in allen Aspekten planbar und steuerbar. Es handelt sich bei künstlerisch-ästhetischen Projekten nicht um lineare Prozesse mit einfachen Kausalzusammenhängen, sondern um ein komplexes Geschehen mit unterschiedlichen Individuen und Variablen auf vielen Ebenen. Daher gibt es bei der Durchführung immer wieder eine Unzahl nicht vorhersehbarer Ereignisse und Rückkopplungseffekte, die langfristige Verhaltensvoraussagen und Festlegungen von Arbeitsschritten erschweren oder sogar verunmöglichen – Offenheit und Flexibilität, möglicherweise auch Alternativpläne sind unerlässlich. Außerdem lassen kleinschritig und strikt durchgeplante Ansätze wie beispielsweise das bei Schilling exemplarisch vorgestellte Zirkusprojekt (vgl. Schilling 2016, 245–263) den Akteuren wenig *Spiel-Raum* für Lust, Freude, Eigenverantwortung, Entscheidungen und eigensinnige Kreativität und sind daher nur in begründet reglementierenden Projekten sinnvoll.

4.3.1 Zur Planung einzelner Einheiten auf der Mikro-Ebene

Erkenntnisse der Lernpsychologie belegen, dass eine Strukturierung und vor allem Rhythmisierung von kürzeren und besonders längeren Prozessen der Motivations- und Konzentrationssteigerung der Akteure dient. Durch regelmäßige Wechsel der Medien, aber auch der Arbeits-, Aktivitäts- und Sozialformen wird besonders in Gruppen auf die Unterschiedlichkeit der Interessen, Vorlieben und Bedürfnisse der Teilnehmer/innen eingegangen. Dies kann bei der Wahl von Methoden auf der Mikro-Ebene als zusätzliches Kriterium Berücksichtigung finden.

Befragt werden kann dann die Methode u. a. hinsichtlich der folgenden Faktoren:

- Sozialform (Einzel-, Partner- oder Gruppenaktivität; kooperativ oder kompetitiv …),

- Bewegungsorientierung und Raumbezug (u. a. Laufen, Tanzen, wilde Theateraktionen, Blinder Spaziergang in Abwechslung mit stillem Sitzen oder ruhigem Liegen),
- Lautstärke (u. a. stilles Malen oder Modellieren in Abwechslung mit Trommeln oder lauter Musik ...),
- Medien- und Materialeinsatz (unterschiedliche Medien wählen, mal Bücher oder CDs, mal Malmaterialien oder Filme ...),
- Konzentrationsaufwand (z. B. entspannende und konzentrierte Phasen im Wechsel).

Ob und welche Wechsel und Rhythmisierungen erforderlich sind, hängt von der Zielgruppe, dem Inhalt und dem Zeitumfang der Einheit ab. Bei der Planung einer Woche mit täglichen Ganztagsangeboten auf einer Jugendfreizeit sind andere Entscheidungen sinnvoll als bei einer halbstündigen Einheit mit einem mehrfach behinderten Menschen.

> **Offenheit trotz methodischer Planung**
>
> Wir gehen davon aus, dass Ästhetisches Verhalten mit den Komponenten Wahrnehmung, Erfahrung und Handeln ein eigener, besonderer Modus der Erkenntnis ist. Er hilft, die Welt und sich selbst im Verhältnis zur Welt und zur Weltsicht anderer zu erfahren.
>
> Dieser Modus in seiner Vielschichtigkeit bedingt das Besondere, nicht Vorhersehbare, selbst mit kleinschrittigen Methoden und genauen Zielsetzungen nicht Berechenbare der Ästhetischen Bildung. Möglich wird er nur mit Offenheit gegenüber unvorhergesehenen und unvorhersehbaren Einfällen, Wendungen und Ergebnissen. Die Grundlage hierfür ist ein „Anders Anderssein-Dürfen", also ein Zulassen von nicht angepasstem, nicht genormtem, auch von gesellschaftskritischem und u. U. auch von gesellschaftsveränderndem Verhalten (vgl. Theunissen 2006, 13).

4.3.2 Konzepterstellung für teiloffene Vorhaben

Vor dem Hintergrund der didaktisch-methodischen Vorüberlegungen ist es sinnvoll, ein Rahmenkonzept für das geplante Vorhaben zu erstellen (vgl. Hoffmann, Teil II, 2). Die wichtigen Daten und Fakten des geplanten Vorhabens sollten darin Berücksichtigung finden:

- Idee, Ziele, Inhalte,
- (grobe) Verlaufsplanung (zeitlich, inhaltlich),
- erforderliche Materialien und Medien,
- (grobe) Finanzplanung,
- Abschlussplanung (Präsentation? Wenn ja, in welcher Form? Mit wem? Alternativen ...).

Wie detailliert ein Konzept ausgearbeitet werden muss oder sollte, hängt von den jeweiligen Umständen ab. Bewährt hat sich die Planung in Form von tabellarischen Übersichten.

Beispiel aus der Arbeit von Jörg Dausend (Schlagwerk o. J.)
Perkussion-Workshop:
Mekuhda-Instrumentenbau und -spiel mit straffälligen Jugendlichen in der Justizvollzugsanstalt

Tab. I.4.1: Tabellarische Planung (Workshop)

Phase/ Gruppenphase	Inhalte/ Handlungen	Medien und Materialien	Sozialform
Einstieg/Orientierungsphase	Ggf. Kennenlernen Einführung in das Projektvorhaben	Diverse Rhythmus-Instrumente, auch Alltagsgegenstände wie Dosen oder Eimer	Gespräche Kennenlern-Spiele in Partner- und Gruppen-Konstellationen
Vorbereitungsphase/Konfliktphase (ggf. Widerstände, Konkurrenzen, Austesten von Rollen und Grenzen ...)	Anleitung zum Bau einfacher Mekuhda-Perkussion-Instrumente und einfache Rhythmus-Übungen	Preiswerte Materialien aus Baumärkten (Holz, Teichfolie, Schrauben) Werkzeug (Hammer, Säge, Schrauben)	Vertrauens- und Kooperations-Übungen Anleitungs-Gespräche Einzel- und Partnerarbeit
Arbeitsphase/ Kooperations- und Konsolidierung-Phase	Fertigstellung der Instrumente Lernen und Üben von gemeinsamen Trommel-Rhythmen	Wie oben	Einzelarbeit Partnerarbeit Gruppenarbeit
Präsentation/ Abschluss und Abschied	Gemeinsames Vorspiel auf einem Sommerfest	Fertige, selbstgebaute Mekuhda-Instrumente	(Gemeinschaftliche) Präsentation Abschiedsritual

4.3.3 Die Planung größerer Projekte

Größere Projekte verlangen eine aufwendigere Vorarbeit. Oftmals müssen sie (schriftlich) beantragt werden. Die folgende Tabelle verweist auf die unterschiedlichen Parameter, die bei der Vorbereitung eine Rolle spielen können und stellen damit eine Planungshilfe und eine Grundlage für Anträge und Begründungen dar. Die Aspekte der ersten Spalte stellen eine logische Schrittfolge dar. In der zweiten Spalte befinden sich zugeordnete stichwortartig aufgeführte Hinweise, die bei den Überlegungen dienlich sein können, jedoch nicht bei jedem Vorhaben relevant sind und nicht in dieser Abfolge beachtet werden müssen.

Die Tabelle beinhaltet die Grundlagen und erhebt keinen Anspruch auf Vollständigkeit (vgl. Hoffmann, Teil II, 2 und Klein 2010).

Tab. I.4.2: Tabellarische Planung eines größeren Projekts

Vorüberlegungen	Warum, wofür und welches Konzept soll für wen entwickelt werden? (zunächst als grobe Übersicht)
Feinplanung	• Zielgruppenanalyse • ggf. Träger/Leitung/Team ... • Räumliche Bedingungen • Zeitliche Fragen: Zeitraum, Termine ... • Material (Bedarf, Aufwand ...)/Materielle Bedingungen ... • Ausstattungsfragen • Organisatorische Fragen (Netzwerk, Kommunikationswege ...) • Rechtliche Fragen, Sicherheitsfragen, Versicherungen ... • Finanzen, Bedarf, Budget, Anträge ... • Öffentlichkeitsarbeit/Marketing (Einladungen, Plakate, Presse etc.) • ggf. weitere Faktoren
	Zielbestimmung/Zieldefinition/Zielbegründung
	Wahl der Methoden mit Begründung
	Durchführung konkretisieren (z. B. tabellarische Übersicht, s. o.)
	Planung der Dokumentation
Evaluation/ Auswertung	Z. B. als Grundlage für die eigene Weiterarbeit und die Optimierung im Alltag oder für die Auftraggeber/innen, die Institutsleitung ...
	Wahl der Methode(n): z. B. Kurzprotokoll/fotografisch/Fragebögen/Interviews (quantitativ/qualitativ), Optimierung durch Triangulation/Kombination verschiedener Methoden ...
Abschluss	Terminierung in der Gruppe (ggf. Feier, Ritual?) Lagerung von künstlerisch-ästhetischen Ergebnissen (Wie? Wo? Wie lange?) Ablage der Dokumentation/Evaluation (Wie? Wo? Wie lange?)

Kleine Hilfen: Check-Listen und Basismaterial
Für die Vorbereitung der Angebote und Aktivitäten ist es hilfreich, schriftliche Check- oder To-Do-Listen anzufertigen, die beispielsweise neben den zu erledigenden Arbeitsschritten (Anträge, Raumbelegung, Termine, mit jeweils namentlich genannten Verantwortlichen) auch die Materialien und Finanzen enthalten.

Beispiel Checkliste

Nr.	Arbeitseinheit	Verantwortlich	Terminierung (ggf. von ... bis)	Erledigt
1	Materialliste mit Kostenangaben erstellen	Tim	10.-12.05.18	12.05.18
2	Antrag an Leitung	Anne	13.05.18	13.05.18
3	Einkauf	Simon	15.05.18	15.05.18

In der künstlerisch-ästhetischen Praxis bewährt hat sich die Zusammenstellung von Basismaterial, welches eingesetzt werden kann, um Prozesse zu initiieren oder als Alternativangebot, wenn die ursprüngliche Planung nicht klappt – sei es wegen Konflikten in der Gruppe, nicht funktionierender Technik oder räumlichen Problemen. Dieses Material sollte nach den eigenen Schwerpunkten zusammengestellt werden und kann gut in einem Beutel, einem Koffer oder einer Kiste Platz finden. Neben Papier und diversen Stiften, Klebeband und Klebestift können darin beispielsweise eine Anzahl von Tüchern für Jonglagen und als Augenbinden, Softbälle in verschiedenen Größen für diverse Spiele, eine kleine Tonanlage mit unterschiedlicher Musik oder auch Glasperlen, Schnüre und Wäscheklammern für den flexiblen Einsatz aufbewahrt werden (vgl. auch *Kunst-Koffer*, Meis, Teil II, 1).

📖 **Literatur *(Kursiv gedruckte Titel werden zur Vertiefung empfohlen)***

BMFSFJ (Bundesministerium für Familie, Senioren, Frauen und Jugend) (2005): Zwölfter Kinder- und Jugendbericht. Bericht über die Lebenssituation junger Menschen und die Leistungen der Kinder- und Jugendhilfe in Deutschland. Online: URL: http://www.bmfsfj.de/doku/kjb/data/download/kjb_060228_ak3.pdf, Aufruf: 10.10.2017.

Deutsches Hygiene-Museum (Stiftung)/Deutsche Behinderten Hilfe-Aktion Mensch e.V. (Hg.) (2001): der (im)perfekte mensch. vom recht auf unvollkommenheit. Ostfildern: Hatje Cantz.

Galuske, M. (2013): Methoden der Sozialen Arbeit. Eine Einführung. 10. Aufl., Weinheim, München: Juventa.

Galuske, M./Müller, C. W. (2010): Handlungsformen der Sozialen Arbeit. Geschichte und Entwicklung. In: Thole, W. (Hg.): Grundriss Soziale Arbeit. Ein einführendes Handbuch. 3., überarb. u. erw. Aufl., Wiesbaden: VS, S. 587–609.

Hansen, E. (2009): Das Case Management als „‚Art' oft the State", In: neue praxis, 39. Jg., H. 5, S. 507–522.

Herriger, N. (2014): Empowerment in der Sozialen Arbeit. Eine Einführung. 5. Aufl., Stuttgart: Kohlhammer.

Klein, A. (2010): Projektmanagement für Kulturmanager. 4. Aufl., Wiesbaden: VS.

Prengel, A. (2006): Pädagogik der Vielfalt: Verschiedenheit und Gleichberechtigung in Interkultureller, Feministischer und Integrativer Pädagogik. 3. Aufl. Wiesbaden: VS.

Mandl, H./Reinmann-Rothmeier, G./Gräsel, C. (1998): Gutachten zur Vorbereitung des Programms „Systematische Einbeziehung von Medien, Informations- und Kommunikationstechnologien in Lehr- und Lernprozesse". (= BLK Materialien zur Bildungsplanung und Forschungsförderung. H 66). Bonn: Gemeinsame Wissenschaftskonferenz (GWK).

Schilling, J. (2016): Didaktik und Methodik der Sozialen Arbeit. 7. Aufl., München, Basel: UTB.

Schlagwerk (o. J.). Online: URL: http://www.schlagwerk-online.de/, Aufruf: 10.09.2018.
Tausch, R./Tausch, A.-M. (1998): Erziehungspsychologie: Begegnung von Person zu Person. 11. korr. Aufl., Göttingen: Hogrefe-Verlag.
Theunissen, G. (2006): Kreativität und geistige Behinderung. In: Theunissen, G./Großwendt, U. (Hg.): Kreativität von Menschen mit geistigen und mehrfachen Behinderungen. Grundlagen. Ästhetische Praxis. Theaterarbeit. Kunst- und Musiktherapie. Bad Heilbrunn: Julius Klinkhardt, S. 11–27.
Vopel, K. W. (2012): Handbuch für Gruppenleiter/innen: Zur Theorie und Praxis der Interaktionsspiele. 13. Aufl., Salzhausen: Iskopress.

5   EIN BLICK IN DIE FORSCHUNG

„So wenig wie in anderen professionellen Hilfesystemen (z. B. Medizin, Psychologie) wird es heute in der Sozialen Arbeit für akzeptabel gehalten, anstelle von wissenschaftlich fundierter Erkenntnis auf subjektive Überzeugungen, persönliche Erfahrungen, das ‚Bauchgefühl' o. Ä. zu setzen, wenn wissenschaftliches Wissen vorliegt oder beschafft werden kann" (Bieker 2016, 52). Und auch die nie vorher gekannte Aufmerksamkeit in der Politik und in den Medien und der unübersehbare Boom des Interesses der Öffentlichkeit an der künstlerisch-ästhetischen sozialen Praxis verlangen im Spannungsfeld „zwischen Erkenntnisinteresse und Legitimationsdruck" (Fink et al. 2010, 1) nach wissenschaftlicher Absicherung sowie nach intensivierter Forschung auf diesem Gebiet.

> **Für die künstlerisch-ästhetische Sozialarbeit relevante Forschungsthemen**
> - *Entwicklungen beschreiben, analysieren und prognostizieren*: Wo wird mit welchen künstlerisch-ästhetischen Methoden gearbeitet (Überblicke und Prognosen bezüglich der Anwendungen), welche Interessen, Ziele und Erwartungen sind damit verbunden?
> - *Künstlerisch-ästhetische Praxis und ihre Methoden in der Sozialen Arbeit beschreiben, erklären und bewerten*: Wie wird gearbeitet (methodisch und qualitativ)? Wie wirken welche Methoden in der künstlerisch-ästhetischen Praxis? Sind diese Wirkungen den Klient/innen dienlich, wenn ja: Wie, wofür, wobei? (Erhebungen, Ursachen- und Wirkungsforschung/Transferforschung)

U. a. widmen sich Mitglieder der bundesweiten Arbeitsgemeinschaft *Kultur-Ästhetik-Medien* der Sozialwesenfachbereiche (BAKÄM) und der 2006 gegründete Arbeitskreis „Rekonstruktive Sozialarbeitsforschung und Biographie" dieser wichtigen Aufgabe. Ziel ist es, eine Systematisierung der Forschung im Bereich der Kulturellen Bildung vorzunehmen, bestehende Forschungen zu vernetzen und neue Forschungsdesigns zu entwickeln (Hill et al., o. J.).

5.1   Relevante Studien

Eine empirisch abgesicherte Wirksamkeitsforschung steckt zwar noch in den Kinderschuhen (vgl. Rittelmeyer 2017), gleichwohl gibt es fundierte Gründe, die *Ästhetische Praxis* in Ausbildung und Beruf voranzutreiben. Uno- und UNESCO-Berichte begründen die „fundamentale Bedeutung von künstlerischer Bildung als Bildung in und für die Künste und als Bildung durch die Künste für alle Menschen" (Liebau in Bamford 2010, 11) und unterstützen damit die künstlerisch-ästhetischen Schwerpunkte im Rahmen einer sozialen Bildungsarbeit.

Besonders im englischsprachigen Raum sind in den letzten Jahren eine Vielzahl von einschlägigen Studien zu dem Themenkomplex der künstlerisch-ästhetischen Projekte erschienen. Und auch in Deutschland werden zunehmend Untersuchungen veröffentlicht, die – wenn auch meist nicht direkt aus der Sozialarbeit erwachsen – für die soziale Kulturarbeit von Interesse sind.

5.1.1 UNESCO-Studie

In ihrer im Auftrag der UNESCO erstellten Studie kommt Anne Bamford (Universität der Künste in London) 2006 zu dem Ergebnis, dass die künstlerisch-ästhetische Praxis weltweit zur schulischen und außerschulischen Kinder- und Jugend-Bildung gehört. Dies ist zumindest ein wichtiges Indiz dafür, dass künstlerisch-ästhetische Praxis einen eigenen Wert hat. Malen, Zeichnen, Musik und Kunsthandwerk zählen international zum Kernbereich künstlerisch-ästhetischer Praxis, in 75 % der 40 untersuchten Länder auch Plastizieren/Bildhauen sowie Tanz und Theaterspiel.

Gleichwohl räumt Bamford ein: „(...) die empirische Schulbeobachtung und -berichterstattung und die Qualitätsforschung haben sich bislang hauptsächlich auf einen sehr eng gefassten Leistungsbegriff konzentriert, der durch Vorstellungen von naturwissenschaftlichem, mathematischem und technologischem Denken definiert ist; die kulturelle Dimension der Bildung wurde hingegen weitgehend übersehen" (Bamford 2010, 34).

Die Einteilung von Kunstauffassungen in acht Kategorien, die Anne Bamford für ihre internationale Studie als Begründungen für die künstlerisch-ästhetische Bildung herausarbeitet, zeigt die Spannbreite der philosophischen, ideologischen und pragmatischen Ansätze, die auch in Deutschland zu finden sind:

- *Technokratische Kunst* (technocratic art): Die Künste werden als Möglichkeit der Stärkung von *employability* (Beschäftigungsfähigkeit, Arbeitsmarktfähigkeit) gesehen. Es geht um Kompetenzvermittlung, durchaus im Sinne der Verwertbarkeit in wirtschaftlichen Zusammenhängen.
- *Kinderkunst* (child art): Die Künste werden als ein für die physische und psychische Entwicklung des Kindes notwendiges Phänomen gesehen.
- *Kunst als Ausdruck* (art as expression): Dies verweist auf die Förderung von Kreativität und Vorstellungs- und Ausdrucksvermögen sowie auf die Authentizität der Ergebnisse und ihren therapeutischen Nutzen für das Individuum.
- *Kunst als Erkenntnis* (arts as cognition): Hierunter wird Kunst als eigenständiger Bereich des Selbst- und Weltzugangs verstanden.
- *Kunst als symbolische Kommunikation* (arts as symbolic communication): Unter diesem Schwerpunkt wird die Förderung der Symbolbildung und damit der kommunikative Aspekt betont, der über die wortsprachliche Verständigung hinausgeht und andere Kommunikationsmöglichkeiten eröffnet.
- *Kunst als kultureller Akteur* (arts as cultural agent): Hier wird der kulturelle Aspekt der Kunst und des Kunstschaffens betont. Besonders in der Selbstreflexion sowie in interkulturellen Bereichen der Sozialen Arbeit, beispielsweise mit Menschen mit Migrationshintergrund und Flüchtlingen, spielt dieser Aspekt eine Rolle.

- *Postmodernismus* (postmodernism): Hierunter fasst Bamford die Ausweitung des Kunstbegriffs und die Entstehung und Entwicklung neuer Richtungen und Medien.
- Die achte Kategorie, die Erziehung *zur* Kunst („arts as aesthetic response") – statt *durch* Kunst – meint die Auseinandersetzung mit Kunst und ihren Strukturen, Kompositionen, Techniken und Wirkungen. Dies spielt in der Sozialen Arbeit eine untergeordnete Rolle.

5.1.2 Enquete-Kommission „Kultur in Deutschland"

Auch die vom Deutschen Bundestag eingesetzte Enquete-Kommission „Kultur in Deutschland" legt nach vierjähriger Forschungsarbeit in ihrem Schlussbericht eine vielschichtige Analyse, Auswertung und Kommentierung des Feldes vor. Sie betont ebenfalls die Relevanz der kulturellen Bildung: „In einer Welt, die immer schneller wird, mit einem Überfluss an Angeboten, ist es für Kinder und Heranwachsende nicht leicht, eine Orientierung zu finden. Kunst und Kultur können eine solche geben. Bei der kulturellen Bildung geht es um den ganzen Menschen, um die Bildung seiner Persönlichkeit, um Emotionen und Kreativität. Ohne kulturelle Bildung fehlt ein Schlüssel zu wahrer Teilhabe. Deshalb ist auf keinem Feld die Verantwortung des Staates, aber auch der Zivilgesellschaft und der Kultureinrichtungen größer. Kulturelle Bildung macht nicht nur stark, sondern auch klug. Denn sie hat gleichermaßen Auswirkungen auf Persönlichkeitsentwicklung und Lernfähigkeit. Ein besonderes Augenmerk auf die Belange kultureller Bildung zu legen war deshalb für viele von uns Herzensangelegenheit. Dabei darf der Blick nicht nur auf Kinder und Jugendliche gelegt werden. Auch im Hinblick auf das Angebot für Erwachsene und Senioren besteht Handlungsbedarf – wenn man es mit dem so häufig propagierten Konzept des lebenslangen Lernens ernst meint" (Deutscher Bundestag 2007, 8).

Die Kommission ergänzt diese Postulate durch eine Vielzahl von konkreten Handlungsempfehlungen für die (soziale) Kulturarbeit mit allen Zielgruppen.

5.1.3 Studie zu den Potenzialen der Ästhetischen Praxis

Ebenfalls für den deutschsprachigen Raum liegt die Untersuchung „Potenziale Ästhetischer Praxis in der Sozialen Arbeit" (2007) der in der Sozialen Arbeit lehrenden Autor/innen Marquardt und Krieger vor. Es handelt sich um die erste bundesweite Studie zum Themenkomplex *Kunst-Ästhetik-Medien* in der Sozialen Arbeit. Diese überwiegend explorative Studie untersucht multiperspektivisch die Relevanz der Ästhetischen Praxis sowohl für das Hochschulstudium als auch für die individuelle Profilbildung und die Anwendungspraxis. Sie liefert zudem eine Kategorisierung der Angebote und Aktivitäten in der Ästhetischen Praxis bezüglich der Häufigkeit ihrer Anwendungen in der Sozialen Arbeit:

1. Häufige Angebote:
Unter der ersten Kategorie werden die täglich oder wöchentlich stattfindenden Angebote und Aktivitäten aus dem Bereich Kultur, Ästhetik, Medien erfasst.

Neben sportlichen, spielerischen und kulinarischen Projekten sind dies aus dem Spektrum der Künste die Praxen aus der Bildenden Kunst: das Malen und Zeichnen, das Plastische Gestalten sowie das Werken und Bauen (ebd., 38–40), gefolgt von Musik, Tanz und rhythmischer Gymnastik sowie Naturerleben (ebd. 38).

Die Häufigkeit oder Seltenheit des Angebotes darf jedoch nicht zu Rückschlüssen auf eine höhere oder geringere Wertigkeit der jeweiligen Medien für die Zielgruppen führen, wie Marquardt und Krieger zu Recht betonen. Vielmehr erklären sie die Häufigkeit mit der „alltagskulturellen Vertrautheit" der Medien – sowohl für die Anleitenden als auch für die Klient/innen. Im Unterschied zu den weniger häufig angebotenen Aktivitäten (wie beispielsweise Theater oder Filmen) können die oft durchgeführten Angebote aus dem Bereich der Bildenden Kunst zudem in besonderem Maße voraussetzungsarm und niederschwellig in Bezug auf Planung, Materialien, Räumlichkeiten und personelle Ressourcen eingesetzt werden (Marquart/Krieger 2007, 40 f.).

2. Weniger häufige Angebote:
In der zweiten Kategorie werden weniger häufig bis selten angebotene Aktivitäten genannt. Hierzu gehören zunächst eventbezogene Projekte wie „das Gestalten von öffentlichen Festen und Präsentationen, das gemeinsame Besuchen von Kino, Theater und Ausstellungen sowie das gemeinsame Feiern von Festen". Zudem werden auch spartenspezifische Angebote und Aktivitäten genannt, die besondere Qualifikationen auf Seiten der Anleitenden sowie einen höheren Aufwand bezüglich der Materialien, der Technik und/oder der Räumlichkeiten beinhalten. Genannt werden „Theaterspielen, Performance und Rollenspiele sowie Fotografieren und Fotos entwickeln, das kreative Gestalten am Computer und das Videofilmen/Videofilmeschneiden und Radiomachen" (Marquardt/Krieger 2007, 41 f.).

Weitere Ergebnisse dieser Forschungsarbeit finden auch im Teil II der vorliegenden Publikation Berücksichtigung.

5.1.4 Studien zur Mediennutzung

Auf die für die Soziale Arbeit interessanten Studien zur Nutzung digitaler Medien wird an dieser Stelle lediglich hingewiesen. Sie werden im Beitrag von Bernward Hoffmann im Teil II dieser Publikation vorgestellt (Hoffmann, Teil II, 2).

5.2 Künstlerische Therapien, Neurobiologie, Hirnforschung, Neuroästhetik

Aktuelle Publikationen zu den Wirkungen der künstlerischen Therapien (Dannecker 2017; Franzen 2009) und den neurobiologischen Aspekten (vgl. Hampe et al. 2009) untermauern heute wissenschaftlich ihre kompensatorischen und therapeutischen Kräfte. Die aufgeführten Werke enthalten auch eine Vielzahl von

Anregungen und Anwendungsbeispielen, die in der Sozialen Arbeit fruchtbar gemacht werden können, besonders für diejenigen, die sich auf dem Gebiet der künstlerischen Therapien vertiefend qualifizieren möchten.

Neue Ergebnisse kommen derzeitig auch aus der Hirnforschung. Und besonders die junge Disziplin der *Neuroästhetik* versucht, Neurowissenschaften, Ästhetik und Kunst zu verknüpfen und dadurch Erkenntnisse über Kreativität als Ausdruck von Hirnfunktionen und über die biologischen Grundlagen der ästhetischen Wahrnehmung zu generieren (Herrmann 2010). So konnte beispielsweise bereits die gesundheits- und entwicklungsförderliche Aktivierung bestimmter Hirnareale durch Musik nachgewiesen werden (Gutyrchik et al. 2008; vgl. auch Hartogh/Wickel, Teil II, 5). Und der Hirnforscher Wolf Singer (2001) hat sich verschiedentlich für die weitreichenden positiven Folgen von Ästhetischer Praxis ausgesprochen. So kritisiert er u. a. die in unserer Gesellschaft in Theorie und Bildungspraxis vorherrschende Fokussierung auf die Wort-Sprache als Kommunikationsinstrument. Er betont, dass im „kommunikativen Akt ... ein erheblicher Teil der vermittelten Information über Mimik, Gestik und Intonation transportiert wird". Er verweist darauf, dass „durch bildnerische, musikalische, mimische, gestische und tänzerische Ausdrucksformen Information transportiert werden kann, die sich in rationaler Sprache nur sehr schwer transportieren lässt". Gerade die künstlerisch-ästhetischen Ausdrucksformen sind als „nicht-rationale Kommunikationsmittel" für die Vermittlung von Gefühlen und „widersprüchlichen Gestimmtheiten" geeignet, weil sie nicht „an binäre Logik gebunden sind". Singer verweist auf eine angeborene Fähigkeit des Menschen zur symbolischen Kommunikation, die jedoch zu wenig gefördert würde, was nach seiner Einschätzung „ein Fall von Deprivation" sei. „Just die Informationen, die bei der Stabilisierung sozialer Systeme eine so wichtige Rolle spielen (Anm. d. Verf.: z. B. widersprüchliche Gestimmtheiten, nicht an binäre Logik gebundene Informationen), lassen sich damit (= mit Wortsprache, Anm. d. Verf.) aber selbst bei hoher Sprachkompetenz nur sehr unvollkommen transportieren" (Singer 2001, o. S.). Diesbezügliche vertiefende Forschungen sind somit aus der Richtung seiner Disziplin mit Spannung zu erwarten.

5.3 Ursachen- und Wirkungsforschung/Transferforschung

Die Ursachen- und Wirkungsforschung bzw. Transferforschung, aus der im Folgenden einige Publikationen exemplarisch angeführt werden, ist für die Soziale Kulturarbeit von besonderem Interesse.

1995 erschien Klaus Mollenhauers Untersuchung zu den „Grundfragen Ästhetischer Bildung", in der er „Theoretische und empirische Befunde zur ästhetischen Erfahrung von Kindern" vorstellt (Mollenhauer 1996). Ein Beispiel aus der Frühpädagogik ist die Studie „Frühes Schmieren und erste Kritzel" der Kunstpädagog/innen Uschi Stritzker, Constanze Kirchner und Georg Peez, in der die Relevanz frühkindlicher ästhetischer Praxis für die Entwicklung der Persönlichkeit und der weiteren künstlerischen Tätigkeiten erforscht wird (Stritzker/Kirchner/Peez 2011). Das vielleicht bekannteste Beispiel aus der Transferforschung ist die Bastian-Studie (Bastian 2000), die den positiven Zusammenhang zwischen intensivem Musikunterricht in der Grundschule und sozialer und kognitiver Entwicklung nachzuweisen sucht. Eine andere Studie, ebenfalls aus dem Bereich der Musik, beschäftigt sich mit dem so genannten „Mozart-Effekt", der die positiven Auswirkungen von Mozart-Sonaten auf das räumliche Vorstellungsvermögen zu belegen versucht (vgl. Rittelmeyer 2017, 27).

Weitere Studien, beispielsweise zum (ästhetischen) Selbstkonzept (vgl. Behrens/Tiedt, Teil II, 3) und zu den Innensichten von Schülerinnen und Schülern beim Gestalten von Bewegungen (Behrens 2011), werden in den Autorenbeiträgen im zweiten Teil dieser Publikation thematisiert.

Die Publikation von Christian Rittelmeyer, Psychologe und Erziehungswissenschaftler, liefert einen (vorläufigen) Forschungsüberblick unter dem Titel „Warum und wozu ästhetische Bildung? Über Transferwirkungen künstlerischer Tätigkeiten" (Rittelmeyer 2017). Der Autor erörtert und reflektiert diverse Studien aus den Bereichen Ästhetische Bildung, Musik, Kunst, Theater und Tanz (z. T. auch die oben angeführten). Er beleuchtet den Forschungsstand zu Recht eher kritisch, konstatiert jedoch: „Die internationale Forschung hat inzwischen eine Fülle von Belegen dafür erbracht, dass künstlerische Erfahrungen erhebliche Auswirkungen auf kognitive, emotionale, soziale und moralische Qualitäten Heranwachsender haben können" (Rittelmeyer 2017, 21). Auch wenn sich Rittelmeyer überwiegend auf den schulischen Bereich und die Arbeit mit Kindern und Jugendlichen beschränkt sowie die wissenschaftliche Validität der Studien teilweise bezweifelt, können die ableitbaren interessanten Anregungen und Erkenntnisse für die Soziale Arbeit fruchtbar gemacht werden.

5.4 Schwierigkeiten und Schwächen

Einige Studien zur Wirkung von künstlerisch-ästhetischen Methoden machen Aussagen über (statistische) Zusammenhänge zwischen künstlerischen Aktivitäten und positiv bewerteten Verhaltensweisen und Kompetenzen der Zielgruppe. Sie belegen damit die *Wirkungen* in bestimmten Settings. Eindeutige Aussagen über die *Ursache* der Veränderungen auf Seiten der Zielgruppe und auf *Kausalzusammenhänge* sind jedoch äußerst schwierig und streng genommen in den meisten Fällen in dem gewählten Forschungsdesign nicht ableitbar. Dies liegt daran, dass zwar ein empirischer Zusammenhang zwischen der Musik, der Kunst oder dem Theaterspiel und den Fortschritten der Zielgruppe nachgewiesen werden konnte, der Diversität und Unübersichtlichkeit des Feldes jedoch nicht immer im wünschenswerten Umfang Rechnung getragen wird.

Zur Komplexität des Feldes tragen die folgenden Faktoren bei:
Die *Vielschichtigkeit und Mehrdeutigkeit* (= Polyfunktionalität und Polyvalenz) präsentativer symbolischer Äußerungen (Bild-, Körper-, Klang-Sprachen, aber auch Wort-Sprache in der Lyrik) gehören zur Charakteristik und zum Eigenwert der künstlerisch-ästhetischen Arbeit, die zudem in unterschiedlichen Phasen und auf unterschiedlichen Ebenen abläuft. Dies führt gewissermaßen automatisch zu

einer schwer zu reduzierenden Komplexität bei der Wirksamkeitsforschung künstlerisch-ästhetischer Praxis. Hinzu kommen neben *strukturellen* und *äußeren Faktoren* noch die individuell unterschiedlichen *dispositionellen* und *situationalen* Faktoren der einzelnen Teilnehmerinnen, aber auch der Anleiter/innen und des Umfeldes.

Auch auf der Ebene der *Interaktion zwischen Anleiter/in und Gruppe* sowie *innerhalb der Gruppe selbst* ist ein extrem facettenreiches Geschehen typisch. Und die ebenfalls vielschichtigen *didaktisch-methodischen Entscheidungen* nehmen zusätzlich Einfluss. Das bedeutet: Ob und welche Wirkungen ästhetische Angebote bei ihren Teilnehmer/innen hervorrufen, hängt von einer Vielzahl von Variablen ab. Die Erforschung des Gewichtes und der Wirkungsweisen dieser Variablen stellt jede an Verallgemeinerbarkeit ihrer Ergebnisse interessierte Forschungspraxis vor schwer lösbare Probleme. Eine Generierung von messbaren und quantifizierbaren Ergebnissen – gewissermaßen in einem monokausal und eindeutig zugeordneten Reiz-Reaktions-Schema – scheint hier also höchst unwahrscheinlich oder gar unmöglich zu sein. Es ist daher schwierig, dieses komplexe „Register 1:Wirkungsgeflecht" (Fink et al. 2010; vgl. Marquardt/Krieger 2007) zu erforschen, wie auch der Erziehungswissenschaftler Werner Thole betont: Auch er verweist auf die Problematik der „enorm hohen Diversität und Verästelung der Kulturarbeit, die eine empirische Beobachtung vor kaum zu bewältigende methodologische Probleme stellt" (Thole 2001, 1103).

5.5 Methodische Herausforderungen

Medizinische und naturwissenschaftliche Forschungsdesigns, die in Laborversuchen direkte Ursache-Wirkungs-Zusammenhänge nachweisen, können kaum auf das komplexe Geschehen der kulturellen Arbeit übertragen werden. Die Teilnehmer/innen eines Musik-Projektes sind beispielsweise eine komplexe Variable (A), anders als beispielsweise ein Bakterium im Reagenzglas; die Gabe intensiver Projektarbeit (B) kann nicht mit der gleichen Exaktheit gemessen werden wie eine gezielt zusammengesetzte Dosis einer chemischen Substanz; und der Output/das Ergebnis (C) ist ebenfalls höchst vielschichtig und nicht mit der Reaktion der Bakterie zu vergleichen. Und wenn bei A plus B die Wirkung C statistisch nachgewiesen werden kann, kann dies trotzdem nicht durch ein einfaches Reiz-Reaktions-Schema erklärt werden.

Auch wenn nicht die Wirksamkeit der künstlerisch-ästhetischen Arbeit in Frage gestellt wird, soll hier die Schwierigkeit ihrer Erforschung dargestellt werden: So liefern zwar einige Studien ein wissenschaftliches Ergebnis über die Wirkung (C), nicht aber eine wissenschaftlich fundierte Begründung für dieses Ergebnis oder neue Einsichten in die Zusammenhänge. D. h., die Musik-Projektteilnehmer/innen (A) schneiden zwar beispielsweise bezüglich bestimmter beschreibbarer Verhaltensweisen besser ab als die Vergleichsgruppe, aber lag es tatsächlich an der Musik (B)? Wenn ja, an welcher? Oder lag es am Musizieren? Oder am regelmäßigen Üben? Oder vielleicht gar an den möglicherweise engagierteren Leiter/innen im Versuchsprojekt (zur zentralen Relevanz der Anleitung vgl. auch

Smith 2008; Bamford 2010)? Welche soziale Situation, Bildungsvoraussetzungen etc. der Teilnehmer/innen beeinflusst das Ergebnis?

Besonders kritisch ist in diesem Zusammenhang die Studie zum „Mozart-Effekt" bezüglich des räumlichen Vorstellungsvermögens zu werten: Der Effekt blieb bei Vergleichsgruppen, die Mozart nicht mochten, aus, und ein ähnlicher Effekt konnte auch mit anderer Musik erzielt werden (vgl. Rittelmeyer 2017, 27–31).

Im künstlerisch-ästhetischen Bereich müssen wir uns daher von einer Forschungslogik verabschieden, die den Naturwissenschaften und der Psychologie entstammt. Während dort teilweise direkte und lineare Kausalzusammenhänge zwischen Ursache und Wirkung nachgewiesen werden können, ist das Feld der künstlerisch-ästhetischen Projekte und ihrer Wirkungen äußerst komplex und eine Komplexitätsreduktion schwierig bis kaum realisierbar.

Eine Unterwerfung der künstlerisch-ästhetischen Zielgruppenarbeit unter neoliberale Ansprüche an Operationalisierbarkeit, Quantifizierbarkeit und Messbarkeit führt nicht weiter: Messbarkeit ist noch kein Zeichen für Qualität. Und Qualität und Wirksamkeit ist in der sozialen Kulturarbeit vielleicht nicht quantifizierbar, jedoch durchaus beschreibbar, nachweisbar und zu belegen.

Die Möglichkeit einer sinnvollen Übertragung naturwissenschaftlicher Methoden mit experimentellen Versuchsanordnungen und Testverfahren auf die Bildungsforschung in der künstlerisch-ästhetischen Praxis soll zwar nicht grundsätzlich ausgeschlossen werden, gleichwohl folgt aus den Überlegungen, dass die traditionellen (quantitativen) Forschungsmethoden der Ästhetischen Praxis meist weniger gerecht werden. Es scheint daher derzeitig eher sinnvoll, verstärkt die Methoden der geistes-/kulturwissenschaftlichen Perspektive mit hermeneutischem Forschungsansatz, der sozialwissenschaftlichen Perspektive mit diversen qualitativen und quantitativen Verfahren der Sozialforschung und der künstlerisch-ästhetischen Bildungsforschung (u. a. phänomenologische Perspektive unter Einbeziehung der Erkenntnisse um Symbole, Zeichen und performative Handlungen) weiterzuentwickeln (vgl. Hill et al., o. J.). Eher als die traditionellen (quantitativen) Methoden scheinen dem Forschungsbereich die jüngeren Methoden der qualitativen Forschung zu entsprechen, die zunehmend Ausdifferenzierung erfahren und Anerkennung erlangen. Neben den aus der Ethnologie übertragenen Methoden der teilnehmenden Beobachtung und der Feldforschung finden weitere qualitative Ansätze aus der Sozialforschung Anwendung (vgl. Flick 2007 und Przyborski/Wohlrab-Sahr 2009). Für die Ästhetische Praxis der Sozialen Arbeit sind zudem die für die ästhetische und speziell kunstpädagogische Forschung entwickelten Verfahren von besonderem Interesse, die auf der Nutzung von visuellem und auditivem Material basieren, d. h. durch Fotos, Filme, Zeichnungen, Tonaufzeichnungen etc. gestützte Verfahren. Neue Forschungsdesigns sind in diesem Zusammenhang in den letzten Jahren entstanden und weitere werden entwickelt (vgl. Peez 2004, 2005 u. 2007). Zudem werden derzeitig auch spezielle künstlerisch-ästhetische Forschungsverfahren entwickelt, die perspektivisch dem hier vorgestellten Forschungsgegenstand besser gerecht werden können bzw. die vorliegenden Ansätze aus der künstlerischen Perspektive ergänzen können (vgl. Leavy 2009 und Borries/Hiller/Renfordt 2011).

Zur Absicherung der Ergebnisse bietet sich dabei häufig die *Methodentriangulation* an, also eine Verknüpfung verschiedener Forschungsmethoden.

Abgesehen vom Design ist im Bereich der Erforschung der künstlerisch-ästhetischen Zielgruppenarbeit immer auch die Frage wichtig, wie die Klient/innen einbezogen werden und wie sie zu Wort und Recht kommen. Nicht unerheblich ist auch, inwieweit nicht erwartete, auch ausgefallene, quere, nicht dem allgemeinen Trend der Kompetenzdiskussion entsprechende Ergebnisse („Restkategorien") Berücksichtigung finden können, d. h., ob die notwendige Offenheit – auch zur Revision – sowie Flexibilität und Prozesshaftigkeit gegeben sind.

5.6 Forschung im Wandel der Forscherperspektive

In der Forschung ist auch die Frage der Grundeinstellungen von großer Bedeutung. Verdeutlicht werden soll die Relevanz von Grundeinstellungen und Vorannahmen an einem Beispiel aus dem Bereich der Pädagogik der frühen Kindheit: In der Entwicklungspsychologie/Kognitionsforschung wurde lange Zeit die Auffassung vertreten, dass Säuglinge nicht über komplexe Vorstellungen verfügen. Daraus wurde abgeleitet, dass ein Lernen über künstlerisch-ästhetisches Tun, das sich auf Alltagssituationen transferieren lässt, erst ab dem Vorschulalter (ca. fünf Jahre) möglich sei. Folglich wurde Puppen- oder Theaterspiel für jüngere Kinder weder systematisch entwickelt noch in seiner Wirksamkeit erforscht. Heute dagegen revidiert die Entwicklungspsychologie diese Grundannahmen und stellt fest, dass Säuglinge bereits über komplexe Vorstellungen verfügen. Sie können jedoch nur dann sichtbar und erforschbar werden, wenn die Untersuchungssituationen auf die Wahrnehmungs- und motorischen Fähigkeiten der Babys abgestimmt werden. Nach diesem Grundsatz konnte mit den entsprechenden Versuchsanordnungen festgestellt werden, dass Säuglinge bereits über Möglichkeiten ästhetischer Erfahrung verfügen und dass schon ganz kleine Kinder in der Lage sind zu mimetischer Handlung, Gestaltung, zu Ausdrucksstilen und Ausdrucksvarianten (= *Produzent/innen*). Und sie sind darüber hinaus als *Rezipient/innen* in der Lage zu Identifikation, Distanzierung und kritischem Denken (vgl. Pauen 2007/2018 und Droste 2009). Festgestellt und erforscht werden konnte dies, weil das neue Bild vom Kind auch neue und für das Forschungsinteresse notwendige Voraussetzungen bereitgestellt hat: Nur wenn die Theatermacher/innen von der Annahme ausgehen, dass sich Kinder die Welt in entscheidendem Maße auf ästhetische Weise aneignen, können die Puppenspiel-/Theater-Situationen auf die spezifischen ästhetischen Fähigkeiten der Kinder abgestimmt werden. Und nur dann können auch die entsprechenden Feststellungen erfolgen und erforscht werden (vgl. Droste 2009).

Daraus folgt: Sollen Säuglinge und kleine Kinder über künstlerisch-ästhetisches Tun etwas lernen, das sich auf Alltagssituationen transferieren lässt, wird heute auch Puppen- und Theaterspiel empfohlen (ebd.). Entsprechend werden die geänderte Einstellung gegenüber der sozialen Kulturarbeit und die öffentliche Aufwertung der sozialen Ästhetischen Praxis zu neuen Forschungen und Ergebnissen führen.

Angesichts der gegebenen Beispiele ergibt sich die Notwendigkeit einer kritischen Haltung gegenüber allen Forschungen und ihren Ergebnissen. Wichtig für die Einschätzung sind die Fragen nach der wissenschaftlichen Herkunft, der Motivation, den Grundeinstellungen und den Vorannahmen der Forscher/innen, nach den Auftraggeber/innen und Nutznießer/innen: Wer finanziert die Studie, welche Machtstrukturen spielen eine Rolle, nutzt das Ergebnis der Reputation der Forscher/innen, der Wirtschaft oder den Klient/innen der Sozialen Arbeit? Ebenso wichtig sind die Fragen nach der Zielvorstellung, nach der Methodik, nach dem Grad der Offenheit und Prozessorientierung, nach der Akzeptanz von „Restkategorien" und unerwarteten Ergebnissen sowie der Aktualität.

Gut zu wissen – gut zu merken

Heute wird der Ästhetischen Bildung große Bedeutung beigemessen, gleichermaßen in der Politik, der Wirtschaft, den (Bildungs-) Wissenschaften und den Medien. Sie umfasst Aspekte wie Wahrnehmung, Erfahrung und ästhetische Praxis. Letztere äußert sich im ästhetischer Ausdruck (u. a. in der modischen Selbstinszenierung, im Bild, im Tanz, im Theater und in der Musik), in der Gestaltung (eines Aufenthaltsraums, eines Gemäldes, einer Choreografie, einer Szene, eines Liedes), in der Symbolbildung in den unterschiedlichen Medien, im künstlerisch-ästhetischen Ergebnis (z. B. festliche Dekoration, Skulptur, Homepage, Tanz, Theaterstück, musikalische Improvisation) und in einer Präsentation, Ausstellung oder Vorführung.

Anregungen und Material für Auseinandersetzungen finden sich in den Werken professioneller Künstler/innen. Hier gibt es zunehmend Beispiele, wie sich in unterschiedlicher Weise Künstler/innen dem Sozialen Feld explizit zuwenden. Neben diesen diskussionswürdigen und teilweise umstrittenen Arbeiten gibt es den Bereich der für den Kunstmarkt geschaffenen Werke, die für die Soziale Arbeit eher exklusiven Charakter haben und aus dieser Perspektive Anlass zur Auseinandersetzung bieten können.

Der Schwerpunkt der künstlerisch-ästhetischen Sozialen Arbeit liegt jedoch nicht auf der Rezeption, sondern auf der Praxis, durch die die Erreichung ihrer Leitziele unterstützt werden soll: Empowerment, Kompensation, Ressourcen-Aktivierung, Förderung von Resilienz, Kompetenzen, Kreativität und Lebensfreude.

Für die erfolgreiche Praxis förderlich ist das grundlegende Wissen um unterschiedliche didaktisch-methodische Ansätze: Selbstbildungskonzepte und der Ansatz des Empowerments gelten im engeren Sinne als sozial*arbeiterisch*. Die meisten anderen didaktischen Ansätze sind in Anlehnung an schulische Didaktiken entstanden und daher traditionell eher lernziel- und sozial*pädagogisch* orientiert. Die Methoden in dieser Publikation sind nach dem Ausmaß der jeweiligen Vorgaben als offen, teiloffen oder geschlossen kategorisiert. Die geschlossenen mit ihrem Regelwerk dienen eher der Strukturierung, Grenzziehung, Konzentration und Disziplin, die offenen eher der Öffnung, Aktivierung von Selbstbildungsprozessen, der Eigenverantwortung, selbstbestimmter Freiheit und Kreativität. Welche Kategorie eher sinnvoll ist, sollte nicht primär nach der persönlichen Vorliebe der Anleiter/innen, sondern Zielgruppen-abhängig entschieden werden.

Weitere Vorüberlegungen vor Beginn der künstlerisch-ästhetischen Arbeit gelten den Voraussetzungen der Teilnehmer/innen, dem Thema, den zeitlichen, räumlichen, materiellen und finanziellen Rahmenbedingungen, dem Grad der Lenkung sowie der Form einer etwaigen Präsentation, Dokumentation und Auswertung. Mit letzterem hängt auch die Überlegung zusammen, ob der Schwerpunkt eher auf dem Prozess – wie meistens in der Sozialen Arbeit – oder auf dem Ergebnis liegt. Sinnvoll ist eine in Umfang und Detailliertheit dem geplanten Vorhaben angemessene schriftliche Planung, für die sich oft eine tabellarische Form anbietet. In einigen Studien wurden bereits national und international Teilbereiche der Ästhetischen Bildung erforscht. Nicht alle dieser Studien werden der Komplexität des Feldes gerecht. Gesichert scheint jedoch zu diesem Zeitpunkt, dass die künstlerisch-ästhetische Praxis einen sinnvollen Beitrag zur Erreichung sozialarbeiterischer und sozialpädagogischer Ziele leisten kann. Neue Forschungsergebnisse und die Entwicklung neuer Forschungsmethoden werden zurzeit aus unterschiedlichen Disziplinen erwartet. Sämtliche einschlägige Studien sollten seitens der Akteure der künstlerisch-ästhetischen sozialen Praxis jeweils einer kritischen Prüfung unterzogen werden.

📖 Literatur *(Kursiv gedruckte Titel werden zur Vertiefung empfohlen)*

Bamford, Anne (2006/2010): The wow factor: global research compendium on the impact of the arts in education. Dtsch.: Eine weltweite Analyse der Qualität künstlerischer Bildung. Münster, New York, München, Berlin: Waxmann.
Bastian, H. G. (2000): Musik(erziehung) und ihre Wirkung: eine Langzeitstudie an Berliner Grundschulen. Mainz: Schott Musik International.
Behrens, C. (2011): Bewegungsgestaltung aus Schülerperspektive. Eine empirische Studie zum Erleben von Gestalten, Tanzen und Darstellen. Dissertation, Deutsche Sporthochschule Köln.
Bieker, R. (2016): Soziale Arbeit studieren. Leitfaden für wissenschaftliches Arbeiten und Studienorganisation. 3. Aufl. Stuttgart: Kohlhammer.
Borries, F. v./Hiller, C./Renfordt, W. (2011): Klimakunstforschung. Berlin: Merve. Deutscher Bundestag (2007): Schlussbericht der Enquete-Kommission „Kultur in Deutschland". Online: URL: http://dipbt.bundestag.de/dip21/btd/16/070/1607000.pdf, Aufruf: 15.10.2017.
Dannecker, K. (2017): Psyche und Ästhetik. Die Transformationen der Kunsttherapie. 3. Aufl. Berlin: Medizinisch Wissenschaftliche Verlagsgesellschaft.
Droste, Gabi d. (Hg.) (2009): Theater von Anfang an! Bildung, Kunst und frühe Kindheit. Bielefeld: transcript.
Fink, T./Hill, B./Reinwand, V.-I./Wenzlik, A. (2010): Wirkungsforschung zwischen Legitimationsinteresse und Legitimationsdruck. Online: URL: http://www.forschung-kulturelle-bildung.de, Aufruf: 18.11.2017.
Flick, U. (2007): Qualitative Sozialforschung. Eine Einführung. Reinbek bei Hamburg: Rowohlt.
Franzen, G. (Hg.) (2009): Kunst und seelische Gesundheit. Berlin: Medizinisch Wissenschaftliche Verlagsgesellschaft.
Gutyrchik, E./Meindl, Th./Reiser, M./Welker, L./Pöppel, E. (2008): „Tempo and brain processing of music". In: Tagungsband Psychologie und Gehirn. Magdeburg.
Hampe, R./Martius, Ph./Ritschl, D./Spreti, F. v./Stalder, P. B. (Hg.) (2009): KunstReiz.

Neurobiologische Aspekte künstlerischer Therapien. Berlin: Frank & Timme.
Herrmann, K. (Hg.): Neuroästhetik. Perspektiven auf ein interdisziplinäres Forschungsgebiet. Beiträge des Impuls-Workshops am 15. und 16. Januar 2010 in Aachen. Online: URL: http://www.uni-kassel.de/upress/online/frei/978-3-89958-996-2.volltext.frei.pdf, Aufruf: 20.06.2017.
Hill, B./Reinwand, V.-I./Wenzlik, A./Fink, T. (o. J.): Die Kunst über Kulturelle Bildung zu forschen: Perspektiven der Bildungsforschung. Online: URL: http://www.forschungkulturelle-bildung.de/, Aufruf: 10.05.2017.
Leavy, P. (2009): Method meets Art. Arts-Based Research Practice. New York, London: The Guilford Press.
Marquardt, P./Krieger, W. (2007): Potenziale Ästhetischer Praxis in der Sozialen Arbeit. Baltmannsweiler: Schneider Verlag Hohengehren.
Mollenhauer, K. (1996): Grundfragen ästhetischer Bildung. Theoretische und empirische Befunde zur ästhetischen Erfahrung von Kindern. Weinheim/München: Juventa.
Pauen, S. (2007): Was Babys denken. Eine Geschichte des ersten Lebensjahres. 2. Aufl., München: C. H. Beck.
Pauen, S. (2018): Vom Baby zum Kleinkind. Beobachtung, Begleitung und Förderung in den ersten Jahren. Berlin: Springer.
Peez, G. (Hg.) (2004): Fotografien in pädagogischen Fallstudien: Sieben qualitativ-empirische Analyseverfahren zur ästhetischen Bildung – Theorie und Forschungspraxis. München: kopaed.
Peez, G. (2005): Evaluation ästhetischer Erfahrungs- und Bildungsprozesse: Beispiele zu ihrer empirischen Erforschung. München: kopaed.
Peez, G. (Hg.) (2007): Handbuch Fallforschung in der Ästhetischen Bildung/Kunstpädagogik. Qualitative Empirie für Studium, Praktikum, Referendariat und Unterricht. Baltmannsweiler: Schneider Verlag Hohengehren.
Przyborski, A./Wohlrab-Sahr, M. (2009): Qualitative Sozialforschung. 2., korr. Aufl. München: Oldenbourg.
Rittelmeyer, Ch. (2017): Warum und wozu ästhetische Bildung? Über Transferwirkungen künstlerischer Tätigkeiten. Ein Forschungsüberblick. 3. Aufl. Oberhausen: Athena.
Singer, W. (2001): „Was kann ein Mensch wann lernen?" Vortrag anlässlich des ersten Werkstattgespräches der Initiative McKinsey. Frankfurt a. M. Online: URL: http:/www.mpih-frankfurt.mpg.de/global/Np/Pubs/mckinsey.pdf, Aufruf: 20.03.2017.
Smith, D. (2008): Der Kunst-Code. Jugendkunstschulen im interkulturellen Dialog. Arbeitshilfe für die Kulturpädagogische Praxis, hg. vom Bundesverband der Jugendkunstschulen und Kulturpädagogischen Einrichtungen (bjke), Unna.
Stritzker, U./Peez, G./Kirchner, C. (2011): Frühes Schmieren und erste Kritzel – Anfänge der Kinderzeichnung. Norderstedt: Books on Demand.
Thole, W. (2001): Kulturarbeit. In: Otto, H.-U./Thiersch, U. (Hg.): Handbuch Sozialarbeit/ Sozialpädagogik. 2. Aufl., Neuwied, Kriftel: Luchterhand Verlag.

**TEIL II
BEITRÄGE ZU DEN KÜNSTLERISCHEN UND
MEDIALEN SCHWERPUNKTEN**

1 VERFAHREN DER BILDENDEN KUNST IN DER SOZIALEN ARBEIT – VERDEUTLICHT AM BEISPIEL DER EINZELARBEIT MIT KINDERN

Mona-Sabine Meis

Was Sie in diesem Kapitel lernen können

Die Bildende Kunst stellt eine Bandbreite von Verfahren für die Soziale Arbeit zur Verfügung, die von voraussetzungsarm bis sehr anspruchsvoll reicht. Grundsätzlich unterschieden wird dabei in experimentelle, forschende und spielerische Ansätze auf der einen Seite sowie in die stärker künstlerisch-gestaltenden und symbolbildenden auf der anderen. Dieser Beitrag vermittelt Verständnis und Begründungen für die künstlerisch orientierte Soziale Arbeit. Grundlegende Methoden und vielfältige, alltagstaugliche Anregungen werden bereitgestellt, die mit allen Zielgruppen bereichernd eingesetzt werden können. Der Schwerpunkt liegt im zweiten Teil auf der Arbeit mit (Klein-)Kindern, die sich die Welt vor allem ästhetisch, also mit allen Sinnen, erschließen und für die das künstlerisch-ästhetische Arbeiten daher von besonderer Bedeutung ist. Zur Veranschaulichung werden konkrete Beispiele aus der Praxis vorgestellt und erläutert. Zu Grunde liegt ihnen die in ihren verschiedenen Facetten vorgestellte Werkstattmethode – auf den Alltag zugeschnitten mit einem mobilen „Kunst-Koffer".

1.1 Funktion und Bedeutung von Bildender Kunst in der Sozialen Arbeit

Häufig äußern Studierende, dass sie nicht zeichnen oder malen können, und daher gegenüber dem Medium Bildende Kunst Bedenken hätten. Dies zeigt, wie sehr künstlerische Verfahren in unserer Gesellschaft mit formal-ästhetischen Ansprüchen, mit gegenständlichen Darstellungen, Können und Leistung verknüpft sind. Es geht jedoch zunächst nicht um Können, sondern um Ausprobieren, Forschen, Entdecken und mutig sein, es geht um individuelle symbolische Lösungen und Strukturen, um Interaktion, Kommunikation, Lachen und Freude. Auch die meisten Klient/innen haben keine künstlerische Vorbildung und oft auch keine große Begabung, aber auch das ist unerheblich, weil die Produktion renommierter (Museums-)Kunst nicht das Ziel des künstlerischen Schaffens in der Sozialen Arbeit ist. Gut ist grundsätzlich erst einmal, was sich zeigt. Manchmal entstehen sogar großartige, künstlerisch anspruchsvolle Werke, teilweise erhalten sie als „Outsider-Art" sogar internationale Wertschätzung. Dies ist natürlich gerne gesehen und erfreulich, bleibt aber die Ausnahme, an der die Arbeit nicht gemessen wird. Trotz der verbreiteten Leistungs- und Versagensängste gehören künstlerische Aktivitäten zu unserem Alltag. Jeder Mensch beherrscht die kreative „Bild-Sprache" im Traum und gezeichnet wird in den unterschiedlichsten Zusammenhängen: Den ersten „Schmierbildern" von Kleinstkindern folgen die frühen Kritzelzeichnungen. Im Kinder- und Jugendalter werden die künstlerischen Äußerungen meist gegenständlich und oftmals in Form von Mangas, Comics und Tags standardisiert. Später werden die Aktivitäten als Kritzelzeichnungen, oft beispielsweise am Telefon fortgeführt. Manch einer gestaltet kunstvolle Wegbeschreibungen, Merkzettel oder auch mit Blümchen und Herzchen verzierte Einkaufslisten. Hinzu kommen jahreszeitliche Dekorationen und private Fotografien. An unseren Wänden hängen selbstgemalte oder gekaufte Bilder, und auf Fensterbänken und in Regalen stehen kleine Objekte. Im Freizeitbereich gibt es ein ständig wachsendes Angebot an Aktivitäten und Kursen im Bereich der Malerei, des Plastizierens und weiterer Schwerpunkte der Bildenden Kunst für alle möglichen Alters- und Zielgruppen. Und der große Bereich der sogenannten Outsider Art/Art Brut, meist von Menschen mit psychischen Erkrankungen und/ oder geistiger Behinderung geschaffen, erfährt mittlerweile internationale Anerkennung (Menzen 2009; Weltenwandler 2011). Kunst umgibt uns überall: im öffentlichen Raum, in der Arbeitswelt und in der privaten Umgebung. Von den frühen Höhlenmalereien bis zu den heutigen digitalen künstlerischen Ausdrucksformen begleitet die bildliche Gestaltung die Menschheit als anthropologische Konstante.

In der einschlägigen Literatur werden unterschiedliche Funktionen der Bildenden Kunst herausgearbeitet, die in der Sozialen Arbeit von Bedeutung sein können. Auch wenn die zugeschriebene Wirksamkeit nicht immer wissenschaftlich eindeutig belegt ist, gibt es umfangreiche und vielfältige fundierte Publikationen zur Funktion, Anwendungsmöglichkeit und Wirkung der Bildenden Kunst bis hin zu den neueren Bereichen der neurobiologischen Bedeutungen (vgl. Hampe et al. 2009). Bevor die für die Soziale Arbeit zentralen Aspekte ausgeführt werden, soll die folgende Übersicht daher die mögliche Vielfalt verdeutlichen:

- Befriedigung kultureller und ästhetischer Bedürfnisse (vgl. Winnicott 2010),
- Biografiearbeit und Erinnerung (vgl. Schulze 2006; Ganß 2012/2016; Hölzle/Jansen 2011),
- Veränderung von Atmosphäre und Stimmung (vgl. Böhme 2007), Wohlbefinden,
- Stifterin von Anregungen und Bildungsimpulsen (vgl. Mollenhauer 1996; Kahlert/Lieber/Binder 2006; Niehoff/Wenrich 2007),
- Unterstützung von Identifizierung und Identitätsbildung (vgl. Kirchner 2006; Kirchner et al. 2006),
- Spuren und Selbstzeugnisse legen (Ganß 2012/2016; Stern 2008; Stritzker/Peez/Kirchner 2011; Wittmann 2009),
- Halt geben, Trost spenden und beruhigen (vgl. Wichelhaus 2000; Block/Meis 2004; Ganß 2012/2016),
- Erstarrungen verflüssigen (vgl. Eberhart/Knill 2010),

- heilsame Resonanzen und Resilienz fördern (vgl. Titze 2008),
- Heilen (vgl. Dannecker 2017; Franzen 2009), Kunst als Medizin (vgl. Wichelhaus 2000), Kompensation und Hilfe bei psychischen Erkrankungen (vgl. Weltenwandler 2011; Spreti/Martius/Förstl 2005; Kramer 2018; Kraus 2007),
- Unbewusstes und Vorsprachliches nach außen bringen und bearbeitbar machen (vgl. Rubin 2005; Baukus/Thies 1997; Dannecker 2017),
- Kommunikation (vgl. Rubin 2005; Schottenloher 1994),
- Hilfen bei Sprach- und Leseproblemen (beispielsweise auch bei Analphabeten, Migrantinnen, Menschen mit Behinderungen) (vgl. Weltenwandler 2011),
- Sozialraumforschung und -arbeit (vgl. Deinet 2012),
- Geschichten erzählen oder im Kopf des Betrachters in Gang setzen (vgl. Hoffmann 1998),
- Kunst statt Strafe bei Straffälligen (vgl. Hüser-Granzow 2007),
- Ganzheitlichkeit fördern, Einbeziehung aller Sinne (vgl. Böhme 2007),
- Aktivierung durch Selbsttätigkeit im künstlerischen Prozess (Schorer 2002),
- Gestaltung des eigenen Lebens und der Gesellschaft im Sinne der Beuysschen Sozialen Plastik (vgl. Buschkühle 1997)

und

- Dokumentation, Information, Kommunikation und Reflexion zu unterschiedlichen Themen,
- Schmuck und Dekoration (u. a. diverse Literatur zu – jahreszeitlichem – Basteln).

1.2 Bildende Kunst im Kontext der Sozialen Arbeit

Die Bildende Kunst existiert im 21. Jahrhundert in einer unüberschaubaren Variationsbreite: Dominante Stile, vorherrschende Themen und Eingrenzungen auf Verfahren und Techniken gibt es nicht mehr. Auch wenn es mit der Ausweitung des Kunstbegriffs im 20. und 21. Jahrhundert zunehmend Überschneidungen mit den performativen Künsten und digitalen Verfahren gibt, sollen diese im vorliegenden Kunst-Beitrag nicht weiter thematisiert werden; sie werden in den anderen Beiträgen dieses Buches behandelt. Im Folgenden liegt der Schwerpunkt zur Abgrenzung auf den Verfahren und Werken, die neben ihrem ideellen und visuellen Charakter starke Bezüge zu Materialien, Haptik, Körper und Raum aufweisen.

In der Sozialen Arbeit stehen die Klient/innen im Mittelpunkt. Das bedeutet: Anders als in der Kunstpädagogik dient der Umgang mit Bildern und der Bildenden Kunst in der Sozialen Arbeit nicht primär der Hinführung zu Kunst und Kultur. Vielmehr wird die Kunst für die unterschiedlichen Ziele der Sozialen Arbeit genutzt oder – wie es auch die künstlerischen Puristen teilweise abwertend nennen – instrumentalisiert. Erfahrungen, Verfahren und Methoden der ebenfalls mit Kunst befassten wissenschaftlichen Disziplinen Kunstwissenschaft und Kunstgeschichte werden dabei für die Soziale Arbeit fruchtbar gemacht.

Im Unterschied zu diesen teilweise stark sach- und zielorientierten Ansätzen spielen in der Sozialen Arbeit jedoch vor allem diejenigen künstlerischen Ansätze und Verfahren eine Rolle, die von den individuellen und sozialen Bedürfnissen und Voraussetzungen der Klient/innen ausgehen und sodann aktivierend, unterstützend und dialogisch ihren Prozess begleiten. Dazu bieten sich besonders künstlerische Methoden und Verfahren aus den Bereichen der Kunstpädagogik, der Kunsttherapie und dem Werken an. Aber auch die Sozial-, Heil-, Erlebnis- und Spielpädagogik sowie die allgemeine Pädagogik, die Psychologie, Philosophie, Sozial- und Kommunikationswissenschaften sowie die Anthropologie können wichtige Impulse für eine klientenorientierte künstlerische Arbeit bieten.

1.2.1 Auswahlkriterien für Kunstwerke und künstlerische Verfahren

Für die Soziale Arbeit sind vor allem jene *(Kunst-)Werke* von Interesse, die ein ganzheitliches Verständnis für relevante und individuelle Themen wie Angst, Freude, Trauer, Einsamkeit, Migration, Glück oder Tod vermitteln – um nur einige wenige zu nennen.

Von den *künstlerischen Verfahren* werden diejenigen bevorzugt eingesetzt, die die Klient/innen aktivieren und fördern, ausgleichend wirken und einen ganzheitlichen Zugang zu sich selbst und der Welt eröffnen helfen. Dies sind vor allem experimentelle, forschende und gestaltende Verfahren, die erlebnis- und erfahrungsorientiert angelegt werden. Sie zielen auf einen Zuwachs an Erkenntnissen, Wissen und Fertigkeiten bei der Auseinandersetzung mit den Materialien, Formen, Farben und Themen – und mit sich selbst (vgl. Blohm et al. 2005). Der jeweilige Lernzuwachs kann dabei sowohl das künstlerische Material, seine Eigenschaften und Wirkungen als auch die eigene Person betreffen (Welche Gesetzmäßigkeiten des Materials finde ich heraus? Welche Wirkungen können erzielt werden? Wie? Was gefällt mir/nicht? Was möchte ich/nicht? Was wird ausgelöst, wenn ich mit Ton arbeite? Erinnerungen, Beruhigung, Ausgleich, Anregung durch künstlerisches Arbeiten? Warum male ich mich immer so klein?)

Die künstlerischen Verfahren dienen also der Identitätsbildung und Persönlichkeitsentwicklung im Sinne von Empowerment und Selbstermächtigung.
Es geht um

- Aktivierung eigener Ressourcen,
- Interesse, Neugier, Wissbegier,
- Aktivierung und Eigentätigkeit,
- Wahrnehmungsschulung,
- Ganzheitlichkeit,
- Förderung von sogenannten Schlüsselkompetenzen,
- Konzentration, Strukturbildung und Feinmotorik,
- Förderung von Kreativität, Phantasie und Eigensinn,
- Ausdrucksschulung und Unterstützung kommunikativer Fähigkeiten,
- Ausdauer und Frustrationstoleranz,
- Ausgleich, Wohlbefinden, Freude,

- Befriedigung der Sehnsucht nach Schönheit,
- und vieles mehr.

Der Schwerpunkt in der Sozialen Arbeit mit künstlerischen Verfahren kann dabei auf den individuellen *Prozess* der Klient/innen und auf sein *Ergebnis* gelegt werden. So kann in der Arbeit mit Senior/innen der Prozess des Malens u. a. als meditative Betätigung wichtig sein, andererseits in der Biografiearbeit beispielsweise Erinnerungsbildern (also „*Ergebnissen*" im Sinne von gemalten, aber auch in den Medien und in Fotoalben gefundenen Bildern) besondere Bedeutung beigemessen werden und diese können als Grundlage für Gespräche dienen. Der Schwerpunkt kann zudem auch auf dem gemeinsamen *Austausch* beim Arbeiten und auf den *sozialen Bedeutungen* liegen (Beispiel: Wandmalerei mit Jugendlichen). Das Angebot an Themen, Techniken und Materialien ist nahezu unbegrenzt (reichhaltiger Fundus bei Kathke 2001/2006 und Hietkamp 2006).

Experimentelles, forschendes, ungegenständliches Arbeiten

Besonders niederschwellig, weil kein Können und keine fachlichen Kenntnisse und Fertigkeiten erforderlich sind, ist das experimentelle, forschende und ungegenständliche Arbeiten. Es ist in allen Techniken möglich, geht oftmals vom Material aus und kann interdisziplinär verknüpft werden. Nicht ein Ereignis, ein Gegenstand oder ein Thema – wie beispielsweise Abschied – werden dabei gestaltet. Die Arbeit zielt also nicht primär auf Symbolbildung und Bildsprache. Ebenso wenig geht es um gegenständliche und dekorative Endprodukte wie gerahmte Bilder und Kalenderblätter. Es geht auch nicht um geplante Prozesse. Vielmehr stehen das Material und der Arbeitsprozess im Mittelpunkt der Aufmerksamkeit. Beschaffenheit, Möglichkeiten, Grenzen (des Materials und des eigenen Könnens, Wollens, der eigenen Frustrationstoleranz etc.), Gesetzmäßigkeiten (u. a. bei der Verarbeitung) und Wirkungen (Farb- und Formwirkungen, Wirkungen des Arbeitsprozesses auf das eigene Befinden etc.) werden erforscht. Es geht sowohl um die Härte, Dichte, den Widerstand, die Dehnbarkeit, Zerbrechlichkeit und Deckkraft von Material und Werkzeug als auch um Farb- und Formwirkungen und die Wirkungen des künstlerischen Schaffens auf das eigene Befinden. Hierzu gehören auch Fragen der Grenzerfahrung, -erweiterung und -akzeptanz. Der Prozess fördert Neu- und Wissbegier, er provoziert Zufälle und Überraschungen, unkontrollierte Prozesse und Produkte und ist ergebnisoffen. Dieses Arbeiten ohne Leistungsdruck erleichtert oftmals ganz nebenbei die verbale Kontaktaufnahme zu verschlossenen Klient/innen und die Interaktion in Gruppen.

Besonders in der Arbeit mit Kindern sind die experimentellen Verfahren von großer Bedeutung: Erproben, erforschen und verändern; mit Werkzeugen bearbeiten, zerstören und neu kombinieren; das Material und sich selbst der Witterung und anderen verändernden Einflüssen aussetzen; Fundstücke suchen, sammeln, sortieren und Möglichkeiten der Präsentation erfinden, Spielen und die Kreativität und Fantasie beflügeln lassen …

Diese vielfältigen Vorgänge verlangen eher forschende Tätigkeiten als geplante, vorhersehbare und auf festgelegte Ziele hin gerichtete ästhetische Handlungen. Gleichzeitig fordern und fördern diese Tätigkeiten eine starke Aktivierung und Eigentätigkeit und schulen Wahrnehmung und Ausdrucksfähigkeiten.

In der Sozialen Arbeit bieten sich die forschenden, experimentellen und spielerischen Verfahren also an, um Wissbegier, Interesse und Spielfreude zu wecken. Neue Zugänge zu sich Selbst und der äußeren Realität werden gefunden. Blockaden werden umgangen oder aufgehoben: Die Angst vor dem weißen Blatt und der Leistungsdruck bei gegenständlicher Gestaltung verschwinden.

Grundsätzlich sind diese Verfahren für alle Zielgruppen sinnvoll, besonders jedoch für Kinder (vgl. Reuter 2007).

Gegenständliche und abstrakte Gestaltungen

Anders als beim experimentellen und forschenden Arbeiten zielt die künstlerische *Gestaltung* stärker auf eine zielgerichtete Bearbeitung von Materialien und Themen sowie auf die *Symbolfindung bzw. -bildung*. Sie bezweckt in der Regel die Produktion und häufig auch Präsentation eines *Endproduktes*:

Auswählen (Material, Formen, Farben), Sortieren, Ordnen, Strukturieren, Komponieren, Überarbeiten, Formen, Darstellen und Symbolfinden sind die charakteristischen Aktivitäten.

Sie zielen darauf ab, einem Material oder einer Idee künstlerische Gestalt zu verleihen.

Beispiele hierfür sind neben Zeichnungen, Malereien und Skulpturen auch Berge und Türme im Sandkasten, Gefäße und Kugeln aus Ton oder Kreuze und Säbel aus Holz. Die gestalteten Produkte können, müssen aber nicht notwendigerweise gegenständlich sein. Auch abstrakte Gebilde und einfache Formen wie Rollen aus Salzteig und Muster auf Papier sind *Gestaltungen*.

Und auch die zunächst völlig offenen Ergebnisse aus experimentellen und forschenden Verfahren können anschließend über Methoden wie Selektieren, Kombinieren und Überarbeiten zu *gestalteten* Ergebnissen transformiert werden.

Gestaltungen geschehen häufig – auch ohne Anleitung – bei Kindern ab etwa dem dritten oder vierten Lebensjahr. Sie kombinieren bei unbekannten Materialien gerne experimentell-spielerische mit gestalterischen Prozessen, d.h., sie beginnen zunächst mit Erkundungen und setzen dann ihre Tätigkeit fort, bis sie ein – meist gegenständliches – Ergebnis erarbeitet haben. Kinder kneten beispielsweise Ton, rollen ihn, drücken ihn platt und irgendwann wird er zur Schlange oder Schnecke. Bei der Arbeit mit bekanntem Material überspringen sie dann oft auch die experimentelle Phase und beginnen sofort mit der gestaltenden Arbeit.

Das Potenzial der *Selbstbildung* wird beim gestaltenden Arbeiten vor allem in folgenden Aspekten gesehen: Es müssen Kategorien gebildet, Analogien und Kontraste erfasst und Kompositionen, Strukturen und Symbole entwickelt werden. Und immer müssen Entscheidungen getroffen werden. Das Ergebnis wird nicht dem Zufall überlassen, sondern aktiv gesteuert. Und da dann auch das Werk kein Zufallsergebnis ist, kann es zur Stärkung von Selbstwirksamkeit, Selbstwert und Selbstbewusstsein beitragen und somit die Persönlichkeitsentwicklung fördern.

Spezialfall Soziale Arbeit und Kunsttherapie

Ein Spezialfall innerhalb der Sozialen Arbeit ist die Bearbeitung individueller Themen und Probleme wie z. B. Ängste oder Traumatisierungen mit Hilfe künstlerischer *Gestaltungen*. U. a. orientiert an der „pädagogischen Kunsttherapie" (vgl. Domma 2006; Bröcher 2006) werden dabei an die Kunsttherapie angelehnte Ansätze auch in der Sozialen Arbeit eingesetzt.

Die Annahmen über die Wirkungsweisen ästhetisch-bildlicher Prozesse sind unterschiedlich. Neben den im Prozess bedeutsamen Faktoren (Aktivierung, Mut, Selbst- und Materialerfahrung und vieles mehr) wird vor allem der Entäußerung unbewusster und vorbewusster Sachverhalte durch *Symbolbildungen* große Bedeutung beigemessen: Nicht- und vorsprachliches Material wird ausgedrückt, materialisiert und dadurch kommunizier- und bearbeitbar gemacht. Das Werk in seiner individuellen Darstellungsform beinhaltet neben zugeschriebenen Fakten („Das bin ich und das ist meine Mutter") vielfältige Informationen über Erlebnisse, Erfahrungen, Gefühle, Emotionen, Bedeutungszuschreibungen und Beziehungen der Klient/innen – ausgedrückt vor allem in der Komposition, in Größenverhältnissen, Farben, Formen, im (Mal- und Zeichen-)Duktus und in räumlichen Bezügen. Eine wichtige Rolle bei der Entäußerung spielt die Materialisierung: Das Werk steht als *handfestes (bleibendes) Produkt* dem Schaffenden gegenüber und kann – auch zeitlich und räumlich versetzt – betrachtet, bearbeitet und besprochen werden.

Vorsicht ist jedoch bei der Interpretation geboten: Künstlerisch-ästhetische Äußerungen sind mehrdeutig und situationsabhängig (polyfunktional und polyvalent). So kann die Farbe Schwarz beispielsweise Aggressionen ausdrücken, je nach Kontext aber auch ganz andere Bedeutungen haben, z. B. Kraft und Stärke symbolisieren. Und nicht jede phallische Form bedeutet einen Hinweis auf sexuellen Missbrauch. Interpretationen oder gar Diagnosen auf der Grundlage ästhetisch-bildnerischer Produkte müssen daher eigens dafür ausgebildeten Fachkräften vorbehalten bleiben. Und künstlerisch-ästhetische Produkte können selbst hervorragenden Kunsttherapeut/innen nicht isoliert, sondern nur im Zusammenhang mit anderen Informationen zuverlässige Auskunft geben.

Es geht auch nicht darum, vermutete oder erwiesene Probleme in den Gestaltungen zu evozieren – davor sei sogar ausdrücklich gewarnt, weil dies in definiert therapeutische Settings gehört. Hier ist besonders im Zusammenhang mit möglichen Traumata eine saubere Grenzziehung wichtig.

Diverse belastende Themen zeigen sich in den Prozessen und Produkten der Klient/innen jedoch auch spontan, zumal wenn sie nach Ausdruck streben. Sie äußern sich jedoch überwiegend in einer Weise, mit der die Sozialarbeiter/innen auch ohne therapeutische Zusatzausbildung angemessen umgehen können. Ihre Aufgabe ist es dann nicht, therapeutisch im engeren Sinne tätig zu werden. Sie besteht vielmehr darin, den Klient/innen bei ihrem Umgang mit dem konflikthaften und emotional aufgeladenen Material wertschätzend zu helfen und offen für deren Bedürfnisse zu bleiben. Wichtig ist in solchen Situationen die Kenntnis (ressourcenorientierter) stabilisierender Interventionsmöglichkeiten (Croos-Müller 2017; dgsf.org; Dixius/Möhler 2018), die sich jede/r Sozialarbeiter/in vor der Arbeit mit Klient/innen unbedingt aneignen sollte.

Die Werke der Klient/innen können von Sozialarbeiter/innen ohne einschlägige Zusatzausbildungen zunächst ganz basal als non-verbale Botschaften gesehen werden, mit deren Hilfe die Beziehung intensiviert und das wechselseitige Vertrauen gefördert werden kann. Sie werden als schöpferische Leistung gewürdigt, manchmal sogar ohne ihre Inhalte zu besprechen.

Sie können aber auch die Kommunikation und Interaktion stützen, wenn verbale Kommunikation schwer oder unmöglich ist (körperlich und psychisch bedingte Sprach-Störungen oder fremdsprachlicher Hintergrund, Inhalte, die – noch – nicht ausgesprochen werden können etc.). Die Bilder und Objekte (Tonfiguren, Masken, Puppen) können dann auch als Grundlage für die weitere Kommunikation genutzt werden – solange die begleitenden Anleiter/innen sich keine Deutungshoheit anmaßen, sondern vielmehr fragend und offen mit ihrer Mehrdeutigkeit (Polyvalenz und Polyfunktionalität) umgehen. Sie können somit Gespräche über Themen ermöglichen, die vorher so nicht möglich waren (vgl. u. a. Rubin 2005).

Zusammenfassung der Verfahren im Überblick

In der folgenden Abbildung werden die beiden grundlegenden unterschiedlichen Ausrichtungen – das experimentell-forschende und das gestaltende Arbeiten – zusammengefasst und gegenübergestellt. Die dabei entstehende Polarisierung dient lediglich der Verdeutlichung – in der Praxis ergeben sich zwischen den beiden Polen Übergänge und Überschneidungen:

Tab. II.1.1: Vergleich unterschiedlicher künstlerisch-ästhetischer Arbeitsweisen

Verfahren	Spielerisch, experimentell, forschend	Gestaltend (gegenständlich und ungegenständlich)
Ziel	Provoziert Zufälle, Überraschungen, Entdeckungen, Suchen und Sammeln, ganzheitliche Erkenntnisse, eigene Ressourcen erleben und daraus schöpfen, assoziatives/situatives Handeln wertschätzen und nutzen	Gezieltes Arbeiten, Aussuchen, Sortieren, Ordnen, Symbolfindung/-bildung, Entäußerung eigener Erlebnisse und Themen, Materialisierung und Bearbeitung von Ideen und Gefühlen, Bewusstmachung, Präsentation, non-verbale Kommunikation von Inhalten
Schwerpunkte	Oftmals hoher Materialbezug	Oftmals hoher Inhaltsbezug
Orientierung	Stark Prozess-orientiert	Eher Produkt-orientiert (den Prozess unterschiedlich stark fokussierend)
Chancen	Offenheit, Freiheit, Entgrenzung, Neu- und Wissbegier, Eigenaktivität und Eigensinn, Ausdauer und Frustrationstoleranz, Wahrnehmungsschulung, Hori-	Strukturbildung, Zielstrebigkeit, Ausdauer und Frustrationstoleranz, Horizonte erweitern, Gesetzmäßigkeiten erfahren und anwenden, Wahrnehmungs- und Ausdrucksschulung

Tab. II.1.1: Vergleich unterschiedlicher künstlerisch-ästhetischer Arbeitsweisen – Fortsetzung

Verfahren	Spielerisch, experimentell, forschend	Gestaltend (gegenständlich und ungegenständlich)
	zonte erweitern und Gesetzmäßigkeiten erforschen	
Gefahren	Überforderung durch Entgrenzung, Chaos, Materialschlachten, Aggressionen, Regression	Begrenzung, Einengung, Klischee- und Formelbildung, Fremdbestimmung, übermäßige Anpassung oder Regression
Ergebnisse/ Werke	Von untergeordneter Relevanz, oft nicht für die Präsentation gedacht	Künstlerische Werke, gegenständlich und ungegenständlich
Archivieren	Oftmals keine Archivierung	Mappen, Kästen, Regale Internetpräsenz etc.
Präsentationen	Keine oder Werkstattpräsentationen	Ausstellungen
Extremformen	Frühkindliches Matschen, Schmieren und Kritzeln	Professionelle künstlerische Arbeiten

Wenn es die Rahmenbedingungen zulassen, empfiehlt sich die Verknüpfung von experimentellen, forschenden Prozessen und gestaltendem Arbeiten. Diese Verbindung ermöglicht es, die Vorteile der jeweiligen Ausrichtung zu nutzen und einen Ausgleich zwischen spielerischer, experimenteller und forschender Freiheit einerseits und Begrenzung, Zielgerichtetheit und Struktur andererseits zu erzielen.

1.2.2 Die Rolle der Sozialarbeiterin und des Sozialarbeiters

Bei Kindern ist ein *„munter drauflos"* oft unproblematisch, da sie ihrer Entwicklung entsprechend gerne experimentieren, forschen, zeichnen, malen oder modellieren. Kindern in besonders schwierigen Situationen, und allen Zielgruppen spätestens ab dem Jugendalter, fällt das freie *Gestalten* jedoch oftmals schwer. Es existieren Blockaden und Hemmungen und häufig gibt es weitere Erschwernisse wie fehlendes Selbstbewusstsein, Ängste, negative Vorerfahrungen (vielfach aus schulischem Kunstunterricht) oder auch zu hohe Erwartungen durch medial geprägte Bildvorstellungen. Freies Gestalten nach selbstgewählten Themen und mit selbstgewählten Materialien und Techniken stellt für viele Zielpersonen dann eine Überforderung dar, die zu unterschiedlichen Vermeidungs- und Fluchtstrategien führen kann. Bei Überforderung, Erfolgsdruck und dominanter Fremdbestimmung besteht die Gefahr, dass bei der Gestaltung auf Klischees und Formeln ausgewichen wird: Besonders größere Kinder und Jugendliche reproduzieren dann gerne akribisch zeichnend Vorbilder aus den Medien (z. B. Mangas). Andere weichen dem Druck durch Regression aus und zeichnen

Blümchen, Herzen, Muster und Strichmännchen, obwohl sie bereits über differenziertere zeichnerische Möglichkeiten verfügen.

Und auch Behinderungen und Krankheiten können das *freie* Arbeiten *„munter drauflos"* verunmöglichen.

Hilfreich zur Auflösung dieser Blockaden und Hemmungen können dann Arbeiten nach *Aufgaben* sein, die eine stärkere Lenkung beinhalten. Dies erinnert allerdings schnell an schulischen Kunstunterricht mit seinen Be- und Abwertungen und ruft allein schon deshalb bei vielen Klient/innen Widerstände hervor – obwohl es zentrale Unterschiede zwischen schulischen und sozialarbeiterischen Aufgaben gibt:

- Die schulische Kunstpädagogik führt hin *zur* Kunst, die Soziale Arbeit setzt auf die (Selbst-) Bildungsprozesse der Kunst – sie arbeitet *mit* Kunst. Ihr Ziel ist nicht primär Kunstverständnis, Techniken und Kunstwissen, sondern vorrangig die Stärkung individueller und sozialer Fähigkeiten und Fertigkeiten sowie kulturelle Teilhabe und Lebensfreude.
- Die schulische Kunstpädagogik bewertet und benotet häufig die geschaffenen künstlerischen Produkte. In der sozialen Arbeit dagegen haben Qualitätsunterschiede und Bewertungen eine ganz andere Bedeutung: Richtig und gut ist zunächst einfach alles, was entsteht. Besonders gelungen ist, was Freude bereitet, authentisch ist und die Zielperson stärkt.

Daraus kann abgeleitet werden, wann künstlerisch-gestalterische Aufgabenstellungen in der Sozialen Arbeit sinnvoll sind:

- als Hilfestellung, wenn das spontane Arbeiten nicht gelingt und die selbstständige Ideenfindung eine Überforderung darstellt;
- als Anleitung, wenn gezielte individuelle oder Gruppen-Prozesse in Gang gesetzt werden sollen (z. B. Auseinandersetzung mit Gewalt, interkulturelle Begegnungen, Genderfragen).

Letzteres ist besonders bei Gruppenaktivitäten und im Freizeitbereich oft der Fall (u. a. Kinder-, Jugend- und Seniorenfreizeitangebote). Die Vorgabe oder das gemeinsame Erarbeiten von Aufgaben unter thematischen Gesichtspunkten (z. B. Identität, Gemeinschaft, Ökologie) mit konkreten Angaben zu Techniken und Material ist dann meist sehr hilfreich. Bewährt hat sich zudem die Einbindung in interdisziplinäre Projekte (= Verbindung unterschiedlicher Kunstsparten), um unterschiedlichen Interessen und Fähigkeiten gerecht zu werden:

- Porträts zeichnen, malen, fotografieren (Körperumzeichnung, Schattenrisse, Foto-Übermalungen) und biografisches Schreiben,
- Bau von Musik- und Perkussionsinstrumenten und gemeinsames Trommeln,
- Maskenbau und Maskenspiel (vgl. Sommer/Hoffmann, A. 2009),
- Bühnenbilder, Kostümgestaltung, Theater und Tanz,
- Illustrationen zu Geschichten, Leporellos und Buchobjekte,
- gemeinsames Bauen und Bemalen von Hütten, Wänden und Absperrungen zu aktuellen Themen,

- Bauen und Gestalten von Spiel- und Klettergeräten für den Gemeinschaftsbereich oder Spielplatz (vgl. Martini 2004/2004b/2017).

Weitere Anregungen, die auf die Soziale Arbeit übertragen werden können, findet man in Veröffentlichungen aus den Bereichen der freien Kunstschulen (Van de Loo 2005), der sozialpädagogischen Berufe (Hietkamp 2006) und der schulischen und außerschulischen Kunstpädagogik (Kathke 2001/2006; Fachzeitschriften *Grundschule Kunst* und *Kunst + Unterricht*).

Eine weitere Möglichkeit, die Blockaden von Klient/innen vor gestalterischen Prozessen aufzulösen, besteht darin, dass der Einstieg in das eigenständige Gestalten zunächst mit experimentellen und spielerischen Methoden bestritten wird (siehe 1.4.2.3). Ist dann „die Angst vor dem weißen Blatt Papier" mit Hilfe von unkonventionellen Techniken erst einmal überwunden, können bei den Klient/innen anschließend auch gestalterische Prozesse initiiert werden.

1.2.3 Begabung und künstlerische Qualität

In der Sozialen Arbeit wird keine Begabung für die künstlerische Beschäftigung vorausgesetzt. Da es nicht um Leistung und künstlerische Qualität, sondern um Aktivierung und Bereicherung der Klient/innen auf verschiedenen Ebenen geht, können sich die Angebote an alle Zielgruppen richten. Auch der schwerstbehinderte Mensch, aus dessen minimalen Reaktionen abgelesen werden kann, dass er das Befühlen von Ton oder das Verstreichen von Rasierschaum auf dem Tisch genießt oder Freude beim Anschauen von Bildern empfindet, hat ein Recht auf künstlerisch-ästhetische Angebote. Und auch blinde Menschen, denen vielfach der Zugang zur visuell dominierten Bildenden Kunst versagt wird, können – besonders durch haptische und taktile Verfahren – an künstlerischen Prozessen teilhaben.

1.2.4 Techniken

Bei schwerstbehinderten Menschen kann die Betätigung oftmals nicht über die Ermöglichung grundlegendster Sinneseindrücke hinausgehen. Und manche Zielpersonen – beispielsweise psychisch und körperlich vernachlässigte und sehr kleine Kinder – können nur grobmotorisch mit ihren Händen und ihrem Körper Material wie z. B. Kleisterfarben verschmieren und Ton befühlen oder kneten (vgl. Deuser 2004), oft über lange Zeiträume, bevor sie für andere Verfahren bereit sind.

Wenn jedoch eine weiterführende gestalterische Arbeit angestrebt wird, sind basale Techniken notwendig und oft schnell erlernt – auch wenn Aktivitäten wie Pinsel halten, Farben anreiben, ein Blatt vom Block lösen, Ton zu einer Kugel formen und Nägel einschlagen für manche Zielpersonen bereits eine große Herausforderung darstellen können.

Techniken haben in der Sozialen Arbeit immer eine *dienende Funktion* und sollten daher keinesfalls, wie teilweise im schulischen Unterricht, zu Drill und Wertungen genutzt werden.

Technische Einführungen und Übungen können die *Ausdrucksmöglichkeiten* erweitern, beispielsweise durch lasierendes und deckendes Malen, pastosen Farbauftrag mit dem Spachtel oder Arbeiten mit Schablonen. Jugendlichen und Senior/innen bereitet die Einführung in unterschiedliche Techniken zudem oftmals auch *Freude* und führt zu eigenen Weiterentwicklungen und Experimenten.

Darüber hinaus kann die Arbeit mit aufwändigeren Techniken – etwa Bilder Ausschneiden und Aufkleben beim Collagieren – genutzt werden, um die *Feinmotorik* der Klient/innen zu unterstützen.

Und auch im Umgang mit *Regeln* können künstlerische Verfahren sinnvoll eingesetzt werden, indem z. B. Techniken mit festgelegten Schrittfolgen und hohen Anforderungen an diszipliniertes Arbeiten – wie z. B. das Färben und Dekorieren von Ostereiern und das Bedrucken von T-Shirts – gewählt werden. Auf spielerisch-gestalterische Art und Weise optimieren beispielsweise Kinder dadurch nicht nur ihre motorischen Fähigkeiten – ganz nebenbei erfahren sie auch die Sinnhaftigkeit und Relevanz von diszipliniertem und regelhaftem Vorgehen, ohne das die gewünschten Produkte nicht herstellbar sind. Bei verschiedensten Techniken des bildhaften Gestaltens bietet sich auch eine Verbindung zu digitalen Medien an, die mit handwerklicher Arbeit kombiniert werden können oder Hilfsmittel bei der Präsentation sein können. Ein zusätzlich motivierendes Element ist das vor allem für Jugendliche.

1.2.5 Präsentationen

Generell gilt: das grundlegende Bedürfnis der Klient/innen nach Schutz und Wertschätzung muss bei der Auswahl einer möglichen Präsentation ihrer Arbeiten gewahrt werden. Sowohl für Besucher/innen als auch für die ausstellenden Klient/innen selbst ist eine *Werkstatt-Präsentation* in vielen Fällen angemessener und interessanter als eine traditionelle Ausstellung: Nicht die fertigen Arbeiten werden gezeigt, sondern es wird ein Einblick in den Schaffensprozess vermittelt. So können beispielsweise die Gäste eingeladen werden, den Klient/innen bei ihrer künstlerischen Arbeit zuzuschauen oder es werden Fotografien vom Schaffensprozess ausgestellt (Bildrechte beachten!). Die *Werkstatt-Präsentation* wird dem Prozess-Charakter der gestalterischen Arbeit mit Klient/innen oftmals gerechter als die klassische Ausstellung. Durch diese Art der Präsentation wird auch die Gefahr gemindert, dass ausgestellte Produkte missverstanden, belächelt oder gar abgelehnt werden.

Aber nicht immer entkommen die Sozialarbeiter/innen dem Druck, möglichen Dekorations- und Repräsentationsinteressen der Einrichtungen zu entsprechen. Möglicherweise können sie in diesem Fall die Wünsche der Einrichtung und der Klient/innen durch wechselnde Schwerpunktsetzung ausbalancieren: mal Produkt- und Einrichtungs-Orientierung, dann wiederum Prozess- und Klientenorientierung.

1.2.6 Rezeption

Der Schwerpunkt der künstlerischen Aktivitäten in der Sozialen Arbeit liegt auf dem praktischen Handeln. Weniger Bedeutung wird der Betrachtung von Kunstwerken beigemessen. Gleichwohl bietet auch die Kunst-Rezeption Klient/innen die Möglichkeit, hilfreiche ästhetische Erfahrungen zu machen:

Farben und Formen können sowohl ausgleichend und entspannend als auch aktivierend und dynamisierend wirken. Die Auseinandersetzung mit erzählenden Bildern kann trösten und aufmuntern oder auch einfach nur unterhaltsam sein. Sie kann den Schlüssel zu fremden Welten bieten, den Zu- und Umgang mit Fremdem erleichtern, sie kann auch Probleme und eigenes Leid anschaulich und daher bearbeitbar machen.

Die Gemälde von Frida Kahlo beispielsweise, in denen sie sich mit ihrem eigenen Leid auseinandergesetzt hat, haben ihr bei der Verarbeitung geholfen. Heute bieten sie den Klient/innen die Möglichkeit, diese als Ausgangspunkt für die Auseinandersetzung mit eigenen Wunden zu nutzen.

Vieldeutige, bedeutungsoffene Kunst wiederum kann irritieren und provozieren und im Beuysschen Sinne der „Erkenntnistherapie" bei den Klient/innen Selbstheilungskräfte mobilisieren (vgl. Ott 1993).

Die Kunstrezeption – im Spezialfall auch „Ikonotherapie" (Ott 1993) genannt – wird in vielen gesundheitlichen und therapeutischen Bereichen gezielt genutzt (vgl. auch Wichelhaus 2000), um Patient/innen zu stärken, zur Persönlichkeitsentwicklung und zur Heilung beizutragen. Die Übertragung dieser Erfahrungen auf die Arbeit mit Klient/innen in sozialen Einrichtungen ist zwar wünschenswert, bedarf aber einer vertieften Auseinandersetzung, die an dieser Stelle nicht geleistet werden kann.

Nichtsdestotrotz ist die gemeinsame Betrachtung von Kunstwerken in der Sozialen Arbeit durchaus sinnvoll. Die Auseinandersetzung mit Kunstwerken – seien dies nun Abbildungen in Büchern oder Originale in Museen oder Galerien – kann auch ohne kunstwissenschaftliche Vorbildung im Rahmen von Kommunikation, ästhetischer Erfahrung und kultureller Teilhabe geschehen.

1.3 Schwerpunkt: Künstlerische Arbeit mit Kindern

Kinder erschließen sich in erheblichem Maße ihre Welt auf ästhetische Weise, mit allen Sinnen forschend und erkundend, aber auch konstruierend und interpretierend. Dabei spielen die Verfahren der Bildenden Kunst eine zentrale Rolle und können daher in der Sozialen Arbeit mit dieser Zielgruppe im Besonderen bereichernd eingesetzt werden.

1.3.1 Kindheit heute

Die Lebensphase der Kindheit erstreckt sich von der Geburt bis zum Beginn der Jugend. Sie wird unterteilt in die frühe Kindheit, das Kindergarten- und das

Schulalter. Nach dem Kinder- und Jugendhilfegesetz (§ 7 KJHG) und nach dem Jugendgerichtsgesetz (§ 1 JGG) ist Kind, wer noch nicht 14 Jahre alt ist. Unter biologischen, psychologischen, pädagogischen und soziologischen Aspekten ist eine derartige altersmäßige Begrenzung schwierig, zumal gesellschaftliche und individuelle Veränderungen dabei keine Berücksichtigung finden.

Der vorliegende Beitrag bezieht sich vor allem auf die drei genannten Phasen, wobei die letzte auf die Grundschulzeit begrenzt wird. Die Erfahrungen in diesen Lebensjahren sind für die psychosoziale und emotionale Entwicklung sowie für die kognitive Förderung von zentraler Bedeutung. Neue Ergebnisse der Kindheitsforschung und die ernüchternden Ergebnisse in internationalen Bildungsvergleichsstudien haben daher in den letzten Jahren das Interesse der Bildungsforschung und der Öffentlichkeit verstärkt auf diese Lebensphase gelenkt. In Zusammenhang mit der Sozialisationsforschung ist sie zu einem zentralen Teilgebiet der Erziehungswissenschaften geworden (u. a. Fried/Roux 2013).

Gesellschaftliche Entwicklungen wie geänderte Familienstrukturen (z. B. Patchwork-Familien, Allein-Erziehung), verschlechterte Umweltbedingungen (Stichworte Verstädterung, Straßenverkehr, fehlende Spielplätze, Verhäuslichung, Inselbildung) sowie die zunehmende Präsenz von elektronischen Medien im Alltag bergen gerade für Kinder nicht zu unterschätzende Veränderungen und Risiken: sportliche Betätigung, Aktivitäten mit einer Peergroup, Unternehmungen mit der Familie sowie Selbsttätigkeit und Eigenaktivität werden zu Gunsten von passivem Konsumverhalten zurückgedrängt. Dabei spielen nicht nur die digitalen Medien wie Fernsehen, DVD oder Computer eine wichtige Rolle. Auch die Spielzeugindustrie trägt ihren Teil zur De-Aktivierung der Kinder bei. Denn „modernes" Spielzeug erfordert keine planende, bauende, konstruierende, schaffende oder experimentelle Tätigkeit mehr. An die Stelle von Bauklötzen, Knetmasse, Sandeimer und Schaufel, Schienensysteme für Kugel- und Eisenbahnen treten (Plastik-)Computer, vorgefertigte Strecken für elektrogesteuerte Autos und Modelliermaschinen, aus denen auf Knopfdruck fertig geformte Kugeln, Tiere und Herzen aus *Knet*-Masse purzeln. Die Hand des Kindes wird auf die Funktion des Knopfdrückens reduziert und die Entwicklung von Eigentätigkeit, Kreativität und Fantasie wird gehemmt (vgl. auch Scherer 2004, Schäfer 2013). Damit wird dem Kind neben der fehlenden feinmotorischen Förderung auch die selbsttätige Aneignung von lebenswichtigem Wissen vorenthalten: Gesetze der Schwerkraft und der schiefen Ebene (Kugelbahn), Grundzüge der Statik (wann kippt der Bauklotzturm?), Kenntnis von Materialeigenschaften (Knetmasse); Wissen über Materialverhalten (Förmchen mit trockenem und nassem Sand) und vieles mehr. Im selbsttätigen Handeln, geleitet durch Wissbegier und Spontaneität, lernen Kinder Aspekte von Folgerichtigkeit, Konsequenzen und Wirkungen: ein Ball, der den Berg hinunter kullert, muss wieder hochgeholt werden; die Sandburg wird beim Darüberkrabbeln zerstört; der Luftballon zerplatzt bei erhöhtem Druck. Diese Erfahrungen entfallen bei den meisten digitalisierten und automatisierten Spielzeugen, die wohlmeinende Eltern in Unkenntnis der negativen Folgen für ihre Sprösslinge kaufen. Dabei geht es hier nicht um die Entscheidung zwischen naturfarbenem Holzspielzeug und buntem Plastikspielzeug. Es geht hier auch nicht um ökologische und gesundheitliche Fragen. Diese ebenfalls wichtigen Fragen müssen an anderer Stelle geklärt werden. Hier geht es – unserem Schwerpunkt entsprechend – um die Frage nach dem Aktivierungs- und Selbstbildungspotenzial, welches sowohl bunte Plastikbausteine als auch hölzerne Eisenbahnschienen haben.

Gleichzeitig wird den Kindern bei der heute weitverbreiteten Art des „Spielens auf Knopfdruck" der Stolz auf eigene Leistungen verwehrt. Letzterer kann sich nur auf Selbsttätigkeit und eigenständig erarbeitete Ergebnisse beziehen und ist die Grundlage für das Selbstwertgefühl, ein positives (ästhetisches) Selbstkonzept (vgl. Behrens/Tiedt, Teil II, 3), Selbstwirksamkeit und Selbstreferenzialität, also dem Vermögen, sich der eigenen Fähigkeiten bewusst zu werden. Und auch Ausdauer und die Bewältigung von Scheitern können nur im aktiven Handeln geübt werden.

1.3.2 Auswirkungen der geänderten Lebensbedingungen

Auf der *körperlichen* Ebene wird der Rückgang des motorischen Leistungsvermögens bei Kindern beklagt (Klettern, Balancieren, Gleichgewichthalten, Rückwärtsgehen, Tummelskopf, Feinmotorik ...). Denn virtuelle Erfahrungen können ganzheitliches, leiblich-materielles Handeln nicht ersetzen (vgl. Scherer 2004/Schäfer 2013).

Auf der *räumlichen* Ebene bedingt die Reduktion kindlicher Handlungsräume auf beengte Häuslichkeiten und digitale Räume Unsicherheiten, die aus fehlender Erfahrung resultieren: Räume müssen in ihrer Unterschiedlichkeit in Bezug auf Größe, Höhe, Weite, Geräusche und Gerüche von Kindern mit allen Sinnen und ganzkörperlich erlebt werden. Denn nur durch Raumwahrnehmungen wird der kindliche Orientierungssinn entwickelt und gefördert.

Auf der *zeitlichen* Ebene können wir zweierlei beobachten:
- Bei vielen Kindern wird deren *Eigentätigkeit* durch eine fremdbestimmte Durchtaktung ihrer Zeit erheblich eingeschränkt. So werden nicht nur die zeitlichen Vorgaben seitens der Kindertagesstätten und (Ganztags-)Schulen umfangreicher, sondern gleichzeitig wächst das gutgemeinte Angebot an gelenkten Förderangeboten wie Sportverein, Jugendkunstschule, Kinderkochkurs usw.
- Bei anderen Kindern dagegen wird deren *Eigentätigkeit* durch stundenlangen Fernseh- und Medienkonsum behindert.

Auch für das *Selbstkonzept* (Selbstbild, Selbsteinschätzung, Selbstwahrnehmung, Selbstwirksamkeit, Selbstvertrauen, Selbstwertgefühl und Selbstakzeptanz), das sich ab dem zweiten Lebensjahr bildet, ergeben sich schwerwiegende Konsequenzen: Kinder wollen zunehmend selbst entscheiden, wollen autonom handeln und dabei ihr Selbstkonzept entwickeln. Interventionen von außen werden daher oft als störend und einschränkend empfunden. Durch die oben beschriebenen Lebensbedingungen wird die Entfaltung jedoch massiv gestört bis verhindert.

Die Folge all dieser aufgezeigten Faktoren sind häufig Verhaltensauffälligkeiten, die sich sowohl im körperlichen und sozialen Verhalten als auch in der Leistungsbereitschaft und -fähigkeit der Kinder auswirken können: Beispiele sind Passivität, Hyper-Aktivität, Übergewicht, Probleme des Gleichgewichtssinns, Unsicherheit, Ängste, mangelndes Konzentrationsvermögen, überangepasstes oder aggressives Verhalten, fehlendes Empathievermögen und Schulprobleme.

1.3.3 (Früh-)Förderung

Frühförderung war ursprünglich als therapeutische Maßnahme für behinderte und entwicklungsverzögerte Kinder konzipiert worden. Heute ist sie gewissermaßen ein Bestandteil der „Intellektuellenerziehungsstandards". Für die Soziale Arbeit ergibt sich daraus eine hohe und weiterhin wachsende Verantwortung der Unterstützung und Gestaltung der kindlichen Klient/innen. Fördernde und bildende sozial*pädagogische* Maßnahmen müssen herangezogen werden, um kindlichen Erfordernissen gerecht zu werden und die beschriebenen Missstände auszugleichen (vgl. BMFSF 2005). Die Maßnahmen im Kontext der Sozialen Arbeit/Sozialpädagogik zielen dabei nicht primär auf die Verbesserung der schulischen Leistungen der Kinder ab. Vielmehr geht es um die Kompensation fehlender Eigenaktivitäten und die Unterstützung der Kinder bei nicht geglückter Erziehung im familiären oder institutionellen Bereich, bei differenziellen Lebensläufen, Krankheiten und Behinderungen.

Die Diskussion um Chancengleichheit unterstützt die Forderung nach verstärkter Förderung der kindlichen Klient/innen der Sozialen Arbeit. Die heute stark zunehmende Frühförderung, die überwiegend begünstigteren Kindern durch Pekip-Gruppen oder musikalische und künstlerische Früherziehung zu Gute kommt, birgt leider die Gefahr für unser Klientel, perspektivisch vollends ins Abseits zu rutschen.

Die Ausrichtung der Frühförderung in der Sozialen Arbeit ist derzeitig noch stark defizit-orientiert. Um hier präventive, dem Bildungsaufruf und den Bedürfnissen der Zielpersonen adäquate Arbeit leisten zu können, ist es erforderlich, die neuen Erkenntnisse und Möglichkeiten der Frühförderung gesellschaftlich, politisch, institutionell und finanziell auch für Zielgruppen der Sozialen Arbeit stärker abzusichern.

Neben Angeboten in den Bereichen Sport-, Bewegungs-, Spiel- und Erlebnispädagogik bieten sich für die Frühförderung besonders Verfahren aus der künstlerischen Praxis an, um den Kindern die Entwicklungschancen zu geben, die ihnen möglicherweise durch fehlende Angebote oder eingeschränkte Eigenaktivitäten zu entgehen drohen oder bereits entgangen sind: In einer Verbindung von Bewegungs- und Materialangeboten kann das Kind ganzheitliche Erfahrungen sammeln.

1.3.4 Kognitive und künstlerische Entwicklung

Auf Grund der wissenschaftlichen Erkenntnisse der letzten Jahre (vgl. Schäfer 2005; Schäfer 2009b; Seidel 2007; Pauen 2007/2018; Oerter/Montada 2008/ 2012) gehen wir heute davon aus, dass Kinder bereits mit der Geburt in einen aktiven Austausch und Dialog mit der Welt treten. Sie tun dies akustisch, visuell, olfaktorisch (riechend), taktil (berührend, tastend, erfühlend), leiblich und mit ihrem Bewegungs- und Gleichgewichtssinn – also „aisthetisch" (sinnlich, mit allen Sinnen). In weitaus größerem Umfang als bislang angenommen, so belegen aktuelle Forschungen, vollziehen bereits Säuglinge diesen Austausch sowohl wahrnehmend als auch intentional: sie erkennen Analogien, bilden Kategorien, wählen aus, deuten und konstruieren dabei ihre individuellen Selbst- und Weltbilder (vgl. Pauen 2007/2018). Dabei bilden die Kinder zunehmend Fähigkeiten aus, mit deren Hilfe sie die Wirklichkeit er*fassen*, ver*stehen* und zugleich ge*stalt*en. Es handelt sich um Selbst- und Fremdwahrnehmung zugleich.

Die Entwicklung der kindlichen Weltaneignung liefert uns Begründungen und Orientierungen für die Soziale Arbeit mit künstlerischen Mitteln: Kinder sind ganzheitliche, ästhetische Wesen. Da gleichzeitig – wie oben beschrieben – ihre Umwelt den kindlichen Entwicklungsbedürfnissen nicht immer adäquat gerecht wird, muss die künstlerisch-kreative Arbeit mit ihren Entwicklungs- und Ausgleichspotenzialen zum zentralen Bestandteil aller frühpädagogischen (Förder-) Konzepte werden. Der ergebnisoffene und experimentelle Umgang mit künstlerischen Verfahren bildet dabei die Grundlage. Hinzu kommen die gestalterische Arbeit, die Kinderzeichnung und das Modellieren als zentrale Elemente des kindlich-ästhetischen Handelns.

Neben einer besonderen Achtsamkeit sind die im Folgenden umrissenen Grundkenntnisse der kindlichen künstlerisch-ästhetischen Entwicklung für die Anleitung und Begleitung unerlässlich, um das Verhalten zu verstehen und adäquat unterstützen zu können.

- Zunächst er*forschen* Kinder – ihren motorisch-sensorischen Fähigkeiten entsprechend – ihre Umwelt körperlich-sinnlich und verbinden mit ihren Erfahrungen unterschiedliche Emotionen. Essenziell ist dabei die Verknüpfung von visuellen Eindrücken mit anderen Sinnen, besonders den haptischen, somatosensorischen und motorischen. Die Entwicklung dieser Sinne kann blinden Kindern sogar helfen, den fehlenden Sehsinn weitgehend auszugleichen. Bei Bekanntem lässt die Aufmerksamkeit bei *Säuglingen und kleinen Kindern* nach (Habituation), neue Reize dagegen steigern ihre Aktivität. Sich wiederholende Vorkommnisse und Handlungsabläufe werden in Ereignismuster zusammengefasst und im Gedächtnis gespeichert, sodass sie als körperlichsinnlich-emotionale Handlungsmuster bei Bedarf abgerufen werden können. Wir sprechen daher vom *konkret handelnden Denken*.
- Die erste *Um-Deutung* und *Symbol-Bildung* findet bereits statt, wenn der Säugling in einem Betttuchzipfel oder einem Kuscheltier ein *Ersatzobjekt* für die Mutter findet, worin Winnicott den Ursprung der Kreativität sieht (vgl. Winnicott 2010). Hier findet eine frühe Analogiebildung statt, in der das Kind Qualitäten der Mutter in dem gewählten, sogenannten *Übergangsobjekt* findet. In der *spielerischen* Auseinandersetzung und *Neu-Kombination* mit erworbenen Handlungs- und Erlebnismustern entwickelt das Kind *bildhaftes, aisthetisches Denken* und *Phantasie* sowie die Variabilität des Denkens.
- Zunächst schmiert das kleine Kind mit allem Flüssigen und Breiigen, was sich dazu eignet und ihm zugänglich ist (Farben und Papier, aber auch Mar-

melade und Spinat auf dem Tisch, Exkremente auf dem Boden etc.). Es verfeinert die eigenen Wahrnehmungsfähigkeiten und erkundet das Material und seine Eigenschaften. Es entwickelt dabei die Grundlagen seiner Selbstwirksamkeit, indem es entdeckt, dass es bleibende Spuren erzeugen kann. Eine Unterscheidung in Malmaterial (z. B. Marmelade, Farben oder Pinsel) und Bildträger (Tisch, Papier oder Pappe) nimmt es zunächst nicht vor, es hat auch noch keine Gestaltungs- oder Darstellungsabsicht. Geleitet wird es von seinem Drang und seiner Wissbegier, Materialien und Gesetzmäßigkeiten zu erforschen.

- Mit zunehmender Übung lernt das Kind etwa ab Beginn des zweiten Lebensjahres, Stifte und Werkzeuge zu benutzen und schult seine Feinmotorik. Die Kritzelphase beginnt, in der die Bewegung zunächst grobmotorisch mit dem ganzen Arm ausgeführt wird (Hiebkritzeln). Mit zunehmender Schulung der Feinmotorik (Schwingkritzeln und Kreiskritzeln) entstehen geschlossene Kreise, gerichtete Linien, dann Kreuze und kastenartige Gebilde. Inneres Erleben von Geschlossenheit, Raum und Beziehungen korrespondieren mit dieser Entwicklung.
- Das Kind erforscht weiterhin die Materialien, deutet sie nun aber teilweise gegenständlich und spielt damit. Ab dem Alter von *etwa zweieinhalb Jahren* beginnen Kinder, ihre kreis- und kastenförmigen Kritzelbilder und amorphen Knetfiguren nachträglich zu benennen. Das gleiche Gebilde wird jedoch noch häufig in kurzer Abfolge unterschiedlich bezeichnet (z. B. erst „Hund", dann „Auto"). *Ästhetisches Handeln* als gezielte *Um-Deutung* und *Gestaltung* von Situationen und Materialien geht über das Finden von Übergangsobjekten und die spielerischen Kombinationen hinaus, indem es durch *gezielte* Eingriffe und Gestaltungen etwas Bestehendes oder Vorgefundenes verändert und – phantasievoll – Neues erschafft. So wird z. B. aus einem Karton durch Risse und Schnitte ein Auto oder Haus und aus Sand ein Kuchen. Die Findungen werden in Geschichten und (Rollen-)Spiele einbezogen.
- Ab dem *dritten oder vierten Lebensjahr* wird die Darstellungsabsicht deutlicher und die ersten so genannten Kopffüßler entstehen, später gefolgt von Strichmännchen.
- Mit etwa *vier oder fünf Jahren* folgen erste Raumandeutungen, beispielsweise über Bodenlinien und darauf aufgereihten Figuren und Gegenständen.
- Mit zunehmender Beherrschung der Wort-*Sprache* eröffnet sich die Möglichkeit der Erweiterung und Ausdifferenzierung des szenisch-bildhaften Denkens hin zum *narrativen Denken*: Handlungen und Ereignisse können in Worte gefasst, Geschichten können nacherzählt und erfunden, und Sachverhalte können ausgetauscht und verbal überprüft werden. Sprache verbindet sich mit Bewusstsein und Denken und stellt in gewissem Ausmaß eine Kontrollfunktion bzw. -möglichkeit her. Zeichnerische und farbliche Details werden nun weiter ausgearbeitet und Bildgegenstände bewusster in Beziehung gesetzt. Dabei wird die Bedeutung meist über die Größe, Farbe und Position dargestellt. Das Kind versteht nun seine Bilder als Kommunikationsform.
- Gegen *Ende des Kindergartenalters* kommt noch das *theoretische Denken* in abstrakten Kategorien hinzu.

- Noch im *Grundschulalter* zeichnen die Kinder nicht nur, was sie sehen, sondern auch, was sie wissen: Es entstehen die so genannten Röntgenbilder, die Einblicke in das Innere von Häusern, Körpern und Gegenständen zulassen.
- Erst gegen *Ende der Grundschulzeit* beginnt meist die Bemühung um realistische Darstellungen
(vgl. Seidel 2007; Schäfer 2009b; Kirchner/Kirschenmann/Miller 2010).

Bis zum Ende der Grundschulzeit verlaufen zeichnerische und kognitive Entwicklung weitgehend parallel. Ab etwa dem 12. Lebensjahr ist dies nicht mehr der Fall, die zeichnerische Entwicklung bleibt meist hinter der kognitiven zurück. Dies erklärt zumindest teilweise die häufig zu beobachtende abnehmende Motivation von Jugendlichen am Zeichnen und Malen, der jedoch durch unterstützende und aktivierende Angebote entgegengewirkt werden kann und sollte (vgl. Schäfer 2005; Seidel 2007; Oerter/Montada 2008/2012).

1.3.5 Verortung der Bildenden Kunst in der Sozialen Arbeit mit Kindern

Soziale Arbeit mit künstlerischen Angeboten für Einzelpersonen und Gruppen findet u. a. statt

- in Institutionen wie Heimen, Kindertagesstätten, Familienzentren und Schulen,
- in Krankenhäusern und Kinderhospizen,
- in Einrichtungen der kulturellen Kinder- und Jugendbildung (z. B. Kunstschulen),
- in Kinder- und Jugendtreffs,
- in Kindermuseen,
- in der offenen Arbeit auf Spielplätzen,
- auf betreuten Abenteuer- und Erlebnisspielplätzen,
- in Nachbarschaftsheimen,
- auf Kinder- und Jugendfarmen,
- im Mehrgenerationenhaus,
- in interkulturellen Begegnungszentren.

Neben der individuellen künstlerischen Arbeit werden in diesen Bereichen häufig Gruppenaktivitäten durchgeführt, die kulturelle Freizeitgestaltung und konstruktives Sozialverhalten unterstützen. Oft sind diese Aktivitäten interdisziplinär und verbinden individuelle Gestaltungsprozesse mit Gruppenaktivitäten: Bauen, Werken, künstlerisches Gestalten und performative Verfahren wie Tanz, Theater und Musik in der gemeinsamen Weiterarbeit.

Für Kinder mit differenziellen Lebensläufen (Kinder mit psychischen, sozialen, körperlichen und gesundheitlichen Problemen) muss individuell entschieden werden, welche künstlerischen Aktivitäten im Einzelnen förderlich und sinnvoll sind. Hier steht die individuelle Entwicklung und Stärkung im Vordergrund und die Arbeit erfolgt vielfach in Einzelbetreuung und durch Betreuerteams.

In der Einzelfallhilfe bei Kindern und Jugendlichen soll besonders das engere soziale Umfeld einbezogen werden. Ziel ist immer die Stärkung und Förderung des Kindes in seiner individuellen Problemlage, möglichst unter Erhaltung seines vertrauten Familien- und Umweltbezuges. Folgende Aufgaben stehen im Mittelpunkt:

- die Förderung und der Wiederaufbau von Kommunikation – besonders in der eigenen Familie,
- die Förderung von Selbstvertrauen und Selbstwirksamkeit,
- Möglichkeiten der Angstüberwindung,
- Lern- und Leistungsbereitschaft entwickeln,
- Konfliktstrategien und -Lösungen entwickeln,
- Beachtung von Regeln und Grenzen, Umgang mit Aggressionen,
- Verhinderung von Isolation und Außenseitertum.

Die angemessenen Methoden werden im Team, häufig unter Einbeziehung von Erzieher/innen, Lehrer/innen, Ärzt/innen, Psycholog/innen und Therapeut/innen überlegt und optimalerweise in gegenseitiger Ergänzung der Maßnahmen durchgeführt. In diesen Fällen orientiert sich die künstlerische Arbeit vielfach an Methoden der Kunsttherapie und an Anregungen der „Malorte" von Arno Stern (Stern o. J.). Dabei greift sie vornehmlich die Methoden heraus, die im Sinne der Aktivierung und des Selbstbildungs- und Selbstheilungsprozesses wirksam werden können (vgl. Baukus/Thies 1997; Brög/Foos/Schulze 2006; Schorer 2002; Richter-Reichenbach 2004; Stern 2008).

Für die Soziale Arbeit ist dabei die Ermunterung der Klient/innen, eigene Fragestellungen, Interessen und Themen zu bearbeiten, von zentraler Bedeutung. Diese ästhetische Bearbeitung vollzieht sich erkundend, experimentierend, forschend, malend, zeichnend, plastizierend, collagierend und kartografierend und vieles mehr.

Im Gegensatz zur Psychotherapie und zur psychotherapeutisch ausgerichteten Kunsttherapie geht es – wie bereits oben ausgeführt – in der Sozialen Arbeit aber nicht darum, Traumata gezielt mit Bildern zu bearbeiten oder die geschaffenen Produkte der Kinder zu interpretieren und diagnostisch auszuwerten. Dies muss hierfür ausgebildeten Fachkräften vorbehalten bleiben (vgl. Sehlinger 2006).

Ziel der künstlerisch-gestaltenden Prozesse in der Sozialen Arbeit dagegen ist es primär, die Zielpersonen auf dem Weg dahin zu unterstützen, eigene Interessen und Themen zu entdecken und dafür forschende Verfahren und gestalterische Lösungen zu finden – also im direkten und übertragenen Sinne, den eigenen Weg zu finden und aktiv gestalten zu lernen. Die künstlerische Handlung, der Prozess ist das Wichtigste: das Suchen und Probieren, die Gestaltung, die Farb-, Form-, Ausdrucks- und ggf. Symbolfindung, die Auseinandersetzung mit dem Ergebnis. Dabei handelt es sich um hochdifferenzierte Ich-Funktionen. Sie stehen im Sinne der Selbstbildung und Selbstwirksamkeit im Zentrum der künstlerischen Sozialarbeit: Vertraut wird auf die – heilende – Wirkung bei ihrer Entfaltung.

1.3.6 Einzelbetreuung

Wenngleich künstlerisches Arbeiten im Sozialwesen häufig in Gruppen stattfindet, gehört die Individualisierung der Prozesse zur Spezifik der Kunst: im Gegensatz zum Chor, zur Musik-Band oder zur Theatergruppe arbeiten bildend-künstlerisch Tätige in der Regel an einem individuellen Kunst-Werk – auch wenn sich diese Tätigkeit beispielsweise in einer Mal-Gruppe vollzieht. Die bildende Kunst eignet sich daher im besonderen Maße für die Arbeit mit einzelnen Zielpersonen und auch zur individuellen Unterstützung innerhalb einer Gruppe. Sie kann von den Klient/innen in eigenständiger Arbeit – sogar unter begrenzten räumlichen Bedingungen (z. B. kleine Wohnung, Seniorenheim) – fortgesetzt werden.

Um trotz der Individualisierung einer Vereinzelung der Klient/innen entgegen zu wirken und die soziale Einbindung zu stärken, um Gruppenverhalten und damit (wieder) Gruppenbeteiligung zu ermöglichen, erfolgt häufig im Anschluss an die Einzelarbeit die Zusammenführung der einzelnen Werke zu einer gemeinsamen Aktion oder Präsentation (u. a. gegenseitiges Zeigen, Ausstellung).

Auch die Zusammenfügung der Einzelwerke zu einem „Gesamtkunstwerk" stärkt trotz individueller Vorarbeiten das Gruppen- und Zugehörigkeitsgefühl, z. B.:

- Kleine Tonreliefs oder Leinwände werden zu einer großen Collage oder zu großen Blumenkübeln zusammengefügt.
- Ein gemeinsamer Entwurf wird Puzzle-artig zerteilt, die einzelnen Teile individuell ausgearbeitet und anschließend wieder zusammengefügt.
- Holzblöcke werden geschnitzt und bemalt und zu einem „Marterpfahl" montiert.
- Individuell gefertigte Masken kommen in einer gemeinsamen Aufführung zum Einsatz.

1.4 Praktische Beispiele für die künstlerisch-ästhetische Arbeit mit Kindern

Auch in der Praxis mit Kindern gibt es eine große Bandbreite an künstlerisch-ästhetischen Verfahren, deren Einsatz situativ und Zielgruppen-abhängig entschieden werden muss: von eng gelenkt bis offen, von niedrigschwellig bis anspruchsvoll, von kurzfristig zu realisierenden bis zu Langzeitprojekten, von formal-ästhetisch gestaltendem bis zu frei experimentellem Arbeiten. Aus diesem Spektrum wird im vorliegenden Beitrag ein konkreter Ausschnitt vorgestellt, der vor allem auf die Bereitstellung von Möglichkeiten setzt, darüber hinaus jedoch auch Anregungen zur Aktivierung und Überwindung von Blockaden liefert.

1.4.1 Die Werkstattmethode in der Sozialen Arbeit

Zentrale Aspekte der so genannten *Werkstattmethode* (vgl. Kirchner/Peez 2005) sind Subjekt-, Handlungs- und Erlebnisorientierung sowie Selbstbildung statt

Fremdbestimmung. Somit eignet sie sich in besonderem Maße für die soziale Kulturarbeit.

Die Werkstatt-Methode hat ihre Wurzeln in den Erziehungs-Idealen des schweizer Pädagogen Johann Heinrich Pestalozzi (1746–1827) und seines deutschen Schülers Friedrich Wilhelm August Fröbel (1782–1852). Deren Pädagogik war stets geleitet von dem Ziel der Selbsttätigkeit und des ganzheitlichen Lernens mit Worten und Taten. Auch die nach dem französischen Reformpädagogen Célestin Freinet (1896–1966) benannte Pädagogik und ihre Atelier-Schulbewegung um 1940 wird als Quelle genannt (Hagstedt 2001). Konsequenteste Ausprägungen erfährt das Werkstattprinzip heute in der in Italien beheimateten Reggio-Pädagogik (vgl. Lingenauber 2013). Deutlich wird bei diesem Blick in die Geschichte, dass es sich bei der Werkstatt-Methode um einen europaweit entwickelten und praktizierten Ansatz handelt.

Der Begriff der Werkstatt verweist auf einen Ort oder Raum, in dem Werke gefertigt oder repariert werden, wie dies beispielsweise heute noch in einer Auto-Werkstatt der Fall ist. Eine Kunstwerkstatt kann also in einer *raumbezogenen Auslegung* ein Ort der Kunst-Produktion sein, an dem vielfältige Materialien und Werkzeuge bereitstehen: Farben, Papiere, Pinsel und Wassergläser, vielfach ergänzt durch Werkbänke und Staffeleien, optimalerweise auch Stapeltrockner, Schneidemaschinen, Druckerpressen und Brennöfen. In diesem Sinne ähnelt die Kunst-Werkstatt einem Künstler-Atelier.

Sollten die Möglichkeiten in einer sozialen Einrichtung derart eingeschränkt sein, dass für die Kunst-Werkstatt kein eigener Raum zur Verfügung gestellt werden kann, können ersatzweise die Materialien in einem Schrank eines Mehrzweckraums deponiert werden, der durch die Öffnung seiner Türen zum Atelier bzw. zur Werkstatt wird. Eine Form der mobilen Werkstatt – der *Kunst-Koffer* – wird im nächsten Abschnitt vorgestellt.

Die Werkstatt-Methode bedient sich dieser vorbereiteten Umgebung: Die Zielpersonen können sich von den Angeboten inspirieren lassen, können entdecken, ausprobieren, experimentieren, spielerisch Ideen umsetzen, jedoch ebenso gut auch gezielt gestalten. Die Sozialarbeiter/innen stehen als „Mentor/innen" (Herriger 2014, 227 ff.) im Hintergrund, kooperieren und unterstützen, wenn die Situation es erforderlich macht. Die Klient/innen lenken den Prozess und organisieren sich weitgehend selbst.

Die Kunst-Werkstatt ist also nicht nur räumlich zu verstehen: als *Werkstatt-Methode* ist sie zugleich auch ein Arbeits- bzw. *pädagogisches Prinzip*. Der Schwerpunkt dieser Methode liegt in der Prozessorientierung und ihrem Labor-Charakter: das handelnde, forschende, experimentelle Vorgehen und das selbstgesteuerte Planen und Entwickeln vom Vorhaben bis zum Ziel stehen im Mittelpunkt des (gestalterischen) Schaffensprozesses – oftmals unter Einbeziehung einer Vielfalt von Materialien und Techniken.

Dass die Kunst-Werkstatt eine Methode und nicht nur ein Raum mit vielfältigen Materialien ist, erschließt sich auch, wenn wir einen Blick auf verwandte Werkstätten wie die Literatur-, Denk- oder Zukunfts-Werkstätten werfen. Bei dieser Art von Werkstätten wird deutlich, dass die ursprüngliche Werkstatt nur noch auf der gedanklichen Ebene existiert.

Als eine weitere Variante sei abschließend die räumliche Werkstatt genannt, die selbst zum *Kunstwerk* wird. Dies ist im Sinne der *„substanziellen Werkstatt"* beispielsweise bei Joseph Beuys der Fall, bei dem die künstlerische Arbeitssituation – also gewissermaßen eine Kunstwerkstatt – selbst als Kunstwerk interpretiert werden kann. Damit wird das ursprüngliche Ziel einer Werkstatt, nämlich die Produktion eines Werkes, aufgegeben und der Prozess selbst zum Ergebnis erklärt. Hier ergibt sich in der Kunst die Nähe zu künstlerischen Formen wie dem Environment, dem Happening und Fluxus sowie der Performance.

In Anlehnung an diese substanziellen Werkstätten werden in der Sozialen Arbeit *Werkstatt-Präsentationen* durchgeführt, bei denen die Besucher und Zuschauer dazu eingeladen werden, einen Blick auf den Schaffensprozess selbst zu werfen, statt auf die für diese Art der Arbeit häufig eher nachrangigen Endprodukte.

1.4.2 Der Kunst-Koffer

Die Bandbreite der Möglichkeiten von Werkstatt und Werkstatt-Methode macht diese für die Soziale Arbeit besonders attraktiv. Da, wie oben bereits erwähnt, in vielen Einrichtungen kein eigener Raum für die künstlerische Arbeit zur Verfügung gestellt werden kann oder diese Arbeit oft an unterschiedlichen Orten dezentral durchgeführt werden muss, bietet sich eine temporäre und mobile Werkstatt an, die für diese Zwecke in den Seminaren der Autorin dieses Beitrages entwickelt und erprobt wurde. Verwandt den Werkzeug- und Museumskoffern (Ströter-Bender 2009) befindet sich hierbei die Werkstatt in einem großen Koffer, in den verschieden große Einsätze und Befestigungsgurte eingebaut werden und der je nach Bedürfnislage mit den unterschiedlichsten Materialien übersichtlich bestückt werden kann (vgl. auch kunst-koffer.org).

Durch die räumliche Beschränkung der Kunstwerkstatt auf einen Koffer ist eine Begrenzung der Materialien notwendig. Aber bereits Grundfarben, Papier und Ton bieten Kindern unendliche Möglichkeiten, experimentierend und gestalterisch tätig zu werden. Denn um dem kindlichen Experimentierdrang Raum und Entfaltung zu bieten, bedarf es keines Überangebots an Materialien.

Da kleine Kinder die Welt forschend mit den Händen erfassen wollen, teilweise auch mit dem Mund, müssen die Materialien dementsprechend ausgewählt werden: Papier, ungiftige Fingerfarben, Wachsmalstifte, Kohle, Kleister und Naturmaterialien (Sand, Erde, Kastanien, Salzteig, Ton, Lebensmittelfarben) sind hier zu empfehlen. Im Kindergartenalter und besonders im Grundschulalter bleibt die Liebe zur Forschung und zum Experiment bei gesunden Kindern bestehen. Je älter die Kinder werden, desto stärker entwickelt sich ihr Bedürfnis, symbolisch-künstlerisch zu gestalten. Auch hier sind die genannten Materialien weiter sinnvoll, können aber beliebig ergänzt werden.

Beispiele für den Inhalt eines Kinder-Kunst-Koffers

Die folgende Auswahl an Materialien ist lediglich als Vorschlag und Anregung zu verstehen. Eine Reduktion ist nicht nur aus räumlichen Gründen, sondern, wie oben bereits beschrieben, auch aus pädagogischen Gründen notwendig und sinnvoll:

- große Plastik-/PVC-Tischdecke als Abdeck- und Schutzfolie für Tisch oder Boden (möglichst ungemustert weiß oder hell, hochwertig und gut ausgelüftet),
- Kittel, alte Herrenhemden oder T-Shirts als Schutzkleidung,
- Papiere und Pappen verschiedener Qualität, Farbe, Stärke und Größe, z. B. (Makulatur-)Papier- und Packpapierrolle, Verpackungskartons, Postkarten, Ton-, Transparent-, Krepp- und handgeschöpftes Papier, bedrucktes Papier wie Zeitungspapier, ggf. auch Illustrierte, Kataloge,
- Behälter: z. B. Schuhkarton, Schachteln und Dosen, Filmdöschen, Tüten,
- Stoffe und Wollreste, Tücher (u. a. zum Verbinden der Augen, auch Abwischen von Farbe),
- Stopf- und Nähnadeln, Garn, Zwirn, Kordel,
- Nägel und Golfties (große, äußerst preiswerte Nägel für das Golfspiel), Hammer und Zange,
- Styropor-, Holzklotz,
- Ton bzw. Salz und Mehl zum (gemeinsamen) Anrühren von Salzteig (Vorsicht: Das Essen von großen Mengen von Salz ist für Kinder lebensgefährlich – bisschen Naschen dagegen unbedenklich),
- Wasserbehälter, Paletten (z. B. Plastik- oder Pappteller),
- Kleister, Klebeband, Klebestift, Kleber, (doppelseitige) Klebefolie,
- Rasierschaum,
- Scheren, Cutter, Messer,
- Farben (Dispersions-, Acryl-, Wasser-, Finger-, Lebensmittelfarben, Tusche, Tinte),
- diverse Stifte und Kreiden (Blei- und Buntstifte, Wachskreiden, Kohle, Filzstifte),
- Gummibänder,
- Tacker und Tackernadeln,
- Pinsel, Schwämmchen, Spachtel,
- Schleifpapier,
- Schaumstoff- und Linoldruckrolle,
- 2–3 Bücher (z. B. Fantasie-beflügelnde Bücher wie „Königin der Farbe", „Frederick", „Die ganze Welt", „Treppe-Fenster-Klo", „Nachts" oder auch themenbezogene wie „Ente, Tod und Tulpe" oder „Schreimutter" und „Ich bekomme eine Schwester"),
- kleine Musikanlage und Musik (z. B. Kinderlieder, traditionelle und von Frederik Vahle, aber auch klassische Instrumentalmusik),
- einfache Musik- und Rhythmus-Instrumente,
- Lappen, Seife, Handcreme und Handtuch.

Wozu der Kunst-Koffer einlädt

Der Koffer lädt ein zu Experimenten, Erforschungen und zum Finden eigener Ideen, Verfahren, Themen und Gestaltungen. Er regt dazu an, der eigenen Phantasie zu folgen. Sowohl die basalen Techniken des Malens, Zeichnens und Modellierens werden ermöglicht als auch Collagieren, Drucken, Bauen und Konstruieren sowie interdisziplinäre Aktivitäten (vielfältige Anregungen: Van de Loo 2005; Kathke 2001/2006; Schilling 2005; Arzenbacher 2005, 2008, 2010).

Und auch das *Sammeln und Ordnen* von Gegenständen, die mit den oben genannten gestalterischen Verfahren kombiniert werden können, werden ermöglicht: Gefundene oder selbst gemachte Bilder, aber auch Objekte können gesammelt und im Koffer aufbewahrt werden, um sie dann zu ordnen und systematisch in Heften, Ordnern, Buchobjekten oder in Präsentations-Schachteln zusammenzustellen. Beispiele hierfür sind Ausstellungen, in denen Kinder Fundsachen aus dem Wald oder aus ihrem Umfeld und ggf. aus ihrer Heimat in Schaukästen sortiert und dekoriert präsentieren, sie vergleichen und darüber erzählen.

Auch das so genannte *Kartografieren und Mapping* (als Verfahren zum Ordnen, zum räumlichen und zeitlichen Orientieren) wird unterstützt (vgl. Busse 2007). Das Kind kann dazu angeregt werden, sich mit Räumen auseinander zu setzen: Sein Zuhause, sein Heim, die täglichen Wege, aber auch im übertragenen Sinn Zeit-Räume, Angst-Räume, Traum-Räume und Spiel-Räume. Es kann ergänzend Landkarten zu Themen wie „Tagesablauf", „Heimweg", „Sichere Orte" und „Stationen meiner Zeitreise mit Zeitmaschine" entwerfen. Dies kann zeichnerisch-malerisch erfolgen, aber auch unter Einbeziehung von Fundstücken, Sammelobjekten, Texten und Fotografien. Für Fantasiereisen können Karten entworfen werden. Die Kartografien müssen dabei keinen herkömmlichen Karten ähneln. Sie können auch frei entworfen werden und als Objekte und räumliche Gebilde (beispielsweise Bühnenbilder, Türme oder Räume in Schuhkartons) gestaltet werden.

Kleine Anregungen: experimentell, spielerisch, unkonventionell

Die im Folgenden aufgeführten Methoden können ebenfalls mit Hilfe des Koffers leicht und auch spontan umgesetzt werden, wenn es die Situation nahelegt:

- Sie können als *in sich geschlossene Einheiten* eingesetzt werden und wirken befreiend, lösen Blockaden, entspannen, beruhigen oder beleben. Andere fördern Rhythmus und Struktur. Und sie können erfreuen und zum Lachen bringen.
- Sie können auch *mit anderen Methoden der Sozialen Arbeit kombiniert* werden, mit Methoden der anderen Künste und auch mit nicht künstlerischen Verfahren.
- Sie dienen auch der *Vorbereitung für freies phantasievolles und/oder forschendes Arbeiten und für die künstlerische Gestaltung*.

Regressions-fördernde Methoden

- Wild und ziellos: Farben mischen, Ton vermatschen/werfen/schlagen/wässern; kritzeln ..., Action- und Mess-Painting (schnell und unüberlegt große Flächen zumalen, vgl. Schottenloher 1994), Tusche über das Papier gießen und verwischen, mit Farbe gefüllte Luftballons auf Papierbahnen werfen, großformatige Körperbemalungen mit Rasierschaum;
- Kartons/Papier zerknüllen/zerreißen/zerschneiden.

Lockerung durch Rhythmus und Bewegung
- Großformatiges Zeichnen und Malen mit beiden Händen, z. B. mit Kleisterfarben (ggf. zu Musik; möglicherweise aufkommenden Ekel ernst nehmen, auch hier: nie zwingen! Ggf. zunächst dünne Gummihandschuhe anbieten; bei Verdacht auf sexuelle Traumatisierung Alternativen anbieten);
- im Gehen auf dem Boden mit einem Stock Spuren zeichnen. Wiederholt anhalten und Geheimzeichen an Abbiegungen malen (auch gut für die räumliche Orientierung).

Rahmen-bildende und Struktur-fördernde Methoden
- Großformatiges, rhythmisches, beidhändiges, „dynamisches Zeichnen" und Malen nach vorgegebenen oder selbstgefundenen einfachen Formen: Vielfaches Übermalen von Halbkreisen, große aufrechte oder liegende Achten ... (ggf. zu Musik);
- Formzeichnen: vorgegebene oder selbst entworfene, geschwungene oder geometrische Formen werden schrift-artig aneinandergereiht und konzentriert meditativ wiederholt (ggf. zu Musik);
- handwerkliche Arbeiten (mit klaren Vorgaben als Stütze, z. B. Vogelhaus);
- Bastelarbeiten nach genauen Anleitungen (z. B. Schiff, Flieger);
- u. U. auch extrem gebundene Arbeiten wie Gipsförmchen gießen und Ausmalen von Vorlagen.

Methoden zum Abschalten des inneren Zensors
- Blindes Arbeiten (frei oder z. B. Selbstporträt: die linke Hand befühlt das Gesicht, die rechte zeichnet, was sie fühlt – bei Linkshändern andersherum/mit Ton modellieren oder Collagieren/Geräusche der Umgebung zeichnen etc.);
- Blitz-Gestaltungen: Schnelligkeit und reduzierte Zeit;
- nasse Farbe dick über das Papier verteilen, in die nasse Farbe hinein malen, bevor sie trocknet (Kontrollverlust);
- mit der linken Hand arbeiten (Linkshänder mit Rechts);
- zu zweit mit einem Stift zeichnen/einem Pinsel malen;
- mit Zerrspiegeln arbeiten: u. a. Selbstporträts malen und fotografieren (Spiegelfolie wellen, falten, knittern ...);
- das „hässlichste Bild der Welt" malen.

Anfangsimpulse geben (gegen Blockaden oder Schematisierungstendenzen)
- (Zwei) Collage-Elemente (z. B. Farbmuster, Gegenstände, Figuren) auf Blatt kleben und zeichnerisch/malerisch ergänzen;
- „Bilddiktat" zum Einstieg (z. B.: „Male einen dicken roten Punkt in die Mitte des Bildes, darum blaue Kreise, dann eine gelbe Linie über das ganze Blatt ..."), anschließend frei weitermalen.

Blick- und Perspektivwechsel
- Einmaldruck/Monotypie: Papier mit feuchter Farbe einwalzen, mit der Farbe auf ein anderes Papier legen (oder Papier auf feucht eingefärbte Glasplatte le-

gen), auf der Rückseite zeichnen, abheben oder ab„klatschen"/ab„walzen": Ergibt rückseitig und beim Umdruck ein seitenverkehrtes Abbild;
- ein Blatt unter den Tisch kleben, sich auf den Rücken unter den Tisch legen und liegend ein Bild auf das Blatt zeichnen.

Ungewohnte Mal- und Zeichenwerkzeuge

- Mit der Schere „zeichnen": Scherenschnitte/„Cut-Outs" (= Form- und Farbreduktion, Flächigkeit, Abstraktion);
- einen langen Faden in flüssige Farbe oder Tusche tauchen und mit dem feuchten farbigen Ende auf Papier zeichnen;
- mit einem Strohhalm Saft oder flüssige Farbe ansaugen, auf Papier fließen lassen und verpusten (Vorsicht beim Ansaugen, außer mit Saft nicht für kleine Kinder geeignet);
- Hände, Füße, weitere Körperteile und Materialien (Kartoffelstücke, Pappe, Federn) in Farbe tauchen und damit drucken (z. B. Fingerfarbe, Kleisterfarbe, bei größeren Kindern auch Wandfarbe).

Arbeiten mit Schablonen und Schattenrissen

- Schablonen schneiden und ausmalen/ummalen, zum Sprayen nutzen, mit ihnen drucken etc.;
- Kind liegt auf dem Boden auf Tapeten- oder Packpapier. Partner/in (Anleitung oder anderes Kind) zeichnet den Körperumriss. Anschließend weiter zeichnen und ausmalen.

Verbindung von Meditation und freiem Malen/Collagieren

- Farbtagebuch (öfter/regelmäßig am Anfang oder Ende einer Einheit): A6 weiße Karteikarten quer auf eine Malunterlage mit Wachsmalstiften bereitlegen; fünf Minuten Ruhe mit geschlossenen Augen; Außengeräusche und Empfindungen wahrnehmen; dann fünf Minuten intuitives ungegenständliches Malen;
- Verschiedene Materialien und Kleister bereitlegen; fünf Minuten Ruhe mit geschlossenen Augen; dann (schweigend/einzeln oder gemeinsam/blind) eine Materialcollage fertigen.

Verbindung von Fühlen und Gestalten/Zeichnen

- Alle Verfahren, die direkten Hautkontakt initiieren (z. B. Fingerfarben, Kneten, Gipsmasken);
- Anleiter/in oder Kind zeichnet mit dem Finger (ohne Farbe!) ein Motiv auf den Rücken des anderen; das Motiv muss erfühlt und so genau wie möglich auf Papier übertragen werden;
- (unbekannter) Gegenstand ruht unter einem Tisch(tuch) auf dem Schoß und wird nur mit den Händen befühlt, dann wird es ohne hin zu schauen gezeichnet/gemalt/modelliert;
- blindes Selbstporträt (s. o.).

Verbindung von Bewegung, freiem Kritzeln und Gestaltung

- (Gemeinsam) großförmige rhythmische Armbewegungen zu Musik ausführen; dann auf vorbereiteten großen Papierbögen die freien Formen aus der Bewegung heraus zeichnen;
- anschließend in den freien Kritzelzeichnungen Bilder finden und mit Farben und Linien herausarbeiten (deckt eigene Themen auf).

Verbindung von Bewegung und Gestaltung

- Imaginierte Tiere (z. B. eine Katze) in der Luft, auf dem Boden, auf dem Schoß streicheln; anschließend wird die Figur mit weiterhin schwungvollen Bewegungen (modellierend wie beim Streicheln) gemalt, gezeichnet, aus Ton oder Draht geformt ...;
- pantomimische Tierspiele oder Tier-Yoga, gemeinsam die Kräfte und Stärken der Tiere herausarbeiten (Schnelligkeit, Geschicklichkeit, Stärke ...), die Tiere malen und/oder auf „Stärke-T-Shirts" drucken.

Wahrnehmungsübungen (vgl. Teil I, 1.3)

- Blind tasten, riechen, schmecken, fühlen;
- zu den Sinneswahrnehmungen assoziieren und raten;
- ggf. das Wahrgenommene/Assoziierte/Erratene zeichnen und malen.

Geschichten erfinden und illustrieren

- Zum Koffer/zu den Materialien,
- zu Bildern, zu Musik ...

Bewegungsspiele/Tänze/Lieder in Verbindung mit Malen, Zeichnen, Collagieren, Plastizieren ...

- Kriechen wie die plastizierte Schlange, hüpfen wie der gezeichnete Frosch ...,
- Gackern wie das gemalte Huhn, „Vogelhochzeit" zum Vogelbild singen ...,
- Bilder (auch Kunstwerke) nachstellen und die Szene fantasievoll weiterspielen,
- Bilder als Tanzanlass (vgl. Haselbach 2010).

Die wichtigsten Wirkungs*möglichkeiten* der Methoden wurden genannt. Allerdings ist die Wirkung personen- und situationsabhängig. Verfahren können auch Widerstand hervorrufen oder in Chaos münden. Es empfiehlt sich daher, die Methoden vor der Anwendung selbst auszuprobieren. Denn nur wer selbst hinter der jeweiligen Methode steht und um ihre Wirkungen weiß, kann sie auswählen und überzeugend anleiten.

Trotzdem kann es auch „daneben gehen", wie das folgende Praxisbeispiel veranschaulicht.

> *Beispiel:*
> Eine Studierende führte mit einer Kleingruppe von aggressiv-verhaltensauffälligen Kindern im Alter von 12–14 Jahren großformatiges Action-Painting durch. Die Aktion mündete in Chaos und Zerstörung und musste abgebrochen werden. Frus-

triert räumte die Anleiterin alleine auf und brauchte Stunden für die Säuberung des Raums und des Mobiliars.

Die Studierende hatte den Kindern die Möglichkeit bieten wollen, sich frei gestalterisch zu betätigen und Bewegungs- und Aggressionsimpulse in die ästhetische Arbeit einzubeziehen.

Faktisch jedoch hatte sie die Tendenz der Kinder zu Regression, Zügellosigkeit, Grenzüberschreitung und zu Aggression und Provokation bedient und diese Verhaltensmuster abgerufen. Die Kinder haben – entsprechend ihrer inneren Regellosigkeit und Unstrukturiertheit – in dem beschriebenen Prozess fast zwangsläufig chaotisch reagiert.

Angesichts der liebevollen Akzeptanz seitens der Studierenden ist zwar den beteiligten Klient/innen sicherlich kein Schaden erwachsen, sie hatten möglicherweise auch bereichernde ästhetische Erfahrungen – ihnen wurde jedoch kein Angebot für neue Verhaltensweisen geboten.

In der Arbeit mit aggressiv-verhaltensauffälligen Zielgruppen ist daher häufig eher der Einsatz von gebundeneren, Rhythmus- und Struktur-bildenden Methoden sinnvoll. Sie können exemplarisch Halt geben, Grenzen setzen und Strukturen entwickeln helfen, was dieser Zielgruppe im Alltag meist fehlt. Beispiele sind das auf eine große Fläche begrenzte, rhythmische Malen mit Kleisterfarben und das dynamische Zeichnen, das Formzeichnen und auch das Werken und Bauen nach genauen Regeln.

Bei verschlossenen, ängstlichen, überangepassten Klient/innen wiederum, die beherrscht, gehemmt oder perfektionistisch-formelhaft an gestalterische Prozesse herangehen, können dagegen die Verwendung von spielerischen und regredierenden Matsch- und Chaos-Methoden sowie lockernde, mit Zufällen und Unzulänglichkeiten spielende Verfahren besonders lösend und befreiend wirken.

1.5 Beispiele aus der Praxis

Die folgenden Beispiele zeigen konkrete Anregungen für die Arbeit mit dem Kunst-Koffer aus der Praxis. Hierfür hat die Verfasserin dieses Beitrages 2009 und 2010 mit fünf gleichaltrigen Kindern einer Kleinkindgruppe über insgesamt zwölf Monate gearbeitet, sie für diese Studie begleitet, beobachtet und fotografiert. Nach den jeweiligen Sitzungen hat sie Gedächtnisprotokolle angefertigt und Auswertungen der Beobachtungen und Fotos vorgenommen (vgl. auch Stritzker/Peez/Kirchner 2011), woraus die folgenden Abschnitte entnommen sind. Die Protokolle zu Fabio werden beispielhaft vorgestellt und kommentiert. Sie zeigen, wie ein gesunder Junge ab dem Alter von zwei Jahren und einem Monat mit dem Kunst-Koffer gearbeitet hat.

Fabio
Fabio (2,1 Jahre) entdeckt den *Kunst-Koffer* zunächst mit den Augen und läuft dann zu diesem hin. *Visueller Aufmerksamkeit folgt die Bewegung hin zum Ob-*

jekt – eine grobmotorische, räumliche Aktion mit dem Ziel, das Objekt anfassen zu können.

Er greift in den geöffneten Koffer und holt sich ein rotes Gefäß mit Fingerfarben heraus. Er dreht es, betastet es mit beiden Händen, versucht, den Deckel zu öffnen – seine Blicke sind dabei immer auf das Objekt gerichtet. *Es handelt sich hier um eine gezielte Auswahl, möglicherweise gesteuert durch die Farbe. Den ersten Erkundungen – visuell und haptisch, sensomotorisch durch drehen und abtasten – folgt der Versuch, das Erforschte mit bestehenden Schemata abzugleichen und das Erkennen, dass es sich um ein Gefäß mit Verschluss handelt. Der Versuch, es zu öffnen, kann sowohl als motorisches Experiment – wie geht das/ schaffe ich das? – als auch als Vorstoß zu einem vermuteten Inneren interpretiert werden.*

Ich bitte ihn, mir zunächst zu helfen, die Plastikunterlage auszubreiten, und sage ihm, dass er danach das Gefäß öffnen dürfe. Er stellt das Gefäß auf den Boden und wir breiten zusammen die Folie auf dem Tisch aus. Ich lege zudem Papier bereit. *Das Kooperationsangebot wird aufgenommen (= kurzfristiger Lustverzicht, Ablenkung und „Umweg"). Aufgrund seiner Vorerfahrungen weiß Fabio, dass ich ihm das Gefäß nicht wegnehmen werde.*

Nach der Ausbreitung der Schutzfolie ergreift Fabio sofort wieder das Gefäß und ich helfe ihm beim Öffnen, da er dies nicht alleine schafft. *Ich wäge jeweils ab zwischen „Probieren-lassen", Selbsttätigkeit und Unterstützung. Letztere gewähre ich ihm hier, weil ich sonst eine derart große Frustration vermute, dass sie zum Aufgeben führen könnte.* Er schaut in das Gefäß, rennt zum *Kunst-Koffer* und holt einen Pinsel heraus. *Er erkennt den Brei offensichtlich als Fingerfarben, die er schon vorher kannte.*

Er kommt zurück und stochert mit dem Pinsel im Farbbecher herum. Der Becher fällt dabei um. Ich richte den Becher wieder auf. Fabio stochert, hackt und rührt mit dem Pinsel. Der Becher fällt erneut mehrfach um und ich richte ihn immer wieder auf. *Ihm ist die Verbindung von Pinsel und Malen offensichtlich bekannt. Allerdings gebraucht er den Pinsel nicht als Mal-Instrument, sondern als Forschungswerkzeug: Manipulation und Veränderung interessieren Fabio mehr als das Malen von Bildern: Wie fühlt sich der Brei-Widerstand an? Wie klingt der stochernde Pinsel, wie der umfallende Becher, das tropfende Wasser? Aber auch: Wie reagiert die Begleiterin?*

Nun holt Fabio die Gefäße mit blauer und gelber Fingerfarbe aus dem Koffer hervor *(= Veränderung, Bewegung, Analogiebildung).*

Ich helfe wieder beim Öffnen. Fabio verfährt mit dem Pinsel wie zuvor, wechselt nun aber zwischen den verschiedenen Bechern und beobachtet die entstehenden Farbmischungen *(= Manipulation, Veränderung, Selbstwirksamkeit).*

Fabio klettert nun vom Stuhl und holt sich aus dem Koffer ein leeres Glas. Er rennt ins Badezimmer und will Wasser holen. Ich helfe ihm dabei. *Möglicherweise verbindet er aus der Beobachtung seiner Geschwisterkinder Malen und Pinsel mit Wasserbechern. Außerdem scheint ihm die Bewegung zu gefallen.*

Fabio setzt sein Experiment mit den Pinseln im Wasserglas fort. Er rührt und hackt. Konzentriert beobachtet er, wie sich das Wasser färbt. Dann kippt der Becher. Fabio beobachtet zunächst genau, wie das Wasser fließt, patscht dann mit sichtlicher Begeisterung in der Pfütze auf dem Tisch herum und verrührt das Wasser mit großen beidhändigen Bewegungen. *Feinmotorik und Koordination sind noch nicht voll ausgeprägt. Daher muss die Betreuung absichern, dass das Umfallen keine negativen Folgen hat.*

Ich richte den Becher auf und schütte neues Wasser hinein. Fabio wirft den Becher erneut um.

Fabio zeigt Interesse an einem ernstzunehmenden, wissenschaftlichen Experiment: wie schnell leert sich das Gefäß, wohin fließt die Flüssigkeit, wie verbreitet sie sich, sickert sie ein? Er erarbeitet sich dabei wesentliche Erkenntnisse über die Gesetzmäßigkeiten der äußeren Welt.

Nun kippt er die blaue Farbe in die Pfütze. Er tippt vorsichtig mit dem rechten Zeigefinger auf den Farbberg, zieht dann eine lange Linie mit der Farbe und betrachtet sie. Anschließend schaut er zu mir, zeigt auf die Linie und setzt mit Schmierbewegungen sein „Malen" fort. *Zunächst erfolgt die Registrierung von Temperatur und Konsistenz mit den empfindlichen Sinneszellen auf den Fingerkuppen. Der sensomotorische Eindruck führt zu Wahrnehmung, gefolgt von neuen erkundenden Bewegungen und weiterem Interesse an Materialkonsistenz und -Verhalten sowie Freude über die Tatsache, sichtbare und bleibende Spuren zu hinterlassen. Hier zeigen sich Selbst-Erleben, die Herausbildung von Selbst-Vertrauen und Selbstwirksamkeit, die Setzung einer Signatur im Sinne von „Ich bin hier/ich war hier". Wichtig ist zu wissen, dass Fabio in diesem Alter noch nicht gegenständlich zeichnen kann und es auch nicht will. Fragen nach einer möglichen Bedeutung seiner „Zeichnungen" („Ist das ein Fisch?") würden ihn verwirren.*

Einen Monat später (also im Alter von zwei Jahren und zwei Monaten) bedeckt Fabio versehentlich die linke Hand völlig mit Farbe. Er sieht sie verwundert an und meint: „Fabio kleine Monster malt" (= Fabio hat ein kleines Monster gemalt). Wir beschäftigen uns mit dem kleinen Monster, bis es uninteressant wird. Danach wird es in einer spielerischen Aktion im Waschbecken verabschiedet.

Doch auch nach diesem Erlebnis sind Fabios weitere Bilder keine Darstellungen von Monstern und Traktoren, die er in Bilderbüchern liebt. Seine Bilder bleiben für ihn gestische Spuren.

Nach einer eher wilden Aktion, in der Fabio sichtbar begeistert beidhändig matscht, reibt, auf den Untergrund schlägt, mit Fingern Spuren zieht, zum Pinsel greift und damit entsprechende Handlungen ausführt, ist er zufrieden. Er springt vom Stuhl und will seine Schmierereien auf dem Boden fortsetzen, woran ich ihn freundlich aber bestimmt hindere. *Seine Handlung kann unterschiedlich begründet sein: Motorische Bedürfnisse, Habituation und begrenzte Konzentrationsfähigkeit, Austesten von Grenzen und der Versuch von Grenzerweiterungen können eine Rolle spielen. Durch das liebevolle Setzen und Wahren von notwendigen Grenzen lernt er sinnvolle Regeln kennen und sie einzuhalten.*

Beim nächsten Treffen 14 Tage später läuft Fabio sofort zum *Kunst-Koffer*. Er holt die Plane heraus und breitet sie mit mir aus. Daraufhin greift er den roten Becher heraus und hält ihn mir zum Öffnen hin. Anschließend nimmt er sich die blaue und gelbe Farbe und die Pinsel aus dem Koffer. Schnell mischt er die Farben und schmiert damit auf der Unterlage mit Pinseln und Händen herum.

Hier erfolgt eine geraffte Wiederholung der Tätigkeiten vom letzten Mal, eine Vergewisserung der Gesetzmäßigkeiten und dabei die Übung und Festigung des Gelernten.

Erneut geht er zum Koffer und will sich nun ein Paket herausholen, in dem Sand ist. *Es zeigen sich Wissbegier und der Wunsch nach Grenzerweiterung.*

Fabio schüttet den Sand auf das von mir angebotene Tablett. Er zieht Spuren mit dem Finger, dann mit der ganzen Hand, und schließlich mit beiden Händen. Er hebt den Sand hoch und lässt ihn wiederholt durch die Finger rieseln. Dabei untersucht er genau die Konsistenz des Sandes, beobachtet das Verhalten und betrachtet die hinterlassenen Sandspuren. *Zu beobachten sind Eigen- und Fremdwahrnehmung mit Genuss, Material-Experimente und die Erarbeitung grundlegender physikalischer Gesetze. Zudem festigt sich Fabios Selbstwirksamkeitserwartung.*

Fabio holt ein volles Wasserglas und schüttet es nach und nach vorsichtig über den Sand. Er experimentiert mit den sich ändernden Konsistenzen von der zunehmenden Formbarkeit bis hin zur Verwässerung (*Eigen- und Fremdwahrnehmung, Materialexperimente und Erforschung von Gesetzen*).

Er nimmt die Fingerfarben und mischt sie unter den Sand. *Er sucht damit die Verbindung zu früheren Experimenten und erweitert seine Erkenntnisse durch Transferleistungen und Vergleiche.*

Fabio wiederholt die Tätigkeiten vom letzten Treffen wie in einer Art von Zeitraffer: Er holt die Fingerfarben und die Pinsel aus dem Koffer, füllt das Glas mit Wasser, schmiert und matscht kurz, holt den Sand und das Tablett, lässt rieseln, wässert und vermischt das Ganze mit den Fingerfarben. *Dies ist in seinem Sinne keine Material„verschwendung" und kein Zeichen von mangelnder Konzentrationsfähigkeit, sondern spiralförmiges Lernen durch Wiederholung, Erweiterung und Festigung.*

Wie in einem Ritual begrüßt und überprüft Fabio in der Folge jeweils die bereits erforschten Materialien. *In Abwechslung mit einer Rückkehr zu bereits bekannten Tätigkeiten und Verhaltensweisen, mit Ausruh-, Festigungs- und Übungsphasen erobert er von Mal zu Mal neue Materialien, Werkzeuge und Techniken und damit einhergehend die entsprechenden Erkenntnisse, Fertigkeiten und Fähigkeiten. Er entwickelt dabei große Fingerfertigkeit im Schneiden und Sägen von Pappe, im Zusammenkleben von diversen Materialien mit Kreppband, fertigt stachelige Objekte an, indem er unzählige Golfties in einen Styroporblock hämmert und drückt, reißt Papierschnipsel und klebt Collagen auf doppelseitige Klebefolie.*

Mit ca. zwei Jahren und acht Monaten beginnt eine Phase, in der Fabio am liebsten den Kofferinhalt gleichzeitig ausschütten und verarbeiten will. *Er ist überfordert, aus dem großen Angebot bekannter Materialien eine für ihn sinnvolle Auswahl zu treffen. In dieser Phase reduziere ich das Angebot drastisch auf maximal drei verschiedene Angebote im Koffer, was ihn zunächst offensichtlich ärgert und die Attraktivität des Koffers vorübergehend senkt. Dann jedoch beginnt er mit gezielten gestalterischen Aktivitäten, bei denen er das ihm bekannte Material benutzt, um die Möglichkeiten vertiefend, spielerisch und zunehmend gestalterisch und symbolisch zu bearbeiten* („Das ist ein Auto").

Bei Fabio konnte beobachtet werden, wie Kinder selbstbestimmt und forschend mit den Angeboten des *Kunst-Koffers* umgehen können. An vielen Punkten zeigt sich, dass Fabio sich neben den – meist freudigen und lustvollen – ästhetischen Erfahrungen über den *Kunst-Koffer* Wissen und Kenntnisse aneignet, die für seine Entwicklung von großer Bedeutung sind. Hierbei wird deutlich, dass in der künstlerisch-ästhetischen Arbeit auch große kompensatorische Chancen für die Soziale Arbeit mit Kindern bei entwicklungshemmenden und anregungsarmen Umweltbedingungen (vgl. Teil II, 3.1) liegen.

Allerdings sind die Bedürfnisse und das Verhalten der (beobachteten) Kinder teilweise sehr unterschiedlich und erfordern hohe Achtsamkeit und Einfühlungsvermögen seitens der Begleitung und Anleitung. So war beispielsweise das künstlerisch-ästhetische Tun von Elsa und Arthur in der Gruppe von Fabio ab dem Alter von zweieinhalb Jahren weniger forschend als spielerisch und dann überwiegend phantasievoll gestaltend ausgerichtet: Sie malten Familien, Monster, Prinzessinnen und Tiere, während Fabio seiner Forschertätigkeit weiter nachging. Beide Ausrichtungen sind kindgemäß. Ein ausgleichendes Eingreifen ist nur erforderlich, wenn das Kind keinerlei Aktivität und Interesse entfaltet.

Die Arbeit mit dem *Koffer* ist – situativ und in der Ausstattung angepasst – auf die gestalterische Arbeit mit allen Kindern (und allen anderen Zielpersonen) übertragbar. Die folgenden kurzen Beispiele aus der praktischen Arbeit sollen weitere Anregungen geben, in welchen Bereichen und mit welchen kompensatorischen und fördernden Wirkungen unterschiedliche Arbeitsvarianten mit dem *Kunst-Koffer* realisiert werden können.

Pascale
Der auf Grund von körperlicher und sozialer Vernachlässigung entwicklungsverzögerte 5-jährige Pascale konnte zunächst überhaupt nicht stillsitzen und sich konzentriert mit dem künstlerisch-ästhetischen Angebot beschäftigen. Über Bewegungsspiele, Singen und Rhythmusspiele – immer in sehr kurzen zeitlichen Einheiten im Wechsel – gelang es schließlich, ihn behutsam an kleinere Mal- und Zeichen-Einheiten heran zu führen. Nach ersten grobmotorischen Zeichnungen mit Wachsmalstiften fand er Gefallen daran und konnte sich zunehmend länger konzentrieren. Er gestaltete immer größere Flächen des Papiers mit unterschiedlichen Kritzeln, denen er später Namen gab. Zwar blieben seine Zeichnungen noch lange auf dem Entwicklungsstand eines etwa dreijährigen gesunden Kindes, sein ganzes Verhalten wurde jedoch ruhiger, konzentrierter und aufnahmebereiter. Eine Arbeit mit weiteren Materialien aus dem *Kunst-Koffer* konnte dann in kleinen stark gelenkten Einheiten folgen: Zunächst mit Kleisterbildern, dann das Bekleben von Luftballons mit Kleisterpapier und anschließender Bemalung. Besonders auffallend war Pascales Motivation und Freude, die vorher scheinbar völlig erstorben waren: Er konnte bereits nach dreiwöchiger Arbeit den nächsten Termin kaum erwarten.
Beobachtbare Auswirkungen der künstlerisch-ästhetischen Arbeit: Verbesserung von Feinmotorik und Konzentrationsvermögen, zunehmende Offenheit, Motivation und Freude an der ästhetischen Erfahrung und Arbeit.

Ivana

In der Arbeit mit Ivana, einem 5-jährigen Mädchen mit Trisomie 21, hatte der Koffer über Wochen hinweg lediglich die Funktion eines Aufbewahrungsortes für Schutzkleidung, Schutzunterlage und eingefärbten Kleister. Unter Anleitung der begleitenden Sozialarbeiterin lernte Ivana in einem integrativen Kindergarten, wie sie mit Hilfe eines bewegungs-, leib- und materialbezogenen Arbeitens – teilweise Musik-unterstützt – sich selbst und das Material spüren konnte. Über einen Zeitraum von mehreren Wochen gelang es ihr zunehmend, Außen- und Innenbewegungen zu verbinden und zu koordinieren und gleichzeitig ihre Ausdauer- und Konzentrationsfähigkeit zu verbessern.

Beobachtbare Auswirkungen der künstlerisch-ästhetischen Arbeit: Verbesserte Wahrnehmungsfähigkeit, Koordination, Ausdauer und Konzentration.

Neat

Der 7-jährige Neat ist blind. Für ihn öffnete sich durch den Koffer eine eigene Erfahrungswelt auf engstem Raum, ohne Stolperfallen und Hindernisse: dynamisches Malen, Sandexperimente, Tonfiguren formen, Styropor bearbeiten, Pappe sägen und zu Türmen verbauen. Neat nutzte den *Kunst-Koffer* zu einer Vielfalt von motivierenden Aktivitäten, bei denen der fehlende Sehsinn nicht als Behinderung im Vordergrund stand.

Beobachtbare Auswirkungen der künstlerisch-ästhetischen Arbeit: Ausgleich einer Behinderung, Förderung von experimentellem Verhalten und der Sammlung eigener sinnlicher Erfahrungen, zunehmend künstlerische Gestaltungen.

Sandra

Auch für die Arbeit mit Sandra, einem physisch und psychisch vernachlässigten 9-jährigen Mädchen, das Probleme im Bereich der Feinmotorik, der Konzentration und der Aggressionssteuerung hatte, musste der begleitende Sozialarbeiter das Material-Angebot in dem Koffer stark reduzieren. Er erarbeitete mit dem Mädchen zunächst lediglich die Grundregeln für die Vor- und Nachbereitungen (Plastikfolie/Arbeitskleidung) und ließ sie dazwischen direkt auf der Plastikplane großformatig mit Kleisterfarben zu Musik und Trommeln beidhändig rhythmisch und kreisförmig arbeiten. In den nächsten Einheiten durfte sie mit Ton in Anlehnung an die Arbeit mit dem Tonfeld (Deuser 2004) experimentieren. Der Sozialarbeiter erweiterte dann langsam das Repertoire der materiellen und gestalterischen Möglichkeiten mit dem Mädchen. Besonders motiviert war Sandra schließlich beim Bedrucken von T-Shirts, einem Prozess, der nur bei strenger Regeleinhaltung, Konzentration und Disziplin zum Ziel führen kann. Dem Sozialarbeiter gelang es, das Mädchen vorsichtig an den bewussten Umgang mit den Materialien und die Einhaltung von Grenzen und Vorgaben heranzuführen. Das Training wirkte sich äußerst positiv auf Sandras emotionales Empfinden und ihre sozialen Verhaltensweisen sowie auf ihre Feinmotorik und ihr Lernverhalten aus.

Beobachtbare Auswirkungen der künstlerisch-ästhetischen Arbeit: Zentrierung, Verbesserung von Feinmotorik und Konzentrationsvermögen, des emotionalen Empfindens und der sozialen Verhaltensweisen, zunehmende Akzeptanz von verständlichen Regeln und Grenzen, Motivation, zunehmende Aufgeschlossenheit und Freude.

Paul
Der 10-jährige an Leukämie erkrankte Paul nutzte ausschließlich Papier und Mal-Utensilien aus dem *Kunst-Koffer*-Angebot. Er fand bei Bedarf Beruhigung beim großformatigen Malen mit leuchtenden Farben und setzte sich in immer neuen intensiven Gemälden mit seiner Krankheit und dem Tod auseinander. Dies war für ihn offensichtlich eine große Entlastung und Unterstützung.

Beobachtbare Auswirkungen der künstlerisch-ästhetischen Arbeit: Kompensation, Unterstützung bei der Angst- und Traumabewältigung.

Gut zu wissen – gut zu merken

Die Bildende Kunst kann in der Sozialen Arbeit als Ausdrucks- und Kommunikationsmittel für (fast) alle Zielgruppen dienen und damit die verbale Sprache ersetzen oder ergänzen sowie Unbewusstes, Vorsprachliches und nicht in Worte zu fassendes ausdrücken helfen. Erfahrungen, belastende und beglückende Themen, Gefühle und Emotionen können entäußert, kommuniziert und bearbeitet werden. Die künstlerisch-ästhetische Praxis kann auch der Aktivierung, Kompetenzförderung, der Entspannung und der Förderung von Resilienz und Lebensfreude dienen. Die Kunst kann bei der Selbst- und Fremderfahrung helfen und kann einen eigenständigen Beitrag zur Selbst- und Welterschließung leisten. Dieser Aspekt ist von zentraler Bedeutung bei der Arbeit mit Kindern, denen als ästhetische Wesen die Möglichkeit gewährt werden muss, die Welt eigenmächtig und ganzheitlich zu erfassen. Für sie sind besonders Angebote für experimentelles, forschendes und spielerisches Arbeiten essenziell, was sich gut mit der Werkstatt-Methode und dem *Kunst-Koffer* realisieren lässt.

Während in der spielerischen, experimentellen und forschenden Praxis das Endprodukt oft nebensächlich ist, zielt die gestalterische Arbeit stärker auf formal-ästhetische Aspekte, auf (symbolische) Aussagen und ein abstraktes oder gegenständliches Ergebnis, welches jedoch nicht an den Ansprüchen des Kunstmarktes gemessen wird.

Die Bildende Kunst eignet sich in besonderem Maße für die Arbeit mit einzelnen Klient/innen, obwohl sie auch in Gruppen sinnvoll zu nutzen ist. Die künstlerisch-ästhetische Arbeit stützt sich auf unterschiedliche offene bis geschlossene Verfahren, die mit Aktivitäten wie Zeichnen, Malen, Collagieren, Plastizieren, Bauen, Konstruieren, Sammeln, Ordnen und Präsentieren verbunden sind. Unterschiedliche Methoden helfen, Blockaden zu überwinden und zum eigenständigen Arbeitsprozess zu gelangen. Im Gegensatz zu den anderen Künsten zeichnet sich die Bildende Kunst durch den Umgang mit handfesten Materialien und durch die Erstellung bleibender Artefakte aus. Anregungen und Unterstützung für die Soziale Arbeit können in den Werken professioneller Künstler/innen – auch beim gemeinsamen Anschauen und Besprechen – und in den Bezugsdisziplinen Kunstpädagogik und Kunsttherapie gefunden werden, wobei für die im engeren Sinne kunsttherapeutische Arbeit eine Zusatzausbildung erforderlich ist.

Die vorgestellten Methoden können mit Verfahren der anderen Künste in interdisziplinären Projekten kombiniert werden.

📖 *Literatur (Kursiv gedruckte Titel werden zur Vertiefung empfohlen)*

Arzenbacher, D. (2006/2008/2010): Das Kohl-Heft/Das Ton-Heft/Das Stöcke-Heft. Kiliansroda/Weimar: Verlag das Netz.
Baukus, P./Thies, J. (Hg.) (1997): Kunsttherapie. 2., neubearb. u. erw. Aufl. Stuttgart: Gustav Fischer Verlag.
Block, D./Meis, M.-S. (2004): Sternenhimmel. „Wohin mit der Angst?". In: Kunst + Unterricht. H. 279, S. 10–11.
Blohm, M./Heil, Ch./Peters, M./Sabisch, A. (2005): Über Ästhetische Forschung: Lektüre zu Texten von Helga Kämpf-Jansen. München: kopaed.
BMFSFJ (Bundesministerium für Familie, Senioren, Frauen und Jugend) (2005): Zwölfter Kinder- und Jugendbericht. Bericht über die Lebenssituation junger Menschen und die Leistungen der Kinder- und Jugendhilfe in Deutschland. Online: http://www.bmfsfj.de/¬doku/kjb/data/download/kjb_060228_ak3.pdf, Aufruf: 10.10.2017.
Böhme, G. (2007): Atmosphären wahrnehmen, Atmosphären gestalten, mit Atmosphären leben: Ein neues Konzept ästhetischer Bildung. In: Goetz, R./Graupner, S. (Hg.): Atmosphäre(n). Interdisziplinäre Annäherungen an einen unscharfen Begriff. München: kopaed, S. 31–43.
Bröcher, J. (2006): Kunsttherapie als Chance. Erfolgreiche ästhetisch-gestalterische Verfahren in (sonder-)pädagogischen Handlungsfeldern. Heidelberg: Universitätsverlag Winter GmbH.
Brög, H./Foos, P./Schulze, C. (Hg.) (2006): Korallenstock. Kunsttherapie und Kunstpädagogik im Dialog. München: kopaed.
Buschkühle, C.-P. (1997): Wärmezeit. Zur Kunst als Kunstpädagogik bei Joseph Beuys. Frankfurt a. M., Berlin, Paris, New York: Peter Lang.
Busse, K.-P. (2007): Vom Bild zum Ort – Mapping lernen. Books on Demand.
Croos-Müller, C. (2017): Alles gut. Das kleine Überlebensbuch: Soforthilfe bei Belastung, Trauma & Co. 2. Aufl. München: Kösel.
Dannecker, K. (2017): Psyche und Ästhetik. Die Transformationen der Kunsttherapie. 3. Aufl. Berlin: Medizinisch Wissenschaftliche Verlagsgesellschaft.
Deinet, J. (Hg.) (2012): Methodenbuch Sozialraum. Lehrbuch. Wiesbaden: VS.
Dgsf.org. https://www.dgsf.org/service/wissensportal/Ressourcenorientierte%20stabilisieren¬de%20Interventionen%20-2010.pdf, Aufruf: 15.02.2018.
Deuser, H. (2004): Bewegung wird Gestalt. Der Handlungsdialog in der Arbeit am Tonfeld. Bremen: edition doering.
Dixius, A./Möhler, E. (2018): Stress und Traumafolgen bei Kindern und Jugendlichen: Stabilisierende Interventionen nach Gewalt, Missbrauch und Flucht. Stuttgart: Kohlhammer.
Domma, W. (2006): Einige Anmerkungen zum Profil Pädagogischer Kunsttherapie in der Sozialen Arbeit. In: Brög, H./Foos, P./Schulze, C. (Hg.): Korallenstock. Kunsttherapie und Kunstpädagogik im Dialog. München: kopaed, S. 173–185.
Eberhart, H./Knill, P. J. (2010): Lösungskunst. Lehrbuch der kunst- und ressourcenorientierten Arbeit. 2. Aufl. Göttingen: Vandenhoeck & Ruprecht.
Franzen, G. (Hg.) (2009): Kunst und Seelische Gesundheit. Berlin: Medizinisch Wissenschaftliche Verlagsgesellschaft.
Fried, L./Roux, S. (Hg.) (2013): Pädagogik der frühen Kindheit. Handbuch und Nachschlagewerk. 3. Aufl., Berlin, Düsseldorf: Cornelson Scriptor.
Ganß, M. (2012): Demenz-Kunst und Kunsttherapie: Künstlerisches Gestalten zwischen Genius und Defizit. 2. Aufl. Frankfurt a. M.: Mabuse.

Ganß, M. (2016): Transformation: Kunstvermittlung für Menschen mit Demenz. Berlin: Epubli GmbH.
Goetz, R./Graupner, S. (2011): ATMOSPHÄRE(N) II. Interdisziplinäre Annährungen an einen unscharfen Begriff. München: kopaed.
Grundschule Kunst. Fachzeitschrift. Diverse Themen- und Materialhefte. Seelze: Friedrich Verlag.
Hagstedt, H. (2001): Die betrogene Hand. In: Kirchner, C./Peez, G. (Hg.): Werkstatt: Kunst. Norderstedt: Books on Demand.
Hampe, R./Martius, Ph./Ritschl, D./Spreti, F. v./Stalder, P. B. (Hg.) (2009): KunstReiz. Neurobiologische Aspekte künstlerischer Therapien. Berlin: Frank & Timme. Haselbach, B. (2010): Tanz und Bildende Kunst. Ein interdisziplinärer Ansatz der Tanzpädagogik. In: Bischof, M./Rosiny, C. (Hg.): Konzepte der Tanzkultur. Wissen und Wege der Tanzforschung. Bielefeld: transcript, S. 109–124.
Herriger, N. (2014): Empowerment in der Sozialen Arbeit. Eine Einführung. 5. Aufl., Stuttgart: Kohlhammer.
Hietkamp, E. (2006): Kunst erleben – Kunst begreifen. Arbeitsbuch Kunsterziehung und Gestaltung für sozialpädagogische Berufe. Berlin: Cornelsen.
Hoffmann, D. (Hg.) (1998): Erzählende Bilder. Oldenburg: Isensee Verlag.
Hölzle, Ch./Jansen, I. (2011): Ressourcenorientierte Biografiearbeit. Grundlagen-Zielgruppen-Kreative Methoden. Wiesbaden: VS.
Hüser-Granzow, S. M. (2007): Kunst statt Strafe. Eine dialogische Betrachtung der ästhetischen Arbeit am Beispiel einer Bildhauerwerkstatt für straffällig gewordene Jugendliche. Stuttgart: ibidem-Verlag.
Kahlert, J./Lieber, G./Binder, S. (Hg.) (2006): Ästhetisch bilden. Begegnungsintensives Lernen in der Grundschule. Braunschweig: Westermann.
Kathke, P. (2001/2006): Sinn und Eigensinn des Materials. Projekte-Anregungen-Aktionen. Band 1 und Band 2. Weinheim, Basel: Beltz.
Kirchner, C. (2006): Kreativität, Heterogenität und Bildungserfolg. Zu den Potenzialen ästhetischer Bildung für die Identitätsentwicklung. In: Brög, H./Foos, P./Schulze, C. (Hg.): Korallenstock. Kunsttherapie und Kunstpädagogik im Dialog. München: kopaed, S. 187–200.
Kirchner, C./Kirschenmann, J./Miller, M. (Hg.) (2010): Kinderzeichnung und Jugendkultureller Ausdruck. Forschungsstand – Forschungsperspektiven. München: kopaed.
Kirchner, C./Peez, G. (2005): Werkstatt: Kunst. Anregungen zu ästhetischen Erfahrungs- und Lernprozessen im Werkstattunterricht. Norderstedt: Books on Demand.
Kirchner, C./Schiefer Ferrari, M./Spinner, K. H. (Hg.) (2006): Ästhetische Bildung und Identität. Fächerverbindende Vorschläge für die Sekundarstufe I und II. München: kopaed.
Kramor, E. (2018): Kunst als Therapie mit Kindern. 7. Aufl., München, Basel: Reinhardt.
Kraus, W. (2007): Die Heilkraft des Malens. 5., aktualisierte Aufl. Nördlingen: C. H. Beck.
Kunst-Koffer. Online: URL: http://www.kunst-koffer.org. Aufruf: 01.01.2018.
Kunst + Unterricht. Fachzeitschrift. Diverse Themen- und Materialhefte. Seelze: Friedrich Verlag.
Lingenauber, S. (2013): Einführung in die Reggio-Pädagogik. Kinder, Erzieherinnen und Eltern als konstitutives Sozialaggregat. 6., überarb. Aufl., Bochum: projektverlag.
Martini, U. (2004): Begreifen, schleifen, reifen: Beispiele für Kunst- und Werkpädagogik in der Sozialen Arbeit. In: Hoffmann, B. et al.: Gestaltungspädagogik in der Sozialen Arbeit. Schöningh, S. 243–254.
Martini, U. (2004b): Kunst und Werken. In: Hoffmann, B. et al.: Gestaltungspädagogik in der Sozialen Arbeit. Schöningh, S. 157–172.
Martini, U. (2017): In allen Dingen steckt Musik. Spiele mit klingenden Materialien und selbstgebauten Instrumenten. Münster: Waxmann.

Menzen, K.-H. (2009): Die Geschichte der künstlerischen Ateliers geistig behinderter Menschen. In: Franzen, G.: Kunst und Seelische Gesundheit. Berlin: Medizinisch Wissenschaftliche Verlagsgesellschaft, S. 127–149.
Mollenhauer, K. (1996): Grundfragen ästhetischer Bildung. Weinheim, München: Juventa.
Niehoff, R./Wenrich, R. (Hg.) (2007): Denken und Lernen mit Bildern. Interdisziplinäre Zugänge zur Ästhetischen Bildung. München: kopaed.
Oerter, R./Montada, L. (Hg.) (2008/2012): Entwicklungspsychologie. Weinheim, Basel: Beltz.
Ott, G.H. (1993): Bildende Kunst in der Medizin. Wortlose Hermeneutik zwischen Arzt und Patient. In: Baukus, P./Thies, J. (Hg.): Aktuelle Tendenzen in der Kunsttherapie. Stuttgart (Fischer Verlag).
Pauen, S. (2007): Was Babys denken: Eine Geschichte des ersten Lebensjahres. 2. Aufl., München: C. H. Beck.
Pauen, S. (2018): Vom Baby zum Kleinkind. Beobachtung, Begleitung und Förderung in den ersten Jahren. Berlin: Springer.
Reuter, O. (2007): Experimentieren: Ästhetisches Verhalten von Grundschulkindern. München: kopaed.
Richter-Reichenbach, K.-S. (2004): Kunsttherapie. Bd. 1. Theoretische Grundlagen/Bd. 2. Therapeutische Praxis. Münster: Daedalus.
Rubin, J. A. (2005): Kunsttherapie als Kindertherapie. Kinderbilder zeigen Wege zu Verständnis und Wachstum. Karlsruhe: Gerardi.
Schäfer, G. E. (2005): Bildungsprozesse im Kindesalter: Selbstbildung, Erfahrung und Lernen in früher Kindheit, 3. Aufl. Weinheim, München: Juventa.
Schäfer, G. E. (2013): Ästhetische Bildung. In: Fried, L./Roux, S. (Hg.): Pädagogik der frühen Kindheit. Handbuch und Nachschlagewerk. 2. Aufl., Berlin, Düsseldorf: Cornelson Scriptor, S. 184–189.
Schäfer, G. E. (2009b): Alltagstheater. In: Droste, G. d.: Theater von Anfang an! Bildung, Kunst und frühe Kindheit. Bielefeld: transcript, S. 145–157.
Scherer, H. G. (2004): Erfahrung versus Mouseclick? Grundlagen und Perspektiven erfahrungsorientierten Bewegens und Lernens. In: Zimmer, R./Hunger, I. (Hg.): Wahrnehmen, Bewegen, Lernen. Schorndorf: Hofmann, S. 66–76.
Schilling, D. (2005): Muse Edition – Künstler für Kinder – So seh ich das. Bildnerisches Gestalten mit Kindern. Mülheim a. d.R.: Verlag an der Ruhr.
Schorer, M. (2002): Was kann Kunsttherapie für die Soziale Arbeit leisten. Linz: edition pro mente.
Schottenloher, G. (1994): Wenn Worte fehlen, sprechen Bilder. Bildnerisches Gestalten und Therapie. Bd. 2. München: Verlag.
Schulze, C. (2006): Metaphorik der Erinnerung. Aspekte biografischer Arbeit in der Kunsttherapie. In: Brög, H./Foos, P./Schulze, C. (Hg.): Korallenstock. Kunsttherapie und Kunstpädagogik im Dialog. München: kopaed, S. 61–73.
Sehlinger, W. (2006): Mit Kinderzeichnungen kommunizieren. Theorie und Taxonomie. In: Brög, H./Foos, P./Schulze, C. (Hg.): Korallenstock. Kunsttherapie und Kunstpädagogik im Dialog. München: kopaed, S. 11–39.
Seidel, Ch. (2007): Leitlinien zur Interpretation der Kinderzeichnung. Praxisbezogene Anwendung in der Diagnostik, Beratung, Förderung und Therapie. Lienz i. Ostt.: Journal Verlag.
Sommer, K./Hoffmann, A. (2009): Maskenspiel in Therapie und Pädagogik. Bielefeld: Aisthesis.
Spreti, F. v./Martius, Ph./Förstl, H. (Hg.) (2005): Kunsttherapie bei psychischen Störungen. Urban und Fischer.
Stern, A. (o.J.). Arno Stern Official Web Site. Online: URL: http://www.arnostern.com/, Aufruf: 15.08.2017.

Stern, A. (2008): Das Malspiel und die natürliche Spur: Malort, Malspiel und die Formulation. 2. Aufl., Klein Jasedow: Drachen.
Stritzker, U./Peez, G./Kirchner, C. (2011): Frühes Schmieren und erste Kritzel – Anfänge der Kinderzeichnung. Norderstedt: Books on Demand.
Ströter-Bender, J. (2009): Museumskoffer, Material- und Ideenkisten. Projekte zum Sammeln, Erkunden, Ausstellen und Gestalten. Marburg: Tectum.
Titze, D. (Hg.) (2008): Resonanz und Resilienz. Die Kunst der Kunst Therapie. Dresden: Sandstein.
Van de Loo, O. (Hg.) (2005): Kinder – Kunst – Werk. Künstlerisches Arbeiten mit Kindern und Jugendlichen. Ein Handbuch. München: Kösel.
Weltenwandler (2011): Die Kunst der Outsider. Ausstellungskatalog. Schirn Kunsthalle. Frankfurt. Hrsg. v. Weinhart, M./Hollein, M., Ostfildern: Hatje Cantz Verlag. Wichelhaus, B. (2000): Kunst als Medizin – „Kunstraum" Krankenhaus. In: Musik-, Tanz- und Kunsttherapie. Vol. 11, No. 3, S. 146–152.
Winnicott, D. W. (2010): Vom Spiel zur Kreativität. 12. Aufl., Stuttgart: Klett-Cotta. Wittmann, B. (Hg.) (2009): Spuren erzeugen. Zeichnen und Schreiben als Verfahren der Selbstaufzeichnung. Zürich-Berlin: Diaphanes.

2 DIGITALE MEDIEN IM KONTEXT SOZIALER ARBEIT – DARGESTELLT AM BEREICH OFFENER JUGENDARBEIT

Bernward Hoffmann

Was Sie in diesem Kapitel lernen können

Die digitalen Medien gehören in unterschiedlichem Ausmaß zum Alltag der meisten Klienten der Sozialen Arbeit, im Besonderen in der Zielgruppe der Jugendlichen. Im vorliegenden Beitrag erhalten Sie grundlegende Informationen zu unterschiedlichen digitalen Medien, ihrer Nutzung, ihrer heutigen zentralen Rolle als Sozialisationsfaktor und den damit verbundenen pädagogischen Aufgaben. Bereitgestellt werden Verfahren und Konzepte der kritischen Mediennutzung und Mediengestaltung. Ein Praxisbeispiel aus der Arbeit in einem Jugendzentrum konkretisiert die Medienarbeit und liefert neben konzeptionellen und pädagogischen Grundlagen auch Hilfen für den Aufbau und die Einrichtung einer Medienwerkstatt.

2.1 Digitale Medien – Funktionen und pädagogische Bedeutung

Mit dem Begriff Medien werden heute technische (Massen-)Medien bezeichnet (z. B. Zeitung, Film, Radio, Fernsehen, Internet). Im Kontext von Sozialer Arbeit und Pädagogik muss der Medienbegriff genauer bestimmt werden. Auch in diesem Buch ist ja von künstlerischen Medien, ästhetischen Medien, Musik als Medium und eben von „digitalen Medien" als technischen Individual- und Massenmedien die Rede.

Digitale Medien sind nur sehr bedingt als „künstlerische" Medien anerkannt und werden teils beliebig als Wirtschaftsgut oder als Kulturgut eingeordnet. Es hat nach der Erfindung eines Mediums jeweils einige Jahrzehnte gedauert, bis z. B. Fotografien und später dann Filme als kulturell wertvoll und manche ihrer Produkte als Kunst anerkannt wurden. Der Rundfunk ist per Gesetz in Deutschland „Kulturgut" und daher in unserer in diesem Punkt föderalistischen Republik Angelegenheit der Länder; als Wirtschaftsgut, was Radio und Fernsehen faktisch in weiten Teilen natürlich sind, wären sie Angelegenheit des Bundes. In die zwiespältige Bewertung digitaler Medien einzuordnen ist auch die Debatte, ob Computerspiele als „Kulturgut" anzuerkennen seien (vgl. *Ganguin/Hoffmann* 2010).

Im Kontext Sozialer Arbeit geht es bei Medien nicht primär um die in Kreisen gesellschaftlicher „Hochkultur" geführte Debatte, ob etwas Kunst oder künstlerisch wertvoll sei oder nicht (vgl. dazu *Hoffmann* u. a. 2004). Ein Medium (lateinisch: Mittler) ist pädagogisch betrachtet etwas Vermittelndes in menschlichen Kommunikationsprozessen. Es hat einen materialen Aspekt (z. B. die DVD) und einen symbolischen (der Film auf der DVD). Die pädagogische Nutzung und (Be-)Deutung wird von diesen medialen Eigenschaften vorstrukturiert, aber nicht festgelegt; mögliche Wirkungen sind durch die Person des Nutzers, sein Rezeptionsverhalten und die Funktionalität des Mediums für ihn mitbestimmt. Zum „Text", also zu Inhalt und Form des medialen Angebots, kommt die Funktion für den Rezipienten, seine Nutzungsweise und Deutung hinzu; erst daraus entsteht die „Story", also das wahrgenommene Medium.

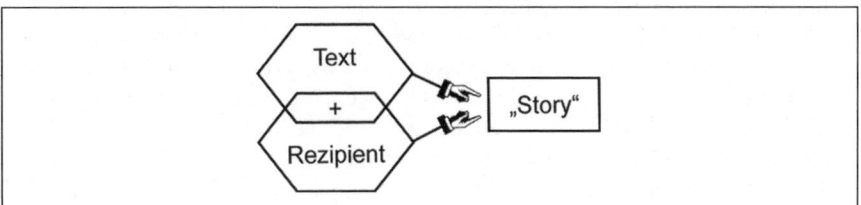

Abb. II.2.1: Teile einer medialen Mitteilung („Story")

Dieser Grundgedanke ist in Debatten der Mediennutzungs- und Medienwirkungsforschung entscheidend: man kann ein Medium aus „pädagogischer" Perspektive nur einseitig sinnvoll als Sache analysieren, muss für eine ganzheitliche Sicht Rezeptionssituation und Rezipienten mit betrachten.

2.1.1 Medien-Begriff

Der Begriff „digitale Medien" ist in diesem Beitrag der Versuch, das Feld der technischen Individual- und Massenmedien in einem aktuellen Begriff zu fassen. Es gibt verschiedene in ihrer Zeit mehr oder weniger sinnvolle Versuche, den Medienbegriff zu differenzieren:

- Der Begriff *„technische Medien"* verweist darauf, dass technische Hilfsmittel auf Produzenten- und/oder Rezipientenseite zur Produktion des Mediums nötig sind; bereits Höhlenmalereien oder Tontafeln, aber auch Schriftstücke und Werke der bildenden Kunst sind in dieser Sicht ein technisches Medium. Marshal McLuhan (1969) hat die später so genannte „Organmetapher" bemüht: „Alle Medien sind Erweiterungen bestimmter menschlicher Anlagen – seien sie psychisch oder physisch." – „Die Erweiterung irgendeines Sinnes verändert die Art und Weise, wie wir denken und handeln – die Art und Weise, wie wir die Welt wahrnehmen." (McLuhan 1969, 26/41). Die Technik ist historisch in immer kleineren Abständen erweitert und perfektioniert worden. Sie kann heute in ihrer Funktionalität (z. B. ein multimedialer High-End-Computer) kaum mehr vom Einzelmenschen durchschaut werden. Und wie Medien die Art und Weise unseres Denkens und Handelns verändert haben, ist uns nur in Ansätzen bekannt. Das ist durchaus ein medienpädagogisches Problem.

- Der Begriff „*Massenmedien*" ist durch kulturpessimistische Interpretationen des Begriffs der Masse latent negativ geprägt. Neutraler bestimmt wurde die Sache durch die weit verbreitete Definition von G. Maletzke. Er versteht unter Massenkommunikation „jene Form der Kommunikation, bei der Aussagen öffentlich (...) durch technische Verbreitungsmittel (Medien) indirekt (also bei räumlicher oder zeitlicher oder raumzeitlicher Distanz zwischen den Kommunikationspartnern) und einseitig (...) an ein disperses Publikum vermittelt werden" (Maletzke 1963, 32). Der Beginn des Massen-Medienzeitalters wird üblicherweise beim Buchdruck angesetzt. Technik ermöglicht seitdem die Reproduktion eines Textes in beliebiger Stückzahl und die Verteilung und Kommunikation über Raum- und Zeitgrenzen hinweg an ein uneinheitliches verteiltes Publikum. Die Unterscheidung zwischen Massen- und Individualmedien und zwischen Telemedien und Trägermedien ist in deutschen Gesetzestexten zu finden, wird aber angesichts der aktuellen Netzmedien immer obsoleter. Außerdem wird beim Begriff „Massenmedien" leicht die Bedeutung des Rezipienten und der Rezeptionssituation übersehen.
- Teils wird in „*alte Medien*" (Buch, Zeitung, Film, Radio, Fernsehen) und „*neue Medien*" unterteilt; mit letzteren sind dann eher diffus z.B. Satelliten-Übertragungswege, Computernetze etc. gemeint. Das sind unscharfe Begriffe, die wenig nützen.
- Medien werden gelegentlich nach benötigter *Hardware* (zur Produktion und/oder Rezeption), nach *Codierungsarten* (Schrift, Bild, Bewegung), nach *Sinnesmodalitäten* (auditiv, visuell, audio-visuell) oder auch nach *Ablaufstrukturen* (statisch, dynamisch) unterschieden.
- Die *Unterscheidung von analogen und digitalen Medien* ist zunächst technisch. Aber der Begriff „digitale Medien" impliziert noch andere Aspekte. Zum einen ermöglicht die Digitalisierung eine *Konvergenz* der Medien und darauf soll auch der Begriff verweisen. Zum anderen sind damit mediale Übertragungswege möglich, die quantitativ und qualitativ ein Vielfaches bisheriger Möglichkeiten einschließen. Aus der Einweg-Kommunikation der traditionellen Massenmedien sind multimediale Vernetzungen entstanden, die im Prinzip jeden medialen Punkt mit jedem anderen weltweit direkt verbinden könn(t)en. Der Begriff „digitale Medien" schließt diesen Aspekt des Multimedialen und der wechselseitigen *Vernetzung* mit ein und scheint deshalb über die technische Bedeutung hinaus derzeit ein tauglicher Medienbegriff zu sein.

2.1.2 Mediennutzung

Professionelles pädagogisches Handeln muss das Medien-Nutzungsverhalten der Menschen berücksichtigen und analytisch betrachten. In welcher Weise die traditionellen „alten" Medien und die neuen „digitalen Medien", die ja wiederum die alten einschließen und ständig darauf verweisen, genutzt werden und wie sich das Nutzungsverhalten gerade unter jungen Menschen verschiebt, darauf geben aktuelle Studien eine Antwort. Insbesondere sind hier die seit gut zehn Jahren regelmäßig erscheinenden repräsentativen Befragungen der KIM- und JIM-Studien zu nennen; zu den relevanten repräsentativen Studien zählen auch die ARD/ZDF-Onlinestudie (www.ard-zdf-onlinestudie.de), das Medienkonvergenz-Monitoring (www.medienkonvergenz-monitoring.de) sowie die Studien des JFF – Institut für Medienpädagogik in Forschung und Praxis (www.jff.de) und des Hans-Bredow-Instituts (www.hans-bredow-institut.de).

Aus der ARD-ZDF-Onlinestudie wird deutlich, dass junge Menschen die vier Hauptmedien TV, Radio, Musik, Internet fast gleichberechtigt nebeneinander nutzen. Tabelle II.2.1 zeigt die tägliche Mediennutzungsdauer (Min./Tag) (vgl. Busemann/Gscheidle 2010, 348).

Tab. II.2.1: Tägliche Medien-Nutzungsdauer junger Menschen

	Fernsehen	Hörfunk	Tonträger	Internet
Gesamt Menschen über 14 Jahre	244	187	33	77
14–19-jährige	107	106	86	110

„Die 14 bis 19-Jährigen verbringen inzwischen mehr Zeit mit dem Internet (110 Min.) als mit dem Fernsehen (107 Min.) und Hörfunk (106 Min.) (...). Nimmt man die Nutzung der Tonträger, und hier insbesondere die allzeit und überall anwesenden MP3-Player, hinzu (86 Minuten), zeichnen sich bei Jugendlichen nicht zwei monolithische Spitzen ab, die durch Fernsehen und Hörfunk markiert sind, sondern eine Drei- oder Vierteilung des Medienzeitbudgets auf Internet, TV, Radio und MP3-Player" (Busemann/Gscheidle 2010, 348).

Bei der Internetnutzung ist die Entwicklung hin zum sogenannten „Web 2.0" bzw. „Social Web" und darüber hinaus relevant. Das Netz ist nicht mehr wie noch vor einigen Jahren ein relativ kompliziertes Forum zum Anbieten und Abrufen von Inhalten, sondern ist dynamisch und interaktiv. Das äußert sich vor allem in der interaktiven Nutzung der Netzkommunikation in den Communities wie z. B. Facebook und anderen. Fast die Hälfte der täglichen Verweildauer im Netz widmen die Nutzer der Kommunikation, bei den Teenagern sind dies sogar 58 % der Nutzungszeit. „Keine andere Altersgruppe beschäftigt sich intensiver mit E-Mail, Chat und vergleichbaren Anwendungen als die Jugend" (Busemann/ Gscheidle 2010, 359). Allerdings ist der Anteil derer, die sich aktiv an der Bereitstellung von Inhalten beteiligen (z. B. Videos auf YouTube hochladen, Fotos veröffentlichen, in Wikipedia aktiv schreiben, Blogs betreiben etc.), eher gering und scheint auch mit den Möglichkeiten und Jahren nicht besonders zu wachsen.

Für nahezu alle Jugendlichen in den industrialisierten Ländern sind unterschiedliche Medien heute fester Bestandteil ihrer Lebenswelt; diese werden aber teils spezifisch und individuell genutzt und funktionalisiert. Wie Musikinteressen, so markieren auch Medienvorlieben und Favorisierung bestimmter Communities bei Jugendlichen häufig die Zugehörigkeit zu bestimmten Peergroups, auch zu Cliquen und Jugendszenen. Vor allem die Jugendarbeit muss sich darauf einstellen, dass sich die soziale Wirklichkeit von Kindern und Jugendlichen heute zu einem Gutteil aus medial vermittelten Handlungs- und Deutungsmustern konstruiert. Die Funktionen, die Bonfadelli bereits 1988 in der Zeit vor dem

Internet notiert hat, gelten noch heute, sind nur durch die neuen medialen Möglichkeiten teils etwas anders gewichtet.

Funktionen der Medien für Jugendliche (vgl. Bonfadelli 1988):

- Identifikation – mit Helden oder Idolen,
- Gefühlskontrolle – Spannung/Entspannung, Angst/Lust auf Knopfdruck angeregt,
- Expression – Abgrenzung von Erwachsenen und anderen jugendkulturellen Szenen,
- Eskapismus – Entlastung; Flucht vor dem Alltag und sich selbst,
- Kompensation – Ersatz für reale Befriedigungen, z. B. nach Kontakt/Kommunikation,
- Verlautbarung – sich öffentlich äußern, dabei sein, mitreden,
- Erkennungszeichen – für bestimmte jugendkulturelle Szenen,
- Prestige – Zeigen von Kompetenz und Besitz in der Peer-Group,
- Strukturierung von Zeit – Strukturierung des Alltags; gegen Langeweile,
- Information – über Lebensstile, Mode, Musik …,
- Symbol und Identitätsfindung – symbolische Teilhabe an den Problemen, Lebensentwürfen, Deutungsmustern anderer.

In Anlehnung an die Mtv-Networks-Studie „Circuits of cool" zitiert Röll (2010) folgende grundlegende Bedürfnisse, die Jugendliche mit der Netznutzung verbinden:

- „Erlebnisorientierung (sich mit Freunden treffen, etwas unternehmen – real und virtuell),
- Wunsch nach Zugehörigkeit (Teil eines Freundeskreises zu sein, Communities),
- Entwicklung der eigenen Identität (Weblogs, Online-Rollenspiele, Selbstdarstellung),
- Streben nach Freiheit und Unabhängigkeit (Handy, Internet, Foren),
- Umgang mit Sexualität (flirten per IM, Foren),
- Streben nach Status (Online-Bestenliste, Freundesliste, cooler Content)" (Röll 2010, 30).

Viele dieser Funktionen gelten auch für andere Zielgruppen. Aber gerade bei Jugendlichen und bei spezifischen Zielgruppen Sozialer Arbeit (z. B. Menschen mit Behinderungen, alte Menschen, Menschen in prekären Lebenslagen …) muss sehr genau hingeschaut werden, welche Funktionen wie gewichtet sind und welche in den Vordergrund treten.

2.1.3 Pädagogische Bedeutung

Da die Medien, seien es Printmedien, visuelle statische bzw. bewegte Medien, Audio-Medien, Audio-visuelle-Medien oder digitale (Netz-Medien), unterschiedlicher Produktion dienen, unterschiedliche Medienträger verwenden und unterschiedlich rezipiert werden können, haben sie an sich und bei den sie nutzenden Menschen in ihrer jeweiligen Umgebung eine je „eigensinnige" pädagogische Relevanz.

Tab. II.2.2: Pädagogische Relevanz der Medien in Abhängigkeit von ihrer Spezifität

	Print	Visuell – statisch – bewegt	Audio	Audio-Visuell	Digitale (Netz-)Medien
benötigte Hardware	historischer Verlauf …				→
Produktion	Handschrift: Stift und Papier; Schreibmaschine; Drucktechnik	Fotoapparat, Filmkamera	Mikrophon und Aufnahmegerät, Pressung bzw. Vervielfältigung	Kamera-, Schnitt- und Speicherungs- bzw. Übertragungstechnik	Computer mit entsprechender Peripherie; Netzwerke
Medienträger bzw. Funk-, Kabel-, Satelliten-Verbreitung	Buch, Zeitung, Zeitschrift, Plakat, Flugblatt	Fotografie, Fotomontage, Film	Schallplatte, Radio, Tonband, -kassette, CD, digitale Aufnahme	Fernsehen, Video, DVD, Blue-ray, Videostream, Bewegtbilder im Netz	Buch, Zeitung, Zeitschrift, Fotos, Film, Radio, Audioaufnahmen, Fernsehen, Videostream, … Interaktivität
Rezeption	Sehen Lesefähigkeit	sehen	hören	sehen + hören	lesen, hören, sehen
Pädagogische Relevanz	Lesefähigkeit ist und bleibt eine grundlegende Kompetenz, allerdings auch für andere „Text"-Formen, z. B. Bilder	Ruhige, genaue Betrachtung und Analyse von Standbildern. Beim Bewegtbild kommt der Zeitverlauf hinzu, der immer mehr beschleunigt wird	Durch Lautstärke und wenig Schulung für „leise Töne" und Details beeinträchtigt. Droht gegenüber der Dominanz des Sehsinns zu verkümmern	In der Regel dominieren die Bilder. Trend zu „Eye-Catchern"; zur visuell erregenden Oberfläche. Authentizität bzw. Realitätsgehalt ist kaum mehr überprüfbar, muss deshalb explizit gemacht werden	Alle bisherigen Medien wachsen auf einer „digitalen" Fläche zusammen, werden nebeneinander und vermischt genutzt. Spannung zwischen Vielfalt und wechselseitigen Verweisen und Oberflächlichkeit wegen zu vieler Reize. Aus den Einwegmedien werden prinzipiell Interaktionsmedien

Digitale Medien im Kontext Sozialer Arbeit

Die pädagogische Bedeutung der skizzierten Medien liegt auf der Hand. Medien sind ein quantitativ bedeutsamer Teil der Alltagswelt von Menschen; gerade junge Menschen gehen neugieriger, unvoreingenommener und riskanter auf neue mediale Möglichkeiten zu und erproben sie, eignen sie sich nach Bedarf und Trendaspekten an. Medien sind *Sozialisationsfaktor*, sie formen Selbst- und Weltbilder mit. Sie sind untrennbarer Teil jedes Lernprozesses, brauchen erzieherische Begleitung und Hinführung und sind Teil und Aspekt von Bildung. Medienkompetenz gilt nicht zufällig aktuell als *Schlüsselkompetenz* aufbauend und abhängig von z. B. Lese-, Schreib- und allgemeiner Kommunikationskompetenz.

2.2 Digitale Medien im Kontext Sozialer Arbeit

Medienpädagogik hat auch in der Sozialen Arbeit das globale Ziel, Medienkompetenzen zu vermitteln. Diese Kompetenzen brauchen aber nicht nur Adressaten, sondern auch in den Institutionen Sozialer Arbeit die Mitarbeiter selbst. Wenn man Medienkritik und aktive Mediennutzung differenziert nach einer individuellen und mikrosoziologischen Ebene und einer makrosoziologischen bzw. gesellschaftlichen Ebene, dann ergibt sich folgende Matrix für Zusammenhänge zwischen Medienkompetenz und Sozialer Arbeit (vgl. Hoffmann 2010):

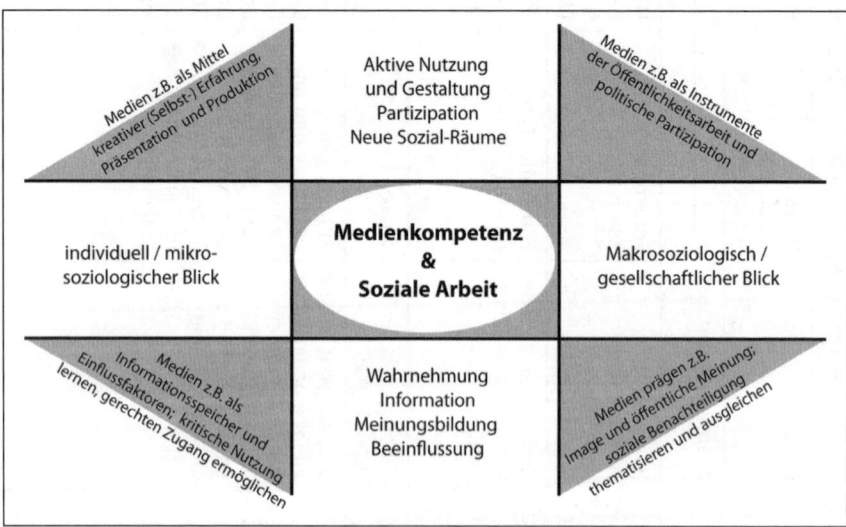

Abb. II.2.2: Zusammenhänge zwischen Medienkompetenz und Sozialer Arbeit

Vor vielen anderen Autoren hat Dieter Baacke (1999) Dimensionen von Medienkompetenz benannt, die immer wieder als Grundlage für die Präzisierung des Begriffs verwendet werden. Konkretisiert man diese Aspekte nochmals für Soziale Arbeit, dann ergeben sich beispielsweise folgende Schwerpunkte:

- *Medienkritik* als analytisches Erfassen und ethische Reflexion gesellschaftlicher Medienprozesse muss ihr Augenmerk darauf richten, wie soziale Probleme durch Medien dargestellt und mitdefiniert werden und wie Menschen als Akteure in ihrer Lebenswelt durch die Medien aufgegriffen und behandelt werden. Mediensysteme müssen kritisch beobachtet und dahingehend analysiert werden, inwieweit und wem sie Partizipation ermöglichen und ob sie einer Aufteilung der Gesellschaft in Informationsreiche und -arme Vorschub leisten. Unter ethischer Perspektive ist darauf zu achten, wie und was Medien über Menschen und ihre Probleme berichten (dürfen). Eine am Ethos Sozialer Arbeit orientierte Medienkritik muss Partei ergreifen für benachteiligte Menschen. Beispiel Jugendarbeit: Nutzung und Wirkung diverser Star-Search-Formate analysieren.
- *Medienkunde* als Wissen über Mediensysteme und Fähigkeit, Medien zu handhaben, muss für alle Menschen zugänglich sein und auf ihr jeweiliges Vorwissen abgestimmt werden. Hier ist primär jede Form von Sprachförderung (Lesen und Schreiben) zu nennen. Die Bedienung von Geräten und das Wissen um Medienstrukturen, Genres etc. sind nur Vorbedingungen für einen verstehenden Zugang, wie unterschiedliche Menschen Medien nutzen, welche Präferenzen und Nutzungsweisen sie tatsächlich haben und wie Medien und ihre Inhalte den Menschen für ihr Leben nützlich sind oder sein können. Beispiel Jugendarbeit: Handywissen (Möglichkeiten, Tarife, Probleme, Nutzungsgrenzen ...).
- *Mediennutzung* von Programmen und Interaktionsmöglichkeiten muss handlungsanleitend und orientierend sein: Menschen pädagogisch bei einer selbstbestimmten und menschendienlichen Nutzung von Medienkommunikation und -technologie unterstützen. Mögliche durch Medien (mit-)bedingte kommunikative Problemlagen müssen als solche markiert und bewusstgemacht werden; Soziale Arbeit muss zu ihrer Bewältigung beitragen. Beispiele Jugendarbeit: Nutzung und Bewertung von Computerspielen; soziales Verhalten in Netz-Communities.
- *Mediengestaltung* als kreative Gestaltung und innovative Veränderung muss entsprechend ihrer Möglichkeiten und bezogen auf ihre je spezifische Klientel Räume öffnen und Zugänge schaffen, eben „innovativ und kreativ" Medien probieren zu können, und muss Partizipation ermöglichen. Beispiel Jugendarbeit: Anspruch auf (auch virtuelle) Räume, offene Zugänge und eine Begleitung im Verständnis einer „Pädagogik der Navigation" (Röll 2003).

Im Vordergrund offener Jugendarbeit und Sozialer Arbeit mit in irgendeiner Weise benachteiligter Klientel stehen erfahrungsgemäß nicht kognitiv reflektierende und aufklärende Verfahren, sondern praktische Projekte und mediengestalterische Aktionen, bei denen Medienkritik und Förderung ästhetischer Wahrnehmungs- und Gestaltungsfähigkeit mit im Blick sein sollten. Je nach Einsatzfeld und Zielsetzung stehen unterschiedliche digitale Medien und Gestaltungsangebote zur Verfügung, die sich in sozialpädagogischen Arbeitsfeldern bewährt haben:

134 Beiträge zu den künstlerischen und medialen Schwerpunkten

- Fotografieren und Bearbeitung von Fotos, Collagen, Ausstellungen,
- Videoarbeit (dokumentarisch bis fiktional) bis hin zur Fernseharbeit in Offenen Kanälen, Lernsendern oder einem Video-Podcast,
- Filmarbeit mit guten „Fertigmedien", z. B. Spielfilmangeboten oder alternativen Produktionen,
- Audioarbeit in Form von Musikaufnahmen, Geräuschcollagen, kleinen Hörspielen bis hin zur Radioarbeit in Bürgermedien, Offenen Kanälen oder einem Podcast,
- Gestaltung von Internetseiten; Bewegungen im Netz, auf Social Communities etc.,
- Multimedia-Gestaltungen z. B. mit dem Programm Mediator,
- komplexe Werkstätten für digitale Medien, Medien- bzw. Webmobile.

In Verbindung mit anderen künstlerisch-ästhetischen Medien erweitert sich das Methodenrepertoire:

- Sprache, Sprechen und Audioaufnahmen (von Ratespielen, Witze erzählen bis zur Collage und zum Hörspiel),
- Musik am Computer; Musikaufnahmen,
- Rollenspiel, Theater und Kurz-/Spielfilm-Videoproduktion,
- Mimik, Gestik, Körperausdruck, Tanz und Fotografie,
- Öffentlichkeitsarbeit (auch kreative Aktionen).

Ohne Anspruch auf Vollständigkeit zeigt diese Aufzählung das breite Spektrum von Gestaltungen, die einerseits in der Regel aktivieren, motivieren und Spaß machen, andererseits nicht Selbstzweck sein sollten, sondern sich gut mit Themen, Inhalten und Zielsetzungen sozialpädagogischer Arbeit verbinden lassen. Das wird später im Absatz zu aktivierender Medienarbeit präzisiert.

2.3 Bezugsdisziplinen von Medienpädagogik in der Sozialen Arbeit

Inhalte und Methoden von Medienpädagogik im Kontext Sozialer Arbeit haben Bezüge zu anderen Disziplinen:
Wenn neben dem Begriff Medien die anderen Begriffsbestandteile von gebräuchlichen Wortzusammensetzungen wie Medienpädagogik, Medienbildung, Medienerziehung oder Medienkompetenz näher bestimmt werden sollen, ist die Allgemeine Erziehungswissenschaft bzw. Pädagogik als Wissenschaft gefragt. Viele Datenerhebungen und die Grundlagenforschung zu Medien(-nutzung, -wirkung, -geschichte, -analyse, -systemen, -theorien …) finden in der Medienwissenschaft und ihr nahestehenden Disziplinen statt (Publizistik, Kommunikationswissenschaft, Literaturwissenschaft, Ethnologie …). Und wenn es um das Image von Themen, Personen und Institutionen Sozialer Arbeit in der Gesellschaft geht, sind Theorien der Publik Relations und Öffentlichkeitsarbeit gefragt. Auch Soziologie und Psychologie liefern Erkenntnisse mit dem Schwerpunkt Medien. Und dem juristischen Bereich gehören natürlich alle Fragen der

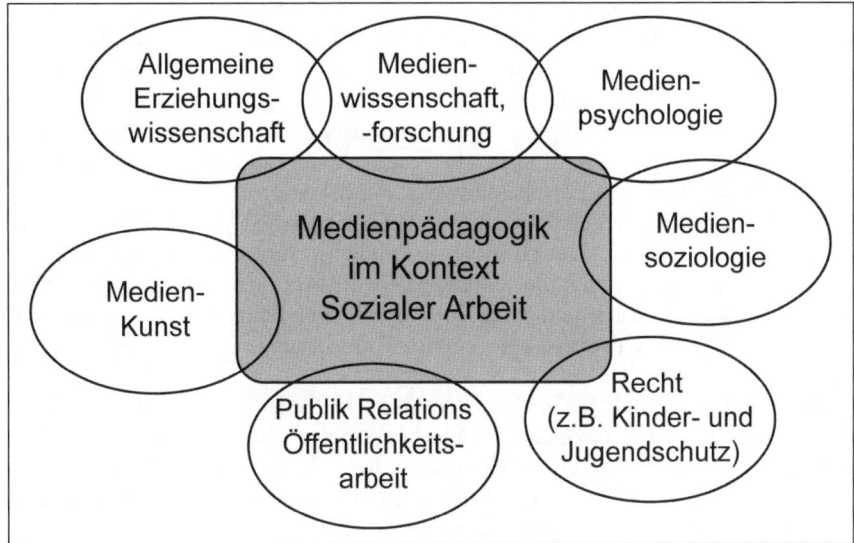

Abb. II.2.3: Medienpädagogik im Kontext Sozialer Arbeit

Mediengesetzgebung an, u. a. der Kinder- und Jugendmedienschutz und das Urheberrecht. Nicht zuletzt sind für aktive Medienarbeit mit digitalen Medien auch ästhetische Theorien und Medienkunst gefragt.

Aus all diesen Disziplinen stammen Informationen, die das Feld der digitalen Medien in der Sozialen Arbeit mit Hintergrund- bzw. Erklärungswissen beliefern.

2.4 Schwerpunkt offene Jugendarbeit

Junge Menschen sind digitalen Medien und Kommunikationsmöglichkeiten gegenüber besonders aufgeschlossen und neugierig, aber auch gefährdeter, weil sich ein adäquates Welt- und vor allem Wertewissen erst im Laufe der Entwicklung herausbildet. Deshalb liegt es nahe, die Altersgruppe der Jugendlichen und die Jugendarbeit als Arbeitsfeld Sozialer Arbeit bei digitalen Medien besonders in den Blick zu nehmen.

2.4.1 Bedeutung des Jugendalters (Adoleszenz)

Identitätsfindung ist die zentrale Herausforderung des Jugendalters (vgl. Behrens/Tiedt, Teil II, 3). Dazu gehört, Neues entdecken und ausprobieren zu wollen; dabei erfahren Heranwachsende nicht nur Teile der Außenwelt, sondern sich selbst. Gleichzeitig sind junge Menschen mit den Erwartungen der Gesellschaft konfrontiert, sich an geltende Normen und Verhaltensmuster anzupassen.

Zwischen Anpassung und Freiheit probieren muss ein junger Mensch heute im Prozess des Heranwachsens balancieren lernen. Dass dieser Prozess nicht einfach ist, darauf hat Beck mit dem Begriff der „Risikogesellschaft" (1986) aufmerksam gemacht. Die Pluralisierung und Individualisierung der Lebensverhältnisse in unserer aktuellen Gesellschaft bringt eine große Variationsbreite von Möglichkeiten und Freiheiten mit sich; aber zugleich stecken darin der Zwang und das Risiko der ständigen Entscheidung und des Scheiterns.

In einer „Risikogesellschaft" geht es für Soziale Arbeit grundsätzlich darum, Ressourcen zu stärken, damit Probleme möglichst vermieden werden und Lebensbewältigung gelingen kann. Pädagogische Institutionen und Angebote müssen das Risiko mittragen und junge Menschen unterstützend begleiten: Freiräume bieten, sich zu erproben, aber ebenso Anforderungen stellen und Grenzen setzen.

Die Erwartungen und Anforderungen an Jugendliche, die eine Gesellschaft in einer jeweiligen Zeit ausdrücklich und unausgesprochen an junge Menschen stellt, werden auch als „Entwicklungsaufgaben" (Robert J. Havighurst 1948) bezeichnet. Die alten Fragen des Heranwachsens klingen so einfach, sind aber aktuell schwerer zu beantworten als früher:

- *Identität:* Wer bin ich? – z. B. Herausbildung einer Geschlechtsidentität, Akzeptieren der eigenen Person und Körperlichkeit.
- *Sozialität:* Wo finde ich meinen Platz im sozialen Miteinander? – z. B. Ablösung, emotionale Unabhängigkeit von Eltern und anderen Erwachsenen, neue, auch intime Beziehungen zu anderen Menschen, Partnerschaft und insgesamt Entwicklung eines sozial verantwortlichen Verhaltens.
- *Partizipation:* Wo will ich hin und wo kann ich hin? – z. B. Vorbereitung einer beruflichen Laufbahn, Lebensplanung, Konstruktion eigener Weltanschauung.

Einige kurze Beispiele sollen verdeutlichen, was das bezogen auf digitale Medien heißen kann.

- Die Herausbildung einer Geschlechtsidentität ist in der Orientierung an direkt erlebbaren, stabilen und akzeptierten Vorbildern (z. B. Mutter und Vater) vergleichsweise einfach. Aber diese Vorbilder sind heute vielfach selbst unsicher geworden oder fehlen für Heranwachsende teils ganz. Mediale Vorbilder sind parallel allgegenwärtig und übernehmen anteilig Orientierungsfunktionen.

  Mediale Kommunikationsmöglichkeiten erlauben Experimente mit Geschlechtsrollen, die früher sehr stark sanktioniert waren. In direkt-personaler Kommunikation (wenn wir uns gegenüberstehen, uns sehen, hören) lässt sich das Geschlecht nicht verbergen; es gibt Spielformen damit, deren Nutzung aber schon Mut und Eigenständigkeit verlangen (Spiel mit weiblichen Accessoires bei Jungen/Männern und umgekehrt). In der „virtuellen" Medienwelt ist da manches anders. Jugendliche experimentieren z. B. in Online-Rollenspielen mit Geschlechterrollen und finden in diversen Foren vielfältige Möglichkeiten, Fragen zu stellen und sich quasi anonym an Gesprächen zu beteiligen. Zugleich treffen sie auf die Gefährdung durch Erwachsene, die

solche „Rollenspiele" missbrauchen. Die *„Entwicklung der eigenen Identität"* gehört zu den jugendlichen Grundbedürfnissen, die sie mit der Nutzung digitaler Medien verbinden.
- „Das Internet scheint im Moment das Medium für Jugendliche zu sein sich von der Familie abzunabeln" (Röll 2010, 29). Über Netzkommunikation haben sich Möglichkeiten und Gewohnheiten sozialer Kommunikation stark verändert und werden sich weiter ändern. Gerade junge Menschen nutzen diese Möglichkeiten immer selbstverständlicher. Wer nicht online präsent ist, existiert für die Peer Group auch weniger. Die Communities verändern den Begriff „Freunde"; wer kann schon 150 oder mehr „Freunde" im engen Sinn haben, was z. B. in einer Community wie Facebook nichts Ungewöhnliches ist; je mehr solche „Freunde" man aufweisen kann, desto anerkannter scheint der Einzelne zu sein. Diese Kontakte sind oberflächlicher, gleichzeitig sind solche flüchtigen Kontakte in der aktuellen Gesellschaft förderlich und notwendig. Das *„Streben nach Freiheit und Unabhängigkeit"* gehört zu den Grundbedürfnissen, die Jugendliche mit der Nutzung digitaler Medien realisieren wollen.
- Einen Platz in der Gesellschaft zu finden und Chancen einer zufriedenen Beteiligung zu haben, ist wohl das Ziel der meisten Jugendlichen. Aber die „Risikogesellschaft" lässt die Perspektive auf einen „sicheren" Platz in der Gesellschaft für Jugendliche unsicherer werden. U. a. deshalb suchen sie Möglichkeiten der Präsentation und Partizipation in medialen Welten, die ihnen entsprechen und ein („Selbst")Wertgefühl vermitteln; dies kann phasenweise z. B. auch der Clan eines digitalen Online-Spiels sein. In der Bedürfnisliste sind der *„Wunsch nach Zugehörigkeit"* und das *„Streben nach Status"* explizit genannt.

Grundsätzlich gibt es für die Jugendphase im Umgang und in der Auseinandersetzung mit Medien ein zentrales pädagogisches Ziel: Ich-stark werden, Mündigkeit und Freiheit erwerben. Dieses Ziel können (heranwachsende) Menschen aber nur erreichen, wenn ihnen Mündigkeit und Freiheit vorwegnehmend bereits zugestanden wird und eine pädagogische Begleitung im Prozess des Erprobens vorhanden ist.

2.4.2 Offene Jugendarbeit als Teil der Jugendhilfe

Der Begriff „Jugendhilfe" fasst vielschichtige Bereiche zusammen: Kinder- und Jugendarbeit, Jugendsozialarbeit, erzieherischen Kinder- und Jugendschutz, Jugendberufshilfe sowie die diversen Angebote der Erziehungshilfe und der Hilfe in sozialen Problemlagen. Grundlage ist das Sozialgesetzbuch VIII, auch als KJHG (Kinder- und Jugendhilfegesetz) bekannt: „Jeder junge Mensch hat ein Recht auf Förderung seiner Entwicklung und auf Erziehung zu einer eigenverantwortlichen und gemeinschaftsfähigen Persönlichkeit" (§ 1 Abs. 1). In Abs. 3 wird als Aufgabe der Jugendhilfe benannt: „junge Menschen in ihrer individuellen und sozialen Entwicklung fördern". Jugendhilfe wird zum überwiegenden Teil von gesellschaftlichen Gruppen und Verbänden („freien Trägern") geleistet; auf staatlicher Seite sind die Jugendämter zuständig.

Die Bestimmungen des SGB VIII werden präzisiert im 3. Gesetz zur Ausführung des Kinder- und Jugendhilfegesetzes; Gesetz zur Förderung der Jugendarbeit, der Jugendsozialarbeit und des erzieherischen Kinder- und Jugendschutzes – Kinder- und Jugendförderungsgesetz – (3. AG-KJHG – KJFöG) vom 12. Oktober 2004.

Als Schwerpunkte der Kinder- und Jugendarbeit werden im § 10 unter neun verschiedenen Punkten genannt:

„3. die kulturelle Jugendarbeit. Sie soll Angebote zur Förderung der Kreativität und Ästhetik im Rahmen kultureller Formen umfassen, zur Entwicklung der Persönlichkeit beitragen und jungen Menschen die Teilnahme am kulturellen Leben der Gesellschaft erschließen. Hierzu gehören auch Jugendkunst- und Kreativitätsschulen. (...)

6. die medienbezogene Jugendarbeit. Sie fördert die Aneignung von Medienkompetenz, insbesondere die kritische Auseinandersetzung der Nutzung von neuen Medien."

§ 12 präzisiert den Begriff „offene Jugendarbeit": „Offene Jugendarbeit findet insbesondere in Einrichtungen, Maßnahmen und Projekten, Initiativgruppen, als mobiles Angebot, als Abenteuer- und Spielplatzarbeit sowie in kooperativen und übergreifenden Formen und Ansätzen statt. Sie richtet sich an alle Kinder und Jugendlichen und hält für besondere Zielgruppen spezifische Angebote der Förderung und Prävention bereit."

Offene Jugendarbeit wird traditionell auch als „außerschulische" Arbeit bezeichnet. Sie grenzt sich damit ab von Schule mit all ihren Verpflichtungs-, Curriculums- und Unterrichtsaspekten. Aber Jugendarbeit darf ihre Identität nicht überwiegend aus Abgrenzung gewinnen, sondern muss mit ihren Grundprinzipien die Schule zur Zusammenarbeit und Veränderung provozieren; das KJHG verpflichtet beide Seiten zur Kooperation. Als besondere Prinzipien offener Jugendarbeit können gelten:

- Die Angebote der Jugendarbeit haben überwiegend eine offene Struktur und sind von Freiwilligkeit geprägt; sie finden zumeist in der Freizeit junger Menschen statt.
- Kennzeichnend sind kleine Gruppen, häufig wechselnde Zusammensetzung, andere offene und variable Zeitstrukturen.
- Die Jugendarbeit kennt keine (Schul-)Pflicht, sondern nur eine „Selbstverpflichtung"; sie muss um ihr Klientel potenziell werben, muss für ihre Angebote ständig neu motivieren.
- Es gilt das Subsidiaritätsprinzip für eine Vielfalt „freier" Träger.
- Die Mitarbeiter – vor allem ErzieherInnen und SozialpädagogInnen – leben in instabileren und meist schlechter bezahlten Angestelltenverhältnissen. Sie haben anders und häufiger als Lehrer ein Verhältnis auf nahezu gleicher Augenhöhe zu den Jugendlichen.
- Die Freiräume zur Beteiligung, zu eigenem Tun und zur Eigenentscheidung und -verantwortung der Jugendlichen sind deutlich größer und gehören zum Grundkonzept.

- Schwerpunkte in der offenen Kinder- und Jugendarbeit liegen auf kreativen und selbstbestimmten Angeboten. Jugendkulturarbeit hat hier ihren Ort.

Insbesondere die Freiwilligkeit und die offene Struktur führen dabei immer wieder wegen mangelnder Verlässlichkeit und Kontinuität zu Fragen und Enttäuschungen auf Seiten pädagogischer Mitarbeiter und engagierter Jugendlicher. Der Kern des Problems: Selbstbestimmung und einen selbstbewussten und selbstverantworteten Umgang mit Freiheit können (junge) Menschen eben nicht in organisierten und verpflichtenden Systemen lernen.

Soziale Arbeit im Bereich der (offenen) Jugendarbeit hat auf gesetzlicher Grundlage einen explizit pädagogischen Auftrag (= Sozialpädagogik), nämlich die Förderung junger Menschen in ihrer individuellen und sozialen Entwicklung; sie soll sozialen Problemen vorbeugen, Ressourcen stärken und Lebensbewältigung ermöglichen. Dem entspricht in besonderer Weise der lebensweltorientierte Ansatz (vgl. Thiersch 2014). Statt einer vielfach vorherrschenden Defizitorientierung müssten dabei pädagogisch die Wirklichkeit und ihre Chancen und Risiken zur Lebensbewältigung stärker unter positiven Aspekten wie Lern-, Erziehungs- und Bildungschancen betrachtet werden. Mit dem Blick auf digitale Medien versucht die folgende Matrix, der Problem- bzw. Defizitorientierung eine positive pädagogische Orientierung gegenüberzustellen (vgl. Hoffmann 2010, 61):

Tab. II.2.3: Pädagogische Orientierung im Gegensatz zu einer Problem- bzw. Defizitorientierung

Medienpädagogik & Soziale Arbeit	Problem-/Defizit-Orientierung	Pädagogische Orientierung
Leitgedanke	Wie sind Beeinträchtigungen (der Entwicklung von Kindern und Jugendlichen) durch Medien möglichst gering zu halten?	Wie können eine die Entwicklung fördernde Einstellung zu Medien und ein kompetenter Umgang mit Medien gelingen?
Fokus	Gefahren, Defizite, Probleme	Chancen; Medienaneigung in soziokulturellen Kontexten
Mittel	Einschränkungen des Zugangs, Reglementierungen, Kontrollen; therapeutische Maßnahmen	Anregungen, Angebote, Räume für autonome Erfahrungen
Reichweite	Begrenzt auf kontrollierbare soziale Kontexte (Familie etc.); ggf. national verbindliche Gesetze; strukturell verankert	nur punktuell als Pflichtaufgabe verankert; wenig Wissen über Nachhaltigkeit; braucht Strukturen und Kontinuität (statt neuer Projekte)
Handlungsbasis	Ein gewisser ethischer Grundkonsens: Freiheit und Autonomie für Erwachsene. Befunde der Psychologie und Medienforschung	Ethischer Grundkonsens; interdisziplinäre Erkenntnisse; pädagogische (Praxis-)Erfahrungen

2.4.3 Verortung von Medienpädagogik mit digitalen Medien in der (offenen) Jugendarbeit

Bezogen auf digitale Medien geht es in der Jugendarbeit um die Förderung von Medienkompetenz im Kontext von Persönlichkeitsentwicklung; das ist Medienbildung. Dazu gehört es auch, *Verantwortung* zu entwickeln und zu übernehmen im eigenen Medienverhalten, beispielsweise bei Fragen wie: Was nutze ich und warum (z. B. Pornografie)? Was und wie präsentiere ich mich in Communities öffentlich? Welche Möglichkeiten von Medien-Partizipation nutze ich mit welchen Absichten? Wie beurteile ich Medienprodukte (von Fernsehformaten, über YouTube-Videos bis zu Happy-Slapping-Handy-Videos ...)? Beschäftige ich mich mit Fragen der Gestaltungs-Ästhetik? Oder ist „gut" (und erlaubt), was gefällt?

Natürlich spielt auch die Frage der *Qualifizierung* von Jugendlichen eine Rolle (Bewerbungen schreiben, Vorstellungen trainieren, sich im Web präsentieren, mit Computern umgehen können ...). Zur Medienkompetenz gehört auch IT-Kompetenz.

Außerdem haben viele Jugendliche unklare Vorstellungen im Kopf, dass sie gern „irgendwas mit Medien" machen oder lernen wollen. Über *Medienberufe* aufzuklären ist ein Aspekt, ebenso wie die Folgen von Auftritten in Star-Search-Sendungen und Daily-Talkformaten zu reflektieren.

Vor allem aber soll Arbeit mit digitalen Medien kreative Prozesse freisetzen, in denen junge Menschen sich über Gestaltungen mit Medien selbst erfahren können und ihre eigenen „künstlerischen" Fähigkeiten entdecken und erweitern können.

Bei all diesen Fragen und Aspekten ist es ein Grundprinzip, um Lernen zu ermöglichen, dass Jugendliche nicht primär kognitiv unterrichtet werden, sondern selbst Produktionserfahrungen mit digitalen Medien machen. Der Einsatz von Medien in der Sozialen Arbeit sollte aktivierend sein und sich dabei an der Lebenswelt und Lebensgeschichte der Jugendlichen orientieren.

2.4.4 Aktivierende Medienarbeit mit Jugendlichen

Aktivierende Medienarbeit zielt auf personale *Medienkompetenz* und soziale *Partizipation*. Sie will über die Nutzung von Medien als Werkzeug die Menschen zum Selbstausdruck und zur sozialen Kommunikation mit Medien bewegen und befähigen. Nicht jeder Prozess, an dessen Ende ein Medienprodukt steht, ist aktivierende Medienarbeit; professionell-kommerzieller Medienjournalismus einerseits und ein sich selbst genügendes Medienhobby andererseits sind mit diesem Begriff nicht gemeint.

Folgende sozialpädagogische und medienpädagogische *Ziele* können damit verfolgt und erreicht werden:

- Junge Menschen aus einer gerade im Medienumgang vielfach vorherrschenden Konsumhaltung herausholen; ihnen Handlungskompetenz im Umgang mit Medien und in einer selbstständigen Medienkritik vermitteln.

- Anregungen zu eigener Aktivität geben, um die eigene Wahrnehmung zu sensibilisieren, ästhetische Empfindungen und Vorurteile bewusst zu machen, zu reflektieren und sie zu selbst begründeten Urteilen weiter zu entwickeln.
- Eigene kreative Fähigkeiten entdecken und sich aktiv in (die eigene und soziale) Lebensgestaltung einmischen.
- Die Motivationskraft jeweils selbst gewählter Medien für solche Aktivierungen nutzen.
- Erfahrungen und Kompetenzen im Umgang mit Medientechnik und mit ihnen gemäßen ästhetischen Gestaltungsformen ermöglichen.
- Über das Medium und seine Gestaltungsmöglichkeiten auch inhaltliche Auseinandersetzungen mit Themen, die uns angehen (sollten), anregen.
- Die Gestaltungen in soziale Erfahrungsprozesse einbinden; das Produkt ist nicht alleiniges Ziel, sondern der soziale Entstehungsprozess ist auch bedeutend.
- Sich mit seinen (Gruppen-)Ergebnissen wiederum kommunikativ an andere Menschen bzw. an eine relevante Öffentlichkeit wenden (z. B. über Bürgerfunk) und somit demokratische Partizipation üben.

Aktivierende Medienarbeit umfasst als unterscheidbare, aber voneinander wechselseitig abhängige Aspekte: Medientechnik/-wahl, Gestaltungsfragen, Inhalte und Ziele, pädagogische Aspekte als soziale Kooperationsformen.

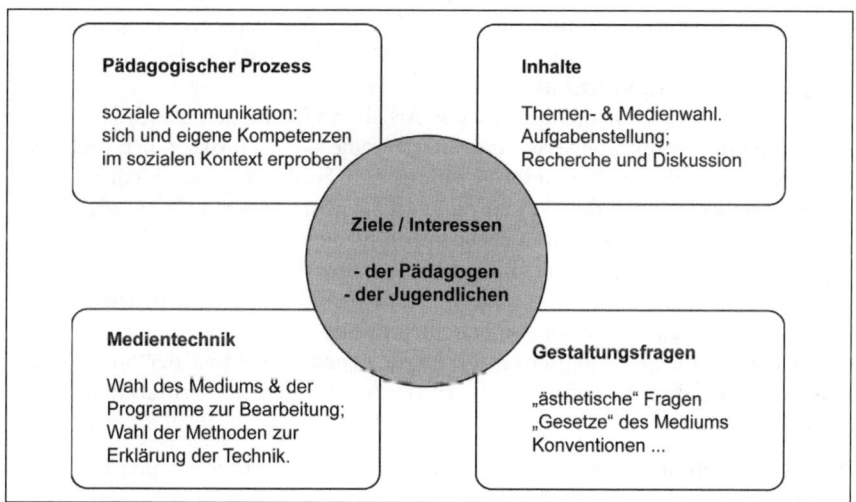

Abb. II.2.4: Aspekte einer aktivierenden Medienarbeit

Aktive Medienarbeit vermittelt in sozialen Lernprozessen Erfahrungen und Erkenntnisse über die thematisierten Inhalte, die verwendeten Medien, die Prinzipien und Wirkungen ästhetischer Gestaltungsmittel, über das eigene Handeln und die (öffentliche) Wirkung dieser Aspekte. Dabei geht es im Kern um den

Menschen, nicht um die Medien. Wegen der Omnipräsenz digitaler Medien sollte aktivierende Medienarbeit die originären, direkten und zwischenmenschlichen Formen der Kommunikation und einfache kreative Ausdrucks- und Gestaltungsmöglichkeiten (Bewegung, Tanz, Sprechen, Singen, handwerkliches Gestalten) nicht vernachlässigen, sondern sollte sie in die aktivierende Medienarbeit als künstlerische Ausdrucksformen integrieren.

2.5 Praxisbeispiel Medienarbeit im Jugendzentrum

Gerade Jugendliche sind in der aktiven Nutzung von Medien häufig Vorreiter und eignen sich entsprechende Kompetenzen selbst an. Diese Medien-Selbstsozialisation geht so weit, dass man im schulischen Kontext beispielsweise folgendem Phänomen begegnet: Lehrer sind selbst nicht in der Lage zu entsprechender aktiver Mediennutzung, beauftragen jedoch ihre Schüler bei Projektarbeiten, zum Thema z. B. eine Power-Point-Präsentation oder einen Videofilm zu erstellen, Interviews durchzuführen und zusammen zu schneiden, Fotos zu machen und in überarbeiteter Form zu präsentieren etc. Wohlwollend könnte man sagen, dass dabei die Kompetenzen junger Menschen ernst genommen werden, wenn ein Lehrer dies dann auch entsprechend in seinem Umgang mit den Schülern praktiziert, kommuniziert und entsprechend bewertet. Dennoch sollten pädagogische Institutionen die Aufgabe der Förderung von Medienkompetenzen als ihre eigene ernst nehmen und nicht dem Zufall, gelegentlichen Projekten oder medienkompetenten Pädagogen oder den Möglichkeiten des Elternhauses mit entsprechendem Geldbeutel überlassen.

Die *Strukturen* medienpädagogischer Arbeit sind sehr uneinheitlich und mit den etablierten Strukturen etwa der Sportvereine oder Musikschulen nicht vergleichbar. In einigen Städten gibt es oft aus den Traditionen des Medienverleihs heraus Medienzentren, die sich von der Mediendistribution weg entwickelt haben und für die verschiedensten Zielgruppen medienpädagogische Angebote machen und die Arbeit anderer Einrichtungen unterstützen. Manchmal sind es kommunale Medienzentren, in anderen Städten sind es freie Medienzentren, die sich jedes Jahr neu um Zuschüsse bemühen müssen.

Für eine medienpädagogisch akzentuierte Arbeit in Feldern der Sozialen Arbeit, insbesondere im Bereich der Jugendzentren, bieten sich grundsätzlich zwei Varianten an:

- Kooperation mit medienpädagogischen Schwerpunkteinrichtungen in der Region, wenn solche vorhanden sind.
- Ausbau eines eigenen medienpädagogischen Schwerpunktes – z. B. in Form der Einrichtung einer Medienwerkstatt im Jugendzentrum – mit Förderung entsprechender Kompetenzen bei Mitarbeitern und Honorarkräften, Ausstattung entsprechender Räume und Anschaffung der notwendigen Technik.

2.5.1 Beispiele medienpädagogischer Strukturen

Als übergreifender Fachverband für Medienpädagogen in allen Praxisbereichen ist die Gesellschaft für Medienpädagogik und Kommunikationskultur (www.medienpaed.de) eine hilfreiche Organisation, die ein Kontaktnetzwerk und viele Arbeitshilfen und Möglichkeiten zur Kooperation bietet. Bundesweit gibt es nach wie vor einige übergreifende Strukturen, z.B. die Landesmedienzentren (www.landesbildstellen.de), die Landesfilmdienste (www.konferenz-der-landesfilmdienste.de), die kirchlichen Medienzentren (http://evangelische-medienzentralen.de bzw. www.katholisch.de) und seit einiger Zeit auch FRAME, die ständige Konferenz frei arbeitender Medienzentren (www.ag-medienzentren.de). Gerade im letzten Bereich finden sich interessante Kooperationspartner; drei Beispiele von Medienwerkstätten sollen exemplarisch kurz genannt werden:

- Das Medienzentrum Parabol für Nürnberg und Mittelfranken besteht seit 1985. Träger ist der gemeinnützige Verein „Medienzentrum Parabol e.V."; das Zentrum ist anerkannter Träger der Jugendhilfe nach dem KJHG. Das Zentrum finanziert sich durch Zuschüsse der Stadt und des Bezirks Mittelfranken sowie durch Eigeneinnahmen und Spenden (www.parabol.de).
- Das Medienprojekt Wuppertal konzipiert und realisiert seit 1992 erfolgreich Modellprojekte aktiver Jugendvideoarbeit unter dem Motto „Das bestmögliche Video für das größtmögliche Publikum". Das Medienprojekt ist derzeit wohl die größte und ambitionierteste Jugendvideoproduktion in Deutschland (jährlich ca. 100 Videos von ca. 1000 aktiven TeilnehmerInnen) (www.medienprojekt-wuppertal.de).
- Das SIN – Studio im Netz e.V. ist eine bundesweit agierende medienpädagogische Facheinrichtung. Es konzentriert als anerkannter Träger der freien Jugendhilfe gemäß § 75 KJHG (Kinder- und Jugendhilfegesetz) den Schwerpunkt seiner Aktivitäten auf den Bereich „Kinder, Jugendliche und Multimedia". SIN wird gefördert vom Sozialreferat/Stadtjugendamt der LH München (www.sinnet.de).

2.5.2 Eine Medienwerkstatt im Jugendzentrum

Im folgenden Beispiel wird eine idealtypische Situation vorgestellt, in der verschiedene Aspekte abgehandelt werden können.

Das Jugendzentrum möchte eine offene Medienwerkstatt einrichten. Welche *Ausstattung* ist erforderlich? – Die ausrangierten PCs vom Büro reichen hier nicht, da die Anforderung bei Bild-, Audio- und Videobearbeitung sowie Computerspielen viel höher als bei Office-Software sind.

Aber mit den ausrangierten Büro-PCs kann man u.U. eine digitale Bastelecke einrichten, in der Jugendliche sich ausprobieren können, alte Rechner mit z.B. einem freien Linux-Betriebssystem wieder zum Laufen zu bekommen. Gerade den Open-Source-Ansatz sollte man in der pädagogischen Arbeit fördern, da hier legal Programme genutzt und weitergegeben werden können und die Aktionsweisen der globalen Medienkonzerne wie Microsoft und Apple auch kritisch unter die Lupe genommen werden. Auf diese Weise erfahren und lernen Jugendliche viel über digitale Technologien vor allem, wenn sie bei Bedarf auf Erklärungen und Hilfestellungen computerkundiger Pädagogen zurückgreifen können.

Grundsätzlich sollte man sich in der pädagogischen Arbeit bemühen, möglichst viel mit sogenannten Freeware- oder Shareware-Programmen zu arbeiten, die junge Leute legal nutzen und auch mitnehmen können. Nur wenn die Schulung für später verwertbare berufliche Kompetenzen im Vordergrund steht, sollte auf Standardprogramme wie z. B. Microsoft-Office zurückgegriffen werden, damit mit der Software gelernt wird, die an den beruflichen Arbeitsplätzen i. d. R. bevorzugt wird. Dabei gibt es für pädagogische Einrichtungen häufig sogenannte Education-Versionen von Programmen, die speziell bestellt werden müssen, aber meist sehr viel kostengünstiger sind.

Zusätzlich zur Bevorzugung von Freeware ist es auch sinnvoll, sogenannte Mobile-Versionen vieler Programme auf einem Stick zu installieren und davon zu betreiben. Diese u. a. als „digitale Schultasche" bekannt gewordene Zugangsweise ist wohl aus dem Problem heraus entstanden, dass in vielen Institutionen Rechner zentral installiert und verwaltet werden und dementsprechend abgeschottet sind; der normale Pädagoge oder Lehrer hat oft keinen administrativen Zugriff auf die Rechner und kann somit nur nach langfristiger Planung und Beantragung Programme installieren oder updaten. Auf einem USB-Stick installierte mobile Versionen der Programme starten unabhängig von der Rechnerinstallation vom Stick und sind dann auf jedem PC verfügbar (funktioniert leider nicht über die Plattformen hinweg z. B. auch auf MAC-Rechnern). Zu den bekanntesten Anwendungen gehören z. B. folgende Programme: IrfanView, Photo Filtre und Gimp für Bildbearbeitung; Audacity für Audiobearbeitung; Phase 5 Editor für Webgestaltungen; Avidemux für Videoschnitt (hier sind auch das Standard-Windows-Programm MovieMaker bzw. beim Mac I-Movie zu empfehlen); Animations-Software wie „MonkeyJam" und natürlich viele kleine Tools für diverse Zwecke. Es ist darauf zu achten, dass die USB-Sticks hinreichend Speicher haben (mindestens 8 GB) und schnellen Datentransfer ermöglichen.

Medienarbeit braucht mehrere Arbeitsplätze, an denen jeweils 1 bis 4 Teilnehmer arbeiten können. Sinnvoll sind größere Flachbildschirme bzw. der Anschluss von zwei Bildschirmen, damit bei Kleingruppenarbeit die Übersicht vor dem Bildschirm nicht verloren geht. Arbeitsplätze und Produktionsgeräte sollten für jede Kleingruppe von 2 bis max. 4 Teilnehmer vorhanden sein. Also darf die gesamte Gruppengröße nicht mehr als Arbeitsplätze/Geräte x 3 betragen; digitale Medien taugen wenig für Großgruppen.

Die Medien-Arbeitsplätze brauchen einen Computer. Mac-Rechner sind i. d. R. unkomplizierter in Installation und Handhabung und kaum anfällig für Wartungen. Aber die Übertragbarkeit auf den eigenen PC oder das Lernen für Alltagssituationen sind dabei weniger gewährleistet. Außerdem gibt es nicht ganz so viele Freeware-Programme für verschiedenste Anwendungen. Und preislich liegen Hard- und Software deutlich höher.

Also wird die Entscheidung eher zugunsten eines Windows-Rechners fallen. Mit guten Marken-Mainboards ausgestattete PCs erleichtern es in der Regel, dass für verschiedene Programme, externe Geräte und Nachrüstungen auch entsprechende Treiber zu bekommen sind.

Die *PC-Arbeitsplätze* sind multifunktional ausgestattet: ein aktueller Rechner (mit leistungsfähiger dualer Grafikkarte für den Anschluss von zwei Monitoren, guter Soundkarte mit digitalen Ein-/Ausgängen, USB- und Firewire-Schnittstelle), ein A-4-Flachbett-Scanner, zwei gute Lautsprecher, Kopfhörer und ein Verteiler (Kopfhörerverstärker), damit mehrere Kopfhörer angeschlossen werden können, und ein USB-Mikrofon mit Windschutz.

Für die *Audiobearbeitung*: mehrere sogenannte Handyrecorder, die wahlweise im WAV- oder komprimierenden MP-3-Format aufnehmen, mit eingebautem Mikrophon und Kopfhörer; für bestimmte Zwecke ist ein externes Mikrophon mit stärkerer Richtcharakteristik empfehlenswert.

Digitale *Fotoapparate* (bei Gruppenarbeiten sollte pro Kleingruppe mit drei Jugendlichen ein Fotoapparat zur Verfügung stehen); für viele Funktionen genügen robuste Marken-Kompaktkameras; allerdings bieten digitale Spiegelreflexkameras eine deutlich bessere Bildqualität und sind auch bereits im Preissegment um die 400 € zu bekommen; hier genügen oft die Auslaufmodelle der letzten Serie, die dann meist sehr viel günstiger zu haben sind.

Für *Videoarbeit* sollten mehrere kleine Camcorder aus dem Consumerbereich vorhanden sein, die auf SD-Karten aufzeichnen; dann können die Daten per Karten-Lesegerät auf den Computer übertragen werden. Die Hersteller konkurrieren derzeit noch stark mit den Kompressionsformaten. Das momentan gängige AVCHD-Format ist auf dem PC z. B. mit Magix-Video oder Adobe Premiere direkt zu bearbeiten, stellt aber sehr hohe Anforderungen an den Rechner. Beim Mac (Programm „Final Cut") wird das Format gewandelt und dadurch entstehen große Datenmengen.

In der Medienwerkstatt sollten Geräte nach einem festgelegten Standard aufgebaut und verkabelt sein. Dieser Standard sollte auch in einfacher Form schriftlich festgehalten werden und als einfaches Handout den Nutzern zur Verfügung stehen. Die Erfahrung zeigt jedoch, dass immer wieder Veränderungen z. B. der Verkabelung je nach Bedarf eines Projektes erforderlich werden. Dafür sollten die Verantwortlichen einer Medienwerkstatt offen sein, denn dies gehört zum Prozess aktiver Medienarbeit dazu. Jugendliche müssen sich Technik durch Ausprobieren auch selbst aneignen können.

Trotzdem sollten einige Dinge (miteinander) festgelegt und den jugendlichen Nutzern auch kontinuierlich nachvollziehbar mitgeteilt werden. Dazu gehören:

- Den *Wert der Ausstattung* jugendlichen Nutzern deutlich machen. Ihnen wird mit der Überlassung von Räumen und Geräten im positiven Sinn etwas zugetraut. Grundsätzlich sollten aber auch Versicherungsfragen in der Einrichtung mit dem Träger und bei den Nutzern ggf. Haftpflicht geklärt sein.
- *Nutzungsregeln* vereinbaren wie z. B.: keine Getränke und Essenssachen direkt neben den technischen Geräten abstellen oder konsumieren; sachgemäße und vorsichtige Handhabung; bei Bedarf Zeitbegrenzungen festlegen und einhalten; nur legale Programme und Medieninhalte; Jugendliche selbst daran beteiligen, dass die Regeln eingehalten werden.

- *Ausleihregeln* festlegen und sich auf schriftliche Ausleihvorgänge mit Unterschrift einigen. Sinnvolle Fristen festlegen. Sanktionen vereinbaren, wenn Ausleihfristen nicht eingehalten werden und andere Nutzer dadurch benachteiligt sind.
- *Rechtliche Aspekte:* Regelungen des Kinder- und Jugendschutzes (z. B. Altersfreigaben für Medieninhalte) müssen bekannt sein, sollten in knapper Form aushängen und eingehalten werden. Auch wichtige Aspekte des Urheberrechtes (Nutzungsrechte; Recht am eigenen Bild ...) sollten immer wieder kommuniziert werden. Für Medienveröffentlichungen ist bei Minderjährigen auch die Zustimmung der Erziehungsberechtigten erforderlich. Dass Jugendarbeit sich rechtlich gelegentlich in „Grauzonen" bewegen wird, sollte den pädagogischen Mitarbeitern bewusst und für sie verantwortbar sein.

Damit die Technik und ihre Tücken nicht ständig im Vordergrund stehen oder sich immer wieder dorthin drängen, sollten *Gestaltungsaspekte* (der „gute" Ton; das „gute" Foto ...) in kurzen Beispielen und schriftlichen Tipps ausgehängt und immer wieder thematisiert werden!

2.5.3 Praktische Medienarbeit in der Werkstatt des Jugendzentrums

Grundsätzlich sollte im Kontext sozialpädagogischer Jugendarbeit der pädagogische Aspekt der Arbeit im Vordergrund stehen. Dem ordnen sich Fragen der Themenwahl und gestalterische Aspekte zu; die Medientechnik sollte eher dienenden Charakter haben und nicht an die dominante Stelle rücken. Aber grundsätzlich sind alle genannten Aspekte (siehe Grafik, S. 134) wechselseitig voneinander abhängig und miteinander verwoben. Auch kann an jedem Aspekt die Motivation von Menschen anknüpfen und von jedem Aspekt her kann entsprechend der Einstieg beginnen. Vor allem für den Anspruch „offener" Jugendarbeit ist die Motivations- und Einstiegsfrage oft entscheidend!

Praktische Anregungen können im Folgenden nur exemplarisch und andeutungsweise konkretisiert werden; sie sind nach einzelnen Medien geordnet, was aber kein Ordnungsprinzip medienpädagogischer Arbeit sein muss.

Arbeit mit digitaler Fotografie

- Bewerbungsfotos selbst gemacht.
  Bei dieser Aktion sind Ziel und Zweck klar. Deshalb wird es auch von vornherein darum gehen, „gute" Fotos zu machen; dabei ist es wichtig, auch auf die Gestaltung des Hintergrunds und möglicher Accessoires im Bild zu achten. Gleichzeitig kann man daran arbeiten, dass der Ausdruck des Fotos auch dem jeweiligen Jugendlichen entspricht und auf interessante Weise etwas Gutes von ihm zum Ausdruck bringt.
- Kreative Gestaltung von Foto-Postkarten.
  Entsprechende Postkarten sind zum wichtigen Werbemittel in Szenetreffs geworden und sollen vor allem bestimmte Segmente der jugendlichen Zielgruppen ansprechen. Wenn man solche Postkarten mittels digitaler Fotos und

Nachbearbeitung selbst inhaltlich gestaltet, schließt das eine Auseinandersetzung mit gängigen Gestaltungsklischees ein; zugleich kann man sich mit eigenen Akzenten davon abgrenzen und hat ein ggf. gutes Produkt zum Verschenken oder Verkaufen.
- Umsetzung von Sprichworten in Fotos.
  Eine solche Umsetzung setzt zunächst die inhaltliche Auseinandersetzung mit dem ja meist hintergründigen Sprichwort voraus. Eine Auswahl kann vom Pädagogen vorgegeben sein, aber ebenso in einer Sammlung und Internetrecherche von Jugendlichen selbst zusammengestellt werden. Natürlich kann man auch ironische Abwandlungen bildhaft umsetzen („Wer andern eine Grube gräbt, ist selbst ein Schwein"). Mit etwas Zeit und Phantasie werden kreative Umsetzungen und manche weiteren Ideen kommen.
- Fotostory (mit Bildbearbeitung und Umsetzung in Word oder PowerPoint).
  Dabei wird der Umgang mit Standardprogrammen gleich mit geschult (z. B. die Verwendung von Formatvorlagen und Autoformen und der Umgang mit Sprache und Schrift). Fotostories sind den Jugendlichen aus Bravo etc. bekannt. Es kann sein, dass man etwas Zeit auf die Themensuche verwenden muss. Ein behutsam kritischer Umgang mit den erstellten Geschichten fördert medien- und gestaltungskritische Einsichten für den nächsten Versuch.
- Foto-Ausstellung mit freien Fotoarbeiten und -Collagen zu selbst gewählten Themen.

Arbeit mit Audiomedien

- Audio-Podcast aus dem Jugendzentrum.
  Zwar ist Musik das meist wichtigste Medium für Jugendliche, andere Audio- und Radioformate gehören jedoch nicht unbedingt zu den motivierenden Genres aktiver Medienarbeit. Erst mit einigen guten Beispielen oder kleinen angeleiteten Experimenten kann man die meisten Jugendlichen auf die Fährte der Audioarbeit locken. Und dann ist es vergleichsweise einfach und sehr spannend, z. B. ein Radio aus dem Jugendzentrum zu gestalten, das dann per Podcast über das Internet verbreitet werden kann.
- Musikaufnahmen.
  Arbeit im Tonstudio würden viele Jugendliche gern einmal kennenlernen und erproben. Natürlich ist ein Besuch in einem professionellen Studio sehr anregend. Aber man kann viele Elemente davon auch im Jugendzentrum selbst mit heute vergleichsweise geringem Material- und Technikaufwand realisieren. Die regionalen Bands werden es danken, wenn sich die jugendlichen Musiker auch mal selbst über CD aus dem Lautsprecher hören und weiterreichen können. Nebenbei begreift man über dieses Selbsttun, dass und wie Popmusik heute vielfach aus technischen Samples zusammengebastelt wird.
- Vom Hörrätsel über Sprachaufnahmen bis zum eigenen Hörspiel.
  Das Lesen steht bei vielen Jugendlichen nicht ganz so hoch im Kurs, aber Hörbücher und in ihrer Folge auch das alte Medium Hörspiel stoßen auf großes Interesse. Da liegt es nahe, selbst kleinere Experimente mit diesem Medium zu wagen. Aber Vorsicht: Wer mit wenig Erfahrung davorsteht, neigt

zu großen Plänen, die sich dann nicht realisieren lassen. Frustration kann man vermeiden, wenn die Startprojekte überschaubar klein bleiben.

Arbeit mit Filmen und Video

- Auseinandersetzung mit fertigen Filmen.
Spielfilme unterschiedlichster Genres finden Interesse bei fast allen Jugendlichen, wobei die Vorlieben unterschiedlich sind. Eine tolerante Vorstellung der eigenen Filmhits kann zu spannenden Interaktionen führen. Bei einer Vorführung von DVDs oder Fernsehaufzeichnungen muss man die rechtlichen Aspekte beachten. Spannend können auch alternative Filmformate sein, die Jugendliche selbst auf Videoplattformen oder sonst wo gefunden haben und vorstellen.
- Musikvideos.
Weil Musik für praktisch alle Jugendlichen sehr wichtig ist und sie sich über Vorlieben, Stars und Stile auch voneinander abgrenzen, gehören Musikvideos häufig dazu. Wenn man einmal selbst versucht, ein Musikvideo zu produzieren (zu vorhandener Musik mit anderen Bildern; mit Fragmenten aus Fernsehbildern; oder zu eigener Musik, die z. B. mit einem Programm wie MusicMaker produziert wurde), dann begreift man viel über den Aufwand, die Kosten und die Wirkungsaspekte eines solchen Videos. Bei solchen Formaten gilt übrigens: Nachahmung ist nicht unbedingt unkreativ, sondern ein möglicher Anfang zu eigenen Wegen.
- Trickfilme sind nicht nur ein Medium für Kinder.
Die Trickboxx und ihre Produkte sind Kindern von heute meist über den Kinderkanal bekannt. Aber Trickfilme sind ein Medium auch für jugendliche Zielgruppen, zumal man Witze und sehr kreative Sachen damit selbst produzieren kann. Tolle Animationen wurden unter dem Sammelbegriff „Brickfilm" mit Playmobil oder Legoelementen erstellt. Die Animation von Einzelbildern mit Menschen nennt man „Pixilation", eine interessante Variante des Animationsfilms (Suchbegriffe „Brickfilm" und „Pixilation" bei Videoplattformen führen zu interessanten Beispielen).
Als Variante des Trickfilms kann man auch sogenannte „Machinima"Filme anführen, bei denen Trickfilme mittels aufgezeichneter Sequenzen aus Computerspielen oder unter Nutzung entsprechender Cheats bzw. Game-Engines erstellt werden (vgl. dazu Ganguin/Hoffmann 2010). Auch hier liefert das entsprechende Suchwort auf Videoplattformen beeindruckende Beispiele.

Arbeit mit Internet, Multimedia, Computerspielen

- Gestaltung der Homepage des Jugendzentrums mit einem open-source Content Management System, z. B. Wordpress. Einbindung von Blogs, Wikis, Fotos, Videos. Wenn Jugendliche eine solche Webpräsenz selbst verwalten, müssen sie sich notwendig mit rechtlichen Fragen und mit Fragen wirkungsvoller Präsentation und Werbung auseinandersetzen.
- Multimedia-Gestaltungen mit dem Programm „mediator" (Matchware). Dieses Programm ist zwar keine Freeware, aber nach einer Lizenz für pädagogische Institutionen sind Nutzerlizenzen für Jugendliche für wenig Geld zu er-

werben. Es ermöglicht die Zusammenführung ganz unterschiedlicher Medientypen (Text, Foto, Audio, Video) und die interaktive Gestaltung. Eine solche Mediengestaltung könnte man gut mit anderen Aktionen des Jugendzentrums verbinden, z. B. Informationen über Jugendkulturen, Stile, Moden etc. mit verschiedenen Medien sammeln und entsprechend aufbereiten, Wanderungen oder Besuchsfahrten mit Foto, Video, Textbeschreibungen und Links begleiten, ein eigenes Multikulti-Kochbuch multimedial gestalten ...

- Tests und Bewertungen von Computerspielen für die lokale Öffentlichkeit (vgl. z. B. www.spielbar.de)

2.5.4 Ein Medienkonzept für eine Jugendeinrichtung

Ein Medienschwerpunkt oder eine Medienwerkstatt im Jugendzentrum sollten nicht nur vor sich hin agieren, sondern sich selbst ein *Konzept* geben, dieses ständig fortschreiben und sich nach außen hin mit Konzeption und Ergebnissen präsentieren. Ein Konzept sollte nicht als lästige Pflicht halbherzig realisiert oder gar abgetan werden. Es sollte so formuliert sein, dass es Orientierung für die tägliche Arbeit gibt und zugleich als Rechtfertigung dem Träger und der Öffentlichkeit gegenüber dient. Eine Konzeption bildet die professionelle Basis für ein methodisches Handeln in der Sozialen Arbeit und hat die Aufgabe, das Handeln der Fachkräfte sinnvoll zu begründen und der Praxis Orientierung zu geben.

Klärung des Ausgangspunktes und der Rahmenbedingungen

Grundsätzlich sollte einer Konzeptentwicklung eine Analyse des Sozialraums vorausgehen, d. h. der Orte und Räume, die Jugendliche im Umfeld der Einrichtung nutzen bzw. verfügbar haben: Welche Möglichkeiten haben sie? Welche Treffpunkte werden genutzt? Welche Räume als gestaltbare Aneignungsräume gibt es? Im Fall eines Medienkonzeptes gehören dazu auch „virtuelle" Räume. Eine solche Analyse kann als Basis eine Umfrage haben, die nicht unbedingt im empirischen Sinn repräsentativ sein muss, aber doch einen verlässlichen Einblick in die Gegebenheiten und Interessenlagen der Jugendlichen vor Ort gibt.

Dann sollten zur Planung des Medienkonzeptes folgende Ausgangsfragen beantwortet werden:

Die Mitarbeiter und ihre Kompetenzen:

- Welche fachliche, didaktische und methodische Unterstützung benötigen die Mitarbeiter?
- Welche medienbezogenen Kompetenzen sind dafür bereits vorhanden bzw. welche fehlen?
- Wie können die Mitarbeiter diese Kompetenzen erreichen?
- Welche internen und externen Unterstützungssysteme können für diesen Qualifizierungsbedarf benutzt werden?

Die Zielgruppe:

- Wer soll erreicht werden?

- Mit welchen Methoden soll die Zielgruppe erreicht werden?
- Wieweit soll und wie kann eine Orientierung an Interessen und Wünschen der Jugendlichen gewährleistet werden? Was bringen die Jugendlichen mit, was bekommen sie in der Jugendeinrichtung geboten, was wollen und ggf. abweichend davon sollten sie als Angebote erhalten?
- Welche Formen der Partizipation sind geplant und möglich?

Rahmenbedingungen und Ausstattung:

- Welche räumlichen Voraussetzungen sind gegeben, welche könnten wie und mit welchen Mitteln geschaffen werden (auch hierbei Beteiligungsmöglichkeiten der Jugendlichen bedenken)?
- Welche Geräte-Ausstattung ist vorhanden?
- Was müsste beschafft werden?
- Woher könnte realistisch die Finanzierung dafür kommen?

Phasen einer Konzeptentwicklung und Umsetzung

- *Vorbereitung:* Klärung der Ausgangslage, Chancen, aber auch mögliche Probleme bewusstmachen.
- *Entwicklung:* Erarbeitung und Formulierung der Ziele, Vergleich von Ist- und Soll-Zustand, Entwicklung einer Strategie mit einzelnen realisierbaren Arbeitsschritten. Das eigentliche schriftlich formulierte oder in anderer medialer Form präsentierte Medienkonzept könnte folgenden Aufbau haben:
  – Vorstellung der Einrichtung; Analyse der Rahmenbedingungen,
  – Situations- und Problemanalyse der Einrichtung,
  – Beschreibung der Besucher (Adressaten, Interessenten),
  – Ausstattung der Einrichtung (vorhandene Räume und Medien),
  – Zielentwicklung für die Medienarbeit,
  – Planung konkreter Medienprojekte,
  – Richtlinien für eine Evaluation.
- *Anwendung:* Durchführung, begleitende Evaluation, Öffentlichkeitsarbeit.

2.6 Zum Abschluss: Sozialpädagogen als Medienpädagogen

Medienkompetenz gehört heute zu den Schlüsselkompetenzen einer guten Allgemeinbildung (vgl. die Forderungen der Initiative unter www.keine-bildungohne-¬medien.de); Sozialarbeiter und Sozialpädagogen brauchen grundlegende Medienkompetenzen, auch wenn sie keine besonderen medienpädagogischen Aktionen oder Maßnahmen planen oder durchführen wollen.

In der exemplarisch skizzierten Medienwerkstatt im Jugendzentrum kann die Arbeit gut von entsprechend qualifizierten Sozialpädagogen geleistet werden. Sie sollten allerdings neben ihrem pädagogischen Handwerkszeug in der digitalen Medienbearbeitung fit sein oder eine Fachkraft dafür zur Seite haben und sich selbst auf die pädagogischen Aspekte konzentrieren; die Kompetenz betrifft auch Gestaltungsfragen, weil sonst das Augenmerk zu sehr auf die Technik gerichtet wird und die ästhetische Qualität der Bilder, Seitengestaltungen, Videos aus dem Blick gerät. Gerade dieser Aspekt verweist auf Kooperationsmodelle zwischen Künstlern und Pädagogen, die sich im Bereich der Kulturpädagogik bewährt haben. Dies gilt natürlich auch für die Zusammenarbeit mit Medienkünstlern wie Fotografen, Filmemachern, Radiomachern etc. (Bundesvereinigung Kulturelle Kinder- und Jugendbildung e. V. http://www.bkj.de/).

Gut zu wissen – gut zu merken

Digitale Medien sind in der heutigen Welt zu einem zentralen Kommunikations- und Sozialisationsfaktor geworden. Medienkompetenz gehört zu den wichtigsten Schlüsselkompetenzen und dient der sozialen und kulturellen Teilhabe. Die Anleitung und Begleitung ihrer kritischen Nutzung und Gestaltung sind daher wichtiger Bestandteil der Sozialen Arbeit. Dies trifft im Besonderen auf die Zielgruppe der Jugendlichen zu, die mit der Mediennutzung vor allem folgende Aspekte verknüpfen: Erlebnisorientierung, Zugehörigkeitswünsche, Identitätssuche, Freiheits- und Unabhängigkeitsstreben, Sexualität und Statusaspekte. In der (offenen) Jugendarbeit, beispielsweise in Jugendzentren, ist die Einrichtung von Medienwerkstätten und die Erstellung von pädagogischen Konzepten sinnvoll, die auf die Stärkung des konstruktiven und verantwortlichen Umgangs mit Digitalen Medien abzielen.

Literatur (Kursiv gedruckte Titel werden zur Vertiefung empfohlen)

Baacke, D. (Hg.) (1999): Handbuch Medien. Medienkompetenz. Bonn: Bundeszentrale für Pol. Bildung.

Beck, U. (1986): Risikogesellschaft. Auf dem Weg in eine andere Moderne. Frankfurt: Suhrkamp.

Bonfadelli, H. (1988): Jugendliche, Medien und Sozialisation. Fragestellungen, Ansätze, Methoden und Befunde der Forschung. In: Radde, M./Sander, U./Vollbrecht, R. (Hg.): Jugendzeit – Medienzeit. München/Weinheim: Juventa, S. 168–190.

Busemann, K./Gscheidle, C. (2010): Web 2.0: Nutzung steigt – Interesse an aktiver Teilhabe sinkt. Ergebnisse der ARD/ZDF-Onlinestudie 2010. In: Media Perspektiven H. 7–8, S. 359–368.

Deinet, U./Krisch, R. (2006): Der sozialräumliche Blick der Jugendarbeit. Wiesbaden: VS.

Deinet, U./Sturzenhecker, B. (Hg.) (2005): Handbuch Offene Kinder- und Jugendarbeit. 3. Aufl., Wiesbaden: VS.

Ganguin, S./Hoffmann, B. (Hg.) (2010): Digitale Spielkultur. München: kopaed. Hoffmann, B. (2003): Medienpädagogik. Eine Einführung in Theorie und Praxis. Paderborn: Schöningh/UTB.

Gross, F. von/Meister, D. M./Sander, U. (Hg.) (2015): Medienpädagogik – ein Überblick. Weinheim/München: Juventa.

Gross, F. von/Röllecke, R. (Hg.) (2017): Medienpädagogik der Vielfalt: Integration und Inklusion. München: kopaed.

Hoffmann, B. u. a. (Hg.) (2004): Gestaltungspädagogik in der Sozialen Arbeit. Paderborn: Schöningh/UTB.

Hoffmann, B. (2010): Medienpädagogische Kompetenz in der Sozialen Arbeit. In: Cleppien, G./Lerche, U. (Hg.): Soziale Arbeit und Medien. Wiesbaden: VS, S. 55–70.

Jim-Studie 2010: Jugend, Information, (Multi-)Media. Basisuntersuchung zum Medienumgang 12bis 19-jährigen. Stuttgart: Medienpädagogischer Forschungsverbund Südwest.

Kim-Studie 2010: Kinder + Medien, Computer + Internet. Basisuntersuchung zum Medienumgang 6bis 13-jähriger. Stuttgart: Medienpädagogischer Forschungsverbund Südwest.

Maletzke, G. (1963): Psychologie der Massenkommunikation. Hamburg: V. des Hans-Bredow-Instituts.

McLuhan, M./Fiore, Q. (1969): Das Medium ist Massage. Frankfurt/Berlin: Ullstein.

Röll, F. J. (2003): Pädagogik der Navigation. Selbstgesteuertes Lernen durch Neue Medien. München: kopaed.

Röll, F. J. (2010): Aufwachsen in der (Medien-)Gesellschaft. In: Cleppien, G./Lerche, U. (Hg.): Soziale Arbeit und Medien. Wiesbaden: VS, S. 23–36.

Thiersch, H. (2014): Lebensweltorientierte Soziale Arbeit. Aufgaben der Praxis im sozialen Wandel. 9. Aufl., Weinheim/München: Juventa.

3 BEWEGUNG UND TANZ ALS GEGENSTAND DER ÄSTHETISCH-KULTURELLEN BILDUNG IN DER SOZIALEN ARBEIT MIT JUGENDLICHEN

Claudia Behrens & Wolfgang Tiedt

Was Sie in diesem Kapitel lernen können

Der Schwerpunkt liegt in diesem Beitrag auf der Arbeit mit Jugendlichen, was mit einer entwicklungspsychologischen und soziologischen Einführung in diese Lebensphase begründet wird. Der Beitrag liefert grundlegende Informationen zum Bereich der ästhetischen Bewegung und des Tanzes und seiner möglichen Wirkungen und Einsatzmöglichkeiten in der Sozialen Arbeit. Dazu werden die grundlegenden Funktionen und Bedeutungen von Bewegung und Tanz für die Soziale Arbeit sowie deren Bedeutung in Kultur, Politik und Medien diskutiert. Auf das Feld der wissenschaftlichen Bearbeitung spezifisch tanzpädagogischer Thematiken wird eingegangen, um das Anforderungsprofil und die Spezifik des Gegenstandsbereiches herauszustellen.

Für Ihre eigene Arbeit erhalten Sie vielfältige, leicht nachvollziehbare Anregungen für die Anleitung eigener Tanzprojekte. Da hier eine entdeckend-gestalterische Auseinandersetzung mit dem Körper, der Bewegung und den Ideen fokussiert wird, kommen methodisch-didaktische Verfahrensweisen des künstlerisch-pädagogischen Ansatzes der Bewegungserziehung zum Einsatz. Aufgezeigt wird, wie geeignete Aufgabenstellungen für ein Tanzangebot – ausgehend von einfachen Bewegungsformen – tänzerisch und darstellerisch formuliert werden können.

3.1 Funktion und Bedeutung von Bewegung und Tanz in der Sozialen Arbeit

Kaum jemand kann von sich sagen, dass er oder sie nie getanzt hat, viele Menschen wippen, schunkeln oder bewegen sich dirigierend je nach körperlichem Vermögen und Temperament bis ins hohe Alter und zu ihrer Lieblingsmusik. Bewegung und Tanz sind immer eng mit Körper und Leib verbunden. Um das Phänomen Tanz verstehen zu können, ist es zunächst wichtig zu wissen, dass die menschliche Bewegung verschiedene Bedeutungsdimensionen aufweist. Neben der rein funktionellen Bewegung, wie Fortkommen und zielgerichtete Handlungen (z. B. Betätigung von Werkzeugen), den sogenannten Alltagsbewegungen und der auf Kraft und Leistung ausgerichteten Bewegung im Sport und Wettkampf existiert die Ausdrucksbewegung zur Kommunikation und zur Übermittlung von Stimmungen (Laging 1993; Buytendijk 1956). Diese expressive Dimension der Bewegung findet sich in besonderer Weise im Tanz wieder. Historisch gesehen ist Tanz zunächst in gesellschaftlichen und rituellen Zusammenhängen entstanden und der Bereich der künstlerisch-ästhetischen Bewegung hat sich bis heute vielfältig in unterschiedlichen Ländern und Kulturen ausdifferenziert.

Unter Volkstanz wird dabei im ursprünglichen Sinne ein im Leben und Brauchtum eines Volkes verwurzelter Tanz verstanden, der sich durch Tradition erhalten hat und der bei ländlichen Festen und Feiern, begleitet von Musik und Gesang, getanzt wird (Klindt 1970; Röthig/Prohl 2003). Beispiele hierfür sind Tänze, die sich

- nach ihrer Herkunft (deutsche, rheinische, niederdeutsche, griechische Tänze),
- nach Stand und Beruf der Tänzer (Bauerntanz, Gesellentanz, etc.),
- nach Brauchtum, bzw. Festtagen (Brauttanz etc.),
- nach verwendeten Requisiten (Schwerttanz, Maskentanz),
- nach Organisationsform (Paar-, Reihen-, Kreistanz) unterscheiden lassen.

Daneben existiert in Nord-Westeuropa eine Vielzahl von Gesellschaftstänzen. Dieses sind in der Regel standardisierte Paartanzformen aus der europäischen wie südamerikanischen Tanzkultur (sogenannte Standard- und Lateintänze), die bei geselligen Abenden getanzt und von Tanzschulen aufgegriffen, erhalten und weitervermittelt und teilweise auch verändert oder erneuert werden. Die „Tanzstunde" oder „Tanzschule" gehört in einigen Kreisen noch heute zum „guten Ton" und zum Erwachsenwerden dazu, Grundkenntnisse der Standardtänze gehören zur Allgemeinbildung. Eine besondere Variante des Gesellschaftstanzes stellt der Turniertanz/Tanzsport dar. Hier geht es um die leistungssportlich stilisierte, reglementierte und perfektionsorientierte Form des Tanzes.

Mit Tanzkunst werden jene Erscheinungsformen des Tanzes bezeichnet, die auf Grundlage der in der Gesellschaft bzw. Kultur gültigen kunstästhetischen Ideale und Normen meist mit versierter Technik zu präsentativen Zwecken entwickelt wurden.

Dazu zählt in den westlichen Gesellschaften der klassische Tanz (Ballett), der moderne Tanz, der postmoderne Ausdruckstanz sowie der zeitgenössische Tanz und das in Deutschland entwickelte Tanztheater (vgl. Rötig/Prohl 2003, 581 f.). Kursangebote in künstlerischen Bühnentanzformen, wie Ballett, Modern- und Jazzdance sowie Tanzimprovisation erfreuen sich großer Beliebtheit in sogenannten Tanzstudios oder Ballettschulen.

Zudem spielen die ästhetische Bewegung und der Tanz in der Jugendkultur eine wesentliche Rolle. Denn Tanz findet seit den 1970er Jahren zunehmend in Diskotheken oder Tanzschuppen und Clubs statt. Hier wird ohne festgelegte Schrittfolgen und Vorkenntnisse zu Musik höchst unterschiedlich bewegt und getanzt. Speziell Jugendliche definieren sich häufig über bevorzugte Musikrichtungen, in Kombination mit der passenden Inszenierung durch Kleidung und Outfit und dem dazu gehörigen Tanzstil wie u. a. Techno, Hip-Hop und Dancehall. Auffallend ist dabei, dass das dem Afrikanischen innewohnende Bewegungsverhalten vor allem Jugendliche in Europa und Amerika anzusprechen scheint und somit diese tänzerischen Bewegungsformen in verschiedenen sogenannten urbanen (= städtisch) Tanzstilen aufgegriffen werden.

Auch die Musikszene bedient sich beispielsweise vieler Elemente aus Tanz und Bewegung, um ihre Videoclips oder Live-Acts optisch aufzuwerten. Und auch der Sport nutzt die Popularität von Tanz in seinen so genannten Mega-Events, wie beispielhaft an der kürzlich in Südafrika ausgetragenen Fußball-Weltmeisterschaft aufgezeigt werden kann. Die Organisatoren nutzten zur Imagebildung die in der afrikanischen Tanzkultur ohnehin schon immanente Verbindung von Bewegung und Musik und kreierten einen „Diski"-Tanzstil, der aus rhythmisierten Fußballbewegungen besteht und auf YouTube und Internet omnipräsent ist. Und auch Tanztheater, Ballett und Tanzfilme finden zunehmend Beachtung in der Öffentlichkeit und in den Medien, wie noch erörtert werden wird.

Ästhetische Bewegung und Tanz erfüllen zudem unterschiedliche Funktionen. Neben den genannten rituellen, kommunikativen und identitätsbildenden sind vor allem der Ausdruck von Emotionen und Gefühlen sowie die körperliche Ertüchtigung zu nennen; es werden Muskelaufbau, Motorik, Koordination und Gleichgewichtssinn gefördert. Das Erlernen, Komponieren, Variieren und Vorführen komplexer Bewegungsabläufe kann zudem ein gesundes Verhältnis zum eigenen Körper und das Selbstvertrauen fördern.

In der Sozialen Arbeit werden die ästhetische Bewegung und der Tanz aus unterschiedlichen Gründen integriert:

- Sie knüpft an die Interessen ihrer Zielgruppen an und bietet den Raum für Tanzvergnügen, um Geselligkeit und Lebensfreude zu ermöglichen. Dies geschieht beispielsweise in Heimen mit Kindern oder Senior/innen, in offenen Jugendeinrichtungen, der Schulsozialarbeit und in interkulturellen Zentren.
- Angebote in Bewegung und Tanz dienen daneben auch der Kompensation bei Bewegungsmangel, der bei vielen Klient/innen aller Altersstufen verbreitet zu finden ist. Die Angebote dienen dann dem Muskelaufbau, der Motorik, der Koordination und der Förderung des Gleichgewichtssinns und des Raumempfindens.
- Bewegung und Tanz helfen, den eigenen Körper, seine Potenziale und Grenzen zu spüren, zu nutzen, zu akzeptieren und zu respektieren. Auch dies dient in der Sozialen Arbeit oftmals kompensatorischen Zwecken, zumal die Zielpersonen vielfach ein gestörtes Körperverhältnis haben – beispielsweise durch Gewalt- und Missbrauchserfahrungen, durch Unter- oder Übergewicht sowie durch (Sucht-)Krankheiten und Behinderungen.
- Manchmal dienen die Angebote auch dazu, einen Zugang zu sonst eher verschlossenen Zielgruppen zu finden, wie dies bei einigen – häufig bildungsfernen – Jugendlichen der Fall ist, die sich über ihre vielfach akrobatischen perfektionierten Tänze Selbstbewusstsein, Ausdruck und Stolz verschaffen.
- Die in der Sozialen Arbeit wichtige Biografiearbeit kann in allen Altersstufen durch Bewegung und Tanz unterstützt werden (vgl. Rebel 2009; Steinberg 2016).
- Nicht zuletzt dienen Bewegung und Tanz in der Sozialen Arbeit der non-verbalen Kommunikation. Ähnlich wie beim gemeinsamen Musizieren kann hier

ein ganzkörperliches Einstimmen auf gemeinsame Rhythmen und Formationen mit dem entsprechenden Gemeinschaftsgefühl gelingen. Dies ist sowohl im Bereich der Gewaltprävention und der Arbeit mit Straffälligen und Suchtkranken als auch in der interkulturellen Arbeit von Bedeutung.

Auf weitere Wirkungszuschreibungen und den Stand der Wirkungsforschung wird im Folgenden noch eingegangen.

3.2 Bewegung und Tanz in Kultur, Politik und Medien

Bewegung und Tanz haben sich neben den genannten Bereichen der Freizeitaktivitäten, der Popkultur, des Sports und der Unterhaltung auch in Kunst, Bildung und Politik etabliert.

Auch auf kulturpolitischer Ebene wurde die Bedeutung von Tanz für die Bildungs- und Sozialarbeit entdeckt. Die Kulturstiftung des Bundes mit dem „Tanzplan Deutschland" (Laufzeit 2005–2010) fördert den zeitgenössischen Tanz in Ausbildung, Kunst und Wissenschaft (kulturstiftung-des-bundes.de), um diesen zu stärken. Auf Landesebene führt beispielsweise das *nrw landesbuero tanz* mit der Unterstützung durch das Ministerium für Familie, Kinder, Jugend, Kultur und Sport des Landes Nordrhein-Westfalen seit 2006 Sonderprojekte mit dem Titel „180° Drehung" durch. Eine einträgliche Auseinandersetzung mit der Kunstform Tanz wird somit sozial benachteiligten Kindern und Jugendlichen aus so genannten „Stadtteilen mit besonderem Erneuerungsbedarf" ermöglicht. Im Zentrum dieser Zielgruppen-orientierten Arbeit steht der kreative Prozess der Teilnehmer/innen (www.tanzinschulen.de).

Die erhöhte Aufmerksamkeit und gesellschaftliche Bedeutung wird durch die starke Präsenz in den Medien verdeutlicht und gleichzeitig unterstützt.

Ausgangspunkt und Initialzündung für eine verbesserte öffentliche Wahrnehmung von Tanz in Schulen war beispielsweise vielerorts der in den Medien gefeierte Dokumentarfilm „*Rhythm is it*", welcher den Entstehungsprozess eines Tanzprojektes nachzeichnet, das in Zusammenarbeit mit den Berliner Symphonikern um Simon Rattle und dem britischen Community Dance Choreografen Royston Maldoom mit Jugendlichen aus sozialen Brennpunkten erarbeitet wurde (vgl. Bäcker 2008, 164). Er thematisiert u. a. die Persönlichkeitsentwicklung und die Verbesserung von Arbeitsmotivation der Jugendlichen durch Tanz. Anknüpfend hieran wurden vermehrt pädagogische Wunschgedanken hervorgebracht, die besagen „*Fast jede soziale Auffälligkeit, fast jeder Motivationsverlust, fast jede PISA-verdächtige Lernschwierigkeit kann durch Tanz behoben werden. Und das Beste: Es klappt*" (ballettanz 2006, 10). Die ausschließliche Beachtung dieser Effekte löste wiederum Diskussionen im tanzpädagogischen Bereich aus. Denn im Rahmen des eher populistisch aufgezogenen Films und der von ihm ausgelösten Diskussion um „Tanz in Schulen" wird u. a. weniger der Tanzunterricht selbst unter pädagogischen und didaktischen Gesichtspunkten reflektiert. Denn von tanzpädagogischer sowie sozialpädagogischer Perspektive betrachtet ist im Rahmen dieses Films ein stark lehrerzentrierter Frontalunterricht zu beobachten, der zwischen autoritär und autoritativ eingeordnet werden kann (Bäcker 2008, 164). Stattdessen stehen Transferleistungen auf andere Fächer oder Auswirkungen auf Arbeits- und Sozialverhalten im Mittelpunkt, ohne sich auf tatsächlich durchgeführte Wirkungsstudien stützen zu können (vgl. u. a. Rittelmeyer 2017, 90).

3.3 Zum (Wirkungs-)Forschungsstand in Bewegung, Tanz und Tanzpädagogik

Gerade der Körperbezug im Tanz legt den Schluss nahe, auf sportwissenschaftliche Erkenntnisse der Persönlichkeitsentwicklung im und durch Sport zurückgreifen zu können. Dieses ist jedoch problematisch zu sehen, da zum einen der Gegenstandsbereich des Sich-rhythmisch-Bewegens, Tanzens und Darstellens im Rahmen empirischer sportwissenschaftlicher Studien kein eigenständiges Forschungsgebiet darstellt und auch im Rahmen von Studien zu Bewegung, Spiel und Sport kaum Berücksichtigung findet. Zum anderen wird nicht auf das Anforderungsprofil und die Spezifik des Gegenstandsbereiches eingegangen (vgl. u. a. Behrens 2011 und 2014; Ehrenspeck 2001, 18; Klinge 2008, 409).

Die Veröffentlichungen aus dem Bereich der Tanzwissenschaft, wie z. B. das von Brandstetter und Klein (2007) herausgegebene Buch „Methoden der Tanzwissenschaft", weisen keinen Beitrag zur tanzpädagogischen Forschung auf. Auch das kürzlich von Margit Bischof und Claudia Rosiny (2010) herausgegebene Buch mit dem Titel „Konzepte der Tanzkultur – Wissen und Wege der Tanzforschung" kann dazu gezählt werden. Sie befassen sich ausschließlich mit Methoden zur Erforschung von Tanz als Bühnenkunst. Mit empirischen Annäherungen und den Möglichkeiten einer Wirkungsforschung im tanzpädagogischen Bereich beschäftigen sich zunehmend u. a. Vertreter/innen sportwissenschaftlicher Institute sowie des Bundesverbands für Tanz in Schulen in Kooperation mit der Gesellschaft für Tanzforschung (vgl. u. a. Tanzpädagogischer Forschungstag). Eine Tagung mit dem Titel „Die Kunst über Wirkungen kultureller Bildung zu forschen" initiierten u. a. Fink/Hill/Reinwand/Wenzlik 2010 (Fink et al. 2010), um verschiedene Vertreter ästhetischer Bildung zusammenzubringen und das „Netzwerk Forschung kulturelle Bildung" ins Leben zu rufen. Es zeigt sich, dass aktuelle empirische tanz- und theaterpädagogische Forschungsarbeiten sich vermehrt der Spezifik des Gegenstandes Tanzen und Gestalten zuwenden und versuchen damit erste Forschungslücken zu schließen. Sie beschäftigen sich mit Methoden der Bildungsforschung und Evaluierung von Tanzprojekten und thematisieren beispielsweise Innensichten von Schülerinnen und Schülern beim Gestalten von Bewegungen (Behrens 2011). Arbeiten zur Analyse von Persönlichkeitsentwicklungen im und durch Tanzen, Darstellen und Gestalten (vgl. u. a. Reichel et al. 2010) werden mit Spannung erwartet.

Trotz des Mangels an tanzpädagogischen Forschungsarbeiten gelten einige für die Soziale Arbeit relevante Annahmen als gesichert:

Die Bewegungsfelder des Sich-rhythmisch-Bewegens, Tanzens und Darstellens stellen den vergleichsweise größten Freiraum für gestalterische Aktivitäten und Ausdrucks-Möglichkeiten zur Verfügung (vgl. Fritsch 1989; Bernd 1990). Wird hier der experimentelle Umgang mit Bewegung sowie die Förderung und Bewahrung individueller Bewegungs-, Darstellungs-, Eindrucks-, Ausdrucksfähigkeit und Freude gefordert, so sind die Möglichkeiten groß, sich in der gestalterischen Auseinandersetzung mit dem eigenen Körper und seinen Bewegungsmöglichkeiten zu erfahren und zu üben (vgl. Neuber 2000). Besonders wenn es – entgegen der üblichen Auffassung vom Tanzen – darum geht, nicht nur Schrittfolgen zu lernen und Stücke zu entwickeln, sondern Explorations- und Sensibilisierungsaufgaben zu erfahren, dann können die Körperkoordination und das Körper- und Bewegungsgefühl und körperliche Wohlbefinden intensiver geschult werden (vgl. u. a. Neuber 2000, 61; Kirsch 2005). Zudem werden beim Bewegen vielfältige Erfahrungen mit dem eigenen Körper gemacht, die sich auf das Körper- und Selbstkonzept auswirken. Denn in der Pubeszenz und Adoleszenz nimmt der Körper eine zentrale Rolle in der Entwicklung von Identität und Selbstkonzept ein (Mrazek 1984, 1987). Nach Alfermann, Stiller und Würth (2003) wird das Körperkonzept als mehrdimensionales Konstrukt aufgefasst, in dem alle selbstbezogenen Informationen subsumiert sind, die sich auf den eigenen Körper beziehen. Das sind auf der untersten Ebene Aspekte hinsichtlich sportlicher Fähigkeiten, wie Ausdauer, Kraft, Beweglichkeit, Koordination und Schnelligkeit, welche die allgemeine Sportlichkeit beschreiben. Des Weiteren wird von ihnen die physische Attraktivität als Einstellung zum eigenen Körper beschrieben. Mrazek und Hartmann (1989, 218) betonen die Bedeutung des Körpers für die Selbstwahrnehmung und das Selbstverständnis: „in einer immer komplexer werdenden Umwelt ist er als einziger konkret erfahrbarer Teil des Selbst eine zentrale Stütze der eigenen Identität.". Nach Späth und Schlicht (2000, 51) wird er zum „identitätsstiftenden Medium". Diese Perspektive wird angesprochen, wenn Jugendliche sich wünschen, so wie in jugendkulturellen Tanzwelten tanzen zu lernen und an diesen teilhaben zu wollen. Tanzszenen (z. B. der Hip-Hop als urbane Tanzkultur) erfahren einen hohen Zuspruch, da sie „jene identitätsstiftende(n) Merkmale" (vgl. Pape-Kramer 2004, 12) aufweisen und den Auszuübenden Selbstbestimmung, Individualität und Selbstorganisation gewähren. Die Ausdrucksmöglichkeiten des Lifestyles (Munzar 2007, 388) durch Bewegungsformen, Musik, Mode und den Sprachgebrauch eröffnen Jugendlichen Sinn und Bedeutungsdimensionen (Pape-Kramer 2004, 11–14). Dazu gehören auch Attribute, wie „raw – urban – street" sowie jene der Freiheit, der Expressivität und der Innovation (vgl. Pavicic 2007, 366).

Die typischerweise mit dem Jugendalter beginnende intensive Beschäftigung mit der eigenen Person, besonders dem eigenen Körper, ist nach Alfermann et al. (2003) häufig mit einer negativen Einstellung und damit auch einer eher niedrigen Einschätzung im so genannten physischen Selbstkonzept verbunden. Der Sport bietet für beide Geschlechter die Möglichkeit, ihre Geschlechteridentität herzustellen und zu demonstrieren. „Mädchen und Jungen konstruieren ihre Geschlechtlichkeit neben vielen anderen Faktoren (wie z. B. Kleidung) über ihr Sportengagement" (Alfermann 1996, 121). Nach Tietjens (2009) lernen

Mädchen im Laufe der Sozialisation, dass für sie Aussehen und Attraktivität besonders bedeutsam sind, während es bei den Jungen die physische Leistungsfähigkeit ist. Mrazek (1987, 11) folgerte aus seinen Untersuchungen, dass Mädchen im Umgang mit ihrem Körper eher eine ästhetische Orientierung zeigen, wohingegen Jungen eine größere „sport- und fitnessorientierte Aktivitätsbereitschaft" angeben. Von Alfermann (1998) wurde herausgearbeitet, dass Sport und Bewegung die Entwicklung der Körper- und Selbstkonzepte beeinflussen und das Körperkonzept wiederum die Wahl und Intensität von Sport und Bewegung steuert. Signifikante Ergebnisse zum Einfluss von Tanz lieferte eine österreichische Studie, bei der untersucht wurde, ob sich bestimmte Dimensionen des Körperkonzepts durch ein Tanzangebot verändern. Tiefeninterviews zeigten, dass die Akzeptanz des Körpers und die Körperwahrnehmung beschreibbare Veränderungen ergaben (vgl. Dinold 2004).

An dieser Stelle muss jedoch festgehalten werden, dass das Modell von Shavelson et al. (1976), welches sportwissenschaftlichen und sportpädagogischen Studien zur Analyse des Selbstkonzeptes zugrunde gelegt wird, hinsichtlich der Facetten des Selbstkonzeptes vor dem Hintergrund von Bewegung einschließlich Tanz nicht zwangsläufig vollständig ist. Bezogen auf das hierarchische Selbstkonzept-Modell von Shavelson et al. (1976) fand Vispoel (1995), dass neben dem so genannten physischen Selbstkonzept ein weiterer Faktor auf gleicher hierarchischer Stufe einzuordnen sei, nämlich das künstlerische Selbstkonzept. Zu diesem Faktor ließen sich vier künstlerische Subskalen zusammenfassen, das sind Dance Skills, Visual Art Skills, Dramatik Art Skills und Music Skills (Vispoel 1993, 1995; McInerney/Yeung/Russell-Bowie 1999). Vispoel entwickelte ein Instrument zur Erhebung dieser vier Selbstkonzepte des künstlerischen Bereiches, bezogen auf Tanzen, Schauspiel, visuelle Künste und Musik. Durch den ASPI (Arts Self Perception Inventory, Vispoel 1993; 1996), den er für Jugendliche und Erwachsene zur Erfassung dieser Selbstkonzepte vorlegte, konnten die vier Selbstkonzepte als unabhängig voneinander nachgewiesen werden. Sport- und tanzwissenschaftliche Untersuchungen zu diesem Konstrukt im Rahmen von Bewegung und Tanz in der Sozialen Arbeit können mit Spannung erwartet werden.

Der Freizeitwissenschaftler, Sport- und Erlebnispädagoge Harald Michels (2007, 13 f.) weist auf mögliche Perspektiven einer engeren Verknüpfung von Sportpädagogik mit Sozialer Arbeit auf verschiedenen Ebenen hin, bezieht sich dabei jedoch inhaltlich auf sein Expertengebiet Bewegung, Sport und Abenteuer. Das tänzerische, darstellende und gestaltende Bewegungsfeld bleibt – hier zeigt sich wieder ein Grundproblem hinsichtlich der Ausrichtung der Sportwissenschaft – aus seinem Blick. Doch auch er plädiert dafür, methodische Arbeitsweisen und das Handeln der Akteure verstärkt in den Blick zu nehmen, damit sich die postulierten Wirkungen von Bewegung und Sport in der Sozialen Arbeit entfalten können.

„Die Qualität der Bewegungs- und Sportangebote ist damit wesentlicher Kristallisationspunkt, wenn es darum geht, die möglichen positiven Wirkungsweisen der sozialpädagogischen Angebote Bewegungs- und Sportaktivitäten zu fördern" (Michels 2007, 13 f.).

3.4 Die Zielgruppe Jugendliche

Jugend ist eine „soziohistorische Konstruktion" (Oerter/Montada 2008, 271) und wird in der westlichen Kultur und in unserem Jugendrecht als die Zeit zwischen der Kindheit und dem Erwachsenenalter definiert (zum Jugendalter vgl. auch Hoffmann, Teil II, 2). Im Recht ist sie auf die Zeit zwischen dem 13. Und 21. Lebensjahr festgeschrieben. Sie umfasst die Pubertät und die Adoleszenz.

Erstere bezeichnet vor allem die Zeit der körperlichen Wandlung vom Kind zum geschlechtsreifen Menschen mit den entsprechenden körperlichen Merkmalen (Körperbehaarung, vollständige Ausprägung der sekundären Geschlechtsmerkmale, Menstruation und Spermienproduktion). Sie findet beim Mädchen meist zwischen dem 10. und 18., beim Jungen zwischen dem 12. und 20. Lebensjahr statt. Der Begriff der Adoleszenz umfasst auch kognitive, emotionale und soziale Reifeprozesse. Zeitlich wird sie unterschiedlich festgelegt: Während die Weltgesundheitsorganisation (WHO) die Adoleszenz früh ansiedelt (vom 10. bis zum 20. Lebensjahr), wird der Begriff in Deutschland meist für eine spätere Zeitspanne genutzt (16. bis 24. Lebensjahr). Die Entwicklungspsychologen Oerter/Montada unterscheiden in frühe (10–13 Jahre), mittlere (14–17 Jahre) und späte (18–22 Jahre) Adoleszenz (Oerter/Montada 2008, 272, und 2012).

In der Jugendzeit durchläuft der junge Mensch vielfältige Wandlungen und Umbrüche und wird mit diversen komplexen neuen Herausforderungen und Erwartungen auf der persönlichen und gesellschaftlichen Ebene konfrontiert. Es ist die Zeit verstärkter Identitätssuche (vgl. Abels 2010 und 2016) in persönlicher, sozialer und beruflicher Hinsicht. Die gesellschaftlichen Bedingungen in der Postmoderne mit ihren Entgrenzungen, dem Wegfall traditioneller (familiärer) Strukturen, den Folgen von Globalisierung, Migration, Umweltbedingungen und den Veränderungen in der Arbeitswelt erschweren die Identitätsfindung auf allen Ebenen. Laut Shell Jugendstudie 2006 sieht die Mehrheit der Jugendlichen ihre Zukunftschancen eher kritisch (vgl. Hurrelmann/Albert 2006). Verstärkt wird diese Problematik bei vielen Zielpersonen der Sozialen Arbeit durch (zunehmend viele) differente Lebensläufe mit Krankheiten, Behinderungen, Migration, Gewalterfahrungen, Vernachlässigung, erschwerten Bildungsvoraussetzungen und vieles mehr.

Eine zentrale Aufgabe in der Adoleszenz ist die zunehmende Lösung vom Elternhaus – wenn es ein solches gab – und die zunehmende Selbstständigkeit. Jugendliche orientieren sich dabei verstärkt an (engen) Freund/innen, Peers und Jugendszenen. Im Gegensatz zu früher sind diese Kulturen des Heranwachsens in der Postmoderne jedoch extrem vielfältig und können nicht mehr eindeutig definiert und voneinander abgegrenzt beschrieben werden. Identitätsstiftend und verbindend wirkt jedoch nach wie vor vielfach die gemeinsame Vorliebe für bestimmte Musikrichtungen und damit verknüpft bestimmter Bewegungs- und Tanzstile. Bekannteste Beispiele hierfür sind Hip-Hop, Rap, Break- und Streetdance. Neben der Bedeutung Gleichaltriger und ihrer Cliquen muss zudem die Schule und ihre gesellschaftlich anerkannten Leistungsansprüche und Wertungen als wichtiger Faktor für die gesamte Entwicklung und speziell die des (fehlenden) Selbstwertgefühls genannt werden. Letzteres wird heute bei Schulversagen häufig nicht zuletzt besonders bei männlichen Jugendlichen durch akrobatische Tänze kompensiert.

Da die Jugend stark mit körperlichen Umbrüchen zu tun hat und die Identitätsfindung, (geschlechtliche) Rollenübernahme, Werteentwicklung und Entwicklung von Zukunftsperspektiven als weitere Entwicklungsaufgaben (vgl. Oerter/Montada 2008; 279, und 2012) daher immer auch mit körperlichen Aspekten (sowohl positiv und verstärkend als auch negativ und ablehnend) verknüpft ist, bietet sich der Bereich der Bewegungs- und Tanzarbeit mit seinem direkten Körperbezug in dieser Altersgruppe im Besonderen an.

3.4.1 Bildungspotenziale für Jugendliche von, durch und in Bewegung und Tanz

Strategien, mit denen sportliche Aktivitäten wie Bewegung, Spiel und Sport in der Schule, im Sportverein, in Jugendorganisationen und in der Jugendsozialarbeit begründet werden, lassen sich durchaus auf den Tanzbereich übertragen, wenn auch der explizite Forschungsnachweis aus tanzpädagogischer Sicht noch aussteht. Ein Versuch, die Potenziale von Tanz darzustellen, soll daher im Folgenden in Anlehnung an die im Rahmen der Erziehungswissenschaft (vgl. u. a. Hurrelmann 1997) und Sportpädagogik (vgl. u. a. Kurz 1998) herangezogenen Begründung im Sinne einer sogenannten Doppelaufgabe versucht werden. Die Argumentationen beziehen sich dabei auf Veröffentlichungen mit empirischer sowie normativer Ausrichtung und sport- sowie tanzspezifischem Bezug.

Aus sozialisationstheoretischer Perspektive wird von einer positiven Entwicklung im Jugendalter oder einer gelungenen Persönlichkeitsentwicklung der Jugendlichen gesprochen, wenn einerseits der Prozess der Subjektwerdung die Handlungsfähigkeit sichert und erweitert und andererseits eine Integration in den gesellschaftlichen Zusammenhang erfolgt (Hurrelmann 1997, zit. n. Brettschneider/Kleine 2002, 211). Im Rahmen der Sportpädagogik besagt der so genannte Doppelauftrag, dass es zum einen um eine Sozialisation und Erziehung *zu* Bewegung, Spiel und Sport und zum anderen um eine Personalisation und Erziehung *durch* Bewegung, Spiel und Sport geht. Ergänzt wird diese Ausrichtung um die Perspektive einer Sozialisation und Personalisation *in* Bewegung, Spiel und Sport (vgl. Kurz 1997; 1998; Gerlach/Brettschneider 2009).

Sozialisation und Erziehung *durch* Bewegung und Tanz (u. a. Förderung der Persönlichkeitsentwicklung)

Diese Perspektive zielt auf das Potenzial von Bewegung und Tanz zur Förderung von Persönlichkeitsentwicklung – im Besonderen von Heranwachsenden – ab (vgl. u. a. Gerlach/Brettschneider 2009, 193; Bäcker 2008, 163). Die emotionale Bedeutsamkeit von Bewegung und ihr hoher Aufforderungscharakter ist nach Neuber ein Argument dafür, dass „Erfahrungen entwickelt werden, die nachhaltige Wirkungen auch für andere Lebensbereich zur Folge haben" (Erdmann 1997, 90; zit. n. Neuber 2000, 58). In der Sozialen Arbeit – besonders mit Jugendlichen – steht genau diese Erfahrungs- und Erlebnisorientierung im Rahmen von Sozialisation *durch* Bewegung und Tanz im Vordergrund. Hierfür bedarf es einer Sichtweise auf Tanz, bei der weder die Bewegungsfähigkeiten und -fertigkeiten, noch die Vermittlung des Tanzes um seiner selbst willen im Vordergrund stehen (vgl. Mayer 2004, 220). Dabei geht es nicht um Übungen zur Vermittlung isolierter Tanz-Techniken, sondern um das Erlebnis des Tanzens und Gestaltens sowie seiner Wirkung auf die eigene Wahrnehmung und die Interaktion innerhalb einer Gruppe.

In der Vermittlung liegt der Akzent in der Sozialen Arbeit dann darauf, Tanzen durch Tanzen zu erproben und hierdurch sich selbst und die Gruppe sowie den eigenen Körper besser kennen zu lernen. Wichtig ist hier, dass Bewegung ein Medium der Identitätsbildung darstellt, da das Individuum über die Bewegung mit seiner Umwelt in Kontakt tritt. Die menschliche Bewegung ist an allen „Teilvorgängen der Identitätsbildung konstitutiv beteiligt: Der menschliche Körper und die menschliche Bewegung konstituieren die Kernidentität, da sie alle menschlichen Aktionen begleiten" (Quinten 1994, 31). Für die Felder der Sozialen Arbeit ist deshalb von Bedeutung, dass durch Bewegungs- und Tanzangebote und die damit verbundenen Herausforderungen und Gestaltungsaufgaben Wirkungen im Sinne einer Kreativitäts- und Identitätsförderung zu erwarten sind (vgl. Neuber 2000, 61). Auch die Rückmeldungen anderer Teilnehmer/innen haben hier besondere Bedeutung, da das Selbstkonzept, als kognitiver Teilaspekt der Identität, das Bild beschreibt, das die Person von sich selbst hat. Dieses entsteht einerseits durch die Selbstwahrnehmung der eigenen Erlebnisse und des eigenen Handelns und andererseits durch die Fremdwahrnehmung und die Rückspiegelung durch andere Personen, wie die „peers" oder die so genannten signifikanten Anderen (Shavelson/Hubner/Stanton 1976).

Das bedeutet für die Praxis in Anlehnung an Bähr (2008), dass sich der Umgang mit Bewegung dabei nicht auf einen überindividuellen, bewegungstechnischen Könnensmaßstab bezieht, sondern Gruppen und Erarbeitungsprozesse unter beispielsweise kooperativen Gesichtspunkten im Vordergrund stehen können (Bähr 2005). Demnach steht die Persönlichkeitsentwicklung des einzelnen sowie die Gruppenkohäsion, und nicht primär die tänzerische bzw. bewegungs- und tanztechnische Leistung im Vordergrund (Gröben 2005; Leineweber et al. 2011). Sozialarbeiter/innen können kooperative Arbeitsformen wählen und die Prozessorientierung in den Vordergrund stellen, um den Menschen in seiner Ganzheitlichkeit und seinen emotionalen, kognitiven und sozialen Fähigkeiten zu fördern, statt defizit-orientiert seine mangelnden motorischen Fähigkeiten in den Mittelpunkt zu stellen. So können Entwicklungsprozesse hinsichtlich der Persönlichkeitsentwicklung durch Bewegung und Tanz angestoßen werden (vgl. Gröben 2005; Neuber 2000; Mayer 2004, 205).

Sozialisation und Erziehung *in* Bewegung und Tanz

Zum einen werden hier Entwicklungsprozesse von Heranwachsenden thematisiert, die eher implizit und nebenher bei der Teilhabe an Bewegungs-, Spiel-, Sport-, und Tanzangeboten ablaufen. Zum anderen beschreibt diese Perspektive, dass bestimmte Kompetenzen in Bewegung und Tanz möglicherweise besonders gut erworben werden können (vgl. Gerlach/Brettschneider 2009, 193).

Bewegung und Tanz als Gegenstand der ästhetisch-kulturellen Bildung 163

So können Kontrolle und Selbstwirksamkeit im Bereich Bewegung besonders gut erfahren werden. Kinder und Jugendliche können die Effekte ihres Handelns unmittelbar auf sich selbst zurückführen, was das Entstehen von internen Kontrollüberzeugungen unterstützt. Identitätsförderliche Arrangements sind damit im Bereich der Bewegungserziehung leichter zu realisieren als in anderen Handlungsfeldern (Erdmann 1999, 64).

Sozialisation und Erziehung *zu* Bewegung und Tanz (Erschließung von Bewegungs- und Tanzkultur)

Diese Begründung zielt auf die Entwicklung und Förderung einer aktiven Teilhabe an der kulturellen Vielfalt von Tanz. Es geht hier darum, Tanzkunst kennenzulernen, zu verstehen sowie Tanzstücke selber zu gestalten. Darin ist die Bereitstellung von Tanzangeboten ebenso eingeschlossen wie die Förderung von Voraussetzungen für die Teilhabe an der Tanz- und Sportkultur (vgl. u. a. Gerlach/Brettschneider 2009, 193; Bäcker 2008, 163).

Tanzen lernen, im Sinne von Teilhaben-lernen, bedeutet im Rahmen von Sozialer Arbeit auch Bezug nehmen auf eigene und auf andere Kulturen. Daher kann Tanz in dieser Perspektive auch als Medium interkultureller Bildung verstanden werden, zu dessen Zielen das Erfahren von Gemeinschaft und die Sensibilisierung für interkulturelle Vielfalt gehört. So kann kulturellen Differenzen, die im Alltag möglicherweise ein Gefühl des Befremdens auslösen könnten, im Tanz in spielerischer Form Ausdruck verliehen werden. Oftmals ist bei Kindern und Jugendlichen unterschiedlicher kultureller Herkunft zu beobachten, dass diese kulturell bedeutsame Tänze (beispielsweise aus indischen, türkischen oder afrikanischen Kulturen) jeweils in spezieller Weise beherrschen und sich einverleibt haben (Merkt 2002). Jugendliche mit Migrationshintergrund und auch solche ohne können sich gemeinsam Bewegungspraktiken fremder Kulturen aneignen, diese selbstständig gestalten und deren historische und gesellschaftliche Bezüge hinterfragen lernen. Gerade Tanz in seiner gesellschaftlich geprägten Vielfalt und Heterogenität (von Folklore über Gesellschaftstanz bis urbaner Tanz) stellt daher ein hervorragendes Medium zur Vermittlung von interkultureller Kompetenz jenseits von Sprachbarrieren dar (Cabrera-Rivas 2002, 21 f.).

3.5 Vermittlungswege – der künstlerisch-pädagogische Ansatz der Tanz- und Bewegungserziehung

Anknüpfend an die Argumentation soll im Folgenden ein Vermittlungsansatz für Bewegung und Tanz beschrieben werden, der – ausgehend von den Reformbewegungen der 1920er und 30er Jahre – seit 1948 in die Ausbildung der Deutschen Sporthochschule und damit in die Sportbewegung integriert wurde und lange Zeit modellhaft für die gymnastisch-tänzerische Ausbildung an allen Sportinstituten Deutschlands und prinzipiell auch für die sogenannte Laientanzausbildung war (vgl. Fleischle-Braun 2005, 18).

Die Vertreter des künstlerisch-pädagogischen Ansatzes der Bewegungserziehung, wie Maja Lex und Anneliese Schmolke, sahen zunächst in der Musik den entscheidenden Impuls für vielfältige Bewegungsgestaltung. Denn der künstlerisch-pädagogische Ansatz integriert die elementare Musikerziehung nach Karl Orff (vgl. u. a. Haselbach 1990, 190) und die Grundlagen der Körperbildung und Bewegungsbildung der funktionell rhythmischen Gymnastik zu einer Einheit von Spiel, Tanz, Sprache, Rhythmus und Bewegung (vgl. Schmolke 1976). Nach Bergese und Schmolke (1951, 4) sollten sich eine elementare Bewegungserziehung und eine elementare Musikerziehung gegenseitig durchdringen. „Das Musizieren von Kindern wird lebendiger und beweglicher, wenn sie tanzen können; sie hören dann, dass eine Melodie läuft oder hüpft." (vgl. Bergese/ Schmolke 1951, 4).

Im Zentrum des tanzdidaktischen Konzeptes des künstlerisch-pädagogischen Ansatzes steht als entscheidendes Lernziel der Aspekt der Kreativität (Haselbach 1976, 12). A. Tiedt und W. Tiedt (1995a/b, 1999, 2000) entwickelten Unterrichtsmodelle, die gestaltungsorientiertes Arbeiten mit Bewegung im Unterricht strukturieren. Denn ein Kennzeichen dieses fachdidaktischen Ansatzes der Bewegungsgestaltung ist die Idee des Findens, Ausprobierens und Gestaltens von Bewegungsideen (vgl. Neuber 2002, 366; Tiedt 1999, 319; Munzar 2007). Die „Freisetzung von Phantasie in der Auseinandersetzung mit Bewegung als gestaltbarem Material" (Neuber 2000) wurde zu einer wichtigen Zielperspektive des künstlerisch-pädagogischen Ansatzes der Tanz- und Bewegungserziehung. Neuber (2000) spricht daher in diesem Zusammenhang von kreativer Bewegungserziehung.

3.5.1 Umgang mit Aufgabenstellungen

In methodischer Hinsicht bieten Veröffentlichungen zum künstlerisch-pädagogischen Ansatz der Tanz- und Bewegungserziehung eine differenzierte Aufschlüsselung methodischer Möglichkeiten für Sozialarbeiter, die gestaltungsorientiertes Arbeiten mit Bewegung erproben möchten. Aufgabenstellungen kommen in einem breiten Anwendungsspektrum zum Einsatz, das von der festgelegten Bewegungsanweisung bis hin zum Ausprobieren und Experimentieren reicht (vgl. A. Tiedt 2001, 29). Damit sind gestaltungsorientierte Angebote in der Sozialen Arbeit sowohl prozessorientiert als auch produktorientiert und es kommen offene, teiloffene und geschlossene Aufgabenstellungen zum Einsatz (vgl. Tiedt 1995b, 246 f.). Die Vermittlungsmethodik ist daher gekennzeichnet durch ein Wechselspiel von „Vorgeben, Aufgeben und Anregen" (vgl. Neuber 2000).

Nach Neuber (2000, 133–135) ergeben sich daraus sechs methodische Prinzipien:

- Aufgabenstellungen müssen vorbereitet werden (Lernende nicht ins „kalte Wasser" werfen).
- Aufgabenstellungen müssen Handlungsspielräume begrenzen, um differenzierte Lösungen anregen zu können.

- Unterschiedliche Aufgabentypen (offen, geschlossen, teiloffen) sollen kombiniert werden, da ein Wechselspiel der Verfahrensweisen kreative Einfälle begünstigt.
- Durch die Nutzung unterschiedlicher Ausgangspunkte soll ein Unterrichtsinhalt vielfältige Facetten bekommen.
- Der Unterricht sollte prozessorientiert sein, um ein Ausprobieren und Entwickeln von Bewegungs-, Spiel-, und Ausdrucksmöglichkeiten anzuregen.
- Produktorientierung ist erforderlich, um Bewegungsabläufe zu klären, sie festzulegen und als Gestaltungsergebnisse wiederholbar zu machen.

Die Lösbarkeit der Aufgabenstellung bezieht sich dann auf den Grad der Offenheit. Sehr offene und komplexe Aufgaben führen meist zu Unstimmigkeiten und Streit, den Teilnehmer/innen zu vermeiden suchen. Entscheidend scheint zu sein, eine teiloffene Aufgabenstellung so zu formulieren, dass sie weder zu sehr eingeengt noch durch zu viel Spielraum verunsichert oder überfordert (vgl. Tiedt 1999, 322; Neuber 2002, 366).

Neben der Differenzierung von Bewegungsaufgaben zwischen Offenheit und Geschlossenheit auf der formalen Ebene bezieht sich eine weitere Differenzierung auf deren Einfachheit und Komplexität (vgl. Neuber 2000, 120). Bewegungsaufgaben werden dann zu Tanz- und Spielaufgaben, wenn sie darstellungs- und ausdrucksorientiert sind. Das bedeutet, dass die Darstellungsorientierung den Willen zu einer Vermittlung voraussetzt, indem etwas verdeutlicht, ein Eindruck festgehalten oder nach außen transportiert und somit zum Ausdruck gebracht wird. So kann über die Auseinandersetzung mit Inhalten, die einen lebensweltlichen Bezug zu den Teilnehmenden haben, ein Ausdrucksbedürfnis geweckt werden (z.B. durch die Umsetzung des Themas *Sieg und Niederlage* oder *Rausschmiss* bei der Fußball-Frauen-WM). Durch die Erweiterung der Bewegungsaufgabe um die Darstellungsorientierung ist sie in ihren Anforderungen komplexer (vgl. Neuber 2000, 96, 119).

In der folgenden Abbildung sind die Aspekte Offenheit und Geschlossenheit sowie Einfachheit und Komplexität zusammengefasst und in Form einer Aufgabenschere dargestellt.

Tanzpädagoginnen und Tanzpädagogen des Modernen Tanzes haben jeweils die nach ihrem Verständnis elementaren Kriterien und Parameter unterschieden, die Bewegung motorisch-funktionell strukturieren und Freiheitsgrade für Tanz- und Bewegungsaufgaben eröffnen.

Jene Parameter werden oft Gestaltungskriterien oder Gestaltungsparameter genannt (vgl. Meusel/Wieser 1995, 25 f.; Neuber 2002, 65; A. Tiedt 2001, 31). Die vier Merkmale (Raum, Zeit, Dynamik/Kraft und Form) werden auch bei Laban (1948) als Wesensmerkmale des Tanzes, bei Haselbach (1979) als Aspekte von Tanz, bei Tiedt (1999) als Gestaltungskriterien und bei Klinge (2004) als Gestaltungsparameter beschrieben. Weltweit werden heute im Bereich der Bewegungsgestaltung und des Tanzes besonders die Erkenntnisse über die Strukturierbarkeit von Bewegung angewandt, die Rudolf von Laban (1948) entwickelte (vgl. Preston-Dunlop 1980) (siehe Tab. II.3.1).

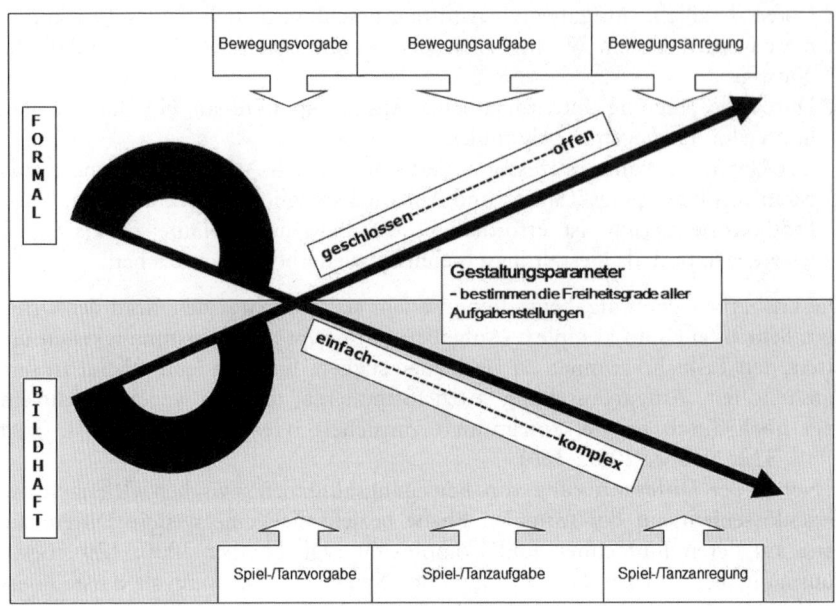

Abb. II.3.1: Aufgabenschere (eigene Darstellung, adaptiert nach Neuber 2000, 120 und A. Tiedt 2003, unveröffentlichtes Unterrichtsmaterial, DSHS Köln)

Tab. II.3.1: Gestaltungskriterien

Raum	Raumrichtungen	nach vorne, nach hinten, zur Seite, in der Diagonalen
	Bewegungsrichtungen	vorwärts, rückwärts, seitwärts und Drehungen (einwärts, auswärts)
	Raumebenen	horizontale (hoch, Mitte, tief), sagittale, frontale, diagonale Ebene
	Raumdimension	Weite und Enge (binnenkörperlich und Ausdehnung im Raum bezüglich einer Gruppe)
	Raumwege	geradlinig (direkt), kurvig (indirekt)
	Raumformen	Raumornamente am Boden geschlossen = 0, 8
		❏ geradlinig offen = V, W, L, Z
		❏ geradlinig geschlossen = o, š
		❏ kurvig offen = S
		❏ kurvig geschlossen = 0, 8
	Frontausrichtung	Ausrichtungen der Körperfront (Profil, Halbprofil, Frontale)
	Aufstellungsform/ Gruppierung	Kreis, Quadrat, Dreieck, Raute, Spirale, Stufe; Meander (:, =, <, W, 0)

Tab. II.3.1: Gestaltungskriterien – Fortsetzung

Zeit	Metrum, Beat	Grundschlag
	Tempo	zeitliche Abfolge der Grundschläge (langsam – schnell)
		Tempowechsel (Verdoppeln oder Halbieren des Grundtempos)
	Takt	4/4, 3/4, 6/8 etc.
	Rhythmus	Verdoppeln, Halbieren, Punktieren, Pausen
	Motive und Phrasierung	Bündelung von mehreren Takten
	Akzentuierung	gleichmäßige oder ungleichmäßige Schwerpunkte
Form	Technisch-anatomische Variation	
	Supination-Pronation	❏ Innenrotation – Außenrotation
	Flexion-Extension	❏ Beugen – Strecken
	Abduktion-Adduktion	❏ Heranführen – Wegführen
	Circumduktion	❏ Umführbewegung (Kreisen)
Kraft/ Dynamik	Krafteinsatz	Spektrum von leicht bis kraftvoll
	Spannungswechsel	in Ruhe und Bewegtheit, in Bewegungsfluss und Bewegungsstopp
	Intensitätssteigerung	punktuell oder gleichmäßig

Das Sichtbarmachen von Bedeutungen durch Bewegung und Tanz geschieht nicht in Realzeit oder im Realraum. Um die notwendige Verdichtung und Konzentration auf das, was durch Bewegung und Tanz sichtbar gemacht werden soll, zu erreichen, werden auf Basis der Gestaltungskriterien bestimmte Prinzipien wie Gegensätze, Kontraste etc. eingesetzt. Prinzipien sollen als generative Prinzipien verstanden werden. Generative Prinzipien leiten ein Können, das sich im Umgang zu bewähren hat; sie können, müssen aber nicht zwangsläufig im Handlungsvollzug voll bewusstwerden (vgl. Bräuer 1989, 52). „Gestaltungsprinzipien eröffnen neue Perspektiven auf vermeintlich Bekanntes, zeigen den individuellen Spiel- und damit Gestaltungsraum auf" (Klinge 2008, 408). Das verfremdete Vertraute soll hier mit anderen Augen wahrgenommen werden. Routinen und Automatismen weichen auf und verflüssigen sich somit (Klinge 2008, 408). Bräuer (1989, 52) benennt im Rahmen ihrer Theorie zur ästhetischen Elementarerziehung Gestaltungsprinzipien, welche „im ästhetischen Feld (…) am Werk sind". Fritsch spricht in diesem Zusammenhang von Übungen für den Erwerb ästhetischen Artikulierens (Fritsch 1989, 11). Sie sind als Zugänge zum Gestalten und zur gestalterischen Auseinandersetzung zu verstehen (vgl. Klinge 2008, 406). Es werden im Folgenden in Anlehnung an Bräuer (1989), Fritsch (1989), Tiedt (1999), Fischer-Lichte (2007), Klinge (2008) und Ellermann/Meyerholz (2009) einige Gestaltungsprinzipien dargestellt.

Rhythmisieren
Anders als etwa Takt und Metrum stellt Rhythmus ein Ordnungsprinzip dar, das nicht auf Gleichmaß, sondern auf Regelmaß zielt. *„Es handelt sich um ein dynamisches Prinzip, in dem fortlaufend bestimmte Verhältnisse her- und dargestellt werden."* (Fischer-Lichte 2007, 243) Das Prinzip charakterisiert Wiederholungen und Abweichungen vom Wiederholten durch Puls und Bruch. Z. B. können Alltagsbewegungen wie das Schlafen oder Warten mittels Verdoppeln, Pausieren, Halbieren und Punktieren in einen rhythmischen Bewegungsablauf gebracht werden (vgl. Vent/Drefke 1994, 104 f.).

Komprimieren
Das Prinzip Komprimieren beschreibt das Kürzen, Straffen und Verdichten von Bewegungsmotiven. Es geht darum, sich auf Teile oder einen Aspekt zu beschränken und diese zu verdichten. Im Zusammenhang mit Dateien spricht man von Kompression oder Komprimierung, wenn die enthaltenen Informationen auf möglichst geringem Platz untergebracht werden. Z. B. können Begrüßungen zu einem Tanzablauf zusammengefasst und zeitlich strukturiert werden.

Reduzieren und Abstrahieren
Mit Reduzieren und Abstrahieren ist das Weglassen von Einzelheiten und das Überführen auf etwas Allgemeineres oder Einfacheres gemeint (lat. *abstrahere* = abziehen, wegziehen, entfernen). Das Beispiel aus Kinderzeichnungen „Punkt, Punkt, Komma, Strich – fertig ist das Mondgesicht" bringt dieses Prinzip auf den Punkt. In der Bewegung beispielsweise stehen alle Möglichkeiten, sich im Raum zu bewegen, erst dann zur Verfügung, wenn man sich auf einzelne Aspekte zunächst beschränkt und sich diese bewusst macht. In ihrem Buch *„Dynamik der Kreation"* geben Pinok und Matho (1987) zahlreiche Beispiele, wie Themen und Bedeutungen abstrahiert werden können. Das Thema Manipulation könnte auf *Steuerbewegungen* reduziert werden. Die Bewegungen der Personen könnten dann Marionetten und Marionettenspieler assoziieren.

Stilisieren
Stilisieren besagt, jemanden oder etwas ohne Details und nur mit seinen wichtigsten Merkmalen darzustellen. Vorausgeht oft eine schrittweise *abstrahierende* Reduktion einer detaillierten oder naturgetreuen Vorlage (z. B. *Zeichnung*) hin zu einem einfachen *Muster* mit hohem Wiedererkennungswert und einfacher *Reproduzierbarkeit*. Ein eindrucksvolles Beispiel einer bewegungsmäßigen Stilisierung gelingt Charlie Chaplin in der satirischen Slapstick-Parodie auf den Faschismus *„Der große Diktator"* aus dem Jahre 1940.

Kontrastieren und Polarisieren
Mithilfe von Kontrastierungen und Polarisierungen werden Gegensätze erzeugt, die Gewohnheiten und Wahrnehmungserwartungen durchkreuzen, Unruhe und Widersprüchlichkeit provozieren und damit das *„Bedürfnis wachrufen, die aufgerissene Diskrepanz zu verarbeiten"* (Bräuer 1989, 68), indem z. B. große Bewegungen kleinen Bewegungen gegenübergestellt werden (Mikro-Makro) oder

schnelle Bewegungen ganz langsamen (Zeitlupe-Zeitraffer). Polarisiert wird auch, wenn eine Gruppe mit typischen Bewegungen und Gesten eines Tanzstils einer anderen Gruppe mit Bewegungen aus Sportarten gegenübertritt.

Irritieren
Irritieren bedeutet Reizen, Erregen und Provozieren (lat. *irritare*). Irritiert werden kann durch Unkonventionalität. Die unkonventionelle Bewegungsaufgabe ist ausdrücklich bewegungsorientiert und ruft durch ihre ungewöhnliche Aufgabenstellung vielfach ebenfalls inhaltliche Assoziationen hervor. Die Darstellungsebene ist hier nicht realistisch-figurativ (s. o.), sondern kritisch-interpretativ bis hin zur lyrisch-poetischen Verklärung. Bei der kritischen Interpretation werden bewusst Mittel wie Übertreibung, Abweichung oder Verformung angewendet. Neuber (2000) empfiehlt diese Ebene der Darstellung für die Arbeit mit Kindern, da sie oft lustig und clownesk ausfällt. Allerdings merkt er auch an, dass *„ein gewisses Abstraktionsvermögen gefordert ist und daher nicht zu früh ausprobiert werden sollte"*. Pinok und Matho (1987, 119 f.) beschreiben ebenfalls, dass durch Unkonventionalität die Darstellung idealisiert und überhöht wird.

Eine Übersicht zu den Gestaltungsprinzipien und deren mögliche Umsetzung in den Vorgehensweisen wie Echo, Kanon, Bewegungsstopp, Frage-Antwort etc. finden sich in der folgenden Abbildung II.3.2.

3.5.2 Bedeutung der Wahl der Sozialform

Das persönliche Interesse an der Zusammenarbeit mit bekannten und vertrauten Partner/innen und ein „sich jetzt besser Kennen" scheint für Teilnehmende in Improvisations- und Kompositionssituationen bedeutsam zu sein (vgl. Behrens 2011). Das Wissen um Strategien zur Abwehr der Selbstwertbedrohung, wie z. B. das bevorzugte Wählen eines befreundeten Partners, kann Sozialarbeiter/innen helfen, bestimmte Teilnehmerreaktionen bei Vorgabe oder freier Wahl der Sozialform einzuordnen. Häufig präferieren die Teilnehmenden an Tanzangeboten die Partnerarbeit auch, da in einer Zweiergruppe im Vergleich zu größeren Gruppen weniger Streitigkeiten aufkommen. Andererseits lehnen sie Partnerarbeit ab, wenn sie beispielsweise einen unsympathischen Partner zugeteilt bekommen. Es sollte im Rahmen von Tanzangeboten in der Sozialen Arbeit bei Partneraufgaben daher genügend Zeit für die Partnerwahl gegeben und ein Partnerwechsel nach einigem Ausprobieren gewährt werden. Zudem scheint eine Organisation in Kleingruppen angebrachter zu sein als die ausschließliche Arbeit in der Großgruppe.

3.5.3 Umgang mit Organisationsformen

Ein weiterer wichtiger Punkt in der Sozialen Arbeit ist die Reflexion darüber, wie die gewählten situativen Arrangements dazu beitragen können, dass eine Lernsituation Präsentationscharakter erhält. Das könnten Improvisationssitua-

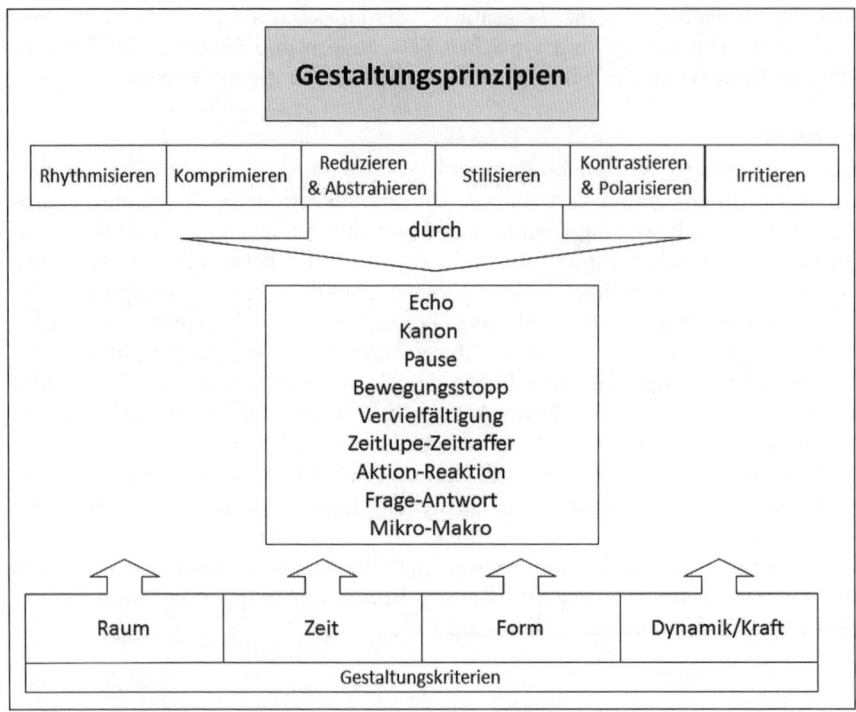

Abb. II.3.2: Synopse zu den Gestaltungsprinzipien nach Bräuer (1989, 54 ff.), Fritsch (1985, 11–24), Tiedt (1999, 316), Ellermann/Meyerholz (2009, 27 ff.)

tionen sein, aus denen sich bestimmte Teilnehmende als heimliche Zuschauer/innen ausklinken und das Geschehen von außen beobachten, beispielsweise bei einer Bewegungsimprovisation. Das könnten aber auch bestimmte Aufstellungs- und Organisationsformen sein, welche implizieren, dass bestimmte Teilnehmer/innen das Gefühl haben, von allen hinter ihnen Stehenden beim Tanzen beobachtet werden zu können (z. B. Blockaufstellung oder Gassenaufstellung). Um Unsicherheiten und Beschämungssituationen zu vermeiden, sollte beispielsweise das Präsentieren von Bewegungen vor der Gruppe von den Sozialarbeiter/innen bewusst erarbeitet werden und z. B. sukzessive erst gemeinsam in der Großgruppe, dann in Kleingruppen und schließlich erst mit Partner/innen vor der Großgruppe erfolgen. Dazu könnte die Anleitung beispielsweise am Anfang eines Gestaltungsprozesses nach einer ersten Erarbeitungsphase die Gruppe auffordern, sich in zwei Hälften zu teilen und sich die erfundenen Tanzbewegungen gegenseitig vorzuführen. Bei geübteren Gruppenteilnehmer/innen kann auch so vorgegangen werden, dass diese ermutigt werden, zu zweit vor der Gruppe vorzutanzen.

Den anleitenden Sozialarbeiter/innen sollte nicht nur in der Vorbereitung von Proben sondern speziell auch bei der Planung von Präsentations- bzw. Aufführungssituationen bewusst sein, dass eine Gruppenkonstellation den Teilnehmenden Orientierung und Sicherheit geben kann – besonders wenn sie sich in einem öffentlichen Kontext einem Publikum präsentieren.

3.5.4 Berücksichtigung von Stimmigkeit und Können

In Kompositions-, Proben- und Präsentations-/Aufführungssituationen ist die Stimmigkeit und Identifikation mit den Bewegungsideen der Gruppe besonders bedeutsam. Wichtig ist in diesem Zusammenhang, die Bewegungsaufgaben an den subjektiven Zielen der Teilnehmenden festzumachen, und nicht an den von außen an die Gruppe herangetragenen Zielen der Anleitenden. Dazu könnte beispielsweise besprochen werden, wer von den Teilnehmer/innen gerne bei einer Aufführung vor Publikum teilnehmen möchte. Es könnte auch geklärt werden, wie die Teilnehmenden die noch benötigte Übe- und Erarbeitungszeit für die Tanzchoreografie einschätzen, um dann einen Präsentationstermin gemeinsam abzustecken. Es sollte beispielsweise ausreichend Gestaltungszeit gegeben werden, und das tänzerische Angebot darf nicht nur an der schnellen Präsentation der Gestaltungsergebnisse orientiert sein.

3.5.5 Konstruktives Feedback und Anerkennung

Direkte oder indirekte Rückmeldungen in Form von negativer Kritik seitens der beteiligten Sozialarbeiter/innen oder Teilnehmer/innen können Quellen der Bedrohung des Selbstwertgefühles darstellen und Schutzmechanismen aktivieren und Strategien hervorbringen, sich beispielsweise der Situation zu entziehen. Ein eindeutiges und konstruktives Feedback der Gruppe beim Vorführen von ersten Arbeitsergebnissen vor der Gruppe ist wesentlich für das Freude- oder Schamerleben von Teilnehmenden. Die Entfaltungsmöglichkeiten der Gruppe und der Partner/innen können tatsächlich mit dem Erleben von Freude, Ärger und Scham verbunden sein und somit positiv oder negativ beeinflusst werden. Aufgabe der Anleitung ist es daher, einen würdevollen Rahmen für gestaltungsorientiertes Arbeiten mit Bewegung bereitzustellen. Dieser Rahmen kann z. B. dadurch geschaffen werden, dass die Kriterien zur Bewertung von ersten Arbeitsergebnissen klar herausgestellt werden (vgl. Bastian/Combe/Langer 2007, 15 f.). Es sollte grundsätzlich keine „guten" oder „schlechten" Ergebnisse geben, sondern nur „der Aufgabenstellung (nicht) entsprechende", besonders gelungene oder erfolgreiche Ergebnisse:

- Es sollten z. B. an der Präsentation von Arbeitsergebnissen möglichst viele Gruppenmitglieder beteiligt sein.
- Die Anleitenden sollten darauf achten, dass sie die Ergebnisse von Gruppen abrufen und auswerten, und sensibel mit dem Bezug zu einzelnen Teilnehmenden umgehen.
- Sie sollten die Verbindung zwischen den Ergebnissen der einzelnen Gruppen herstellen und beispielsweise Gemeinsamkeiten und Unterschiede in der Tanzchoreografie, der Beschaffenheit, dem Einsatz der verwendeten Gestaltungsprinzipien und dessen Wirkung thematisieren.

- Sie sollten zentrale Ergebnisse hervorheben und diese selbst oder durch Teilnehmende rekapitulieren lassen, indem sie Fragen der Teilnehmer/innen zulassen und beispielsweise in Kleingruppen bestimmte auffällige Aspekte beispielsweise zum gelungenen oder misslungenen Einsatz von Gestaltungsprinzipien besprechen lassen.

Weiter geht es darum, Themen als Ausgangspunkte zur künstlerischen Auseinandersetzung so zu wählen, dass Reflexion angeregt wird. Sozialarbeiter/innen haben die Aufgabe – möglichst in Absprache mit den Teilnehmenden – z. B. in Jugendhilfeeinrichtungen in sozialen Brennpunkten und auch in der Schulsozialarbeit –, geeignete Themen und Ausgangspunkte zum Gestalten zu finden, die eine Vielfalt an Erfahrungs- und Gestaltungs- und Reflexionsmöglichkeiten eröffnen.

3.6 Ausgangspunkte zum Tanzen und Gestalten

Innerhalb eines thematischen Rahmens sollen die Menschen, mit denen Sozialarbeiter/innen tanzen, Freiräume für eigene Ideen und Entscheidungen bekommen. Dabei können sie von eigenen Ideen und Wünschen für ihre tänzerische Gestaltung ausgehen. Die Ausgangspunkte zum Tanzen und Gestalten sind vielfältig und in der Bewegungs- und Alltagswelt zu suchen (z. B. in alltäglichen Situationen, wie „Warten" oder in Alltagsbewegungen wie „Anziehen"). Wesentlich für die Auswahl von Themen ist vor allem deren Bewegungsnähe, um an bekannte oder neu zu entwickelnde Bewegungsmöglichkeiten anknüpfen zu können. Folgende Systematisierung kann Orientierungshilfen für Sozialarbeiter/innen geben, wo und wie bestimmte Ideen und Ansätze einzuordnen sind.

3.6.1 Ausgangspunkt Bewegung

Eine Gestaltungsabsicht kann ihren Ausgang nehmen von Bewegungen, wie wir sie im Alltag oder im Sport finden. Dieser Ausgangspunkt beschreibt dann einen motorisch-funktionellen Ansatz, der sich auf Grundformen der Haltung und Bewegung sowie Komplexbewegungen und spezielle Bewegungstechniken bezieht.

Bewegungsgrundformen und -tätigkeiten

- Gehen, Laufen, Galoppieren, Hüpfen, Springen, Federn (z. B. Gangarten, Silly Walks)
- Kriechen, Robben, Rollen, Fallen, Stützen (z. B. Hinfallen und wieder hochkommen)
- Beugen, Strecken, Kreisen, Ein- und Ausrollen, Heben – Senken, Neigen, Drehen (z. B. Drehen, Wellen, Körperwellen).

Komplexe Bewegungen mit und ohne Partner/in

- Hängen, aneinander Hängen, Rumhängen, sich Hängen lassen, jemanden Hängen lassen,
- Einander (vor-, mit-, nach-, gegen-, durcheinander ...).

Spezifisch technischer Ansatz
Sportliche oder tänzerische Bewegungsfertigkeiten/Techniken

- Akrobatik, bodenturnerische Elemente, Kampfkunsttechniken, Bewegungskünste, Breakdancetechniken, folkloristische Besonderheiten,
- Sportliche Pantomime. Hier sollte das „Sporttheater" genannt werden als die Möglichkeit, sportliche Bewegungen, Bewegungsabläufe und sportliche Aktionen zu inszenieren: d. h. mit szenischen Mitteln zu gestalten, zu verändern und zu verfremden.
- Wiedergabe sportlicher Bewegungen z. B. einen „Lehrfilm" für eine Nonsens-Sportart drehen,
- Vorwärts-rückwärts laufende Bewegungen (Zeitlupenstudien im Fußball etc.).

Alltagsbewegungen

- Begrüßen, Handschütteln, interkulturell, seltsame Fremde, Außerirdische ...,
- Anziehen – Ausziehen,
- Essen, Trinken,
- Morgentoilette, Zähneputzen ...,
- Erlebnis-Badewanne, Duschen.

Körperhaltungen, Gebärden, Gestik, Mimik

- Körpersprache, Körperverhalten bei Ärger, Angst, Ekel, Trauer, Freude.

Übertragungsansatz

Bewegungsvorgänge aus dem technischen Bereich können in die menschliche Bewegung übertragen werden. Hier geht es dann um die Wiedergabe, Imitation und qualitative Übertragung von Bewegungsvorgängen und -abläufen, Tätigkeiten aus dem Alltag, der Technik und der Natur:

- Maschinen mit Körper darstellen, Kampf, Fließband,
- Technik (Computerspiele, Handymodelle darstellen, Touch-Screen etc.),
- Denkmäler, Dias, Puppen, Roboter,
- Türen, Dreh-, Fall- und andere Türen,
- Möbel, neue Möbel (nachts im Möbelhaus),
- Magnetismus: sich anziehen – abstoßen, hängen bleiben, Kleben,
- einfrieren – auftauen, Freeze,
- Mikro- und Makro-Bewegungen (unter dem Mikroskop), Viren, Chromosomen, Bakterien, Schweinegrippe,
- Kettenreaktion,
- Wind, Sturm, Wirbelsturm, Tornado.

Beobachtungsansatz

Beobachtung von Menschen in ihrem Bewegungsverhalten in unterschiedlichen Lebenssituationen, ihrem Bewegungshandeln und ihrem Bewegungstyp, in der Bewältigung motorischer Probleme. Dieses können Situationen, Anlässe, Begebenheiten, Erfahrungen und Geschehnisse sein, wie:

- warten, Langeweile (im Wartezimmer, am Bahnhof, Bushaltestelle),
- Testverfahren, groteske Dinge abtesten (z. B. im Eignungstest),
- Gedränge und Drängeln, sich vordrängeln (ich bin 1., ich ich ich),
- Eitelkeiten (vor dem Spiegel, hinter dem Spiegel, „ich bin zu dick", „man bin ich fit"),
- unterwegs, immer auf Trab, vorwärts, Hektik,
- beim Einkaufen, Schlussverkauf,
- im Fitnesscenter (Quällabor, Drilling),
- in der Disco, Kino, Museum,
- Wellness, in der Sauna (+ Objekt Handtücher),
- auf der Kirmes.

3.6.2 Ausgangspunkt Musik und Bewegung

Die Möglichkeiten, „Musik zur Bewegung" einzusetzen, kann in unterschiedliche Funktionen differenziert werden:

Musik mit illustrativer Wirkung

Illustrativ bedeutet anschaulich, d. h., es wird etwas veranschaulicht. Musik wird eingesetzt, um die Bewegung zu begleiten, zu unterstützen oder zu ergänzen.

Z. B. Erzeugung von Vorstellungen und Ideen durch assoziative Verknüpfung von Musik und Spielidee, Bild oder Vorstellung. Musik kann das Entstehen von Imaginationsfähigkeit fördern und Stimmungen und Atmosphären schaffen. Dabei kommt es zu bestimmten Kommunikationseffekten, z. B. mit dem Publikum oder tänzerischen Angebotsformen:

- „Wiedererkennungseffekt": bekannte Musik erzeugt bestimmte Assoziationen,
- „Überdeckungseffekt": eine ansprechende Musik mildert bewegungsqualitative Schwächen,
- „Animations- und Mitmach-Effekt": meist einfach-rhythmisch musikalische Strukturen, die zum Mitmachen anregen,
- „Harmonieeffekt": Klangteppich erzeugt ein strukturloses Empfinden der Musik,
- „Verkrampf und Auflöse-Effekt": durch latent nervende oder plötzliche/schrille Musiken,
- „Manipulationseffekt": die Musikauswahl gibt eine Interpretationsrichtung vor, d. h., ohne die Musik würde eine Szene völlig anders verstanden werden.

Musik mit motorischem Aufforderungscharakter

Sie spricht z. B. das Bewegungsverlangen und die Bewegungslust an. Sie ist geeignet als Bewegungs-, Spiel- und Tanzmusik. Durch Tempo, Rhythmisierung oder Instrumentierung regt sie Grundformen der Bewegung (Gehen, Laufen, Springen, Hüpfen ...) an. Sie eignet sich zum Variieren mittels der Gestaltungskriterien (beispielsweise im Raumweg oder in der Raumebene oder des Krafteinsatzes der Bewegung) und Rhythmisieren der Bewegung.

Musik mit praktischer Funktion als Informationsvermittler

Beispielsweise können Ort, Zeit, Anlass, Handlungen, Berufe, Bedeutungen und Stileigenschaften durch Musik kenntlich gemacht werden. Diese Musik soll eindeutige Assoziationen beim Publikum hervorrufen, und zwar hinsichtlich Raum, Zeit und sozialen Geschehens (beispielsweise könnte eine Musik, wie sie im Restaurant häufig gespielt wird, die Situation verdeutlichen; oder eine Musik, wie in einer Warteschleife am Telefon). Durch diese Form des Musikeinsatzes sind Bewegung und Musik eng miteinander verbunden. Ohne sie würde die Szene (Ablauf, Kombination) nicht funktionieren. Es steht nicht die Bewegung allein im Vordergrund, sondern die Assoziation, die ausgelöst werden soll.

Eigenfunktion (Hörfunktion) der Musik

Die Eigenfunktion, die man den vorhergegangenen Funktionen nicht zuordnen kann, bedeutet, dass die Musik Übergänge schaffen kann zwischen Bewegungsabläufen bis hin zu kleinen Zwischenspielen, um die Spannung aufrecht zu erhalten. In diesem Falle erfüllt die Musik nur die Funktion, die Szene oder das Geschehen in einer Pause zu tragen, ohne dabei eine der bisher genannten Funktionen zu erfüllen.

3.6.3 Ausgangspunkt Objekt und Bewegung

Nach den Ausgangspunkten Bewegungsübung, Bewegungsmöglichkeiten und Musik im weitesten Sinne kommt dem Ausgangspunkt Objekt eine besondere Bedeutung zu. Grundsätzlich können Objekte konventionell gebraucht werden. Objekte können in ihrem Gebrauchswert verändert (verfremdet) werden und erhalten neue Verwendungszwecke. Sie können dazu anregen, dass sich die Akteure selbst wie das Objekt verhalten.

Alle Geräte und Objekte sind geeignet, die bewegt und benutzt werden können, die durch Form oder Handhabung zur Bewegung auffordern und beim Benutzer Assoziationen zu in der Form ähnlichen Gegenständen auslösen.

Handgeräte

- Gymnastikstäbe werden als Gerät benutzt und ergeben andere Gebrauchsmöglichkeiten.

- Gymnastikkeulen werden zum Telefon, zur Schachfigur, zum Baseballschläger, zum Stierhorn, zum Antrittspedal eins Motorrads, zum Lenker oder zur Hupe.
- Pezzi-Bälle können zum Rollen und Drauf-Liegen anregen.
- Seile können zu Fesseln, Lassos, Zügeln, Hundeleinen etc. verfremdet werden.

Alltagsgegenstände

- Besen und Schrubber regen durch ihre Funktion an (Putzkolonne),
- Bettlaken und Bettbezüge bieten flächig oder verdreht oder in ihnen steckend Bewegungsmöglichkeiten,
- Handtücher und Badetücher erinnern in ihrer Funktion an Ferien und Baden, Sauna,
- Plastikfolien lassen sich leicht bewegen und sind durchsichtig,
- Stühle „In der Küche", „Im Kino",
- Klappstühle schnappen und knallen,
- Bücher, „verrückte Bücher",
- Regenschirme, Sonnenschirme,
- Plastikeimer,
- Kissen,
- Hüte, Mützen,
- Zeitungen informieren, man kann sich hinter ihnen verstecken, in ihnen annoncieren,
- Schuhe, Stiefel, Gummistiefel-Twist, Gum-Step,
- Wollfäden, Bindfäden werden zu Laserstrahlen (Agenten-Parcour),
- Verbandmaterial, Krücken.

Großgeräte

- Treppen, Kästen etc. bilden einen Bewegungsgarten, der sich immer wieder verändert, zur Computerspiel-Landschaft,
- Kisten führen zu „Beziehungskisten",
- Aus dem Fallschirm wird ein Zelt, Iglu, Bettdecke, Kokon,
- Aus Kästen wird eine „Mauer" – Thema Mauerfall/von der Mauer fallen.

Diese polyfunktionale Bedeutung eines Objektes kann Spielanlass und Spielauslöser sein. Ob Schrottgeräte oder Autoteile, Fahrradlenker oder einfache Bretter – immer können sich an dem Gebrauchswert und der „neuerfundenen" Funktionsmöglichkeit der Objekte Geschichten und Handlungen entzünden, in denen das Gerät die Spielfolge begleitet und auslöst, oder als Funktionsträger mit wechselndem Gebrauchswert durch eine Geschichte als „roter Faden" begleitet.

3.6.4 Ausgangspunkt Sprache und Bewegung

Texte und Worte können sich in das Tanzen einpassen, können bereichern, wenn sie „musikalisch" gebraucht werden oder können zum Verständnis der Situation oder der beabsichtigten Aussage hinzugezogen werden.

Buchstabenformen können auf verschiedene Weise mit dem Körper räumlich und formal dargestellt werden. Dabei ist darauf zu achten, dass die Darstellung nicht statisch bleibt, sondern die Buchstaben in einen situativen Kontext (beispielsweise den eines gesprochenen Gedichtes oder einer dargestellten Wortbedeutung) gesetzt werden.

Auf der Grundlage von Wortfamilien können Bewegungsideen entstehen. Dabei ist darauf zu achten, dass die Basisworte schon Bewegung beinhalten. So beinhalten beispielsweise die Worte und Redewendungen *vorfallen, abfallen, wegfallen, hinfallen, durchfallen, Durchfall, Abfall, Fallstrick, Falle, Fallschirm, zu Fall bringen* oder *„Hochmut kommt vor dem Fall"* alle das Basiswort *fallen*. Sprache und Bewegung haben *Rhythmus* als verbindendes Element gemein. Sie lassen sich daher verknüpfen. Der Sinn der Worte eines Gedichtes lässt sich durch Bewegung darstellen. Bei der Wahl der Gedichte ist darauf zu achten, dass die Inhalte des Gedichtes Bewegung enthalten.

Text sollte auf das zum Verständnis notwendige Minimum reduziert werden. Manchmal reicht es, nur noch Kernworte zu benutzen. „Musikalisch" umgehen mit Worten und Text meint eine verschiedene Nutzung von Worten oder Wörtern:

- Die Artikulation kann verändert werden: ein Wort oder Text kann verzerrt, gedehnt, staccato- oder legato gesprochen werden.
- Die Sprache kann phonetisch verändert werden: kehlig, blechern, roboterhaft ohne Betonungen, alle Selbstlaute werden dumpf ausgesprochen.
- Text – rhythmisiert genutzt – wirkt durch die Formvorgabe schon in sich gestaltet und birgt gute Möglichkeiten, zu einer Spielszene zu kommen.
- Text gesungen und als Lied in Szene gesetzt und dem Inhalt entsprechend in Bewegung inszeniert – setzt natürlich die Fähigkeit beim Lehrenden voraus, mit Liedgut umgehen zu können.

3.7 Exemplarische Einheit zum Thema Routinebruch

Anknüpfungspunkte für tänzerische Angebote in der Sozialen Arbeit sollten sich an der Lebenswelt der Teilnehmenden orientieren. Damit kann eine reflexive Auseinandersetzung mit bestimmten Alltagssituationen initiiert werden. Als ein prototypisches Beispiel wird im Folgenden eine Einheit beschrieben, welche die tänzerische Auseinandersetzung mit bekannten und immer wiederkehrenden Gesten und Bewegungssequenzen zu einem relevanten Thema aus dem Alltag fokussiert.

Um z. B. in der Schulsozialarbeit herauszufinden, was die Jugendlichen alltäglich beschäftigt und betrifft, kann ein Brainstorming durchgeführt werden.

Ergebnisse dieses Brainstorming könnten sich auf

- Computerspielen,
- Fernsehschauen,
- Rauchen,

- Warten und Abhängen,
- Treffen von Freund/innen etc.

beziehen.

Wichtig ist hierbei, dass für eine tänzerische Auseinandersetzung die Ideen Bewegungsnähe aufweisen müssen.

Das folgende Beispiel zeigt exemplarisch auf, wie die Alltagssituation des „Wartens" und „Abhängens" mittels tänzerischer Gestaltungsprinzipien (siehe Abb. II.3.1) verändert und verfremdet werden kann und gegenüber der Ursprungssituation zu neuen Bedeutungen führt. Das Ziel besteht darin, eine reflexive Haltung gegenüber dieser alltäglichen Situation einzunehmen, diese zu hinterfragen und zu durchleuchten, um sich ihr aus einer künstlerischen Perspektive her nähern zu können.

Einstieg

Grundsätzlich gilt, dass vor jeder Tanz-Einheit die Teilnehmenden eine Einstimmungsphase benötigen. Der Anfang wird stets durch einen Einstieg bewältigt, der motiviert, indem Interaktion und Miteinander ermöglicht werden. Die Spielfreude und die Motivation zum eigenständigen Mitmachen, zur Kooperation mit den Anderen und zur gemeinschaftlichen fantasievollen Zusammenarbeit müssen erst freigesetzt und durch eine anfängliche Animation angeregt und ermöglicht werden. Deshalb stehen am Anfang jedes Projekts Spielformen zum Kennenlernen und zur unverbindlichen Kontaktaufnahme. Zu Beginn sollte kein Zwang zur Produktion oder zur Kreativität entstehen. Es sollten Spielformen sein, in denen man gemeinsam etwas versuchen soll, oder mit Partner/innen Aufgaben erledigt werden, die leicht sind und dadurch Interaktion ermöglichen und initiieren.

Die Akteure in unserem Beispiel haben zum Einstieg die Aufgabe, auf dem Boden liegend das ausgewählte Musikstück zu hören und die vermittelte Stimmung aufzunehmen (= Entspannen und bei sich und im Raum Ankommen). Als nächstes sollen sie die empfundene Stimmung in ihre Bewegung aufnehmen, zur Musik durch den Raum gehen und die anderen Teilnehmer/innen begrüßen (= Begegnung, erste Kontaktaufnahme)

Hauptteil 1: Routine schaffen, Alltagsbewegungen tänzerisch gestalten

In der zweiten Phase wird das Bewegungsthema angesprochen. Die Gruppenleitung bietet Bewegungsübungen an,

- die sich am Alltag orientieren,
- an Geschehnissen,
- an Bewegungsverhalten,
- an Übungs- und Bewegungsformen aus der Gymnastik, Alltag oder dem Sport,
- an Möglichkeiten der Bewegung, je nach Kenntnisstand auch an Techniken des Bewegungstheaters oder des Tanzes.

Im Folgenden werden zunächst Haltungen ausgewählt, die an reale Wartepositionen im Sitzen, Stehen oder Liegen erinnern. Diese werden festgelegt und sukzessive rhythmisiert und in einen tänzerischen Bewegungsablauf, den „Warte-Routine-Ablauf" gebracht:

- Freies Ausprobieren von typischen „Wartepositionen",
- Festlegen von vier Lieblings-Wartepositionen,
- Rhythmisieren der Lieblings-Wartepositionen: Jede Bewegung einem Taktschlag zuordnen (1-2-3-4).

Während sich in den Gruppen eine Situation oder Minihandlung ergibt, indem man sich gemeinsam etwas ausdenkt, sich abspricht, das Abgesprochene ausprobiert und immer weiter verändert, im Übeprozess behutsam festigt und so langsam zu einer wiederholbaren „abgesprochenen Improvisation" kommt, kann die Leitung an dem Prozess der Einzelgruppen punktuell teilnehmen und ggf. Ratschläge erteilen. Dafür ist es notwendig, dass sie sich bereits vor der Einheit mit dem Thema „Warten" intensiver beschäftigt und so auch bei mangelnder Fantasie in den Gruppen einen „ergänzenden" Vorschlag zur Hand hat.
Die Aufgabenstellung für die Teilnehmenden lautet:

- Die Abfolge mehrmals wiederholen und festigen lassen,
- zu dritt zusammenfinden und wechselseitig Bewegungsabläufe vorstellen,
- erlernen eines „Warte-Positionen-Ablaufs" in der Gruppe (synchron),
- die individuellen Abläufe und der gemeinsame Ablauf werden zusammengesetzt:
A = Individuelle Abläufe (parallel, nebeneinander liegend ausgeführt),
B = gemeinsamer synchroner Ablauf,
Reihenfolge des „Warte-Routine-Ablaufes",
AAAA BBBB (Anzahl der sich wiederholenden Bewegungsabläufe).
- Erste Ergebnissicherung: Präsentation der Ergebnisse vor der Kleingruppe Jeweils zwei Kleingruppen präsentieren sich wechselseitig ihre „Warte-Routine-Abläufe" unter dem Aspekt:
  – Was habe ich gesehen und was könnte man besser machen?
  – Was hat gefallen und warum?
  – Was könnte man anders machen?
  – Wer hat eine weiterführende Idee?
  – Konnte man alles sehen?
  – Wurden Gegensätze (wie z. B. *schnell* und *langsam*) inszeniert?
  – Wurde immer dasselbe Tempo gespielt?

Hauptteil 2: Der Routine-Bruch

Im Folgenden geht der Weg von den bekannten Bewegungen über den Prozess der Veränderung und Verfremdung hin zur Erzeugung eines Routinebruchs: mittels bestimmter Gestaltungsprinzipien sollen die Akteure und möglicherweise auch die späteren Zuschauer irritiert und aufgerüttelt werden. Dieser Prozess kann unterhaltsam, aufmerksamkeitserhaschend, witzig oder auch „verrückt" sein. Er hat die Absicht, etwas zu erschaffen, was fesselnd, anregend, poetisch oder unvorhersehbar anders ist.

- Die Lernenden bekommen die Aufgabe, den bestehenden „Warte-Routine-Ablauf" um einen weiteren Teil zu ergänzen.
- Ausgehend von Teil B (synchroner Ablauf) soll im Teil C dieser synchrone Bewegungsablauf aufgebrochen werden.
  Reihenfolge des „Warte-Routine-Ablaufes" (Aufzeichnung)
  AAAA BBBB CCCC.
- Dazu bedienen die Teilnehmenden sich zunächst eines Gestaltungsprinzips (z. B. Echo, Pause, Kanon, Vervielfältigung etc.), welches sie sich aus dem Katalog aussuchen können (vgl. Abb. II.3.2).
- Falls diese Prinzipien der Gruppe noch nicht bekannt sind, sollte die Gruppenleitung an dieser Stelle ein klärendes Gespräch durchführen. Eigene Ideen und Interpretationen der Lehrenden zu den Prinzipien können hier aufgenommen und deren Realisationsmöglichkeit ausprobiert werden.
- Wichtig ist, dass das Durchführungskriterium der Genauigkeit und Erkennbarkeit gewährleistet wird.

Abschlusspräsentation und Reflexion

Im Rahmen der Abschlusspräsentation zum Thema Routinebruch vor der gesamten Gruppe kann den Zuschauenden die Aufgabe gestellt werden, das jeweils angewendete Gestaltungskriterium (z. B. Echo, Kanon, Pause, Bewegungsstopp, Mikro-Makro etc.) zu erraten.

Eine Reflexion und Evaluation der Präsentationen sowie der Praxis könnte folgende Fragen beantworten:

- Wie haben sich die Tanzenden, die nicht an der Reihe waren, benommen? Haben sie abgespannt und privatisiert?
- Waren die Bewegungen klar, oder waren sie gepfuscht? Und wenn, wie hätten sie klarer ausfallen können?
- Haben die Tanzenden klare Blickrichtungen gehabt, oder sind ihre Augen herumgeirrt?
- Hätte sich irgendwo mal ein Rhythmus in der Bewegung ergeben können?
- Wäre es nicht viel leichter, eine Bewegung zu rhythmisieren, wenn alle sie zugleich machen?
- Hat man überhaupt verstanden, worum es den Darstellenden ging? Wenn nicht, wie könnte man das beheben? Durch erläuternden Text oder durch eine Ansage, oder wie könnte das Anliegen in der Bewegung deutlicher herausgearbeitet werden etc.

Neben diesem teilgelenkten Vorgehen gibt es viele andere Möglichkeiten, Bewegung und Tanz in der Sozialen Arbeit bereichernd einzubringen. Bei Jugendlichen beginnt dies mit der Schaffung von Möglichkeiten, sich zu der von ihnen gewählten Musik nach eigenen Regeln zu bewegen – sei es mit Headbanging zu Metal, mit Pogo in der Punk-Szene, zu Reggae oder Hip-Hop. Dabei ist es gut zu wissen, dass viele von der Gesellschaft nicht anerkannte – männliche – Jugendliche sich ihren Stolz und ihre Würde für sich und in ihrer Peergruppe über teilweise gewagte und akrobatische (oftmals aus den Medien kopierte bzw.

adaptierte) Tanzstile holen. Von den begleitenden Sozialarbeiter/innen ist dabei besondere Sensibilität und Achtsamkeit gefordert: Es hängt auch hier von ihrer Wertschätzung und Achtung ab, ob sich über die Bewegungen und Tänze Verbindungen und Anknüpfungspunkte schaffen lassen, oder ob sich die Jugendlichen eher damit abgrenzen.

🔖 Gut zu wissen – gut zu merken

Nach der Lektüre dieses Beitrages können Sie Bewegungs- und Tanzangebote in der Sozialen Arbeit – speziell mit Jugendlichen – mit ihren persönlichkeits- und integrationsfördernden Potenzialen begründen. Bei eigenem Zugang zu ästhetischer Bewegung haben sie einen methodisch-didaktischen Ansatz der Bewegungserziehung kennengelernt, der das Anleiten von Bewegungs- und Tanzangeboten im Sinne der geforderten Zielstellungen und Potenziale ermöglicht. Für die Entwicklung und Reflexion künstlerisch-gestalterischer Kompetenzen wurden Prinzipien und Verfahrensweisen aufgezeigt und damit für im Feld tätige Sozialarbeiter/innen transparent und anwendbar gemacht.

Es besteht zudem die Möglichkeit, die Inhalte und Verfahren auf andere Zielgruppen zu transferieren oder die Gestaltungskriterien und -Prinzipien sowie die unterschiedlichen Ausgangspunkte auf andere Kunstprojekte zu übertragen (besonders Theater, Musik, aber auch Bildende Kunst und Digitale Medien).

📖 Literatur (Kursiv gedruckte Titel werden zur Vertiefung empfohlen)

Abels, H. (2010): Identität. Lehrbuch. 2., überarb. u. erw. Aufl. Wiesbaden: VS.
Abels, H. (2016): Identität: Über die Entstehung des Gedankens, dass der Mensch in Individuum ist ... Wiesbaden: VS.
Alfermann, D. (1995): Geschlechterunterschiede in Bewegung und Sport: Ergebnisse und Ursachen. Psychologie und Sport, 2, S. 1–14.
Alfermann, D. (1998): Selbstkonzept und Körperkonzept. In: Bös, K./Brehm, W. (Hg.): Gesundheitssport. Schorndorf: Hofmann, S. 212–220.
Alfermann, D./Stiller, J./Würth, S. (2003): Das physische Selbstkonzept bei sportlich aktiven Jugendlichen in Abhängigkeit von physischer Leistungsentwicklung und Geschlecht. In: Zeitschrift für Entwicklungspsychologie und Pädagogische Psychologie, 35, S. 135–143.
Bäcker, M, (2008): Tanzen bildet!? Zum tanzpädagogischen Diskurs im Bildungs- und Ausbildungskontext. In: C. Fleischle-Braun/R. Stabel (Hg.): Tanzforschung und Tanzausbildung. Berlin: Henschel, S. 161–175.
Bähr, I. (2005): Kooperatives Lernen im Sportunterricht (Basisartikel zum gleichnamigen Themenheft). In: Sportpädagogik, 29 (6), S. 4–9.
Bähr, I. (2008): Sport und Sozialerziehung. In: Sportunterricht, 57 (1), S. 17–23.
Bähr, I./Prohl, R./Gröben, B. (2008): Prozesse und Effekte kooperativen Lernens im Sportunterricht. In: Unterrichtswissenschaft, 36 (4), S. 290–309.
Ballettanz (2006): „ballettanz macht schule", In: Ballettanz H. 11, S.10.
Bastian, J./Combe, A./Langer, R. (2007): Feedback-Methoden. Erprobte Konzepte, evaluierte Erfahrungen. Weinheim, Basel: Beltz.
Behrens, C. (2011): Bewegungsgestaltung aus Schülerperspektive. Eine empirische Studie zum Erleben von Gestalten, Tanzen und Darstellen. Dissertation, Deutsche Sporthochschule Köln.
Behrens, C. (Hg.) (2014): Themenheft (Doppelheft) „Bewegungsausdruck – sich körperlich ausdrücken, Bewegung gestalten". Zeitschrift *Sportpädagogik*. Friedrich Verlag.

Bergese, H./Schmolke, A. (1951): Schulwerk für Spiel, Musik, Tanz. Singen und Spielen, Bd. 1. Wolfenbüttel: Möseler.
Bernd, C. (1990): Lernen durch Verkörpern – Theaterspielen als Gegenstand der Bewegungserziehung. In: E. Bannmüller/P. Röthig (Hg.): Grundlagen und Perspektiven ästhetischer und rhythmischer Bewegungserziehung. Stuttgart: Klett, S. 301–315.
Bräuer, G. (1989): Zugänge zur ästhetischen Elementarerziehung. In: Deutsches Institut für Fernstudien (Hg.): Musisch-Ästhetische Erziehung in der Grundschule, Teil 1, Tübingen.
Brettschneider, W.-D./Kleine, T. (2002): Jugendarbeit in Sportvereinen – Anspruch und Wirklichkeit. Eine Evaluationsstudie. Schorndorf: Hofmann.
Buytendijk, F. J. J. (1956): Allgemeine Theorie der menschlichen Haltung und Bewegung. Berlin u. a.: Springer.
Cabrera-Rivas, C. (2002): Tanz als Medium der interkulturellen Bildung und Identitätsentwicklung? In: C. Fleischle-Braun (Hg.): Tanz zwischen den Kulturen. Tanz als Medium der interkulturellen Bildung und Identitätsentwicklung. Butzbach-Griedel: Afra, S. 21–37.
Dinold, M. (2004): Projekt „Tanz aus der Reihe!" – Einblick in wichtige Ergebnisse. Transfer, H. 1, S. 4.
Ehrenspeck, Y. (2001): Stichwort Ästhetik und Bildung. In: Zeitschrift für Erziehungswissenschaft, 4 (1), 5–21. Internet: http://home.arcor.de/zf/zfkm/ehrenspeck1.pdf. Aufruf: 22.08.2017.
Ellermann, U./Meyerholz, U. (2009): TuB – Tanz- und Bewegungstheater. Oberhofen am Thunersee: Zytlogge Werkbuch.
Erdmann, R. (1999): Interkulturelle Bewegungserziehung (Brennpunkte der Sportwissenschaft, Bd. 19). Sankt Augustin: Akademia Verlag.
Fischer-Lichte, E. (2007): Auf der Schwelle. Ästhetische Erfahrungen in Aufführungen. In: Gehm, S./Husemann, P./Wilcke, K. v. (Hg.): Wissen in Bewegung. Perspektiven der künstlerischen und wissenschaftlichen Forschung im Tanz. Bielefeld: transcript, S. 239–246.
Fleischle-Braun, C. (2005): Konzepte der Tanzerziehung und Tanzausbildung. Manuskript zum Vortrag vom 20.01.2005, Institut für Sportwissenschaft, Universität Stuttgart. Online: www.sport.uni-stuttgart.de/.../Konzepte_der_Tanzerziehung.doc. Aufruf: 10.02.2017.
Fink, T./Hill, B./Reinwand, V./Wenzlik, W. (2010): „Die Kunst über Wirkungen kultureller Bildung zu forschen". Internet: http://www.forschung-kulturelle-bildung.de/, Aufruf: 06.08.2017.
Fritsch, U. (1989): Ästhetische Erziehung. Der Körper als Ausdrucksorgan. In: Sportpädagogik, 13 (5), S. 11–18.
Gerlach, E./Brettschneider, W.-D. (2008): Sportengagement, Persönlichkeit und Selbstkonzeptentwicklung im Kindesalter. In: Schmidt, W. (Hg.): Zweiter Kinder- und Jugendsportbericht. Schwerpunkt: Kindheit, Schorndorf, S. 193–208.
Gröben, B. (2005): Effekte des Kooperativen Lernens im Spiegel der Unterrichtsforschung. In: Sportpädagogik, 29 (6), S. 48–53.
Kirsch, S. (2005): Im Tanz die Sinne erfahren. Die Ausbildung der Identität durch eine sinnesorientierte Tanzpädagogik. Hamburg: Kovač.
Hurrelmann, K./Albert, M. (2006): Jugend 2006. Eine pragmatische Generation unter Druck. 15. Shell Jugendstudie. Frankfurt a. M.: Fischer Tb.
Klindt, C. (1970): Tanzen in der Schule: amerikanische Tänze für den Anfangsunterricht. Schriftenreihe zur Praxis der Leibeserziehung und des Sports, Bd. 43. Schorndorf: Hofmann.
Klinge, A. (2004): Tanzen zwischen Nachmachen und Gestalten Nachmachen und Tanzen. Tanzen und Nachmachen. In: Sportpädagogik 2004 (5), S. 4–9.
Klinge, A. (2008): Gestalten. In: Lange, H./Sinning, S. (Hg.): Handbuch Sportdidaktik. Balingen: Spitta, S. 401–411.

Kurz, D. (1997): Zur pädagogischen Grundlegung des Schulsports in Nordrhein-Westfalen. In: Landesinstitut für Schule und Weiterbildung (Hg.): Vorschläge zur Curriculumreform im Schulsport. (Curriculum im Schulsport – Werkstattberichte. H. 3). Soest, S. 8–42.

Kurz, D. (1998): Schulsport in Nordrhein-Westfalen. Das pädagogische Konzept der Richtlinien- und Lehrplanrevision. In: Sportunterricht 47 (4), S. 141–147.

Laging, R. (1993): „Bewegung in der Schule!". In: Die Grundschulzeitschrift (70), S. 8–15.

Landesbüro Tanz, NRW (2010): Projekt 180° Drehung. Online: www.landesbuerotanz.de Aufruf: 15.12.2017.

Leineweber, H./Ohlert, J./Kleinknecht, H./Kleinert, J. (2011): Motivation im Berufsschulsport: Zum Einfluss von Gruppenkohäsion und motivationalem Klima. In: J. Ohlert/J. Kleinert, J. (Hg.): Sport Vereint – Psychologie und Bewegung in Gesellschaft. Jahrestagung der Arbeitsgemeinschaft für Sportpsychologie. Abstractband. Köln: Feldhaus.

Mayer, B. (2004): Tanz. In: Jäger, J./Kuckhermann, R. (Hg.): Ästhetische Praxis in der Sozialen Arbeit. Weinheim, München: Juventa, S. 203–221.

McInerney, D. M./Yeung, A. S./Russell-Bowie, D. (1999b): Towards a Hierarchical Artistic Self-Concept. Paper presented at the Joint Conference of the Australian Association for Research in Education and the New Zealand Association for Research in Education in Melbourne, Australia, 29 November–2 December 1999. Online: http://www.aare.eduau¬/99pap/mci99422.htm. Aufruf: 15.07.2017.

McInerney, D. M./Yeung, A. S./Russell-Bowie, D. (2001): Hierarchical, multidimensional creative arts self-concept. Australian Journal of Psychology, 53, S. 125–133.

Merkt, I. (2002): Andere Völker – andere Tänze? In: Grundschule 9/2002, S. 40–41. Meusel, W./Wieser, R. (1995): Handbuch Bewegungsgestaltung. Seelze-Velber: Kallmeyer.

Michels, H. (2007): Hauptsache Sport. In: Sozial Extra, H. 9/10, S. 13–16.

Mrazek, J./Hartmann, I. (1989): Selbstkonzept und Körperkonzept. In: Brettschneider, W.-D./Baur, J./Bräutigam, M. (Red.): Bewegungswelt von Kindern und Jugendlichen. Bericht über den 8. Sportwissenschaftlichen Hochschultag der DVS, Paderborn 1987. Schorndorf: Hofmann, S. 218–230.

Mrazek, J. (1984): Selbstkonzept und Körperkonzept. In: Psychologie – Schweizerische Zeitschrift für Psychologie und ihre Anwendungen, 43, S. 1–23.

Mrazek, J. (1987): Struktur und Entwicklung des Körperkonzepts im Jugendalter. In: Zeitschrift für Entwicklungspsychologie und Pädagogische Psychologie, 19, S. 1–13.

Munzar, S. (2007): Fachdidaktik „gestaltend-darstellender Bewegungshandlungen". Standortbestimmung und Möglichkeiten hochschuldidaktischer Umsetzung. In: Konrad, K. (Hg.): Inszenieren, Differenzieren, Reflektieren. Wege sportdidaktischer Kompetenz. Purkersdorf: Brüder Hollinek, S. 377–398.

Neuber, N. (2000): Kreativität und Bewegung. Grundlagen kreativer Bewegungserziehung und empirische Befunde. Schriften der Deutschen Sporthochschule Köln, Bd. 45. Sankt Augustin: Academia.

Neuber, N. (2002): Kreative Bewegungserziehung – Bewegungstheater. Aachen: Meyer/Meyer.

Neuber, N. (2002): Bewegung als gestaltbares Material. Der künstlerisch-pädagogische Ansatz der Bewegungserziehung. In: Sportunterricht, 51, (12), S. 363–369.

Oerter, R./Montada, L. (Hg.) (2008/2012): Entwicklungspsychologie. 6., vollständig überarb. Aufl. Weinheim, Basel: Beltz PVU.

Pape-Kramer, S. (2004) (Hg.): Crossover-Sport. Innovatives für Unterricht und Praxis mit Jugendlichen im Bereich Bewegungsgestaltung. Schorndorf. Hofmann.

Pavicic, C. (2007): Hip Hop Dancing Bodies. Eine interkulturelle Studie der Hip Hop Kultur. Hamburg: Verlag Dr. Kovac̆.

Pinok/Matho (1987): Dynamik der Kreation: Wort und Körpersprache. Köln: U. Schortemeier.

Quinten, S. (1994): Das Bewegungsselbstkonzept und seine handlungsregulierenden Funktionen – Eine theoretische und empirische Studie am Beispiel Bewegungslernen im Tanz. Köln: bps.
Rebel, G. (2009): Biografiearbeit mit Bewegung und Tanz – Der Körper erinnert sich. In: Hölzle, Ch./Jansen, I. (Hg.) (2009): Ressourcenorientierte Biografiearbeit. Grundlagen – Zielgruppen – Kreative Methoden. Wiesbaden: VS.
Reichel, I./Schmidt, M./Valkanover, S./Conzelmann, A. (2010): Persönlichkeitsentwicklung durch Tanz im Schulsport? (Tagungsbeitrag) In: Finkenzeller, T./Amesberger, G. (Hg.): Abstractband zum 14. ASP-Nachwuchsworkshop vom 11.–13. Mai 2010, Universität Salzburg.
Rittelmeyer, C. (2017): Warum und wozu ästhetische Bildung? Über Transferwirkungen künstlerischer Tätigkeiten. Ein Forschungsüberblick. 3. Aufl. Oberhausen: Athena.
Röthig, P./Prohl. R. (2003): Sportwissenschaftliches Lexikon. 7., völlig neu überarb. Aufl., Schorndorf: Hofmann.
Preston-Dunlop, V. (1980): A handbook for dance education. McDonald and Evans.
Russell-Bowie, D./Yeung, A. S./McInerney, D. M. (1999): Creative Arts Self-concept and Anxiety: Do Family Backgrounds Matter? Paper presented at the Joint Conference of the Australian Association for Research in Education and the New Zealand Association for Research in Education in Melbourne, Australia, 29 November–2 December 1999. Online: http://www.aare.edu.au/99pap/bow99419.htm Aufruf: 15.07.2017.
Schmolke, A. (1976): Das Bewegungstheater: Hilfen und Anregungen für das Spielen mit Kindern und Erwachsenen. Wolfenbüttel: Möseler.
Shavelson, R. J./Hubner, J. J./Stanton, G. C. (1976): Self-concept: Validation of construct interpretations. Review of Educational Research, 46, S. 407–41.
Späth, U./Schlicht, W. (2000): FKS – Fragebogen zum Körper- und Selbstkonzept. Kurznachweis. In: Psychologie und Sport, 7 (2), S. 51–66.
Steinberg, C. (2016): Künstlerischer Tanz im Alter. In: Fricke, A./Hartogh, T. (Hg.): Forschungsfeld Kulturgeragogik. Schriftenreihe Kulturelle Bildung. Bd. 52, S. 189–202. München: kopaed.
Tanzpädagogischer Forschungstag, Online: http://www.bv-tanzinschulen.de/Doku_Forsch¬ungstreffen, Aufruf: 20.05.2017.
Tiedt, A. (2001): Bewegende Verse. Wie aus einem Gedicht Bewegung wurde. In: Sportpädagogik, H. 5, S. 28–31.
Tiedt, W. (1995a): Bewegungstheater, Bewegung als Theater, Theater mit Bewegung. In: Sportpädagogik, H. 2, S. 15–24.
Tiedt, W. (1995b): Bewegungstheater – Unterrichtsplanung und Realisation. In: Pawelke, R. (Hg./Red.): Neue Sportkultur. Neue Wege in Sport, Spiel, Tanz und Theater. Von der Alternativen Bewegungskultur zur Neuen Sportkultur. Ein Handbuch. Lichtenau: AOL, S. 240–251.
Tiedt, W. (1999): Bewegungstheater. In: Günzel, W./Laging, H. (Hg.): Neues Taschenbuch des Sportunterrichts Bd. II. Didaktische Konzepte und Unterrichtspraxis. Baltmannsweiler: Schneider Verlag Hohengehren, S. 309–336.
Tietjens, M. (2009): Physisches Selbstkonzept im Sport. Hamburg: Czwalina.
Vent, H./Drefke, H. (1994): Gymnasik, Tanz. Berlin: Cornelsen.
Vispoel, W. P. (1993): The development and validation of the Arts Self-Perception Inventory for Adolescents. Educational and Psychological Measurement, 53, S. 1023–1033.
Vispoel, W. P. (1995): Self-concept in the arts. An extension of the Shavelson model. Journal of Educational Psychology, 87, S. 134–145.
Vispoel, W. P. (1996): The development and validation of the Arts Self-Perception Inventory for adults. Educational & Psychological Measurement, 56, S. 719–735.
www.kulturstiftung-des-bundes.de, Aufruf: 10.04.2017.

4 THEATER UND SOZIALE ARBEIT – EIN „OFFENES" THEATERPROJEKT MIT GEISTIG UND KÖRPERLICH BEHINDERTEN ERWACHSENEN

Georg-Achim Mies

Was Sie in diesem Kapitel lernen können

Die „offene" Arbeit hat heute den Ruf, dass sie bei der Vermittlung von ganz bestimmten Qualitätsvorstellungen von Kunst, Ästhetik und Gut-Menschsein („Kompetenzen") messbar weniger effektiv ist als andere Methoden.

In diesem Beitrag geht es darum zu zeigen, dass die „offene" Theater-Projektarbeit in der Sozialen Arbeit noch immer große Chancen bietet und das auch da, wo sie zunächst schwierig bis unmöglich zu sein scheint.

Weil in der „offenen" Arbeit eher methodisch abgerüstet als aufgerüstet wird, lässt sie Raum für tatsächlich eigenschöpferische Tätigkeiten. Die „offene" Arbeit baut auf vorhandenes Können, auf befreiende Selbsttätigkeit, lustvolles Spielen und auf Eigenwillen, selbst dann, wenn Teilnehmer ein fragwürdiges Thema wählen.

Im ersten Teil dieses Beitrags werden unterschiedliche theoretische und praktische Ansätze heutiger Theaterpädagogik im Überblick und mit ausführlichen Hinweisen auf Literatur vorgestellt. Im zweiten Teil wird die „offene" Arbeit „Krippenspiel" mit geistig und körperlich behinderten Erwachsenen in Auszügen beispielhaft dokumentiert.

4.1 Theaterspiel in der Sozialen Arbeit

Vereinfacht beschrieben ist Theater auch in der Sozialen Arbeit ein künstlerisch-ästhetisches Spiel von Darstellern, auf das Zuschauer reagieren. Konventionell nutzen Theaterspieler, die Darsteller, einen abgegrenzten und besonders ausgestatteten Raum. In diesem Raum spielen sie „live" mit lebendigen Körpern, materiellen Gegenständen, mit optischen, akustischen und motorischen Zeichen und teilen, abgesprochen und geregelt, anderen in ihren Rollen etwas mit. Mehr oder weniger weit abgerückt sitzen und reagieren die am Spiel beteiligten Zuschauer. Dieses konventionelle Theaterschema wird heute auch in der Sozialen Arbeit einfallsreich durch andere ästhetische Formen des Raumes, der Darstellung und des Zuschauens ersetzt. So kann z.B. der Raum eine Straße, eine Lagerhalle oder ein Garagendach sein. Statt fremde Rollen zu übernehmen, können die Darsteller sich als die zeigen, die sie auch im Alltagsleben sind. Die Zuschauer müssen nicht ein von der Bühne abgerücktes Publikum bleiben, sie können auch zu Beteiligten am Bühnengeschehen werden.

In der Sozialen Arbeit wird bevorzugt mit nicht an Sprache orientierten Theaterformen gespielt. Dazu gehören: Pantomime, Schattentheater, Figurentheater, Maskenspiel, Zirkus, Clownerien und Tanz (zu den vielfältigen in der Sozialen Arbeit möglichen Theaterformen Koch/Streisand 2009).

Beliebt sind auch in der Sozialen Arbeit so genannte Cross-over-Formen, in denen theatralische Ereignisse in Verbindung mit anderen Künsten vor allem auch digitalen Medien gestaltet werden. Denn: „Richtig im Theater genutzt, können Medien ... mithelfen, neue, kreative Ideen zu realisieren und Andersartiges zu schaffen. Der Einsatz von Medien könnte ein wichtiges Experimentierfeld für Ich-Konstruktionen oder auch Ich-Rekonstruktionen auf der Bühne darstellen ... Gefragt ist eine fantasievolle, gut eingebundene Nutzung der Medien" (Müller 2011, 68).

4.2 Funktion und Bedeutung

In der älteren Sozialen Arbeit war Theaterarbeit nur dann sinnvoll, wenn Rollen erfunden oder Rollenvorgaben gezeigt wurden, die nahe am Alltag der Darsteller und Zuschauer blieben. Ziel war es, durch das Theaterspielen bei Darstellern und Zuschauern das richtige Bewusstsein zu wecken und Strategien zu vermitteln, die es jedem ermöglichen sollten, die Gesellschaft zum Besseren hin zu verändern. Ähnlich zweckgebunden gedacht, sollen heute über das Theaterspielen vor allem Kompetenzen erworben werden, die für den Alltag nützlich sind und im Beruf Erfolg garantieren.

Es gab und gibt in der Sozialen Arbeit jedoch auch Theaterpädagogen, die meinen, dass Theaterangebote, die vornehmlich Fähigkeiten für bestimmte Lebenssituationen trainieren, nicht mehr Theaterspiel sind, sondern eher Erziehung oder Verhaltenstherapie.

Diese Theaterpädagogen setzen an die Stelle des alten „Sozialen Lernens" mit vorab definierten Zielvorstellungen ein „Neues Soziales Lernen" (Altenhofer 2008). Nach diesem Konzept explorieren Theatergruppen ihre Erwartungen an das Vorhaben und ihren Lernzuwachs spielerisch selbst (Seidl-Hofbauer 2009). Ästhetisch geht es vor allem um das Bemerken und Reflektieren von eingefahrenen Blockaden und Routinen. Zugleich können auch neue ästhetische, praktische, menschliche und authentische Lebensstile für den Alltag ausprobiert und reflektiert werden (Kern 1998).

4.3 Begründungen und Legitimierungen

Es gibt viele einleuchtende theoretische und praktische Begründungen für Theatervorhaben. Sehr zusammengefasst seien hier drei Orientierungen mit ihren Begründungen angeführt.

4.3.1 Wissenschaftliche Orientierungen und Begründungen

Die Güte der wissenschaftlichen Begründung eines Theaterpädagogen für sein Tun hängt davon ab, wie er sein praktisches Konzept mit gesicherten Erkenntnissen aus anderen Wissenschaften, Disziplinen, Fächern, Berufen und Bereichen einleuchtend machen kann. In der nachfolgenden Grafik sind die möglichen Anteile von Wissenschaften, Disziplinen, Fächern, Berufen und Bereichen, die ein Theaterpädagoge für sein Konzept zentral sein lassen und für eine Begründung bzw. Rechtfertigung seiner Theatertätigkeit wählen kann, benannt:

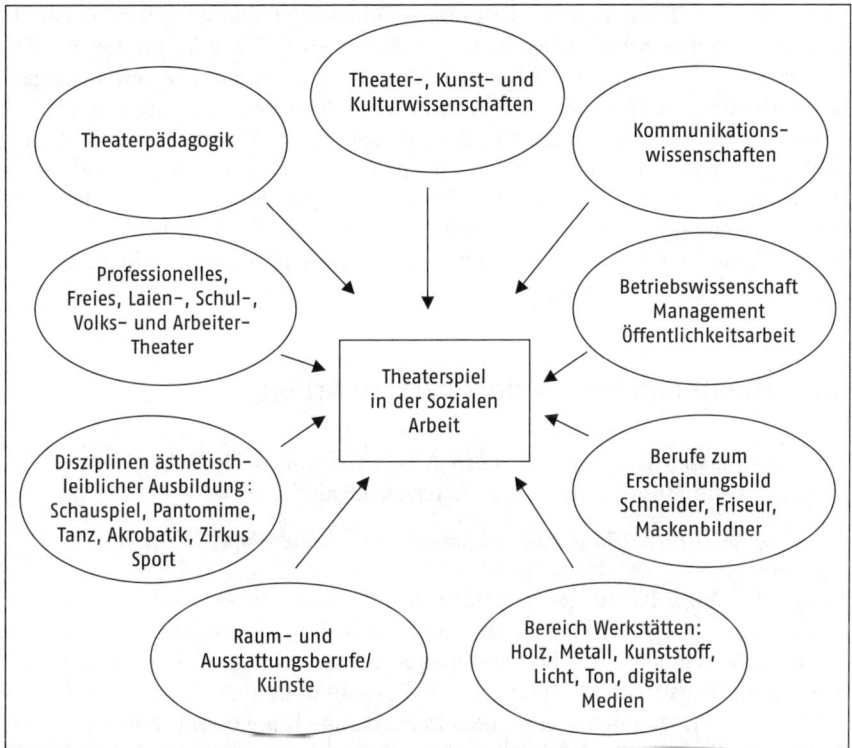

Abb. II.4.1: Theaterspiel in der Sozialen Arbeit und mit welchen Hilfswissenschaften und Hilfsdisziplinen sowie mit welchen Erfahrungen, Erkenntnissen und Arbeitsweisen aus Berufen und Bereichen es sich legitimieren kann

4.3.2 Rechtliche Legitimierung – beispielhaft aufgezeigt für die Situation behinderter Menschen

In den gesetzlichen Regelungen, z. B. zur Rehabilitation und Teilhabe behinderter Menschen, werden insbesondere Hilfen und Leistungen zur Teilhabe am Leben in der Gemeinschaft § 55 sowie Hilfen und Leistungen zur Förderung der Verständigung § 57 genannt. Gerade über das Theaterspielen können diese Hilfen, Förderungen und Leistungen erbracht werden. Die in diesen Gesetzen explizit zum Ausdruck gebrachten Interventionshaltungen: „Hilfe zur Selbsthilfe", „Subsidiäre Intervention" oder der „Grundsatz des Hilfreichen Beistandes" SGB VIII § 4 Abs. 3 u. § 74 Abs. 4 sind für „offene" Theatervorhaben unhintergehbare Voraussetzungen (vgl. auch SGB IX).

4.3.3 Pädagogisch-praktische Orientierungen und Begründungen

Es gibt Theaterpädagogen, die den Einsatz von Theaterspiel damit begründen, dass über das Theaterspielen bestimmte Fähigkeiten und Fertigkeiten gerade auch im zwischenmenschlichen Zusammenleben erworben und trainiert werden können, so z. B. die heute üblichen Schlüsselkompetenzen. Theaterpädagogen, die methodisch „offene" Formen bevorzugen, halten dagegen, dass eine methodisch eng geplante Ausrichtung an bestimmten Zielen, Zwecken und Wirksamkeiten die Chance aufgibt, beim Theaterspielen selbst Ziele, Zwecke und Wirksamkeiten zu entdecken. Es geht folglich um die Frage nach methodisch-didaktisch eng gelenkten oder offenen Konzepten der Theaterarbeit. Die gegenseitige Kritik von Vertretern der unterschiedlichen Richtungen fällt heftig aus (vgl. Jordan 2001, 49; Hafke 2009).

4.4 Theaterspielen in der Sozialen Arbeit

Ganz grob lassen sich in der Sozialen Arbeit vier unterschiedliche Gruppen von Ansätzen beim Einsatz von Theater unterscheiden:

1. *„Basales Theater" und Ermöglichung von Theater- und Performance-Interaktionen*
   Sozialarbeiter, Pädagogen und Künstler, die nach diesen Ansätzen arbeiten, bieten den Darstellern Räume an, in denen sie mit allen Sinnen, vor allem mit ihrem Bewegungs- und Berührungssinn, gestalterisch tätig sein können. Oft wird die künstlerisch-körperliche Ausdrucksfindung und Ausdruckspräsentation unterstützt durch selbst gestaltete Musik, Klänge und Vokalisationen. Die Sozialarbeiter und Künstler arbeiten ganzkörperlich, gestisch, tänzerisch, zumeist in Paaren oder kleinen Gruppen und non-verbal. Im *basalen* Theater gibt es keine Zuschauer, allenfalls beobachtende Teilnehmer (Manecke 1997; Sandahl/Auslander 2005).
2. *Ansätze zur Selbstgestaltung von Theater- und Performance-Vorhaben mit gegebenen Möglichkeiten*
   Sozialarbeiter, Pädagogen und Künstler, die nach diesen Ansätzen arbeiten, geben den Teilnehmern ihrer Theater-Projekte „Hilfe zur Selbsthilfe" und setzen mehr auf vorhandene, vor allem körperliche Ausdrucksmöglichkeiten als auf Trainings von neuen Fertigkeiten. Sie verstärken wie beim Konzept des „Empowerment" das, was schon gekonnt wird und leichtfällt. Was die Gruppe erarbeitet, ist eher für Zuschauer aus dem nahen Umfeld oder für ein ganz

bestimmtes „Zielpublikum" gedacht (Jurké 2010; Mies/Sommer 1999; Rellstab 2000; Altenhofer 2008; Sahm 2011, bes. 77–112).
3. *Subkulturelle oder gegenkulturelle Ansätze*
Sozialarbeiter, Pädagogen und Künstler, die nach diesen Ansätzen arbeiten, entwickeln mit ihren Gruppen Theater-Produktionen, mit denen sie sich gesellschaftskritisch einmischen können. Ihre Arbeit ist politisch motiviert, oft auch provokativ und subversiv. Gruppen, die so arbeiten, zeigen ihre Produktionen gerne „außer Haus". Ihre Zuschauer suchen sie sich auf Straßen und Plätzen. Sie verwerten situativ vorliegende Gegebenheiten zu künstlerisch-ästhetischen und zu politischen Zwecken in ihrem Sinn (Die Conrads 1969; Glicher-Holtey u. a. 2006; Theunissen/Großwendt 2006, insbes. S. 11–27).
4. *Ansätze zu Theatergestaltungen, die sich am Standard der Hochkultur orientieren*
Sozialarbeiter, Pädagogen und Künstler, die nach diesen Ansätzen arbeiten, richten sich ästhetisch, inhaltlich, formal und organisatorisch nach dem, was im aktuellen Theater gerade angesagt ist. Sie laden zu ihren Aufführungen die gleichen Zuschauer wie die professionellen Theater ein (Höhne 1999/Eggers 2011).

4.5 Zielgruppen und Felder

Das Theaterspielen eignet sich als künstlerisch-ästhetische Gestaltungsaufgabe für alle Zielgruppen der Sozialen Arbeit (Witte 2003). Denn es kann für eine Person bis hin zum Stück mit vielen Personen und deren jeweilige, auch besondere Lebenslage konzipiert werden, kurz oder lang sein, alle Themen aufgreifen, sprachlich oder nonverbal ausfallen, auf multimediale Möglichkeiten zugreifen, drinnen und draußen stattfinden und sich jeden Raum und Gegenstand zunutze machen. Realisierungschancen hat es bei Kleinkindern/Kindern (Droste 2009 und 2016; Seidl-Hofbauer 2009) wie bei Senioren (Lang 2003) und gerade auch in der interkulturellen Jugendarbeit (Hoffmann/Klose 2009). Es kann in Justizvollzuganstalten (Radtke 2003) ebenso stattfinden wie in Managerkreisen (Hoffman 2003). Theater lässt sich mit Obdachlosen (Seidler 1998), Drogensüchtigen (Binder 2010), psychisch Kranken (Müller-Weith u. a. 2002) ebenso spielen wie mit Frauen im Frauenhaus (Martens 1992). Selbst für schwerstbehinderte Menschen lassen sich Zugänge zum Mitmachen verschaffen (Manecke 1997; Sandahl/Auslander 2005; Laubrock 2003).

Werden Theaterprojekte nach der *„offenen Methode"* in der Sozialen Arbeit durchgeführt, kann es nicht darum gehen, für jede Zielgruppe, für jedes Feld thematische und für jede räumliche und zeitliche Situation spezifisch geeignete Übungen, Spiele und Theaterkonzepte „im Gepäck" zu haben. Das wäre eine inhaltliche und methodische Überforderung. Das „Durchziehen" von inhaltlich und methodisch vorab beschlossenen und abgeschlossenen Konzepten ist sogar kontraproduktiv für die „offenen Theaterarbeit".

4.6 Theaterspielen kann so einfach sein

Jeder, der sich auf Theaterspielen einlassen kann, erfährt, dass Theaterspielen schon mit einem Minimum an Fähigkeiten und Fertigkeiten möglich ist. Alles Weitere kann spielerisch erworben werden. Sollte jemand die Bühne gar nicht betreten wollen, gibt es viele andere Aufgaben, die er hinter der Bühne und nicht im Rampenlicht meistern kann (vgl. Abb. II.4.1). Hier einige Vorschläge, die dem Spielleiter, ganz gleich ob Sozialarbeiter, Pädagoge oder Künstler, und der Gruppe den Einstieg in das Theaterspiel erleichtern:

- Der Spielleiter sollte wissen, wie er anfangen will. Er sollte Vorschläge zum Einsteigen machen und zugleich für alles offen sein können.
- Für jeden muss gleich zu Anfang etwas dabei sein, was er, und sei es mit Hilfe, beisteuern kann.
- Einfaches Übernehmen von Übungen und Spielen klappt nicht! Jede künstlerisch-ästhetische Aktion hat ihre Besonderheiten. Methodische Formate können nur Hinweise für aktuelle Entscheidungen in der „Live"-Situation sein.
- Beabsichtigte Spiele, Übungen und Phasen sollten vorab auf erwartete Möglichkeiten des Einzelnen, der Gruppe sowie auf den Raum, die zur Verfügung stehende Zeit, die Dinge im Raum und auf das Thema *Theaterspielen* abgestimmt werden.
- Die Angebote sollten spielerisch sein. Wenn Angebote für jemanden zu schwer sind, müssen sie variiert und erleichtert werden.
- Für die Theaterarbeit ist es grundsätzlich wichtiger, körperlich zu handeln und Ausdrucksmöglichkeiten spielerisch zu finden als darüber zu reden.
- Ganz einfaches Nachvollziehen oder Nachmachen kann schon Schauspielen sein.
- Besser nur ein, zwei Angebote und die ausführlich durchspielen und üben. Erst das Wiederholen bringt etwas. Alles möglichst deutlich und groß machen, nur das fördert Schauspielen.
- Misslingen darf sein, Blamieren ist tabu.
- Unbedingt Pausen einlegen.
- Der Spielleiter ist nur dann Modell, wenn keinem anderen etwas einfällt.
- Gefundenes vormachen lassen und ausprobieren, was daran für Rollen oder Bühne zu gebrauchen ist.

4.7 Mutmachen zum Theaterspielen

Auch Profis schaffen es nicht, gleich zu Anfang locker und unbekümmert die Bretter des Theaters zu betreten. Mut zum Theaterspielen machen die folgenden Verfahren, Übungen und Spiele:

Mutmachen zum Theaterspielen durch gegenseitiges Kennenlernen, Kontaktaufnahme, Kooperation und Kommunikation
Zum Lockern und Kennenlernen eigenen sich besonders gespielte und variierte Alltagsrituale des Begegnens. Für die weitere Zusammenarbeit sind eingeschobene Paar- und Gruppenspiele wichtig, die im Nachgespräch oder einer nonverbalen Anschlussübung Auskunft geben über die eigenen aktuellen Wahrnehmungen, Gefühle, Absichten und Vorstellungen sowie über die der anderen (Gudjons 1993, 91–112, 66–90; Rellstab 2000, 210 f./167–192).

Mutmachen zum Theaterspielen durch motivierende Spiele und Übungen
Günstig motivierend sind beim Theaterspielen solche Vorhaben, von denen der Einzelne weiß, dass sie ihn angemessen fordern, d. h. ihn in seinen Möglichkeiten weder über- noch unterfordern.

Günstig bzw. ungünstig können sich z. B. die nachfolgend benannten Gegebenheiten, deren Gegenteile und alle Stufen dazwischen auswirken:

- Die physische/psychische Verfassung eines Spielers: Er ist hellwach, er ist ausgeglichen, er kann sich konzentrieren, er beschwingt den Ablauf der Gestaltungsaufgaben.
- Der Mitspieler: Er ist bekannt, er ist sympathisch, er hat die „gleiche Wellenlänge".
- Die Gestaltungsaufgabe (Spiel, Übung, Text, Bühnenbild): Sie ist mitreißend, sie lässt sich mit angenehmer Anstrengung erledigen, sie lässt gutes Gelingen erahnen.
- Die Bühnengestalt: Sie bietet viele Spielmöglichkeiten, lässt Varianten in der Ausstattung zu.
- Die gewählte Aufführungsform: Sie ist einfach, ist abwechslungsreich und unterstützt die gewollte Aussage.
- Der mediale und technische Support: Er ist unkompliziert, er unterstützt, er beschränkt sich auf Wesentliches und stört nicht.
- Das Zusammenspiel weiterer individuell passender „Anregungspotenziale" einer Theaterspielsituation: Hier sollte ein Spielleiter beim Austarieren helfen (Heckhausen 1968).

Mutmachen zum Theaterspielen durch positive Erfahrungen mit Gruppenarbeit
Trifft sich eine Theatergruppe zum ersten Mal, braucht es viel Zeit, um eine Gruppe werden zu können. Ohne dass jeder in der Gruppe spürt und weiß, wie Beiträge im Sinne der Gruppe zu machen und aufzugreifen sind, ist Theater-Machen nicht möglich. In der Literatur finden sich zum Thema Gruppe auf der einen Seite Spiele und Übungen, die Menschen mit bestimmten Programmen möglichst schnell zu einer Gruppe fügen, auf der anderen Seite Spiele und Übungen, die einen Weg weisen, wie eine Ansammlung von Menschen sich selbst allmählich zu einer Gruppe fügen kann (Schmidt-Grunert 2009; Rellstab 2000, 208–211; Gudjohns 1983, 195–209; Mies/Sommer 1999, 155–178).

Mutmachen zum Theaterspielen durch gemeinsames Entdecken von Gestaltungsmöglichkeiten
Die Gruppe selbst wird immer wieder an Punkte kommen, wo sie fragt, wie lässt sich dieses oder jenes gestalterisch, menschlich und auf welche Weise lösen? Taucht erst einmal eine Lösung auf, ist die Zuversicht für weiteres Gelingen groß. Der Spielleiter sollte hier seine Aufgabe darin sehen, Gruppenmitglieder zu Modellen, Hilfen und Assistenzen beim gemeinsamen Lösen anzuregen (Johnstone 1993; Rellstab 2010, 205–211; Seidl-Hofbauer 2009).

Mutmachen zum Theaterspielen durch verbalen und non-verbalen Austausch
Wenn in einer Gruppe Theater gespielt werden soll, bedarf es vieler Zwischen-Verständigungen. Nur dann können alle Mitgestalter werden.

Zum Verlauf einer Theaterarbeit gehören Höhen und Tiefen, Wagen und Zagen, Suchen und Finden, Durchhalten und Aufgeben, Harmonie und Spannungen. Darum ist es für die Gruppe wichtig, dass sie lernt, wie sie für den Fall, dass der Prozess stockt, unübersichtlich wird oder an Dynamik und Erfreulichkeit verliert, Mut zum Klären, zum Weitermachen oder auch zum begründeten Abbrechen findet. Wichtig sind die Fähigkeiten:

- Geduldig und verständnisvoll zuschauen, zuhören, sich einfühlen können, wenn andere sich äußern (Gudjons 1983, 66–90; Rellstab 2000, 65–93).
- Verbale und/oder non-verbale Mitteilung über das machen können, was an anderen oder an einem selbst auffällt (Gudjons 1983, 137–17; Frey 2007, 60 f./125–145; Rellstab 2000, 202 f.).

4.8 Nach der „offenen" Projektmethode in der Sozialen Arbeit Theater machen

Die nachfolgende Tabelle gibt einen Überblick über vier Richtungen von Projektmethoden, die sich für eine Theaterarbeit in der Sozialen Arbeit wählen lassen.

Tab. II.4.1: Projektmethoden

	Haltung der Leitung: dirigistisch	Haltung der Leitung: teilnehmerzentriert
Fremder Rahmen	1. Dirigistisches Projekt In der Sozialen Arbeit dann, wenn künstlerische Intentionen im Vordergrund stehen, z. B. „Rhythm is it".	2. Teiloffenes Projekt In der Sozialen Arbeit dann, wenn pädagogische oder therapeutische Intentionen im Vordergrund stehen.
Eigener Rahmen	3. Verdeckt dirigistisches Projekt In der Sozialen Arbeit dann, wenn in dem System „Projekt" spontane	5. Offenes Projekt In der Sozialen Arbeit dann, wenn Experimentieren, Selbstentdecken

Tab. II.4.1: Projektmethoden – Fortsetzung

	Haltung der Leitung: dirigistisch	Haltung der Leitung: teilnehmerzentriert
	und selbst bestimmte Tätigkeiten paradoxerweise nach bestimmten Projekt-Prinzipien geordnet oder umgekehrt nach Prinzipien geordnete Projekt-Tätigkeiten paradoxerweise spontan oder selbst bestimmt ablaufen sollen.	und Spiel im Vordergrund stehen. Der Leiter ist eher „Leerer" als „Lehrer" (Baumeister 1947, 166). Vgl. „Krippenspiel" in diesem Beitrag
Lit.: Zu 1. Grube/Lanch 2004, kritisch dazu Seitz 2008. Zu 2. Schilling 2016, 245–263; Prange 2008. Zu 3. Bardmann 2010. Zu 4. Frey 2007; Mollenhauer 1996.		

Im letzten Tabellenfeld ist die „offene" Projektmethode angeführt. Sie ist im Unterschied zu den anderen in den ersten drei Feldern eingetragenen Projektverfahren eine Methode, die einer Gruppe ermöglicht, ein Theatervorhaben thematisch und organisatorisch weitestgehend selbstständig und selbst verantwortet durchzuführen (Trunk 2011). Die Leitung ist nur (!) sehr präsent und nimmt an allem Anteil. Sie kann beim Aufstellen von (vorläufigen) Zielen Formulierungshilfen geben. Sie kann zulassen, dass sich eine Gruppe in Richtung ihres Ziels bewegt, Umwege macht, neue Ziele findet, abbricht oder auch wieder neu und diesmal ganz anders anfängt. Wie man sich das vorstellen kann, hat Willi Baumeister mit seiner Skizze zu dem, was er den „schöpferischen Winkel" nannte, angedeutet.

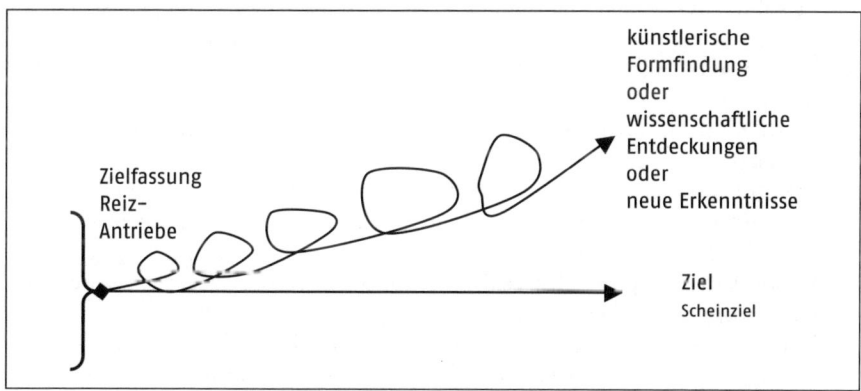

Abb. II.4.2: „Schöpferischer Winkel" nach Baumeister (1947, 160)

Auch bei offenen ästhetisch-künstlerischen Theatervorhaben ist eine minimale Vorhabensorientierung Voraussetzung. Paradoxerweise ermöglicht gerade eine gewisse Festlegung und eine vorläufig anvisierte Zielvorstellung freies Bewegen und Zielabweichungen (vgl. *Fixpunkte* und *Metainteraktion* bei Frey 2007, 125–145).

Allerdings ist das pädagogische „Grundmuster" der „situativ-offenen" Arbeitsweise im Unterschied zu den „Grundmustern" eher „geschlossener" Pädagogiken ein *wesentlich* anderes und setzt nicht, wie schon mal behauptet wird, nur etwas andere Akzente (Galuske/Müller 2010, 607).

4.9 Zehn Fähigkeiten, die ein Spielleiter für „offene" Theatervorhaben benötigt

Die „offene" Projekt-Arbeit unterscheidet sich stark von anderen Ansätzen der Projektarbeit und auch von sogenannten „kreativen" Steuerungsmodellen, die mit vorab strukturierten Angeboten und mit festen Zielfixierungen arbeiten. Vom Leiter „offener" Projekte werden andere Fähigkeiten erwartet, als diejenigen, die vom Leiter „geschlossener" Projekte gefordert werden. Der Leiter von „offenen" Projekten sollte die folgenden zehn Fähigkeiten besitzen oder sich aneignen:

1. Er sollte wissen, dass trotz aller gesellschaftlichen und institutionellen Bildungsanstrengungen das „Zauberwort" des Lernens Selbstbestimmung ist (Trunk 2011, 14). Von daher sollte er überzeugt sein, dass auch eine Gruppe für fast alles selbst gelungene und ansehnliche Lösungen finden kann, und sei es mit seiner begleitenden Hilfe.
2. Er sollte verstehen, wie Gruppenbildungsprozesse in Gang zu setzen sind. Er sollte wissen, wie man zuhört, moderiert, gemeinsame Gestaltungsabsichten herausfindet und Vorschläge macht. Und mit Konflikten sollte er als positivem Potenzial umgehen können.
3. Er sollte zuvor einen Plan und eine Verlaufseinschätzung, möglichst mit Alternativen für das Vorhaben, ausgearbeitet haben und zugleich offen dafür bleiben, dass alles auch ganz anders verlaufen kann (vgl. „schöpferischer Winkel").
4. Er sollte grundsätzliche Angebote für das Beginnen und Beenden des Projekts kennen.
5. Er sollte wissen, wie Übungen und Spiele sowie zeitliche und räumliche Gegebenheiten durch Variationen für fast jede Situation passend gemacht werden können.
6. Er sollte die Gruppe selbst Hilfsmittel und Materialien besorgen lassen und nur nötigenfalls dabei helfen.
7. In heterogenen Gruppen sollte er die Unterschiede der Teilnehmer als Bereicherung der Gruppe verstehen und sie nicht durch separate Trainings angleichen.
8. Er sollte akzeptieren können, dass auch Abbruch, wenn er begründet und reflektiert ist, eine Lösung sein kann (Frey 2007, 119–125).
9. Er sollte nicht gleich zu Anfang mit der Theaterarbeit einen ganzen Stadtteil bewegen wollen und auf möglichst großräumige Partizipation setzen.
10. Als Begleiter, Helfer, Moderator sollte er sich seiner besonderen Rolle bewusst sein und bei aller Nähe zur Gruppe auch Distanz zu ihr halten können (Schmidt-Grunert 2009; Frey 2007; Rellstab 2010).

4.10 Das „offene" Theaterprojekt „Krippenspiel"

In der offenen Projektarbeit gehört es dazu, dass ein Projektleiter, so die Gruppe ein Thema als Theatervorhaben vorschlägt, dieses akzeptiert, auch wenn es ein von ihm selbst nicht geliebtes Thema ist. Allerdings sollte sich bei einer „offenen" Theaterarbeit der endgültige Tenor des Stücks aus dem lebensweltlichen Kontext *aller (!)* beteiligten Mitspieler und dem der Leitung ergeben. Wird ein „Krippenspiel" vorgeschlagen, müssen mögliche interreligiöse Konflikte thematisiert werden. Diese können u. U. andere Spielvorhaben erfordern.

Tipp

Interessante Ideen zum Thema „Krippenspiel" findet sich in folgender Literatur und den angegebenen Dokumenten:

Aichinger, I. (2007): Die größere Hoffnung. München: Süddeutsche Bibliothek, S. 102–128.
Ball, H. et al. (1992): Ein Simultan Krippenspiel (Concert bruitiste). In: Riha, K. (Hg.): Dada. Zürich/Texte, Manifeste, Dokumente. Stuttgart: Reclam, S. 125–129. Vgl. weitere für die „offene" Arbeit aufschlussreiche Bemerkungen, ebd., 16: „Concert bruitiste, den Evangelientext begleitend", Juni 1916. Text auch Online: URL: http://gutenberg.spiegel.de, Aufruf: 20.11.2017.
Ball, H.: Krippenspiel, Aufführung 2008 durch 8 b Klagenfurt/Viktring, in: URL: http://www.youtube.com/Watch?v=yeaP4–JcIQ, Aufruf: 13.11.2017.
Ball, H.: Krippenspiel, Aufführung 2009 durch Deutsches Literaturinstitut Leipzig, in: URL: http://www.karawa.net/video, Aufruf: 20.11.2017.
Die Conrads (1969): Weihnachtsprogramm 1969. In: Hüfner, A. (Hg.) (1970): Straßentheater. Frankfurt: Suhrkamp, S. 164–173.
Keetmann, G./Orff, C. (o. J.): Die Weihnachtsgeschichte. Mainz: Schott ED 3565/Audio CD (2005), Label: Klangräume.
Korthues, B./Natus, U. (2010): Wer macht mit beim Krippenspiel? Sechs Spielstücke (Frühere Ausgabe mit insgesamt 11 Spielstücken). Stuttgart: Gabriel Verlag.
Krieger, D. (1990): Die mittelalterlichen deutschsprachigen Spiele und Spielszenen des Weihnachtsstoffkreises (= Bochumer Schriften zur Deutschen Literatur, 15). Frankfurt a. M. u. a.: Lang.
Krokowski, R. (2007): Weihnachtsperformance 1994, 1995, 1997, 1999. In: Hanke, U./ Krokowski, R. (Hg.): Ästhetische Projekte Bd. 2. Berlin, Milow, Straßburg: Schibri, S. 52–65.
Polanski, F. (1967): Zu Bethlehem geboren. In: Dies.: Verzweifeln sie bitte draußen! Minidramen und Satiren. Berlin: Ullstein, 114.

4.10.1 Theater mit geistig und körperlich behinderten Erwachsenen

Einig sind sich alle Theaterpädagogen, dass ein Mensch, der geistig und körperlich behindert ist, nie gezwungen werden darf, Theater zu spielen. Ob Menschen mit geistiger und körperlicher Behinderung überhaupt Theater spielen können, und wenn nur wie Kleinkinder, darüber gehen die Meinungen weit auseinander.

Es gibt die Meinung, dass ein geistig und körperlich behinderter Mensch nur dann eine Rolle übernehmen kann, wenn er Handlungen reflektieren und Perspektiven übernehmen kann. Dagegen spricht, dass das, was auch immer jemand für sich an Körperausdruck findet und auf einer Bühne zeigt, zu einer Rolle wird (Sahm 2011, 77–111).

Oft wird auch behauptet, dass geistig und körperlich behinderte Menschen, die Theater spielen, immer nur vorgeführt werden. Darauf antworten ethisch verantwortliche Sozialarbeiter, es geht nicht um Vorführen, sondern darum, zusammen ein Stück zu entwickeln, das allen Beteiligten Spaß macht und das ihnen bei der Aufführung ehrlichen Beifall einträgt.

4.10.2 Das Theaterprojekt, seine Teilnehmer/innen und seine Bedingungen

Auf den Vorschlag des Sozialarbeiters, für die Nikolausfeier ein kleines Theaterstück vorzubereiten, wird von einem Teilnehmer (Johannes) am Abendbrottisch ein „Krippenspiel" vorgeschlagen. Einige aus der Wohngruppe wollen sofort mitspielen, weitere Spieler und Spielerinnen in den anderen Gruppen hören davon und wollen auch mitmachen.

Die Teilnehmer und Teilnehmerinnen haben in der Einrichtung noch nicht Theater gespielt. Sie kennen sich aus dem Alltag und von verschiedenen gemeinsamen Aktivitäten. Sie wissen aus anderen gemeinsamen Aktivitäten, was Gruppenarbeit ist. Für die Proben steht im Haus ein Kellerraum zur Verfügung. Er ist etwa 5 mal 6 Meter groß und als Partykeller mit diversen Möbeln, darunter ein großes Sofa, eingerichtet. Der Raum kann nur in der Blockwoche ausschließlich für die Theatergruppe reserviert werden. Die Proben für das Krippenspiel beginnen eine Woche vor dem Martinstag. Die Aufführung soll am Nikolaustag sein. Die Proben finden drei Wochen lang einmal wöchentlich statt. Zusätzlich gibt es eine Blockwoche mit vier Probentagen hintereinander.

Hier die Liste der Teilnehmerinnen und Teilnehmer. Ihre Namen wurden geändert.

> **Wichtiger Hinweis**
>
> Auf die problematische, weil kontextfreie Definition von Behinderung in der nachfolgenden Teilnehmerliste kann hier nicht eingegangen werden (vgl. Biewer 2009; Ahrbeck 2017).

- *Johannes* ist 71 Jahre. Er war in der Berufszeit in der Landwirtschaft tätig. Er macht allein Botengänge, pflegt auch Freundschaften zu nichtbehinderten Menschen und ist in einer Musikgruppe aktiv. In seiner Akte ist zu lesen: „Frühkindlicher Hirnschaden, schwach ausgeprägt."
- *Alban* ist 52 Jahre alt und lebte 39 Jahre lang in Vietnam. Er ist wie die anderen auch christlich getauft. Er hört gerne Musik und dirigiert dazu. Im Deutschen verfügt er nur über einen kleinen Wortschatz. Seine Beschreibung in der Akte lautet: „Oligophrenie."

- *Leo* ist 37 Jahre alt und sehr musikinteressiert. Er hat ein gutes Rhythmusgefühl. Er verfügt nur über einen kleinen Wortschatz. Er spricht wenig und wenn sehr leise. Seine Bewegungen sind „tapsig". In seiner Akte steht: „Down-Syndrom."
- *Bärbel* ist 35 Jahre alt. Sie hört gerne Schlager. Sie ist kleinwüchsig und braucht bei vielen Tätigkeiten Assistenz. Sie spricht in Ein- bis Zwei-Wortsätzen. Sie ist sehr folgsam. In ihrer Akte steht: „Frühkindlicher Hirnschaden, stark ausgeprägt."
- *Lukas* ist 31 Jahre alt. Er ist an allen Medienereignissen sehr interessiert. Er redet viel, auch schon mal zusammenhanglos. Er ist ein Einzelgänger. In seiner Akte steht: „Intelligenzminderung."
- *Liesel* ist 22 Jahre alt. Sie nimmt mit viel Freude und Erfolg Tanzunterricht. Sie ist teilweise gelähmt. In ihrer Akte heißt es: „Hirnatrophie, Epilepsie."
- *Oliver Imkamp*, der Projektleiter, ist 24 Jahre alt und studiert an der HS Niederrhein Soziale Arbeit. Er macht sein Praktikum in der Einrichtung X und schreibt seine Abschlussarbeit über das Projekt „Krippenspiel" (Imkamp 2002). Diese Projektarbeit und Videoaufzeichnungen sind Grundlage für den nachfolgenden Projektbericht. Der betreuende Dozent der Abschlussarbeit ist auch der Autor dieses Beitrags.

4.10.3 Die Projektart

Das Projekt wird vom Sozialarbeiter in Anlehnung an Karl Freys Projektmethode mit den Teilnehmern abgesprochen und zusammen geplant. Hilfreich für Einstellung und Haltung der Leitung sind auch die Selbstbildungsvorstellungen von Klaus Mollenhauer (Mollenhauer 1996, bes. 29–32). Freys Projektmethode hat fünf Komponenten, die für ein „offenes" Projekt typisch sind. Sie verlaufen mehr oder weniger der Reihe nach ab. Sie lauten:

- *Projektinitiative* (Frey 2007, 54–56/64–74),
- *Auseinandersetzung mit der Projektinitiative* (Frey 2007, 56 f./74–97),
- *Entwicklung eines Projektplans* (vgl. Frey 2007, 57 f./97–115),
- *Durchführung des Projektplans* (Frey, 2007, 58 f./116–119),
- *Beendigung des Projektes* (Frey, 2007, 59 f./119–125).

Außer diesen fünf Ablaufkomponenten benennt Frey zwei weitere Komponenten, die bei unklaren oder kontroversen Situationen im Gesamtverlauf des Projekts mittels Austausch und Reflexion Klärung ermöglichen sollen:

- Fixpunkte und
- Metainteraktion (Frey 2007, 125–145).

4.10.4 Die Sitzungen des offenen Theaterprojektes „Krippenspiel"

Die Projektmethode nach Frey dient dem Sozialarbeiter als Leiter des Krippenspiels nur als Orientierung. Sie ist ihm ein hilfreiches Geländer. Die geschickte Handhabung der Komponenten soll ihm jedoch nicht dazu dienen, etwas zwanghaft herbeizumanövrieren, was nach außen hin nur so aussieht, als sei es vornehmlich durch die Gruppe und in Eigeninitiative entstanden.

Erste Sitzung, erster Teil: *Die Projektinitiative*

Da der Sozialarbeiter weiß, dass Atmosphären, die alle Sinne ansprechen, geistig und körperlich behinderten Menschen den Einstieg in die künstlerisch-ästhetische Arbeit erleichtern, hat er zur ersten Probe im Kellerraum eine weihnachtliche Stimmung erzeugt. Er hat eine Duftöllampe angezündet, weihnachtliche Musik eingeschaltet, Lebkuchen besorgt und Tee gekocht. Die pünktlich eintreffenden Teilnehmer setzen sich im Keller um den Tisch und genießen das, was sie vorfinden. Der Sozialarbeiter initiiert ein Gespräch zum Vorhaben „Krippenspiel". Er fragt, was in dem gewünschten Krippenspiel vorkommen soll. Die Teilnehmer benennen Einzelheiten der Weihnachtsgeschichte. Einiges davon steht so im Weihnachtsevangelium, anderes wird von den Teilnehmern auf ihre Weise erzählt. Z. B. sollen die Hirten dem Jesuskind Weihrauch und Möhren mitbringen. Der Sozialarbeiter merkt sich die Äußerungen und will an sie in der nächsten Sitzung erinnern.

Erste Sitzung, zweiter Teil: *Die Auseinandersetzung mit der Projektinitiative und Rahmenfindung*

Der Sozialarbeiter fragt, wer welche Rolle spielen will. Leo und Johannes wollen sofort eine Rolle übernehmen. Johannes den Josef. Leo noch keine bestimmte Rolle. Liesel will nur mitspielen. Alban hält sich zurück. Bärbel sitzt da und hört zu. Lukas gibt bekannt, dass er nicht weiter mitmachen will, sagt „Tschüss!" und geht. Es wird gemeinsam überlegt, welche Rollen im Krippenspiel vorkommen und was die Rollenträger tun könnten. Folgende Rollen und Tätigkeiten werden von den Teilnehmern benannt: Josef und Maria stehen hinter der Krippe. Die Hirten passen auf die Schafe auf. Sie erfahren von Maria, dass Christus geboren ist. Die Hirten gehen zur Krippe. Besprochen wird, was alles getan werden muss, damit die Aufführung gelingt.

Es wird vereinbart, immer pünktlich anzufangen. Damit das gelingt, wird ausgemacht, wer wen abholt. Der Sozialarbeiter soll mit den anderen Mitarbeitern absprechen, dass nichts anderes in der Theater-Zeit auf die Spieler zukommen soll – auch keine Arztbesuche. Allen ist klar, dass viel geübt und oft wiederholt werden muss. Johannes singt beim Verlassen des Raumes: „Kommet ihr Hirten …"

Nachgedanken zur ersten Sitzung
Die Gruppe hat ein Stück-Thema und erste Ansätze zur szenischen Umsetzung gefunden. Alle wollen mitmachen. Nur Lukas, der „Einzelgänger", nicht. Lukas hat anderes vor. Bärbel hat noch keine Rolle. Die bisherige Erzählweise entspricht nicht in allem der Bibel, soll aber nicht vom Sozialarbeiter richtiggestellt werden. Da sich die Teilnehmer aus dem gemeinsam verbrachten Alltag kennen, soll es bei den Spielen und Übungen zum Kennenlernen vor allem darum gehen, zu entdecken, wie man theatralisch sein kann. Die erwartete Aufführung ist

schon jetzt ein aufregendes und freudiges Ereignis. Den anderen in den Wohngruppen wird begeistert davon berichtet. Da alle gerne singen, soll das Lied: „Kommet ihr Hirten" Projektlied und Abschlussritual werden.

Aus Gesprächen mit den anderen Mitarbeitern wird klar, dass Lukas nicht an Bedeutung im sonstigen institutionellen Beziehungsspiel verliert, wenn er nicht mitmacht. Er soll nicht zum Mitmachen gedrängt werden.

Zweite Sitzung: *Der Projektplan*

Die Gruppe trifft, wie verabredet, pünktlich ein. Gemeinsam versucht sich die Gruppe zu erinnern, was schon alles angedacht wurde. Der Sozialarbeiter schlägt für heute vor, Raumstellen für die Szenen zu finden. Er regt an, das, was im Raum schon da ist, für das Krippenspiel zu nutzen. Es wird entschieden, dass an der Stirnseite des Raumes die Krippe und in der Ecke, wo die Stehlampe steht, die Weide der Hirten sein soll. Der Sozialarbeiter erinnert an Tätigkeiten und Bewegungen, die bisher genannt wurden und schlägt vor, sie an Ort und Stelle deutlich auszuprobieren. So wird u. a. erprobt, was man tut und was man sagt, wenn man etwas angenehm Klingendes hört, wie man sich bei Dunkelheit verhält und wie man reagiert, wenn es plötzlich ganz hell wird. Wenn man ganz schnell irgendwohin kommen will. Was man macht oder sagt, wenn man großen Hunger hat. Was Babys machen, wenn sie Hunger haben. Die Angebote zum Ausprobieren und Suchen werden fast alle freudig angenommen und geübt. Einige müssen vereinfacht werden, einige bleiben unverständlich und einige sind überhaupt zu schwer. Am Ende setzt sich der Sozialarbeiter ans Klavier und alle singen oder summen begeistert: „Kommet ihr Hirten ..."

Nachgedanken zur zweiten Sitzung
Von allen Teilnehmern kann schauspielerisches Verhalten gezeigt werden. Das Vermögen, beim Darstellen von der eigenen Person abzusehen, etwas „als ob" zu tun, ist unterschiedlich groß. Auch das Abstimmen der eigenen Aktionen und Reaktionen auf ein Gegenüber gelingt nicht allen. Negative Gefühle zeigen können (wollen) einige Teilnehmer nicht. Einige Bewegungen sind für Bärbel zu schwer. Die Konzentration für eine Übung liegt bei maximal drei bis fünf Minuten. Kleine Pausen sind sehr wichtig. Aufeinander abgestimmte verbale und nonverbale Äußerungen gelingen nur ansatzweise interaktiv. Der Sozialarbeiter stellt fest: Angebote, bei denen alle etwas gemeinsam machen, sind beliebter als Einzelübungen und Übungen zu zweit. Dem Sozialarbeiter ist bekannt, dass im Alltag Berührungen außer im Fall von Kitzeln, Trösten und bei sexuellen Handlungen untereinander nicht vorkommen. Mit Spielen und Übungen, die Berührungen erfordern, nimmt er sich vor, besonders vorsichtig umzugehen. Er weiß jetzt, welche Art Spiele und Übungen gerne angenommen werden und das Projekt fördern und welche für einzelne und die Gruppe zu schwer sind (vgl. Weiss 1999). Der rituelle Einstieg: Begrüßen und möglichst die gleichen Spiele in Abwandlungen sollen der Türöffner sein. Den rituellen Ausstieg soll das Lied: „Kommet ihr Hirten" bilden. Für die nächste Sitzung sollen Spiele und Übungen noch stärker die Arbeit am Krippenspiel vorbereiten.

200 Beiträge zu den künstlerischen und medialen Schwerpunkten

Dritte Sitzung, zweiter Teil: *Projektplan*

Die Gruppe trifft wie verabredet pünktlich ein. Begrüßung und Einstieg ähnlich wie in der zweiten Sitzung. Der Sozialarbeiter erzählt von der letzten Sitzung. Er und die Gruppe versuchen, die beim letzten Mal angedeutete Raumlösung konkreter werden zu lassen und die Handlungsorte durch Teile, die sich im Raum befinden, genauer zu bestimmen. Für die Krippe wird ein kleiner Tisch gewählt und als Kind eine Micky-Maus-Puppe, die zufällig im Regal liegt. Maria und Josef stellen sich hinter den Tisch. Der Sozialarbeiter nimmt die Mickymaus und tut so, als würde sie weinen. Dann legt er sie in die Krippe und weint weiter. Daraufhin sagt Josef zu Maria: „Nimm das Kind in den Arm." Weitere Fragen und Antworten: „Warum weint das Jesuskind?" „Es hat Hunger." „Was tut oder sagt Maria, wenn das Kind Hunger hat?" Liesel nimmt das Kind und sagt: „Ich glaube, das Baby hat Hunger." Jetzt geht es darum, was Josef tun und sagen kann, wenn Maria sagt, dass das Baby Hunger hat. Johannes kommt auf die Idee zu sagen „Aber wir haben doch nichts zu essen." Bei seinem Satz schaut Josef Maria sehr traurig an.

Dann wird überlegt, wie die Szene der Hirten aussehen könnte. Erinnert wird, dass die Hirten schlafen sollen und Maria zu ihnen sagt: „Heute Nacht ist ein Kind geboren." Es wird geklärt, dass nicht Maria den Text sagt, sondern ein Engel. Wer der Engel sein soll, bleibt offen. Der Sozialarbeiter fragt, was der Engel tun soll. Vorgeschlagen wird: Er soll von oben kommen und hell sein. In der Ecke des Raumes steht eine Stehlampe. Die macht der Sozialarbeiter an und sagt: „In der Nacht wird es plötzlich hell und ein Engel sagt: Heute Nacht ist ein Kind geboren, der Heiland. Folgt mir, ich führe euch zur Krippe." Der Sozialarbeiter führt die beiden Hirten in einer Zickzacklinie durch den Raum zur Krippe. An der Krippe fragt der Sozialarbeiter: „Was machen die Hirten an der Krippe?" „Geschenke", sagt der erste Hirte. Der Sozialarbeiter sieht im Regal einen Jutesack, steckt als Möhren und Weihrauch zwei aufgerollte Handschuhe, die er gerade findet, hinein, und bietet den Sack den Hirten an. Der erste Hirte lehnt die Requisiten vehement ab, der zweite Hirte nimmt den Sack freudestrahlend entgegen. Der Sozialarbeiter schlägt vor, die ausgedachte Szene jetzt nochmals zu proben. Die Hirten legen sich hin und schlafen. Der Sozialarbeiter knipst die Stehlampe an, die Hirten legen die Hände vor die Augen und erwachen. Ein Hirte gähnt. Der Sozialarbeiter sagt den Engeltext. Die Hirten stehen auf und geben dem Engel die Hand. Der Sozialarbeiter führt sie zur Krippe. An der Krippe stellt der zweite Hirte den Jutesack ab. Der Sozialarbeiter schlägt dem zweiten Hirten vor, den Jutesack zu öffnen und die „Möhre und den Weihrauch" zu überreichen. Der zweite Hirte öffnet den Sack, kann aber mit dem Inhalt des Sacks nichts anfangen. Mit „Kommet ihr Hirten ..." wird die Sitzung beendet.

Nachgedanken zur dritten Sitzung
Dinge, die nicht wirklich oder in sehr ähnlicher Andeutung vorhanden sind, können sich die Darsteller nur schwer oder gar nicht vorstellen. Josef und Maria kommen mit dem kleinen Tisch als Krippe und der Micky-Maus-Puppe als Baby

zurecht. Der Sozialarbeiter hat Probleme mit der Micky-Maus-Puppe als Baby. Was wird das Publikum sagen? Nur störender Gag? Maria und Josef kommen mit dem einfachen Text zurecht. Die beiden Hirten haben mit dem, was vorhanden, und vor allem mit dem, was nicht vorhanden ist, große Schwierigkeiten. Der Jutesack ist zu groß und unhandlich, Stäbe und Hirtenjacken fehlen. Die beiden Hirten tun sich schwer mit dem Sprechen. Es ist zu überlegen, ob ihre Rollen nur Handlungs-und keine Sprechrollen werden sollen. Die beiden Hirten brauchen Assistenz für ihren Weg und die Handlungsabfolgen. Die Stehlampe als Erscheinungslicht und der Sozialarbeiter als Engel, der sie führt, scheinen gute Einfälle zu sein. Für die nächste Sitzung müssen konkrete Requisiten besorgt werden. In dem Sack müssen Dinge sein, die der zweite Hirte gut anfassen und hinlegen kann, weil er feinmotorisch nicht so geschickt ist. Die Möhren sind einfach zu besorgen, wie aber Weihrauch? Die Szene von Josef und Maria könnte dadurch erweitert und über die Hirtenszene fortgespielt werden, dass Josef noch ein Scheibe Brot in seiner Tasche findet und das Brot mit Maria teilt. Es ist mit den anderen Betreuern zu klären, ob Obst (Mandarinen) für zwischendurch besorgt werden sollte. Welche Rolle kann für Bärbel gefunden werden? Bärbel hat bisher an allen Sitzungen teilgenommen, sich aber beim Theaterspielen mit der Rolle der Zuschauerin zufriedengegeben. Dass sie gerne in die Gruppe kommt, zeigt sich jedes Mal, wenn der Sozialarbeiter sie zur Sitzung in ihrem Zimmer abholt. Sie freut sich riesig.

Vierte Sitzung, dritter Teil: *Projektplan*

Die Gruppe trifft pünktlich ein. Begrüßung und Einstieg ähnlich wie in der zweiten Sitzung. Der Sozialarbeiter erzählt von der letzten Sitzung. Er hat die fehlenden Gegenstände besorgt. Die Stäbe, das handliche Säckchen mit Möhren, aber noch ohne Weihrauch, die Felljacken, die Stäbe, ein Netz mit Mandarinen und die Packung Brotscheiben werden von den Teilnehmern in die Hand genommen und begutachtet. Statt des Weihrauchs schlägt Johannes vor, einfach etwas anderes zu nehmen. Johannes schildert, wie er das Brot in die Szene einbauen will. Zunächst wird die Szene an der Krippe geprobt. Der Sozialarbeiter legt eine Babypuppe neben die Micky-Maus-Puppe. Liesel will nur noch mit der Babypuppe spielen. Auch den andern gefällt die Babypuppe besser. Nachdem Maria zu Josef sagt: „Ich glaube, das Baby hat Hunger", zieht Josef eine Brotscheibe aus seiner Jackentasche und sagt: „Das ist unser letztes Brot." Er teilt das Brot mit Maria. Dann folgt eine mehrmalige Probe der Hirtenszene. Der Sozialarbeiter dreht die besorgten Felljacken mit dem Fell nach außen um, weil es für ihn dann eher Hirtenjacken sind. Der zweite Hirte zieht sie so über. Der erste Hirte erklärt, dass er die Jacke nur so anzieht, „wie es sich gehört". Dann taucht wieder die Frage auf, was könnte außer den Möhren noch in dem Säckchen sein? Zweiter Hirte: „Mandarine". Mit den Stäben in der Hand gehen Alban und Leo auf einmal wie Hirten. An der Krippe angekommen, öffnet der zweite Hirte das Säckchen und legt Möhren und Mandarinen auf die Babypuppe. Er freut sich, dass ihm das so gut gelingt und nichts wegrollt. Gemäß der letzten Probenversion gehen die beiden Hirten auf Bärbel zu, nehmen ihre Hände, ziehen sie hoch, bilden einen Kreis und tanzen ausgelassen. Aus diesem Einfall findet die Gruppe mit Hilfe des Sozialarbeiters die dritte Szene des Spiels: Aus Bärbel wird eine Frau (später Bauersfrau), zu der die Hirten nach ihrem Krippenbesuch gehen. Die dritte Szene soll damit beginnen, dass Maria zu den Hirten sagt: „Geht und erzählt, dass der Retter der Welt geboren ist. Dann werden sich alle Menschen freuen." Liesel hat Schwierigkeiten mit dem Text, auch mit verschiedenen Umformulierungen. Johannes will an ihrer Stelle den Text sagen. Bärbel, die sich bisher beim Theaterspielen aufs Zuschauen beschränkt hat, gelingt es ganz plötzlich und für alle überraschend, sich als Bauerfrau über die Nachricht riesig zu freuen. Die Gruppe spürt im Verlauf des Probens, dass sich die Arbeit rundet und ist begeistert. Das Lied: „Kommet ihr Hirten ..." wurde noch nie so laut von allen zum Abschluss gesungen.

Nachgedanken zur vierten Sitzung
Die Gruppe hat ihr Krippenspiel mit Hilfe des Sozialarbeiters erfunden. Alle haben ihren Platz im Stück gefunden. An drei Stationen wird die Weihnachtsgeschichte mitten im Publikum erzählt. Der Höhepunkt ist die Freude der Bauersfrau, die Bärbel durch Bewegung, Gesten und mitreißendes Strahlen zeigen kann. Das Stück entwickelt eine eigenartige Ästhetik. Eine große Geschichte wird mit minimalen Mitteln und Bewegungen sehr klein abgebildet und hat als Stück doch etwas Großartiges. Die wichtigen Teile der Weihnachtsgeschichte:
 (1) Armut, Verlorenheit, Trostlosigkeit, (2) Geburt, Helle, Erlösung und (3) große Freude sind erarbeitet und in Ansätzen gestaltet. Vorsatz: gut überprüfen, ob das Stück im guten Sinn naiv wird, oder ob es an einer Stelle sentimental und peinlich wirken könnte.
 In der Blockwoche gibt es drei Probentage, die Aufführung ist am vierten Tag. Das bedeutet, dass zur nächsten Probe alles da sein muss, was noch fehlt. Die Spieler können nicht zusätzlich belastet werden. Maria und Bärbel brauchen ein Kostüm. Im Kleiderladen der Institution wird sich was finden lassen. Bärbel braucht eine Andeutung von einem Haus. Dafür sind Pappe, Farbe und Klebeband zu besorgen. Der kleine Tisch kann mit einer Decke und viel Stroh zugedeckt werden. Stroh ist beim Bauern zu besorgen. Der Engel sollte noch einen Fackelstern bekommen. Die Stühle sollten das nächste Mal original gestellt werden, denn die Hirten müssen ihren Weg genau wie bei der Aufführung gehen können. Der Raum muss exklusiv für die Theatergruppe reserviert werden. Die Einladungen müssen verschickt werden. Der Liedtext: „Kommet ihr Hirten ..." muss für alle Zuschauer kopiert werden. Für die letzten Proben sollten Zuschauer eingeladen werden, damit die Spieler sich an sie gewöhnen können. Der Sozialarbeiter will andere Betreuer ansprechen und um Hilfe bitten.

Fünfte Sitzung (Blockwoche): *Projektdurchführung*

Die Gruppe trifft wie verabredet pünktlich ein. Begrüßung und Einstieg ähnlich wie in der zweiten Sitzung. Der Sozialarbeiter erzählt von den letzten Sitzungen. Er zählt auf, was schon alles da ist und was gut klappt. Er spricht über Vorhaben und Zeiten während der Blockwoche. Auf die Einladungen gibt es erste

Rückmeldungen von Zuschauern, die kommen wollen. Die Vorstellung vor Publikum zu spielen, begeistert und regt zum Überlegen an, was noch alles zu tun sei (vgl. *Metainteraktion*). Die Gruppe vervollständigt, aufgeteilt in zwei Untergruppen, Bühnenbild und Raum. Zwei Mitarbeiter assistieren. Maria und Josef richten die Krippe mit Decke und Stroh her. Die anderen malen das einfache schwarze Haus für die Bauersfrau auf eine große Pappe. Der Sozialarbeiter erklärt den Hirten, wie er den Fackelstern ins Spiel einbringen möchte. Die Darsteller fragen nach den noch fehlenden Kostümen. Der Sozialarbeiter holt den hinter dem Sofa abgestellten Koffer mit den noch fehlenden Kostümen. Die Kostüme aus einer Altkleiderkammer faszinieren und heben die Spielstimmung. Die Szene der Hirten, dann die Krippen- und die Bauersfrauszene werden mit allen Requisiten und Kostümen mehrmals geprobt. Alle wollen alles richtigmachen und ganz sicher werden (vgl. *Metainteraktion*). Zum Abschluss lautes gemeinsames Singen: „Kommet ihr Hirten …"

Nachgedanken zur fünften Sitzung
Den Teilnehmerinnen und Teilnehmern gelingen überzeugende, vor allem nonverbale Darstellungen. Z. B.: Johannes ist in der Rolle des Josefs traurig, verzweifelt und hilflos. Liesel als Maria zeigt Zuwendung, Feingefühl und Trösten. Die beiden Hirten, Leo und Alban, erstaunen bei der Erscheinung des Engels und machen sich eilig und erwartungsvoll auf den Weg. In Andeutungen können sie auch zeigen, was der Erzähler vorgibt, das auf dem Weg zu sehen ist. Dem zweiten Hirten gelingt es, aus der Übergabe von Möhre und Mandarine eine große, innige Geschenkaktion zu machen. Die Freude der Bauersfrau (Bärbel) wirkt echt und ist ungewöhnlich ansteckend. Das Bühnenbild macht keine Probleme mehr. Als Beleuchtung müssen die im Partykeller vorhandenen Spots noch abgerichtet werden. Die nächsten Sitzungen sollen immer aufführungsähnlicher werden. Allen macht das Stück Spaß, sie freuen sich auf die Aufführung. Alle haben ihren Platz im Stück gefunden. Die Stückidee können die Darsteller gut umsetzen. Ihre kleinen Texte sind verständlich. Die Texte reichen fast aus, um dem Publikum die Geschichte einfach, aber unterhaltsam zu erzählen. Was fehlt, wird der Sozialarbeiter als Erzähler ergänzen.

Sechste Sitzung (Blockwoche), zweiter Teil: *Projektdurchführung*

Die Gruppe trifft wie verabredet pünktlich ein. Begrüßung und Einstieg sind ähnlich wie in der zweiten Sitzung. Der Sozialarbeiter stellt mit den Spielern die Stühle und das Klavier so, wie sie bei der Aufführung stehen werden. Dann bittet er die Darsteller, ihre Positionen im Spiel einzunehmen und richtet die Spots auf sie ab.

Jetzt muss der Ablauf festgelegt und geprobt werden:

- Nach der nachmittäglichen Nikolausfeier nimmt der Sozialarbeiter die Darsteller mit in den Keller.
- Die Darsteller stellen sich an ihre Spielorte und „frieren ein".
- Dann wird das Publikum eingelassen.
- Wenn der Sozialarbeiter als Erzähler beginnt, wird wie verabredet gespielt.

- Das Stück endet mit dem Satz des Spielleiters: „Und bis heute freuen sich alle über die frohe Botschaft."
- Wenn dann geklatscht wird, verneigen sich die Darsteller an Ort und Stelle.
- Der Erzähler geht dann zum Klavier und lädt alle zum Mitsingen ein.

Weiter geht es mit einer Stückprobe wie in der fünften Sitzung mit Beginn (Reinkommen usw.) und Schluss (Verneigen usw.). Der Sozialarbeiter gibt bekannt, dass in der nächsten Probe einige Zuschauer da sein werden. Die Teilnehmer freuen sich auf die Zuschauer. Zum Abschluss singen alle begeistert: „Kommet ihr Hirten ..."

Nachgedanken zur sechsten Sitzung
Lampenfieber stellt sich ein. Die Konzentration lässt stellenweise nach. Hastiges und stures Bemühen um Richtigkeit hilft nicht weiter, blockiert eher. Der Sozialarbeiter will nur noch vorsichtig korrigieren. Die Darsteller sollen Zutrauen und Gelassenheit zu dem, was auch immer passiert, finden. Durchatmen, singen, ablenken.

Siebte Sitzung (Blockwoche), dritter Teil: *Projektdurchführung* **(Generalprobe)**

Die Gruppe trifft wie verabredet pünktlich ein. Begrüßung und Einstieg sind ähnlich wie in der zweiten Sitzung. Alle ziehen sich ihre Kostüme an, nehmen ihre Requisiten und begeben sich an ihre Spielstellen. Die Spots werden eingeschaltet. Vor der Türe warten ein paar Zuschauer. Der Sozialarbeiter vereinbart mit den Spielern, dass, wenn die Zuschauer Platz genommen haben, alles so abläuft wie verabredet. Da das Stück kurz ist, soll es nach einer kleinen Pause ein zweites Mal durchlaufen. Die Proben verlaufen mit einigem Vertun ganz gut. Die Zuschauer verfolgen die Probe mit Aufmerksamkeit. Am Ende fragen einige, ob sie demnächst auch mitspielen können.

Resümee nach der Generalprobe 1 und 2
Die Aufführung wird klappen. Mit Hängern ist zu rechnen. Der Sozialarbeiter will den Darstellern nichts mehr zum Stück sagen, es sei denn, sie fragen. Kognitive und physische Überforderungen sind weiterhin unbedingt zu vermeiden. Der Sozialarbeiter nimmt sich vor, selbst gelassen zu bleiben. Das Stück muss auch in der Endphase Sache der Gruppe bleiben.

Die Aufführung (Blockwoche), *Beendigung des Projekts*

Die Aufführung war trotz einiger Patzer ein großer Erfolg. *Johannes* war sehr nervös und spielte nicht alles wie verabredet. Er sagt selbst im Nachhinein: „Das haben wir doch gut hinbekommen." *Liesel* war sehr aufgeregt. Sie fand nicht so gut wie bei den Proben in ihre Rolle. Sie freute sich (zu sehr) über ihre große Familie, die komplett gekommen war. *Leo* war absolut sicher und spielte seine Rolle wie verabredet. Die Übergabe von Möhren und Mandarinen zelebrierte er wieder ausführlich und konzentriert wie ein Künstler eine Assemblage. *Alban* spielte Verabredetes deutlich und präzise. Sein Ausspruch: „Freuen sich"!

war eine Glanzleistung. Nach dem Spiel gab er dem Spielleiter Stock und Weste mit der Frage: „Nächste Woche wieder proben?" *Bärbel* war sehr aufgeregt, spielte ihre Rolle aber optimal. Obwohl die Hirten vergaßen, die Bauersfrau bei den Händen zu nehmen, gelang Bärbel ihr Ausdruck größter Freude. Das Publikum wurde von ihrer Freude angesteckt. Der *Spielleiter* bügelte verschiedentlich unmerklich aus und war am Ende selbst auch sehr zufrieden. Es kamen viel mehr Zuschauer als erwartet. Nicht alle fanden Platz. Sie applaudierten begeistert und sangen das Schlusslied lautstark mit. Einige baten den Sozialarbeiter darum, die Arbeit unbedingt fortzusetzen. Es gab Anmeldungen für ein nächstes Theaterprojekt. Der Sozialarbeiter teilte mit, dass seine Tage im Haus gezählt seien und es voraussichtlich für ihn keine weitere Beschäftigung gäbe. Darauf die Forderung: „Theater muss es aber weitergeben!"

4.11 Was sich während und nach der Aufführung herausstellte

Der Gruppe geistig und körperlich behinderter Erwachsener gelang es, in ihrer Einrichtung zum ersten Mal ein Theaterstück vor einem Publikum zu spielen. In dem Projekt lernten die Teilnehmer innerhalb von wenigen Wochen, auf ihre Art Theater zu spielen. Sie lernten Empfindungen wie Freude, Traurigkeit, Betroffenheit, Angst, Neugierde, Eile und anderes verbal und nonverbal auszudrücken sowie darzustellen. Die für die Rolle gewünschten sprachlichen Äußerungen (Texte) waren teilweise zu komplex. Sie mussten in Einzelfällen stark vereinfacht oder auch in den Kommentar vom Erzähler übernommen werden. Die Experimente mit den kleinen Texten regten allerdings alle an, sprachlichen Ausdruck zu wagen und zu üben oder stattdessen nonverbale Ausdrucksalternativen zu finden. Auch für schwer Vorstellbares wie Choreografie, Timing und Stichwortstellen konnten ad hoc Hilfskonstruktionen entwickelt werden, die auch während der Aufführung trugen. Auffallend war der große Spaß an den Kostümen, an den Requisiten oder an deren Andeutungen.

Anerkennung und Wertschätzung durch Verwandte, Mitarbeiter und andere Heimbewohner förderten das Selbstbewusstsein und die persönliche Ausstrahlung.

Das ernsthafte Engagement der Teilnehmer, ganz besonders während der dichten Blockwoche, baute ein Gemeinschafts- und Verantwortungsgefühl auf, das es so nach Aussagen der anderen Mitarbeiter in dieser Einrichtung bisher noch nicht gegeben hatte. Das für diese Heimbewohner sonst typische Verhalten, jeder ist sich selbst der Nächste, jeder buhlt gegen die anderen um die Gunst der Mitarbeiter, verwandelte sich in Zugewandtheit füreinander. Wie eine Nachbefragung nach einem Monat bewies, war das Theaterspielen für alle Teilnehmer ein gewichtiges Erlebnis. Es war nach einem Monat noch in Einzelheiten in ihrem Gedächtnis und emotional nahe. Das durch das Theatererlebnis gesteigerte Selbstwertgefühl der Teilnehmer blieb auch für die Zeit nach der Aufführung erhalten. Es zeigte sich nach dem „offenen" Theaterprojekt „Krippenspiel", dass das Theaterspielen nicht nur die Möglichkeit bot, an sich selbst neue ästhetische und künstlerische Fähigkeiten zu entdecken, sondern auch, dass die im Theaterspielen erworbenen künstlerisch-ästhetischen Fähigkeiten sich auf das Zusammenleben in der Wohngruppe auswirkten. Das kleine Theaterprojekt „Krippenspiel" kann nur Vorstufe für eine noch ergebnisreichere künstlerisch-ästhetische und unter günstigen Umständen auch für eine Inklusion fördernde Theaterarbeit sein (Klein 2009; Ahrbeck 2017).

4.12 Fazit

Während der Theater-Arbeit lernte der Sozialarbeiter das Vermögen von geistig und körperlich behinderten Erwachsenen ganz anders einzuschätzen als aus der alltäglichen Betreuungssituation. Seine Erfahrungen und Erkenntnisse, die auch in „offenen" Theaterprojekten mit nichtbehinderten Menschen zu machen sind, lassen sich in den folgenden Punkten zusammenfassen.

📖 Gut zu wissen – gut zu merken

- Eine Gruppe geistig und körperlich behinderter Erwachsener kann mit Hilfe vorzeigenswertes Theater machen.
- Als günstig hat sich herausgestellt, dass das Theatervorhaben von der Gruppe mit ausgesucht und insgesamt sehr einfach angelegt wurde.
- Ausgangspunkt für ein „offenes" Theatervorhaben darf auch ein Krippenspiel, ein Märchen, eine Kopie von einem banalen TV-Format und natürlich auch etwas von den gängigen Vorstellungen der Hochkultur Abweichendes sein (Theunissen 2006, 14–27).
- Aufgegriffen werden sollte vor allem das, was die Einzelnen in der Gruppe schon wissen und können.
- Das von der Gruppe Gefundene, seien es Haltungen, Bewegungen, Aussagen und Bilder, lässt sich durch wiederholtes Spielen und Üben auch ohne Drill und Abrichtung ansehenswert machen. Überraschend waren im Projekt „Krippenspiel" die vielen Möglichkeiten gegenseitiger Hilfe und Unterstützung. Bei den Texten halfen die Spieler, sie zu vereinfachen, sie stellvertretend zu übernehmen, sie nonverbal zu ersetzen, sie zu soufflieren. Bei der Choreografie nahmen diejenigen, die Bescheid wussten, die anderen an die Hand und zogen sie zur rechten Zeit an die richtige Stelle.
- Alle, die Theater spielen, wollen gut sein. Sie üben darum von selbst ihre Rolle oder bitten um Hilfe, damit sie das, was sie vorhaben, möglichst auch erreichen. Beispielhaft dafür sind im Projekt „Krippenspiel" die vielen Versuche vom zweiten Hirten, Möhre und Mandarine so auf die Puppe zu legen, dass sie nicht herunterrollten. Der Spielleiter hat hier bewusst nicht richtiggestellt und vereinfacht. Der Hirte hätte dem Kind einfacher und „richtiger" z.B. Schafswolle und Milch in einem standfesten Gefäß mitbringen können.
- Bei Schwierigkeiten ist Vereinfachen zumeist besser als verbissenes Trainieren von Fertigkeiten.

- Eine Gruppe, die „offen" arbeitet, braucht viel Zeit zum Finden, Ausprobieren und Proben. Von daher sollte das Stück insgesamt kurz, oder wie beim „Stationendrama", einfach strukturiert sein (Spoerl 2001).
- Für die von den Mitspielern eingebrachten Vorschläge und Vorstellungen lassen sich immer szenische Äquivalente finden und sei es mit Hilfe von Assistenten, z. B. von Partnern oder einem Erzähler oder mittels Medien. Für optische, akustische und multimedialen Hilfen gilt die Regel: *So wenig wie möglich und so viel wie nötig!*
- Die „offene" Theaterarbeit kann auch eruptiv Emotionales und emotional völlig Zurückgenommenes in das Stück als Bereicherung integrieren. Beispielhaft dafür ist die große Freude, die Bärbel als Bauersfrau zeigen konnte.
- Die Frage, ob die szenische Arbeit dadurch zu vereinfachen ist, dass gleich zu Anfang das Originalkostüm und die originalen Requisiten vorliegen, ist nur danach zu entscheiden, wie es den Mitspielern hilft. Nicht außer Acht zu lassen ist, dass während der Proben Kostüme verschmutzen oder zerreißen und Requisiten zerbrechen oder verloren gehen können! Bei der „offenen" Theaterarbeit sollten allerdings viele Kostüme, Kostümteile und Requisiten ausprobiert werden können. Beim „offenen" Projekt „Krippenspiel" wurde davon abgesehen, um nicht zu viele Impulse auf einmal zu geben und um die „Polarisation der Aufmerksamkeit" (Montessori) nicht zu erschweren.
- Um ansehnliches Theater zu machen, genügt es, wenn der Spielleiter begleitend und beratend zur Verfügung steht. Natürlich kann man geistig und körperlich behinderte Menschen auch „casten" und über bestimmte Trainings zu bestimmten „Hoch"-Leistungen bringen (Büssemaker 1999; Eggers 2011).
- Es ist nicht immer leicht für den Spielleiter, der „offen" arbeitet, zu entscheiden, wann er Anstöße geben soll, um von Gewohnheiten und Routinen Abstand zu nehmen. Beim „offenen" Projekt „Krippenspiel" unterblieben Anstöße dann, wenn Erfolge nur durch Gegen-Trainingsmaßnahmen zu erreichen gewesen wären.
- Auch bei der „offenen" Arbeit hat der Spielleiter einen Qualitätsanspruch. Diesen setzt er jedoch nicht durch, sondern wirbt möglichst anschaulich für ihn (vgl. 4. Sitzung: Sozialarbeiter legt Babypuppe neben Micky-Maus-Puppe). Grundsätzlich ist er davon überzeugt, dass die Gruppe selbst ein Qualitätsbewusstsein hat oder dieses entwickelt. Er kann zulassen, dass dieses ein anderes als sein eigenes ist.
- Die „offene" Theaterarbeit gestaltet sich stressfreier, wenn es ein Leitungsteam gibt. Das zeigt sich vor allem dann, wenn die Gruppe neben individuell szenischer auch noch Unterstützung bei Bühnenbild und Öffentlichkeitsarbeit braucht, weil sie damit selbst alleine (noch) nicht klarkommt.

Literatur (Kursiv gedruckte Titel werden zur Vertiefung empfohlen)

Ahrbeck, B. (2017): Der Umgang mit Behinderung. 3. Aufl. Stuttgart: Kohlhammer.
Altenhofer, St. (2008): *„Theaterarbeit mit psychosozial Betroffenen"/Theaterarbeit als Handlungsfeld der Sozialarbeit? Verbindungen zwischen Theaterpädagogik und Sozialer Arbeit.* In: Hiebinger, I. (Hg.): Künstlerische Aktivitäten im Kontext Sozialer Arbeit. Linz: edition pro mente, S. 35–216.

Bardmann, Th. (2010): Projektmanagement in der Sozialen Arbeit. Vom Management der Kultur zur Kultivierung des Managements. In: Bardmann, Th./Lowinski, F. (2010) (Hg.): Lichtspuren. Die Projektmethode als kulturpädagogische Praxis. Mönchengladbach (= Schriftenreihe des FB Sozialwesen), Bd. 48, S. 141–200.

Baumeister, W. (1947): Das unbekannte Kunstwerk. Stuttgart: Curt E. Schwab Verlagsgesellschaft.

Biewer, C. (2009): Vom Verschwinden der Etiketten zum Verlust der Inhalte. Kritische Anmerkungen zur heilpädagogischen Kategorisierung im internationalen Vergleich. In: Bürli, A. et al. (2009) (Hg.): Integration/Inklusion aus internationaler Sicht. Bad Heilbronn: Klinkhardt, S. 167–176.

Binder, D. (2010): „No body's perfect": Theaterarbeit mit ehemaligen Drogenabhängigen, Hilfe für eine cleane Lebensbewältigung. Hamburg: Diplomica Verlag GmbH.

Bürli, A./Strasser, U./Stein, A.-D. (Hg.) (2009): Integration/Inklusion aus internationaler Sicht. Bad Heilbrunn: Klinkhardt.

Büssemaker, H. (1999): Grenzen durchbrechen – das Theater Lebelle. In: Ruping, B. (Hg.): Theater, Trotz und Therapie. Lingen/Ems: Theaterpädagogisches Zentrum, S. 108–113.

Die Conrads (1969): Weihnachtsprogramm 1969. In: Hüfner, A. (Hg.) (1970): Straßentheater. Frankfurt: Suhrkamp, S. 164–173.

Droste, G., dan (Hg.) (2009): Theater von Anfang an! Bielefeld: transcript.

Droste, G., dan/Jenni, U. et al. (Hg.) (2016): Anstecken! Das Künstlerische in der Kulturellen Bildung. Wolfenbüttel: Bundesakademie für Kulturelle Bildung.

Eggers, A. (2011): Versteckte Talente entdecken. Professionelle Theaterarbeit mit behinderten SchauspielerInnen im Hamburger Theater Klabauter. In: Impulse, Magazin der Bundesarbeitsgemeinschaft für unterstützte Beschäftigung, H 5, 2011, S. 6–9.

Frey, K. (2007): Die Projektmethode, 9. Aufl., Weinheim, Basel: Beltz.

Galuske, M./Müller, C. W. (2010): Handlungsformen der Sozialen Arbeit. Geschichte und Entwicklung. In: Thole, W./Küster, E.-U./Bock, K. (Hg.): Grundriss Soziale Arbeit. Ein einführendes Handbuch, 3., überarb. u. erw. Aufl., Wiesbaden: VS, 587–609.

Glicher-Holtey, I./Kraus, D./Schößler, F. (Hg.) (2006): Politisches Theater nach 1968. Regie, Dramatik und Organisation. Frankfurt, New York: Campus.

Großwendt, U./Theunissen, G. (2006): Marginalien zur Kreativitätsperspektive. In: Theunissen, G./Großwendt, U. (Hg.): Kreativität von Menschen mit geistigen und mehrfachen Behinderungen. Bad Heilbrunn: Klinkhardt, bes. S. 50–59.

Grube, Th./Lansch, E. S. (DVD) (2004): Rhythm is it! You can change your life in a dance class. Alive Vertrieb und Marketing.

Gudjons, H. (1983): Spielbuch Interaktionserziehung. 2. neugest. Aufl., Bad Heilbrunn: Klinkhardt.

Hafke, Ch. (2009): „Jede gute Praxis braucht eine Theorie" – Ästhetische Praxis und Foucaults Gouvernementalitätsansatz und die kulturelle Bildung. In: Zeitschrift für Theaterpädagogik, H 55, 25. Jg., S. 17–20.

Heckhausen, H. (1978): Entwurf einer Psychologie des Spielens. In: Flitner, A. (Hg.): Das Kinderspiel. 4., überarb. Aufl. 1978, S. 138–155.

Höhne, G. (1999): Spiel und Subversivität – das Theater Rambazamba. In: Ruping, B. (Hg.): Theater, Trotz und Therapie. Lingen/Ems: Theaterpädagogisches Zentrum, S. 75–97.

Hoffmann, Ch. (2009): Artikel „Unternehmenstheater". In: Koch, G./Streisand, M. (Hg.): Wörterbuch der Theaterpädagogik. Berlin, Milow: Schibri, S. 341.

Hoffmann, K./Klose, R. (Hg.) (2009): Theater interkulturell: Theaterarbeit mit Kindern und Jugendlichen. Berlin, Milow: Schibri.

Imkamp, O. (2002): Ästhetische Erfahrung und Bildung geistig behinderter Erwachsener durch Theater-Machen. Projekt: Krippenspiel. Mönchengladbach: Abschlussarbeit HS Niederrhein.

Johnstone, K. (1993): Improvisation und Theater. Berlin: Alexander Verlag.
Jordan, E. (2001): Zwischen Kunst und Fertigkeit – Sozialpädagogisches Können auf dem Prüfstand. In: Zentralblatt für Jugendrecht, 88. Jg., H 2, S. 48–53.
Jurké, V. (2010): Das Theater mit dem Körper. In: Zeitschrift ästhetische Bildung, 2. Jg., Nr. 1. Online: URL: http://zaeb.net/index.php/zaeb/article/viewFile/33/29.pdf, Aufruf: 10.07.2017.
Kern, A. (1998): Authentizität in Gesellschaft und Theater. In: Wilde Bühne (Hg.): Kultur vom Rande der Gesellschaft. Aus der Praxis authentischer Theaterarbeit. Freiburg: Lambertus, S. 10–40.
Klein, F. (2009): Pädagogischer Impuls für qualitative Forschung im integrativen Erziehungsfeld. In: Bürli, A./Strasser, U./Stein, A.-D. (Hg.): Integration/Inklusion aus internationaler Sicht. Bad Heilbrunn: Klinkhardt, S. 294–301.
Koch, G./Streisand, M. (Hg.) (2009): Wörterbuch der Theaterpädagogik. Berlin, Milow, Schibri Verlag.
Lang, Th. (2009): Artikel „Altentheater". In: Koch, G./Streisand, M. (Hg.): Wörterbuch der Theaterpädagogik. Berlin, Milow: Schibri Verlag, S. 17–19.
Laubrock, E. (2003): „Jeder kann Theater spielen". Konzeptionelle Überlegungen zur Umsetzung eines basalen Theaterstücks im Rahmen einer Projektwoche an der Schule für Körperbehinderte unter Einbeziehung von Methoden der Unterstützenden Kommunikation. (= Hausarbeit, 2. Staatsprüfung); vgl. bes.: Prinzip „Unterstützende Kommunikation", S. 14–16. Online: URL: http://www.foepäd.net/laubrock/basales-theater.pdf, Aufruf: 10.07.2017.
Manecke, A. (1997): Basales Theater – Ein Beitrag schwerstbehinderter Menschen. In: Reuter, W./Theis, G. (Hg.): Spielräume, Spaßräume, Lernräume. Sommertheater Pusteblume: Theaterpädagogische Anregungen nicht nur für Sonderpädagogen. Dortmund, S. 315–333.
Martens, G. (1992) (Hg.): Feministische Theaterpädagogik. Grundlagen Projekte. Remscheid, Rolland.
Mies, G.-A./Sommer, P.-J. (1999): Über das Theater-Machen. Reflexionen über das wild Ästhetische & wild Pädagogische. Beiträge zu einer bedeutungsoffenen Sozialen Arbeit (= Bd. 21 Schriften des Fachbereichs Sozialwesender HS Niederrhein). Mönchengladbach, bes. S. 162–178.
Mollenhauer, K. (1996): Grundfragen ästhetischer Bildung. Weinheim, München, Juventa.
Müller, M. (2011): „Bildstörung Lehrer" oder die (v)erschreckende Schönheit der Medien. In: Jurké, Volker u. a. [Red.]: Theater. Neue Medien. Hamburg: Edition Körberstiftung, S. 66–69.
Müller-Weith, D./Neumann, B./Stoltenhoff-Erdmann, L. (2002) (Hg.): Theater Therapie. Ein Handbuch. Paderborn: Junfermann.
Prange, G. (2008): Grosse gelenkte Projekte in der Schule der Wendezeit. Uni Potsdam, Dissertation. Online: URL: http://opus.kobv.de/ubp/volltexte/2009/2779/pdf/prange_diss, Aufruf: 10.07.2017.
Rademacher, N. et al. (Hg.) (2013): Theater mit allen: Konzepte, Methoden, Praxisbeispiele. Berlin, Milow: Schibri Verlag.
Radtke, D. (2003): Artikel „Gefängnistheater". In: Koch, G./Streisand, M. (Hg.): Wörterbuch der Theaterpädagogik. Berlin, Milow: Schibri Verlag, S. 113–115.
Rellstab, F. (2000): Handbuch Theaterspielen, Bd. 4: Theaterpädagogik. Wädenswill, Stutz-Verlag.
Ruping, B. (Hg.) (1999): Theater, Trotz und Therapie. Lingen/Ems: Theaterpädagogisches Zentrum.
Sandahl, C./Auslander, Ph. (Hg.) (2005): Bodies in Commotion. Disability & Performance. Michigan: University of Michigan Press.

Sahm, B. (2011): Tanzen, Musizieren, Theater spielen. Spielideen für Menschen mit geistiger Beeinträchtigung. Weinheim, München: Juventa.
Schilling, J. (2016): Didaktik und Methodik der Sozialen Arbeit. 7. Aufl., München, Basel: UTB.
Schmidt-Grunert, M. (2009): Soziale Arbeit mit Gruppen. Eine Einführung. 2. verändert. Aufl., Freiburg; beachte bes. Kritik, S. 219–226.
Seidl-Hofbauer, M. (2009): Jeux Dramatiques in der Grundschule. Soziales Lernen durch das Ausdrucksspiel. Augsburg: Brigg.
Seidler, G. (1998): Kunst von der Peripherie. Das wahrhaftige Theater der „Ratten 07". In: Wilde Bühne (Hg.): Kultur vom Rande der Gesellschaft. Aus der Praxis authentischer Theaterarbeit. Freiburg: Lambertus, S. 66–89.
Seitz, H. (2008): Kunst in Aktion. Bildungsanspruch mit Sturm und Drang. Plädoyer für eine performative Handlungsforschung. In: Pinkert, U. (Hg.): Körper im Spiel. Wege zur Erforschung theaterpädagogischer Praxen. Berlin/Milow/Strasburg: Schibri, S. 28–45.
Simhandel, P. (2007): Theatergeschichte in einem Band. 3., überarb. und erg. Neuaufl. Berlin: Henschel.
Spörl, U. (2001): Basislexikon Literaturwissenschaft: Fernuni Hagen. Online: URL: www.¬fernuni-hagen.de/EUROL/termini/welcome.html, Kap. 8.3.5, Aufruf: 10.07.2017.
Theunissen, G./Großwendt, U. (Hg.) (2006): Kreativität von Menschen mit geistigen und mehrfachen Behinderungen: Grundlagen, Ästhetische Praxis, Theaterarbeit, Kunst- und Musiktherapie. Bad Heilbrunn: Klinkhardt.
Trunk, W. (2011): Lernberatung statt Lernplan. Die Prozessqualität der berufsbezogenen Bildungsarbeit. In: Impulse, Magazin der Bundesarbeitsgemeinschaft für unterstützte Beschäftigung. H 5, 2011, S. 10–15.
Weiss, G. (1999): Wenn die roten Katzen tanzen ... Jeux Dramatiques für sozial- und heilpädagogische Berufe. Freiburg: Lambertus.
Wenzel, K. H. (2011): B.E.S.T. – Das Praxisbuch. Eine exemplarische Projektbeschreibung in 10 Phasen, Weinheim: Deutscher Theaterverlag.
Witte, W. (2003): Artikel „Zielgruppe". In: Koch, G./Streisand, M. (Hg.): Wörterbuch der Theaterpädagogik. Berlin, Milow: Schibri Verlag, S. 357–359.

Bezugsquelle für Theaterbücher:
Online: URL: http://www.theaterbuch-versand.de, Aufruf: 10.07.2017; hier auch eine DVD: Kursmaterial Theater mit ca. 500 Theaterübungen.

Fachzeitschriften:
Zeitschrift für Theaterpädagogik (Korrespondenzen). Online: URL: http://www.butinfo.de, Aufruf: 10.07.2017.
Spiel und Bühne. Online: URL: http://www.bdat-online.de, Aufruf 10.07.2017.
Spiel und Theater. Online: URL: http://www.dtver.de, Aufruf 10.07.2017.
Theater der Zeit. Online: URL: http://www.theaterderzeit.de, Aufruf 10.07.2017.
Theater heute. Online: URL: http://www.theaterheute.de, Aufruf 10.07.2017.

5 MUSIK IN DER SOZIALEN ARBEIT – AUFGEZEIGT AM ARBEITSFELD SOZIALE ALTENARBEIT

Theo Hartogh & Hans Hermann Wickel

Was Sie in diesem Kapitel lernen können

Musik ist ein fester Bestandteil der Lebenswelten aller Altersgruppen und eignet sich in besonderer Weise als nonverbales Ausdrucks- und Kommunikationsmedium in der Sozialen Arbeit. In der Sozialen Arbeit in Alteneinrichtungen gibt es zahlreiche Möglichkeiten, das aktive Musizieren als sinnerfüllte und das Wohlbefinden fördernde Aktivität in die Einzelbetreuung und in Gruppenaktivitäten zu integrieren. Vor allem in der Begleitung und Betreuung demenziell erkrankter Menschen erweist sich Musik als Schlüssel zum Erhalt der Identität und der Förderung sozialer Kontakte. In einem Praxisbeispiel werden Angebote einer Altenbegegnungsstätte in den Bereichen Singen und Musizieren mit Instrumenten (Orff-Instrumentarium, Drum Circle und Veeh-Harfe) vorgestellt.

5.1 Funktion und Bedeutung von Musik

Musik ist seit alters her als emotionales Ausdrucks- und Kommunikationsmittel tief in der Kultur des Menschen verankert und fester Bestandteil von Alltag und Freizeit. Musik als autonome Kunst dient aber auch der Befriedigung kultureller und ästhetischer Bedürfnisse, die dem Alltag enthoben sind. Die enge Verbundenheit von Lebenswelt und Musik prädestiniert sie daher als ästhetisches Medium in unterschiedlichen Arbeitsfeldern der Sozialen Arbeit (vgl. Hartogh/Wickel 2004a; Wickel 2018).

Musik umfasst ein breites, sich ständig erweiterndes Spektrum, das vom Volkslied bis zur Oper, vom Schlager bis zum Rock, Pop und Hip-Hop, von der Musik der Naturvölker bis zum opulenten Orchesterwerk der Romantik und zur avantgardistischen Neuschöpfung, von der Weltmusik bis zum Free Jazz reicht. Musik wird vokal und instrumental dargeboten, live und „aus der Konserve", sie wird von Solisten oder Ensembles und Bands gestaltet, sie erklingt zu Hause, in Konzertsälen, Theatern, Clubs und Diskotheken, in Jugendheimen und Kirchen, auf Festivals und auf der Straße. Musik kann stimulieren und entspannen, sie kann zur Bewältigung des Alltags dienen und uns trösten, sie ist Freizeitinhalt und Begleiter auf Feiern und kann genutzt werden für die Balance des seelischen Gleichgewichts, für Geselligkeit, Glücksmomente und Erinnerungen.

Die Qualität des musikalischen Erlebens ist nicht abhängig von der Komplexität der musikalischen Struktur, denn für das Erleben von Musik sind keinerlei

Fachkenntnisse erforderlich. Musikalisches Erleben ist nicht Experten vorbehalten, sondern jedem Menschen eigen und zugänglich, der sich von Musik berühren lässt. Musik ist letztlich das, was *wir* als Musik empfinden – und das kann von Mensch zu Mensch sehr voneinander abweichen. Nicht irgendeine äußere Instanz schreibt uns vor, was wir unter Musik zu verstehen haben, sondern jeder bestimmt selbst, was für ihn Musik ist. Auch wenn die Musikvorlieben der Klientel von den eigenen abweichen, sollte ein Sozialarbeiter sie daher als Bestandteil der Lebenswelt des anderen akzeptieren. Selbstverständlich hat diese Form akzeptierender Sozialer Arbeit auch ihre Grenzen, wenn es z. B. um rechtsradikale Musik oder diskriminierende Textinhalte geht.

In Deutschland gehört das Hören von Musik zu den beliebtesten Freizeitbeschäftigungen und wird nur noch knapp vom Fernsehkonsum übertroffen. Musik ist heutzutage derart allgegenwärtig, dass kaum die Möglichkeit besteht, sich ihr im Alltag zu entziehen. In Restaurants, in der U-Bahn, in der Arztpraxis, in der Telefonwarteschleife ... überall begegnet uns Musik. Musik schafft Atmosphäre und Stimmungen und kann zu diesem Zweck in verschiedenen Lebensbereichen und Institutionen eingesetzt werden – sei es in der Politik, in der Kirche, in der Wirtschaft, der Therapie, Pflege, Medizin oder der Sozialen Arbeit.

Musik kann ihre Wirkung in jedem Lebensalter des Menschen entfalten. Bereits Säuglinge zeigen deutliche Reaktionen auf Musik und sind in der Lage, Musikstücke zu unterscheiden (vgl. Wickel/Hartogh 2006, 42 ff.). Für Jugendkulturen ist Musik fester Bestandteil der Lebenswelt, der neben seinen emotionalen Funktionen vor allem der Gruppenzusammengehörigkeit und der Abgrenzung dient. Die Jugendarbeit muss sich darauf einstellen, dass die soziale Wirklichkeit von Kindern und Jugendlichen heute zu einem Großteil aus medial vermittelten Handlungs- und Deutungsmustern besteht, die in enger Beziehung zu aktuellen Musikstilen und -trends stehen.

Musik behält ihre Funktionen und Bedeutungen über die gesamte Lebensspanne nahezu in gleicher Intensität bei. Eine Befragung älterer Laienmusiker zur Bedeutung von Musik in ihrem Leben zeigt die zentralen Bedeutungsfelder auf:

- Steigerung der Lebenszufriedenheit,
- Begleitung im Alltag,
- Lebenshilfe,
- Erinnerungsträger,
- emotionale Bedeutung (vgl. Hartogh 2005, 166).

Ergänzend zu dieser personalen Bedeutung von Musik wird gerade von älteren Menschen immer wieder die soziale Funktion, vor allem die gesellige Komponente von Musik angeführt (vgl. Hartogh 2005, 161 f.). Die Besonderheit musikalischer Interaktion ist die Gleichzeitigkeit von Wahrnehmen und Produzieren von Musik. Anders als das sukzessive Folgen von Sätzen in einem Gespräch agieren Musiker im Ensemble gleichzeitig. Und dieses synchrone Handeln ist die Voraussetzung für die besondere Intensität des Gemeinschaftserlebens beim Musizieren, sodass sich Musik hervorragend als Kommunikationsmittel und zum Aufbrechen sozialer Isolation eignet.

5.2 Musikalische Gestaltungen in der Sozialen Arbeit

Mit Blick auf die oben genannten Bedeutungszuschreibungen kann Musik in der Sozialen Arbeit gezielt eingesetzt werden. Anders als in der Musikpädagogik steht dabei nicht die Musik selbst im Mittelpunkt, sondern der Mensch mit seinen Bedürfnissen und Hilfebedarfen.

Musik kann als nonverbales und emotional stark berührendes Medium die Sprache, die zwar das geläufigste, aber nicht immer erfolgreichste Kommunikationsmedium in der Praxis der Sozialen Arbeit darstellt, ganz oder vorübergehend umgehen, ergänzen oder gar ersetzen.

Je nach Einsatzfeld und Zielsetzung stehen unterschiedliche musikbezogene Gestaltungsangebote zur Verfügung, die sich in Arbeitsfeldern der Sozialen Arbeit bewährt haben:

- Singen,
- Instrumentalspiel,
- Gruppenimprovisation,
- Verklanglichung,
- Musicalarbeit,
- Percussion,
- Rhythmik,
- Band- und Hip-Hop-Workshop,
- Musikmobile,
- Musikhören (vgl. Hartogh/Wickel 2004a, 103–230).

In Verbindung mit anderen ästhetischen Medien erweitert sich das Methodenrepertoire:

- Musik und Bewegung,
- Musik und Spiel,
- Musik und Malen,
- Selbstbau von Instrumenten,
- Musik und Theater,
- Musik und digitale Medien (vgl. Hartogh/Wickel 2004a, 231–312).

Ohne Anspruch auf Vollständigkeit zu erheben, zeigt diese Aufzählung das breite Spektrum musikalischer Gestaltungen, die sich nicht Selbstzweck sind, sondern sich mit Zielsetzungen und Methoden Sozialer Arbeit verknüpfen lassen. So kann in der sozialen Gruppenarbeit mit Kindern der Selbstbau von Instrumenten auf dem Programm stehen; für die Gemeinwesenarbeit, die sich die Integration von Migranten zum Ziel gesetzt hat, kann eine Musicalproduktion oder ein Hip-Hop-Workshop ein attraktiver Treffpunkt für einheimische und Jugendliche mit Migrationshintergrund sein; zur Verwirklichung kultureller Inklusion können Zugänge zum Instrumentalunterricht und Ensemblespiel sowie Auftrittsmöglichkeiten für Musiziergruppen behinderter und nicht behinderter Menschen geschaffen werden; für die Biografiearbeit mit alten Menschen kann das Hören alter Schlager und Evergreens Impulse für Erinnerungen und Gespräche geben.

5.3 Bezugsdisziplinen von Musik in der Sozialen Arbeit

Trotz der Unterschiede im professionellen Selbstverständnis hat Musik in der Sozialen Arbeit Inhalte und Methoden mit anderen musikbezogenen Disziplinen gemein:

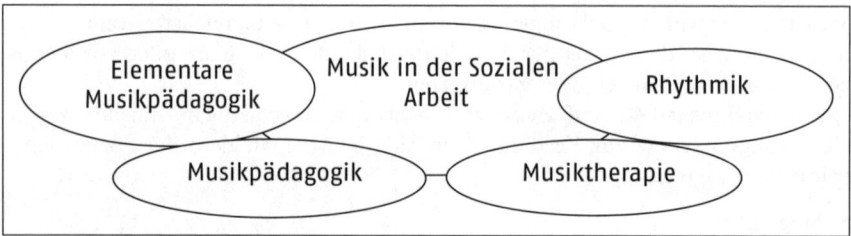

Abb. II.5.1: Bezugsdisziplinen von Musik in der Sozialen Arbeit

In der Musikpädagogik geht es um die Vermittlung musikalischer Inhalte und Fähigkeiten, Arbeitsfelder hierfür sind insbesondere Schulen und Musikschulen (vgl. Helms/Schneider/Weber 2001).

Musiktherapie ist im Gesundheits- und Sozialwesen verortet und versteht sich als psychotherapeutische Konzeption, die mit einer psychologischen Methodik Krankheiten behandelt. Das Hören und (Re-)produzieren von Musik hat sowohl eine therapeutische als auch diagnostische Funktion. Voraussetzung für eine musiktherapeutische Behandlung ist eine Diagnose und eine daraus abgeleitete Indikationsstellung und Zielformulierung (vgl. DMG 1998).

Besonders nahe stehen der Musik in der Sozialen Arbeit die Elementare Musikpädagogik (EMP) und die Rhythmische Erziehung, die musikalische Ziele eng mit persönlichkeitsbildenden und sozialen Zielen verbinden sowie andere gestalterische Ausdrucksformen, vor allem die Bewegung und das Spiel mit animierenden außermusikalischen Materialien beim Musizieren einbeziehen (vgl. Kühnel 2004; Ribke/Dartsch 2002; Widmer 2004).

Die historischen Wurzeln der Musik in der Sozialen Arbeit liegen wie die der Elementaren Musikpädagogik in der Orff-Tradition: Schon 1973 betonte Wilhelm Keller, der in den 1960er Jahren die sozial- und sonderpädagogische Arbeit am Orff-Institut in Salzburg aufbaute, dass Musik ein innermenschlicher Prozess sei, der bei jedem Menschen anders verlaufe. Ausgehend von einem subjektorientierten Musikbegriff forderte er für jeden Menschen Zugang zu musikalischen Ausdrucksmöglichkeiten, unabhängig von jeglicher Schichtenzugehörigkeit, vom musikalischen Bildungsstand und vor allem auch von eventuellen Einschränkungen durch Krankheiten und Behinderungen (vgl. Wickel 2007, 153). Das Musizieren mit Orff-Instrumenten wie Xylophonen und Metallophonen sowie kleinen Rhythmusinstrumenten (Trommeln, Rasseln, Klanghölzer u. a.) hat in der Musikpädagogik und der Sozialen Arbeit eine lange und erfolgreiche Tradition, da beim Spielen und Improvisieren mit diesen Instrumenten der musikalische Schwierigkeitsgrad den Bedürfnissen und Möglichkeiten der Klientel angepasst und auch sehr niedrigschwellig sein kann, da weder Notenkenntnisse noch bestimmte Spielfertigkeiten vorausgesetzt werden.

5.4 Schwerpunkt Altenarbeit

5.4.1 Demografische Entwicklung und Altersbild

Verschiedenartige und zum Teil sehr gegensätzliche Lebenslagen und -formen unterscheiden Senioren von heute von den Alten vorangegangener Generationen. Klar zeichnet sich bei allen demografischen Veränderungen aber auch ab, dass Altersarmut künftig zunehmen wird, sodass mehr Ältere auf Sozialhilfeleistungen angewiesen sind und dann auch häufiger Leistungen der Altenhilfe in Anspruch nehmen werden (vgl. Hammerschmidt 2010, 30).

In den letzten Jahrzehnten hat Alter eine qualitative Veränderung erfahren und entwickelte sich zu einer ausgeprägten eigenständigen Lebensphase nach Verrentung bzw. Pensionierung. Anders als früher drängt die ältere Generation heute in Lebensbereiche, die vor einigen Jahrzehnten eher der Jugend vorbehalten waren. Von der Werbung über Schönheitswettbewerbe bis zum Universitätsstudium sind ältere Menschen mittlerweile gesellschaftlich präsent. Der 6. Altenbericht der Bundesregierung (2010) weist treffend darauf hin, dass ältere Künstler wie Udo Lindenberg, Tina Turner und Mick Jagger maßgeblich dazu beitragen, dass Altersbilder in unserer Gesellschaft neu definiert werden. Gerontologen sprechen aufgrund dieser Entwicklung, die auch mit dem gegenüber früheren Generationen besseren Gesundheitszustand und zum Teil auch den ökonomischen Möglichkeiten vieler älterer Menschen zusammenhängt, von der *Verjüngung des Alters*.

Das bis in die 1970er Jahre dominierende Defizitbild des Alters ist längst kompetenz- und ressourcenorientierten Altenbildern gewichen, die nicht Einschränkungen und Beeinträchtigungen, sondern die Aktivität und Produktivität des Alters in den Vordergrund rücken. Soziale Altenarbeit knüpft vor dem Hintergrund dieses Perspektivenwechsels an erworbenen Potenzialen und Ressourcen an, um Aktivitäten zu ermöglichen und zu unterstützen, die als sinnstiftend erlebt und zu einem gelingenden und erfolgreichen Altern beitragen (vgl. Baltes/Kohli/Sames 1989; Lehr 2007, 56–66). In Bezug auf dieses Leitziel ist Soziale Altenarbeit anschlussfähig an diverse Konzepte und Theorieansätze der Sozialen Arbeit, die auch explizit ältere Menschen im Blick haben:

- Lebensweltorientierung: Anschluss der professionellen Hilfen Sozialer Arbeit an die Lebenswelt und den Alltag älterer Menschen sowie Orientierung an Biografie, Lebenslage und Lebensweisen (vgl. Grunwald/Thiersch 2014).
- Capability Approach: Eröffnen von Verwirklichungschancen und Handlungsoptionen unter Wahrung der Binnenperspektive der Klientel, auch wenn Behinderungen und Demenzerkrankungen zu Einschränkungen führen (vgl. Steckmann 2009, 111).

- Empowerment: Stärkung (noch) vorhandener Potenziale und die Ermutigung zum Ausbau dieser Möglichkeiten sowie Abbau von Hierarchien in Institutionen (vgl. Laverack 2010, 63, 79 f., 128–131).

Als Beginn der Altersphase wird in der Fachliteratur, wenn überhaupt eine kalendarische Einteilung vorgenommen wird, das 65. bzw. 67. Lebensjahr angegeben, also der gesetzlich festgelegte Übergang von der beruflichen in die nachberufliche Phase. Im Bildungssektor wird die Altersphase oftmals aber auch bedeutend früher angesetzt, so spricht der Deutsche Musikrat z. B. von „Musizieren 50+" und Musikschulen bieten „Seniorenchöre 60+" an.

Da immer mehr Menschen ein hohes Alter erreichen, wird die nachberufliche Altersspanne immer größer, sodass Gerontologen mittlerweile zwischen drittem (*junge Alte*) und viertem Lebensalter (*Hochaltrige*) mit je spezifischem Leistungs- und Gesundheitsprofil unterscheiden. Ein weiterer Faktor ist die *frühe Entberuflichung* vieler Arbeitnehmer, die dadurch schon vor dem gesetzlichen Rentenalter mehr Zeit für Muße und Freizeitaktivitäten und statistisch noch eine lange Lebensspanne vor sich haben. *Junge Alte* sind überwiegend mobil und in der Lage, gemäß ihrer Interessen Bildungsangebote wahrzunehmen. Demgegenüber sind *Hochaltrige* in der Regel weniger mobil und daher zunehmend auf Bringstrukturen angewiesen. Sie bilden überwiegend die Klientel von Gruppenaktivitäten in Alters- und Pflegeheimen.

Weitere Entwicklungen kennzeichnen Alter und Altern in den Industrienationen: Aufgrund der höheren Lebenserwartung von Frauen kommt es zu einer *Feminisierung* des Alters und mit zunehmendem Alter leben viele vorwiegend weibliche Menschen allein (*Singularisierung*) bzw. in Alteneinrichtungen. Gesellschaftliche Rollenzuweisungen verlieren zunehmend ihre Bedeutung. Die heutige Generation der über 60-Jährigen ist weit weniger von tradierten Lebensstilen bestimmt als ihre Elterngeneration (*Enttraditionalisierung*). Die zunehmende *Pluralisierung von Lebensstilen und Lebensformen* in allen Generationen schlägt sich auch in der differenzierten Nachfrage nach Kultur- und Bildungsangeboten nieder. Wie weit diese Entwicklungen greifen, dokumentiert eindrucksvoll der Film „Young@Heart", in dem die Geschichte eines Seniorenchores in Massachusetts gezeigt wird. Die über 80-jährigen interpretieren Rock- und Punk-Hits der Rolling Stones (selbst mittlerweile Senioren, die auf die 70 zugehen), Ramones, Bee Gees und The Clash, aber auch Popsongs jüngerer Bands wie Coldplay. Mit beeindruckender Verve singen sie „Forever young" von Alphaville und beweisen, dass Singen in der Gemeinschaft – trotz der sichtbaren Alterserscheinungen – innerlich jung hält. Emotionen werden nicht alt, sodass sich die Singfreude und Vitalität auch unmittelbar auf das Publikum übertragen. In Interviews betonen die Mitwirkenden die existenzielle Bedeutung des Singens in der Chorgemeinschaft für das eigene Wohlbefinden und die Lebensqualität: es macht Freude und hilft, aus der Isolation auszubrechen, Krankheiten vorübergehend zu vergessen und gesellschaftlich präsent zu sein. Das gleiche Ziel verfolgt die britische Rentnerband „The Zimmers" (Durchschnittsalter ca. 80 Jahre), die sich nach einer Gehhilfe benannt hat und mit ihrer Coverversion von „My Generation" (The Who) in Europa mit einem Schlag berühmt wurde. Die Textzeile „I hope I die before I get old" wird mit britischer Selbstironie und einem Augenzwinkern zum Besten gegeben. Die nicht nur von diesem Chor gelebte Vitalität belegt, wie hinfällig statische Altersnormen und kalendarische Alterszuweisungen sind. In Alteneinrichtungen kann man heute nicht mehr gewiss sein, dass altes Volksliedgut auf allgemeine Zustimmung stößt und der Großteil der Bewohner mitsingt. Längst haben die Songs der Beatles und die Popmusik der 1960er Jahre Einzug in die Alteneinrichtungen gehalten.

5.4.2 Aufgaben der Sozialen Altenarbeit in Alteneinrichtungen

Im Kontext Sozialer Arbeit ist Musik ein Medium in der sozialen Betreuung in der offenen (z. B. Seniorentreffs, Altentagesstätten, Altenclubs, Seniorenfreizeitstätten), ambulanten und (teil-)stationären *Altenhilfe* (vgl. Hartogh/Wickel 2004b). Neben der körperorientierten Pflege gehört die psychosoziale Betreuung in stationären Alten- und Tageseinrichtungen zu den zentralen Dienstleistungen. Auch wenn eine klare Abgrenzung der Aufgabenfelder nicht möglich ist, so ist der erste Bereich (Pflegedienst) ein Schwerpunkt des professionellen Pflegepersonals und der zweite Bereich (Sozialdienst) ein originärer Aufgabenbereich der Sozialen Altenarbeit bzw. der Gerontosozialarbeit.

In stationären Einrichtungen der Altenhilfe gehören verschiedene miteinander vernetzte Aufgabenbereiche zum Sozialen Dienst:

- Informations- und Beratungsgespräche bei der Heimaufnahme,
- Hilfen zur Bewältigung der Eingewöhnungsphase beim Heimeinzug,
- Hilfe bei der Gestaltung und Einrichtung von Wohn- und Gemeinschaftsräumen,
- Biografiearbeit (Anbieten individueller Bildungs- und Betreuungskonzepte),
- Begleitung und Beratung des Heimbeirats,
- Angehörigenarbeit (Einbinden und Informieren von Angehörigen),
- Anleitung und Begleitung von Ehrenamtlichen, Praktikanten, Bundesfreiwilligendienstlern,
- Gemeinwesenarbeit: Kontaktaufbau und -ausbau zu Vereinen, Schulen und Kirchengemeinden sowie zu anderen Diensten und Hilfseinrichtungen im örtlichen Umfeld,
- Öffentlichkeitsarbeit,
- Gruppenaktivitäten (vgl. socialnet 2010; Woog 2006, 43–57).

Sozialarbeiter machen in ambulanten und stationären Alteneinrichtungen zwar noch einen relativ geringen Teil des Personals aus, angesichts des demografischen Wandels und des steigenden Bedarfs an Unterstützungs-, Beratungs- und Bildungsleistungen wird die Altenarbeit für die Soziale Arbeit jedoch an Bedeutung gewinnen: Schon heute leben in Deutschland mehr Menschen im Rentenalter als unter 20-Jährige, und der Anteil älterer Menschen, insbesondere auch der älteren Menschen mit Migrationshintergrund, wächst stetig. Auch wenn Alter per se kein soziales Problem darstellt, so ergeben die oben vorgestellten heterogenen Lebenslagen und -formen – vor allem bei hochaltrigen Menschen – Bedarfe für soziale Altenarbeit, die auch stark die Bildungs- und Kulturarbeit betreffen.

Die Leistungen der Mitarbeiter des Sozialen Dienstes in Alten- und Pflegeeinrichtungen sind Bestandteil einer ganzheitlichen Betreuung und Pflege, die nicht nur die klassischen Beratungs- und Betreuungsaufgaben der Altenhilfe, sondern auch Bildungsaspekte einschließen (Altenbildung). Gemäß § 71 SGB XII (Sozialhilfe) soll Altenhilfe dazu beitragen, „Schwierigkeiten, die durch das Alter entstehen, zu verhüten, zu überwinden oder zu mildern und alten Menschen die Möglichkeit zu erhalten, am Leben in der Gemeinschaft teilzunehmen". Zu den Aufgaben zählen auch „Leistungen zum Besuch von Veranstaltungen und Einrichtungen, die der Geselligkeit, der Unterhaltung, der Bildung oder den kulturellen Bedürfnissen alter Menschen dienen".

5.4.3 Verortung des Mediums Musik in der Sozialen Altenarbeit

In der Biografiearbeit, bei Gruppenaktivitäten, in der Angehörigen- und der Öffentlichkeitsarbeit spielen musikalische Angebote eine besondere Rolle, da sie maßgeblich dazu beitragen können, die Lebenszufriedenheit und die Lebensqualität sowie die Selbstständigkeit und die Selbstbestimmung älterer Menschen zu erhalten und zu fördern. Darüber hinaus unterstützt das Musizieren soziale Kontakte und kann vor allem für demenziell veränderte Menschen zum Erhalt der Identität beitragen und Perspektiven für die nonverbale Kommunikation mit Angehörigen und Pflegenden bieten. Musik erreicht auch Menschen mit schwergradiger Demenz, wenn die Sprache als Beziehungs- und Verständigungsmedium kaum oder gar nicht mehr zur Verfügung steht. Die Hörrinde bleibt neben dem motorischen System weitgehend frei von degenerativen neuronalen Veränderungen und somit können auditive Reize wie Lachen, Schreien und der durch Gefühle geprägte melodische Verlauf glücklicher und trauriger Stimmen noch entschlüsselt werden (vgl. Söthe 2008, 221).

Die Rolle der Sozialarbeiter kann somit zum einen in der Anleitung einer Musiziergruppe liegen, zum anderen in der Organisation von Musikangeboten in Form von Vernetzung mit Musikpädagogen, Musikern, Ensembles und Schulen im Gemeinwesen, die in die Einrichtungen kommen, um mit Bewohnern zu musizieren, aber auch in der Implementierung von Musik als Medium der Kommunikation und der Biografiearbeit mit der ansteigenden Zahl demenziell Erkrankter. Programmentwicklungen und speziell musikalische Konzepte für Einrichtungen müssen die Lebensstile ihrer Adressaten berücksichtigen. Es ist bekannt, dass zum einen vor allem Musik aus der Jugendzeit für das Hören und aktive Musizieren bevorzugt wird, zum anderen sind ästhetische Entscheidungen, die sich in bestimmten Wohn- und Freizeitstilen ausdrücken und die offensichtlich nach Bildungsstand variieren, zu berücksichtigen (vgl. Karl/Kolland 2010, 83–85). In Anlehnung an Schulze (2000, 277–333) und Keuchel/Wiesand (2008, 100 f.) können für eine grobe Orientierung drei Milieus unterschieden werden, denen vorwiegend ältere Menschen angehören:

- Harmoniemilieu (niedrige Bildung) bzw. passive Ältere: bodenständiger Gesellungsstil, Verharren in konventioneller Lebensführung, hoher Medienkonsum,
- Integrationsmilieu (mittlere Bildung) bzw. erlebnisorientierte Aktive,
- Niveaumilieu (hohe Bildung) bzw. kulturell Aktive.

Die Anforderung für eine professionelle Soziale Arbeit mit ästhetischen Medien wie Musik besteht darin, die Milieuzugehörigkeit und die damit verbundenen Bedürfnisse und die zu erwartende Teilnahmebereitschaft zu reflektieren und in die Planungen von Angeboten einzubeziehen – auch in dem Bewusstsein, dass der Sozialarbeiter von den Adressaten in seiner Milieuzugehörigkeit wahrgenommen wird.

5.4.4 Musikalität

Professioneller Einsatz von Musik in der Sozialen Altenarbeit hat nicht in erster Linie das Niveaumilieu bildungsgewohnter Älterer im Blick, sondern versucht, mit niedrigschwelligen Ansätzen und der Schaffung ermöglichender Strukturen (Capability-Approach) an der Biografie und den Ressourcen (Empowerment) auch bildungsungewohnter Menschen anzusetzen und Bildungsprozesse zu initiieren. Es gibt keine präferierten Musikrichtungen, klassische sowie Unterhaltungsmusik haben aus Perspektive der Sozialen Arbeit, die nicht die Musik, sondern den musizierenden Menschen im Fokus hat, gleiche Wertigkeit. Das Konstrukt Musikalität meint in diesem Zusammenhang auch nicht besondere musikalische Fähigkeiten, sondern generell eine Erlebnisfähigkeit und Beeindruckbarkeit durch Musik und schließt somit jede denkbare rezeptive und aktive Beschäftigung mit Musik ein. Musikalität ist also nicht gleichzusetzen mit musikalischer Begabung und musikbezogenen Kompetenzen wie Notenlesen oder ein Instrument spielen. In diesem Sinne erscheint auch jeder Mensch als musikalisch. Diese Grundfähigkeit zum Musikerleben erlischt nicht durch altersbedingte körperliche oder kognitive Einschränkungen, etwa bei demenziellen Erkrankungen, weil sie in erster Linie an Emotionalität gekoppelt ist.

5.4.5 Das Bildungspotenzial aktiven Musizierens

Soziale Altenarbeit mit Musik sollte die biografisch herausgebildeten Lebensstile ihrer Klientel berücksichtigen, damit Musizierangebote nicht zu belanglosen und individuell sowie gesellschaftlich irrelevanten Tätigkeiten mutieren. Eine gemeinwesenorientierte Sichtweise kann einer solchen Entwicklung entgegensteuern, wenn Kooperationen mit anderen Institutionen (Kindergärten, Schulen), aber auch kleine Auftritte in den Einrichtungen (z. B. Einbinden in jahreszeitliche Feste) und im Gemeinwesen in Erwägung gezogen werden. Zahlreiche Musikprojekte, z. B. Klavierunterricht mit demenziell erkrankten Menschen, belegen, dass auch im vierten Lebensalter trotz zunehmender Hilfebedürftigkeit und nachlassender Autonomie Bildungspotenziale und -bedürfnisse bestehen und musikalische Kompetenzen ausgebildet werden können (vgl. Karl 2010, 94; Kehrer 2011; Kricheldorff 2010, 107 f.; Werner 2011). Auch für das Musizieren mit Demenzerkrankten wird in Zukunft ein großer Bedarf bestehen, mittlerweile wurden schon zukunftsweisende Angebotsformen entwickelt, wie z. B. Musik auf Rädern (vgl. Keller 2011).

Der gesundheitsfördernde Effekt kultureller Aktivitäten konnte in mehreren Untersuchungen nachgewiesen werden (vgl. Hartogh/Wickel 2008, 48–50). Weitere Ziele sind die Entwicklung musikbezogener Fähigkeiten und Fertigkeiten sowie Lebenszufriedenheit und Sinnfindung.

Als Motive, künstlerisch-kulturell selbst tätig zu sein, werden von älteren Menschen soziale Kontakte und das persönlichkeitsbildende Potenzial künstlerischen Handelns herausgestellt (vgl. Karl 2010, 92). Das Gros der Menschen im Alter zwischen 50 und 70 Jahren ist heute davon überzeugt, dass künstlerische Fertigkeiten – wie ein Instrument spielen oder ein Bild malen zu können – durchaus auch noch im Alter erlernbar sind. Ein Drittel der bisher nicht künstlerisch Aktiven zeigt zudem Interesse für entsprechende Angebote, womit unterstrichen wird, dass nach Jahren alte Menschen durchaus „jung im Kopf" bleiben können. Selbst bei den 80-Jährigen und Älteren geben immerhin 54 % an, dass man auch im Alter noch künstlerische Fertigkeiten erlernen und ausbauen kann (vgl. Keuchel/Wiesand 2008, 96).

5.4.6 Lebenswelt- und Biografieorientierung

Der Einsatz des Mediums Musik in der Sozialen Arbeit muss sich vordringlich an der Lebenswelt und Lebensgeschichte der Klienten orientieren, um Anknüpfungspunkte für musikalische Angebote finden zu können. Gerade ältere Menschen verfügen naturgegeben über ein hohes Maß an musikalischer Erfahrung. Im Verlauf des Lebens haben sich dabei in der Regel musikalische Vorlieben und Abneigungen ausgeprägt, die sich auf einzelne Werke und Stücke ebenso wie auf ganze Genres beziehen können. Dabei trifft man aber auch immer wieder auf Präferenzen und Abneigungen, die die individuellen musikalischen Sozialisationen überlagern, denn die Einstellungen gegenüber Musikgenres unterliegen einem stark ausgeprägten Kohorteneffekt. Kulturelle Vorlieben, die wesentlich durch die damaligen Musikerfahrungen, z. B. den Musiktrends in der Jugendzeit einer Generation, geprägt wurden, bleiben im Verlauf des Lebens in der Regel recht stabil. Während die heute über 65-Jährigen noch überwiegend eindeutige Vorlieben für die Volksmusik, den deutschen Schlager, Oldies und Evergreens mitbringen (vgl. Keuchel/Wiesand 2008, 60), geht der Trend in den nächsten Jahrzehnten mit steigender Tendenz zur internationalen Pop- und Rockmusik, eine Entwicklung, die es zukünftig auch in der Sozialen Altenarbeit mit Musik zu berücksichtigen gilt.

Biografiegeleitetes Arbeiten bedient sich bevorzugt attraktiver Sinneseindrücke, die Erinnerungen an alte Erfahrungen wecken (Trigger). Musik scheint aufgrund ihrer stark emotional eingefärbten Wahrnehmung einer der effektivsten dieser Auslöser zu sein: Sie spricht den Menschen unmittelbar an und öffnet einerseits den Zugang zu ihm in der Gegenwart und andererseits die Türen zu seiner Vergangenheit. Musik ist ein idealer Aufhänger, um Erlebnisse wieder aufleben zu lassen und davon zu erzählen. Infolge der hohen emotionalen Ansprechbarkeit und der unmittelbaren Beeinflussung des vegetativen Nervensystems erzeugt Musik eine geeignete Grundstimmung und Atmosphäre, um überhaupt erst einmal zu einer intensiveren Kommunikations- und Erzählsituation zu gelangen. Das macht die große Bedeutung des Mediums Musik für die Erinnerungsarbeit in sozialen und pflegerischen Kontexten aus.

Biografiearbeit mit Musik weist also in zwei Richtungen: Einerseits gibt sie Aufschlüsse über außermusikalische Ereignisse im Leben eines Menschen, die sich ohne den Einsatz eines Triggers im Gespräch nicht so ohne weiteres erschließen, und damit kommunikative Anknüpfungspunkte. Auf der anderen Seite kann sie aber auch musikalische Ressourcen aufzeigen und damit Anhaltspunkte für das Musizieren in der Gegenwart liefern. Um diese Ereignisse und Ressourcen aufzuspüren, können in der Praxis dafür folgende Fragestellungen wegweisend sein (vgl. Hartogh/Wickel 2008, 39):

- Wurde früher musiziert oder in einem Chor gesungen?
- Welche Musik wurde am liebsten gehört, gespielt oder gesungen?
- Welche Interpreten oder Einspielungen wurden bevorzugt?
- In welchem Lebensabschnitt spielte Musik eine besondere Rolle und warum?
- Welche Bedeutung hatte Musik im Alltag oder auch zur Bewältigung des Alltags?
- Hat Musik auch in Krisensituationen helfen können?
- Erinnert Musik bzw. eine bestimmte Musik an nahestehende Personen, Eltern, Partner, Kinder, weitere Verwandte, Bekannte, Freunde oder andere Bezugspersonen (häufig werden in diesem Zusammenhang auch frühere Lehrer genannt)?
- Lösen bestimmte Musiktitel Assoziationen und Bilder aus?
- Welche Radiosendungen wurden gerne gehört, welche Musiksendungen im Fernsehen gern angeschaut, welche Filme sind wegen der guten Musik in Erinnerung?
- Welche Bedeutung hatte geistliche Musik?

Alle Fragen können sich selbstverständlich auch auf die Gegenwart beziehen, indem nach aktuellen Musikvorlieben gefragt wird. Dieser Fragenkatalog ist sicherlich nicht vollständig, aber er enthält einfache und allgemein gehaltene Fragen, die ein Gespräch einleiten oder Bestandteil eines Interviews sein können. Das bloße Reden über Musik oder die bloße Vorstellung von Musik können bereits eine effiziente Wirkung haben, weil Musik auch innerlich gehört werden kann, ohne wirklich zu erklingen. Auf diese Weise können auch Schlüsselerlebnisse erinnert werden, die mit Musik verbunden sind. Es werden dabei nicht nur die Fakten aus der Lebensgeschichte erinnert, sondern gleichzeitig scheinen auch die Gefühle wieder auf, die der Biografieträger zum damaligen Zeitpunkt in einer bestimmten Situation hatte (vgl. Wickel 2009, 286). Diese erinnerten und wieder erlebten Gefühle können zur Grundlage werden für die Aufbereitung einer positiven und gesprächsfördernden Stimmung. Und sie tragen dazu bei, die eigene Identität zu erleben. Diese Wirkung der Musik ist besonders wichtig in der Arbeit mit demenziell veränderten Menschen, die durch das musikalische Erleben und die „Brücke der Gefühle" trotz ihrer kognitiven Einschränkungen eine Kontinuität zwischen „früher" und „heute" erfahren können.

5.4.7 Musikalische Aktivitäten in der Altenarbeit

Mittlerweile liegen eine Vielzahl von Praxiserfahrungen über das Musizieren in Alteneinrichtungen vor (vgl. u. a. Harms/Dreischulte 2007; Hartogh/Wickel 2008, 78–132; Wickel/Hartogh 2011), die das gesamte Spektrum der in Kapitel 5.2 aufgezählten musikbezogenen Gestaltungsangebote abdecken.

Auf den ersten Blick mögen Aktivitäten wie Musicalarbeit und Hip-Hop-Workshop verwundern, aber erfolgreiche Projekte zeigen, dass sich die *Pluralisierung von Lebensstilen und Lebensformen* in musikalischen Angebotsformen konkret widerspiegeln: Dass Hip-Hop nicht nur Jugendlichen vorbehalten ist, sondern durchaus auch ein attraktives musikalisches Betätigungsfeld für ältere Menschen sein kann, belegt René Weicherding (2011); gemeinsame Auftritte jüngerer und älterer Menschen in Musicalproduktionen sind mittlerweile eine Selbstverständlichkeit in mehreren prämierten Modellprojekten (vgl. Werner 2011) und musikalische Arrangements werden in Alteneinrichtungen auch gerne mit modernen Instrumenten wie Boomwhackers (Kunststoffröhren mit unterschiedlichen Tonhöhen) und südamerikanischer Percussion gespielt (vgl. Schnieders 2011).

Trotz dieser pluralen Angebotsformen, die der Forderung der „Neuen Alten" nach Außergewöhnlichem (vgl. Opaschowski 1998, 70) gerecht werden, bildet immer noch das Singen die bevorzugte Musizieraktivität, die in der Lebenswelt vieler älterer Menschen verankert ist. Hinsichtlich des Liedrepertoires gibt es regionale und konfessionelle Unterschiede, die bei der Planung und Durchführung von Singangeboten zu beachten sind; für die neuen Bundesländer ist hier z. B. das Liedgut der DDR („Liederbuch der FDJ", „Deutsche Volkslieder für Singstimme und Gitarre" u. a.) zu beachten (vgl. Urbank 2011).

In der Kindheit und in vielen Lebensbezügen wie Freizeit und Geselligkeit sowie Kirche hatte das Singen für viele ältere Menschen einen festen Platz. Aber nicht nur Singen, sondern auch das Musizieren auf Instrumenten und das Bewegen zur Musik sind wesentliche Bestandteile der musikalischen Praxis in der Altenarbeit; Sing- und musikalische Bewegungsangebote wie Sitztänze sind häufig „Renner" im Rahmen der Beschäftigungsangebote in stationären Einrichtungen. Das Musizieren muss allerdings so angelegt sein, dass jeder mitmachen kann; musikalische Vorkenntnisse können differenziert einbezogen, dürfen aber nicht vorausgesetzt werden und sind in den meisten Fällen auch gar nicht vorhanden. Diese Haltung, die davon ausgeht, dass jeder musikalisch ist (vgl. Kap. 5.4.4) und auf seine Weise einen Beitrag beim Musizieren leisten kann, muss von vornherein vermittelt und deutlich gemacht werden, Ängsten und Hemmungen gilt es behutsam entgegenzuwirken.

Wenn auch ein Lernen in jedem Alter möglich ist, bietet es sich doch an, zunächst vom Bekannten und Vertrauten auszugehen. Dabei hilft in der Regel das

Singen bereits gut bekannter Lieder – begleitet auf der Gitarre, auf dem Akkordeon oder Klavier, je nach Möglichkeiten. Sind diese nicht vorhanden, gibt es im Handel auch diverse CDs mit Liedern mit und ohne Begleitung sowie kostenlose Einspielungen und Noten im Internet (www.liederprojekt.org).

Darüber hinaus bieten einfache Rhythmusarrangements in Form einer Liedbegleitung oder eines Mitspielsatzes eine gelingende Einstiegsmöglichkeit in das Musizieren: Zu einem Lied, einem Schlager oder einem beliebtem „Klassikhit" wird eine rhythmische Begleitung entwickelt, die sich an den Möglichkeiten der Mitspielenden orientiert: sie reicht vom einfachen Mitspielen des Metrums oder des Rhythmus bis hin zu anspruchsvolleren Begleitrhythmen. Einfache musikalische Strukturen wie die Liedform a-b-a oder die Abfolge zwischen Strophe und Refrain können größere Formteile bilden, die unterschiedlich ausgestaltet werden, z. B. mit einem Wechsel im Rhythmus, in der Besetzung oder in der Lautstärke. Gruppenbildung wie in einem Orchester ist möglich durch die unterschiedliche Beschaffenheit der Instrumente: So kann es eine Gruppe der Holzklinger (z. B. Klangstäbe und Röhrenholztrommeln), eine Gruppe der Rasseln (z. B. Maracas, Eggshaker, Schüttelrohre) und eine Gruppe der Fellklinger (Trommeln) geben.

Der Mitspielsatz kann zu einem von einem Tonträger abgespielten Stück genau so erklingen wie zu einem vom Anleiter z. B. auf dem Klavier gespielten Stück. Solche Musizierstunden bieten eine willkommene Gelegenheit, Angehörige und Mitarbeiter aktiv in das Geschehen einzubeziehen.

5.5 Praxisbeispiel: Begegnungsstätte „Die Brücke" in Emsdetten

Die Altenbegegnungsstätte „Die Brücke" ist ein offenes Angebot für Senioren der Stadt Emsdetten. Träger ist die Stiftung St. Josef, zu der zwei Altenwohnheime, eine stationäre Einrichtung mit Wohngruppen für demenziell veränderte Menschen und ein Hospiz gehören. Die Begegnungsstätte bietet musikalische, kulturelle und sportliche Angebote. Fahrdienste ermöglichen es, dass auch nicht mehr mobile Menschen diese Angebote wahrnehmen können. Um konkret die Bandbreite der Möglichkeiten eines niedrigschwelligen Musizierens in einer Alteneinrichtung aufzuzeigen, sollen im Folgenden zwei Musikgruppen vorgestellt werden, die der Diplom-Sozialpädagoge und Musikgeragoge Helmut Schnieders in der Stiftung leitet (vgl. Schnieders 2011).

Musik erleben

Das Angebot „Musik erleben" ist ein offenes und leicht zugängliches Musizierangebot und wird zurzeit von ca. 20 Personen im Alter von 70 bis 90 Jahren wahrgenommen. Es nehmen auch Interessenten mit einer demenziellen Erkrankung teil. In dieser Gruppe wird sehr abwechslungsreich musiziert: es wird zur Gitarrenbegleitung gesungen und es werden Texte und Bilder mit Orffschen, selbst gebauten oder südamerikanischen Instrumenten verklanglicht.

Der Raum für solche musikalischen Angebote sollte groß genug sein, sodass die Teilnehmer im Kreis sitzen und sich gegenseitig sehen und hören können und genügend Bewegungsfreiheit haben; oftmals bieten in den Einrichtungen das Foyer, das Café oder der Speisesaal die einzige Möglichkeit, um solche Angebote durchzuführen. Im Prinzip eignen sich Stühle ohne Lehne, ältere Menschen bevorzugen aber gerne die Lehnen, um sich besser abstützen zu können. Bei solchen und ähnlichen Entscheidungen sollte es in erster Linie darum gehen, dass sich alle wohl fühlen. Manche möchten zunächst auch einfach nur dabeisitzen und beobachten, was passiert. Es muss auch von Anfang an deutlich gemacht werden, dass keiner etwas falsch machen kann und keine Zweifel an der Musikalität aller Beteiligten bestehen. Da oftmals Handreichungen und Hilfestellungen erforderlich sind, bietet es sich an, solche Musizierstunden grundsätzlich im Beisein wenigstens einer assistierenden Person durchzuführen, vor allem auch, wenn demenziell veränderte Bewohner dabei sind. Das Spektrum der benötigten Hilfen kann dabei vom Anreichen oder Halten eines Instrumentes über das Anbieten von Getränken bis zur Begleitung beim Toilettengang reichen.

Drum Circle

Eine beliebte Musizierform für diese und andere Gruppen bildet der Drum Circle, weil er in einer besonders offenen Form jedem das Mitmusizieren ermöglicht, improvisatorische Freiheiten lässt bzw. ein Lernen von Rhythmen auf der Basis von Vormachen durch einen Moderator und Nachmachen durch die Gruppe oder Teile von ihr geschehen kann. Das gilt grundsätzlich nicht nur für das Musizieren mit älteren Menschen, das Prinzip des Drum Circles kann genauso gut in anderen Feldern der Sozialen Arbeit zum Einsatz kommen (vgl. Meyberg 2004, 147; www.drumcircle.com). Der Drum Circle kann mit einer beliebig großen Gruppe durchgeführt werden – es sollten allerdings nicht zu wenig Mitwirkende sein. Zudem können Mitspieler mit ganz unterschiedlichen musikalischen Fähigkeiten mitmachen, somit auch Profis und Laien gemeinsam musizieren.

Für den Drum Circle eignen sich besonders jede Art von Trommeln und Kleinpercussion. Percussioninstrumente sind leicht zu spielen; sie können mit der Hand, auch nur mit Fingern oder mit Schlägeln und Stöcken angeschlagen bzw. einfach nur geschüttelt oder gestoßen werden und bieten somit einen leichten Zugang zum Musizieren (vgl. Hill 2007, 149 f.).

Je nach Ausstattung der Einrichtung können dazu Bass-, Hand- und Rahmentrommeln ebenso gehören wie verschiedene Holzinstrumente, z. B. Claves, Woodblocks und Guiros sowie diverse Shaker wie Caxixis und Maracas oder einfache Rasseln. Weniger geeignet sind Metallinstrumente wie Bells (Glocken) und Schellenkränze, die vielen älteren Menschen beim Musizieren häufig zu laut und schrill klingen. Auch wenn Percussioninstrumente nicht direkt der Lebenswelt älterer Menschen entspringen, sind sie doch bei behutsamer Einführung schnell zugänglich und werden aufgrund ihres hohen Aufforderungscharakters gern akzeptiert. Viele dieser Instrumente können auch selbst gebaut werden (vgl. Martini 2004 und 2017). Ein besonderer Reiz liegt darin, diese Instrumente zu

Gruppen zusammen zu fassen, sodass sie ganz gezielt im Wechsel oder im Kontrast von Teil- und Großgruppe eingesetzt werden können – wie in einem Orchester. Das Instrumentarium kann aber z. B. auch um pentatonisch gestimmte Instrumente (Fünf-Ton-Instrumente) erweitert werden. Pentatonisch zusammengestellte Klangstäbe aus Xylooder Metallophonen sowie Boomwhackers können mitmusizieren, weil der Zusammenklang durch diese fünftönige Stimmung (z. B. c-d-e-g-a) harmonisch wirkt. Selbstverständlich kann auch das Körperinstrumentarium – meistens im Sitzen – wie Klatschen oder Patschen, ggf. auch Stampfen, mit einbezogen werden.

Zu Beginn der Stunde werden die Instrumente – soweit noch nicht bekannt – in ihrer Handhabung vorgestellt; hierbei ist auf körperliche Einschränkungen zu achten, oftmals ist es z. B. leichter, Trommeln mit Schlägeln zu spielen als mit der flachen Hand. Sie können dabei z. B. auf die Oberschenkel oder einem Rollator abgelegt, von einer anderen Person gehalten oder an Halterungen befestigt werden. Wünsche der Teilnehmer sollten unbedingt Beachtung finden, für Menschen mit Hörbeeinträchtigungen oder Hörgeräten sind laute Metallinstrumente ungeeignet, weil sie unangenehm klingen. Durch Erkrankungen wie Apraxie (Störung bei der Ausführung willkürlicher zielgerichteter Bewegungen) oder in Folge von Schlaganfällen kann möglicherweise ein Instrument nicht mehr richtig gehalten werden. Hier gilt es behutsam das passende Instrument zu finden, Hilfen anzubieten oder nach zweckmäßigen Handhabungslösungen zu suchen.

Der Drum Circle kann weitgehend nonverbal moderiert werden. Dazu genügen wenige gestische und mimische Aktionen mit einer deutlichen Körpersprache und deutlichem Blickkontakt in die Runde. Menschen mit Hörbeeinträchtigungen kommen diese deutlich visuell wahrnehmbaren Signale sowie die stark zu spürenden Schwingungen des Gruppenrhythmus sehr entgegen, bei Sehbeeinträchtigten können ein lautes Einzählen oder eben auch deutliche zusätzliche Signale wie kräftiges Auftreten helfen. Der Moderator agiert dabei aus der Mitte des Kreises heraus, kann sich dabei aber ebenfalls einzelnen Personen oder Teilgruppen zuwenden:

- Achtung: Beide Arme oder ein Arm nach oben und mit gestrecktem Zeigefinger signalisieren, dass etwas Neues passieren soll.
- Stopp: Die gekreuzten Arme vor dem Körper werden mit einem Ruck nach außen bewegt; diese Aktion kann noch mit dem ganzen Körper unterstützt werden, z. B. durch einen Sprung.
- Bestätigung: Der erhobene Daumen, begeisterndes und anerkennendes Nicken signalisieren, dass es so gut läuft und weitergehen kann.
- Lautstärke verändern: Ausgestreckte Arme mit flachen Händen und den Handflächen nach oben in Verbindung mit einer Bewegung nach oben signalisieren ein Ansteigen der Lautstärke; ausgestreckte Arme mit flachen Händen und den Handflächen nach unten in Verbindung mit einer Bewegung nach unten signalisieren ein Nachlassen der Lautstärke.
- Gruppe teilen: Durch klares umgrenzendes Anzeigen mit den Armen und Händen kann eine Gruppe abgeteilt werden.

- Rhythmus anbieten: Mit pantomimischen Gesten imitiert der Moderator einen Rhythmus, den er mit der Hand auf eine imaginäre Trommel schlägt; dieser wird von der Gruppe, einer Teilgruppe oder einem einzelnen Spieler übernommen; der Rhythmus kann auch mit Hilfe eines sich klanglich deutlich abhebenden Instrumentes, wie z. B. der Cowbell (Kuhglocke), angeboten werden.
- Rhythmus weiterspielen: Hände oder Zeigefinger rotieren umeinander, um anzuzeigen, dass die Gruppe, eine Teilgruppe oder ein einzelner Spieler den Rhythmus weiterspielen soll.

Veeh-Harfen-Ensemble

Einmal in der Woche probt ca. 90 Minuten lang das Veeh-Harfen-Ensemble, das aktuell aus zwölf Musikerinnen im Alter von 65 bis 85 Jahren besteht. Die Gruppe hat regelmäßige Auftritte in der Stadt und im Umland und gastierte schon mehrfach in den Niederlanden. Das Repertoire besteht aus Volksmusik, irischen Tänzen, Blues und Jazz.

Bei der Veeh-Harfe handelt es sich um ein Zither-Instrument, das sich seit Jahren in der Laienmusik und in Arbeitsfeldern der Sozialen Arbeit erfolgreich etabliert hat. Ihre entscheidenden Vorzüge, die es für die Soziale Arbeit mit älteren Menschen so attraktiv macht, sind die leichte Handhabung und das verständliche Notationssystem, sodass ein Anfänger nach kurzer Einweisung schon eine einfache Melodie spielen kann.

Das Instrument wurde von dem Instrumentenbauer Hermann Veeh ursprünglich für die Behindertenarbeit entwickelt. Anders als bei der Zither platzierte er das Schallloch des Instruments auf der Rückseite, sodass die Noten zwischen Saiten und Korpus gelegt werden können. Die Noten einer Melodie sind auf dem Notenblatt in vertikaler Reihenfolge genau unter den anzuzupfenden Saiten angeordnet und dem Melodieverlauf folgend mit einer Linie verbunden. So vermag auch ein notenunkundiger Spieler eine Melodie zu spielen, indem er der Melodielinie auf dem Papier folgt und die Saiten in der vorgeschriebenen Reihenfolge anzupft. Die Veeh-Harfe lässt sich sowohl solistisch als auch im Ensemble einsetzen und mittlerweile haben sich in Deutschland zahlreiche Ensembles zusammengefunden, die zum Teil – auch an Musikschulen – von Sozialpädagogen geleitet werden (vgl. Hartogh/Wickel 2008, 96 f.).

Das Veeh-Harfen-Ensemble Emsdetten ist offen für neue Ideen und Experimente: So soll in Zukunft mit einer Combo gemeinsam Blues-, Jazz- oder Rockmusik gespielt werden. Neben dem Zuwachs musikalischer Kompetenzen sind vor allem das lustvolle Agieren, die Erfolgserlebnisse beim gemeinsamen Musizieren (Reaktion einer Teilnehmerin nach einem Auftritt „Mensch, wir sind ja so was von gut!"), das Entdecken neuer Möglichkeiten im Austausch mit Gleichgesinnten und die Anerkennung bei öffentlichen Auftritten konkrete Ergebnisse eines auf Empowerment und Capabilities ausgerichteten Handlungsfeldes im Schnittfeld von Sozialer Arbeit und Musikpädagogik (vgl. Kap. 5.3 und 5.4).

5.6 Professionalisierung von Sozialpädagogen/ Sozialarbeitern

Der Deutsche Kulturrat mahnte bereits 2006 eine verstärkte Kooperation von Kulturpädagogik und Altenhilfe zur Verbesserung der Lebensqualität älterer Menschen an. Der Deutsche Musikrat forderte in seiner Wiesbadener Erklärung von 2007 die generelle Stärkung des Musizierens älterer Menschen auf allen kulturellen, politischen und institutionellen Ebenen im Hinblick auf ein „barrierefreies Musizieren" auch im Alter. Im Artikel 3 der Erklärung heißt es, dass die Musik in der Altenpflege, der sozialen Altenarbeit, der Rehabilitation und der Therapie verstärkt eingesetzt werden muss: „Dazu bedarf es einer qualifizierten Aus- und Fortbildung in der Musikgeragogik (Musik mit alten Menschen)."

Die Enquete-Kommission „Kultur in Deutschland" betont in ihrem Schlussbericht (2007, 399 f.) ausdrücklich den „Stellenwert kultureller Bildung in der Lebensperspektive" und empfiehlt den Ländern, „Berufsbilder sozialer Berufe so weiterzuentwickeln, dass z. B. Alteneinrichtungen kulturelle Bildungsangebote unterbreiten können".

Als Reaktion auf diese kulturpolitischen Forderungen wurden für die Professionalisierung musikalischer Altenarbeit Weiterqualifizierungen für Sozialpädagogen/Sozialarbeiter ins Leben gerufen, die sowohl gerontologisches und geragogisches Wissen als auch zielgruppenbezogene musikalische Fähigkeiten und Fertigkeiten vermitteln (vgl. www.musikgeragogik.de; www.kulturgeragogik.de). Die erworbenen musikalischen Vermittlungskompetenzen eröffnen Sozialpädagogen/Sozialarbeitern in der Altenarbeit ein eigenständiges Arbeitsfeld, in dem sie ihre eigenen kreativen Potenziale einbringen können. Gemeinsames Musizieren erschöpft sich nicht in (fremdbestimmter) Beschäftigung und Aktivierung, sondern bedeutet das Erleben sinnerfüllter Zeit. Darüber hinaus bieten sich Vernetzungsmöglichkeiten mit Biografie-, Angehörigen- und intergenerativer Arbeit sowie Kooperationen mit Institutionen wie Kindergärten, Schulen und Musikschulen an – vorausgesetzt die Träger und Leitungen von Alteneinrichtungen können von der Sinnhaftigkeit kultureller und ästhetischer Angebote und von der Notwendigkeit ideeller und finanzieller Unterstützung überzeugt werden. Die nachgewiesenen positiven Transfereffekte des Musizierens auf Lebenszufriedenheit, Gesundheit und Intensivierung von Sozialkontakten lassen den Einsatz von Musik in der Sozialen Altenarbeit als eine lohnende Investition in die demografische Zukunft erscheinen, die maßgeblich zur Lebensqualität der Menschen im dritten und vierten Lebensalter beiträgt.

📖 Gut zu wissen – gut zu merken

Musik wird in der Sozialen Arbeit als Ausdrucks- und Kommunikationsmedium eingesetzt, das vor allem die emotionale Dimension des Menschen anspricht. Darüber hinaus steigern aktives Musizieren und Musikhören die Lebenszufriedenheit und dienen der Lebensbewältigung. Das Erreichen sozialpädagogischer Ziele kann wesentlich unterstützt werden durch vielfältige Aktivitäten wie Singen, Instrumentalspiel, Improvisationen, Bewegen zur Musik, Musik hören u. a.

Dabei ist die Vernetzung mit Konzepten und Methoden aus Bezugsdisziplinen wie (Elementare) Musikpädagogik, Musiktherapie und Rhythmik sowie Lebenswelt- bzw. Biografieorientierung, Capability approach und Empowerment für ein theoriegeleitetes und professionelles Handeln hilfreich und förderlich.

In der Sozialen Altenarbeit kann das Musizieren und Musikhören sowohl für orientierte als auch demenziell veränderte Menschen in Verbindung mit dem Methodenrepertoire der Sozialen Arbeit und Geragogik vor allem zur Aktivierung, als Erinnerungsträger und zur Förderung sozialer Kontakte gewinnbringend eingesetzt werden, wie die geschilderten Praxisbeispiele zeigen.

Literatur (Kursiv gedruckte Titel werden zur Vertiefung empfohlen)

Baltes, M./Kohli, M./Sames, K. (Hg.) (1989): Erfolgreiches Altern. Bedingungen und Variationen. Bern: Huber.

Bundesministerium für Familie, Senioren, Frauen und Jugend (BMFSFJ) (2010). Sechster Bericht zur Lage der älteren Generation in der Bundesrepublik Deutschland. „Altersbilder in der Gesellschaft". Bericht der Sachverständigenkommission an das Bundesministerium für Familie, Senioren, Frauen und Jugend. Internet: www.bmfsfj.de/RedaktionBMFSFJ/¬Pressestelle/Pdf-Anlagen/sechster-altenbericht,property=pdf,bereich=bmfsfj,sprache=de,¬rwb=true.pdf, Aufruf: 25.08.2017.

Deutscher Kulturrat (2006): Kulturelle Bildung. Eine Herausforderung durch den demografischen Wandel. Stellungnahme des Deutschen Kulturrats. Internet: www.kulturrat.de/¬pdf/845.pdf, Aufruf: 25.08.2017.

Deutscher Musikrat (2007): Wiesbadener Erklärung. Musizieren 50+ – im Alter mit Musik aktiv. 12 Forderungen an Politik und Gesellschaft. Internet: www.musikrat.de/fileadmin¬/ev/upload/Fachtagungen/50_/DMR_Musizieren_50_Wiesbadener_Erklaerung.pdf, Aufruf: 25.08.2017.

Deutsche Musiktherapeutische Gesellschaft (DMG) (1998). Kasseler Thesen zur Musiktherapie Internet: www.musiktherapie.de/fileadmin/user_upload/medien/pdf/Kasseler_The¬sen.pdf, Aufruf: 25.08.2017.

Enquete-Kommission „Kultur in Deutschland" (2007). Schlussbericht. Internet: http://dipbt¬.bundestag.de/dip21/btd/16/070/1607000.pdf, Aufruf: 25.08.2017.

Fricke, A./Hartogh, T. (Hg.) (2016): Forschungsfeld Kulturgeragogik. München: kopaed.

Grunwald, K./Thiersch, H. (2011): Lebensweltorientierung. In: Otto, H.-U./Thiersch, H. (Hg.): Handbuch Soziale Arbeit. Grundlagen der Sozialarbeit und Sozialpädagogik. 4., völlig neu bearb. Aufl., München: Reinhardt, S. 854–863.

Hammerschmidt, P. (2010): Soziale Altenhilfe als Teil kommunaler Sozial(hilfe-)politik. In: Aner, K./Karl, U. (Hg.): Handbuch Soziale Arbeit und Alter. Wiesbaden: Verlag für Sozialwissenschaften, S. 19–31.

Harms, H. & Dreischulte, G. (2007): Musik erleben und gestalten mit alten Menschen (3. Aufl.). München: Elsevier, Urban & Fischer.

Hartogh, Th. (2005): Musikgeragogik – ein bildungstheoretischer Entwurf. Musikalische Altenbildung im Schnittfeld von Musikpädagogik und Geragogik. Augsburg: Wissner.

Hartogh, Th./Wickel, H. H. (Hg.) (2004a): Handbuch Musik in der Sozialen Arbeit. Weinheim: Juventa.

Hartogh, Th./Wickel, H. H. (2004b): Musik in der Sozialen Altenarbeit. In: Hartogh, Th./ Wickel, H. H. (Hg.): Handbuch Musik in der Sozialen Arbeit. Weinheim: Juventa, S. 359–372.

Hartogh, Th./Wickel, H. H. (2008): Musizieren im Alter. Arbeitsfelder und Methoden. Mainz: Schott.

Helms, S./Schneider, R./Weber, R. (Hg.) (2001): Praxisfelder der Musikpädagogik. Kassel: Bosse.

Hill, B. (2004): Musik. In: Jäger, J./Kuckhermann, R. (Hg.): Ästhetische Praxis in der Sozialen Arbeit. Weinheim: Juventa, S. 121–156.
Hill, B. (2007): Percussion. In: Hill, B./Josties, E. (Hg.): Jugend, Musik und Soziale Arbeit. Weinheim: Juventa, S. 145–156.
Karl, U. (2010): Kulturelle Bildung und Kulturarbeit mit älteren und alten Menschen. In: Aner, K./Karl, U. (Hg.): Handbuch Soziale Arbeit und Alter. Wiesbaden: Verlag für Sozialwissenschaften, S. 87–97.
Karl, U./Kolland, F. (2010): Freizeitorientierte Soziale Arbeit mit älteren und alten Menschen. In: Aner, K./Karl, U. (Hg.): Handbuch Soziale Arbeit und Alter. Wiesbaden: Verlag für Sozialwissenschaften, S. 77–85.
Kehrer, E.-M. (2011): Klavierunterricht mit dementiell erkrankten Menschen. In: Wickel, H. H./Hartogh, Th. (Hg.): Praxishandbuch Musizieren im Alter. Projekte und Initiativen. Mainz: Schott, S. 49–56.
Keller, B. (2011): Pflege für die Seele. Ambulante Musiktherapie im Spannungsfeld der stationären Altenhilfe. In: Wickel, H. H./Hartogh, Th. (Hg.): Praxishandbuch Musizieren im Alter. Projekte und Initiativen. Mainz: Schott, S. 237–242.
Keller, W. (1996): Musikalische Lebenshilfe. Ausgewählte Berichte über sozial- und heilpädagogische Versuche mit dem Orff-Schulwerk, hrsg. v. Regner, H./Oberborbeck, K. W. Mainz: Schott.
Keuchel, S./Wiesand, A. J. (2008): Das Kulturbarometer 50+ „Zwischen Bach und Blues …". Ergebnisse einer Bevölkerungsumfrage. Bonn: ARCult Media.
Kricheldorff, C. (2010): Ausbildung und Weiterbildung von Fachkräften Sozialer (Alten-) Arbeit. In: Aner, K./Karl, U. (Hg.): Handbuch Soziale Arbeit und Alter. Wiesbaden: Verlag für Sozialwissenschaften, S. 67–74.
Kühnel, R. (2004): Rhythmik. In: Hartogh, Th./Wickel, H. H. (Hg.): Handbuch Musik in der Sozialen Arbeit. Weinheim: Juventa, S. 151–174.
Laverack, G. (Hg.) (2010): Gesundheitsförderung & Empowerment. Grundlagen und Methoden mit vielen Beispielen aus der praktischen Arbeit. Werbach-Gamburg: Verlag für Gesundheitsförderung.
Lehr, U. (2007): Psychologie des Alterns. 11., korr. Aufl., Wiebelsheim: Quelle & Meyer.
Martini, U. (2004): Selbstbau von Instrumenten. In: Hartogh, Th./Wickel, H. H. (Hg.): Handbuch Musik in der Sozialen Arbeit. Weinheim: Juventa, S. 269–280.
Martini, U. (2017): In allen Dingen steckt Musik. Spiele mit klingenden Materialien und selbstgebauten Instrumenten. Münster: Waxmann.
Meyberg, W. (2004): Perkussion. In: Hartogh, Th./Wickel, H. H. (Hg.): Handbuch Musik in der Sozialen Arbeit. Weinheim: Juventa, S. 143–150.
Opaschowski, H. W. (1998): Leben zwischen Muß und Muße. Die ältere Generation: Gestern. Heute. Morgen. Hamburg: Germa Press.
Otto, U./Bauer, P. (2004): Lebensweltorientierte Soziale Arbeit mit älteren Menschen. In: Thiersch, H./Grunwald, K. (Hg.): Praxis Lebensweltorientierter Sozialer Arbeit. Handlungszugänge und Methoden in unterschiedlichen Arbeitsfeldern. Weinheim: Juventa, S. 195–212.
Ribke, J./Dartsch, M. (2002) (Hg.): Facetten Elementarer Musikpädagogik. Erfahrungen, Verbindungen, Hintergründe. Regensburg: ConBrio.
Schnieders, H. (2011): Neue Instrumente für das Gruppenmusizieren mit Senioren. In: Wickel, H. H./Hartogh, Th. (Hg.): Praxishandbuch Musizieren im Alter. Projekte und Initiativen. Mainz: Schott, S. 208–222.
Schramm, H./Kopiez, R. (2008): Die alltägliche Nutzung von Musik. In: Bruhn, H./Kopiez, R./Lehmann, A. C. (Hg.): Musikpsychologie. Das neue Handbuch. Reinbek: Rowohlt, S. 253–265.
Schulze, G. (2000): Die Erlebnisgesellschaft. Kultursoziologie der Gegenwart, 8. Aufl., Frankfurt a. M.: Campus.

Socialnet (2010): Aufgabenkatalog der Gerontosozialarbeit. Internet: www.altenheimsozial-arbeit.de/aufgabenkatalog.html, Aufruf: 12.08.2017.
Söthe, A. (2008): Musikalische (Lern-)fähigkeit im Alter und mit Alzheimerdemenz. In: Gembris, H. (Hg.): Musik im Alter. Soziokulturelle Rahmenbedingungen und individuelle Möglichkeiten. Frankfurt a. M.: Lang, S. 215–252.
Steckmann, U. (2009): Autonomie, Adaptivität und das Paternalismusproblem – Perspektiven des capability approach. In: Otto, H.-U./Ziegler, H. (Hg.): Capabilities – Handlungsbefähigung und Verwirklichungschancen in der Erziehungswissenschaft. Wiesbaden: Verlag für Sozialwissenschaften, S. 90–115.
Urbank, S. (2011): Als wir von der Zukunft sangen: Ein Senioren-Singprojekt mit Liedern der DDR. In: Wickel, H. H./Hartogh, Th. (Hg.): Praxishandbuch Musizieren im Alter. Projekte und Initiativen. Mainz: Schott, S. 165–176.
Weicherding, R. (2011): Hip-Hop/Rap: junge Musik für ältere Menschen. In: Wickel, H. H./Hartogh, Th. (Hg.): Praxishandbuch Musizieren im Alter. Projekte und Initiativen. Mainz: Schott, S. 223–228.
Werner, Ch. (2011): Das Projekt Triangel Partnerschaften – klingende Brücken zwischen Jung und Alt. In: Wickel, H. H./Hartogh, Th. (Hg.): Praxishandbuch Musizieren im Alter. Projekte und Initiativen. Mainz: Schott, S. 263–271.
Wickel, H. H. (2007): Music in Social Work – as illustrated by Music Making with the Elderly (Music Geragogics)/Musik in der Sozialen Arbeit – aufgezeigt am Musizieren mit alten Menschen (Musikgeragogik). In: Haselbach, B./Grüner, M./Salmon, Sh. (Hg.): Im Dialog. Elementare Musik- und Tanzpädagogik im Interdisziplinären Kontext/In: Dialogue. Elemental Music and Dance Education in Interdisciplinary Contexts. Mainz: Schott Music, S. 146–165.
Wickel, H. H. (2009): Die Bedeutung von Musik für die Bewältigung kritischer Lebensereignisse. In: Hölzle, Ch./Jansen, I. (Hg.): Ressourcenorientierte Biografiearbeit. Grundlagen – Zielgruppen – Kreative Methoden. Wiesbaden: Verlag für Sozialwissenschaften, S. 279–301.
Wickel, H. H. (2018): Musik in der Sozialen Arbeit. Stuttgart: UTB.
Wickel, H. H./Hartogh, Th. (2006): Musik und Hörschäden. Grundlagen für Prävention und Intervention in sozialen Berufsfeldern. Weinheim: Juventa.
Wickel, H. H./Hartogh, Th. (Hg.) (2011): Praxishandbuch Musizieren im Alter. Projekte und Initiativen. Mainz: Schott.
Widmer, M. (2004): Musik in der Elementarerziehung. In: Hartogh, Th./Wickel, H. H. (Hg.): Handbuch Musik in der Sozialen Arbeit. Weinheim: Juventa, S. 313–328. Woog, A. (2006): Einführung in die Soziale Altenarbeit. Weinheim: Juventa.

Zu den Autoren und Autorinnen

Behrens, Claudia, Dr. Sportwiss., Lehrkraft für besondere Aufgaben für Tanz, Gymnastik und Bewegungskultur am Institut für Sportwissenschaft der Universität Mainz.
Studium: Sportwissenschaft und Tanzpädagogik (Sporthochschule Köln).
Arbeits- und Forschungsschwerpunkte: Tanzwissenschaft, -pädagogik, -didaktik, Sportpädagogik, -didaktik, qualitativ-empirische Unterrichtsforschung, qualitative Evaluationsforschung.
E-Mail: behrens@uni-mainz.de

Hartogh, Theo, Dr. phil. habil., Universitätsprofessor für Musikpädagogik und historische Musikwissenschaft an der Universität Vechta.
Studium: Schulmusik, Klavier, Musikwissenschaft und Biologie.
Arbeits- und Forschungsschwerpunkte: Musikgeragogik, Musik in der Sozialen Arbeit, Musiktherapie, Hörerziehung.
E-Mail: theo.hartogh@uni-vechta.de

Hoffmann, Bernward, Dr. phil., Professor für Medienpädagogik an der Fachhochschule Münster.
Studium: Erziehungswissenschaft, Theologie, Publizistik, Musikwissenschaft.
Arbeits-und Forschungsschwerpunkte: Medienpädagogik im Kontext von Ästhetik und Kommunikation, Praktische Medienarbeit, Fotografie, Jugendmedienschutz, E-Learning.
E-Mail: bhoffmann@fh-muenster.de

Meis, Mona-Sabine, Dr. phil., Professorin für Kunst- und Kulturpädagogik am Fachbereich Sozialwesen der Hochschule Niederrhein.
Studium: Kunst und Kunstpädagogik (Kunstakademie Düsseldorf), Literaturwissenschaft, Englisch, Russisch, Portugiesisch (Universitätsstudium), Zusatzausbildungen in Kunsttherapie und Theaterpädagogik.
Arbeits- und Forschungsschwerpunkte: (Interdisziplinäre) künstlerisch-ästhetische Projekte, Gewaltprävention/Konfliktmanagement, Selbst- und Fremderfahrung/Kunsttherapie, Zielgruppenforschung, Traumapädagogik und traumasensible Sozialarbeit.
E-Mail: mona-sabine.meis@hs-niederrhein.de

Zu den Autoren und Autorinnen

Mies, Georg-Achim, Dr. phil., Professor em. für Interaktions- und Theaterpädagogik am Fachbereich Sozialwesen der Hochschule Niederrhein.
Studium: Theaterwissenschaften (Universitätsstudium), Musikstudium: Flöte, Cello. Zusatzausbildung in Gesprächsführung (GwG).
Arbeits- und Forschungsschwerpunkte: Interaktion, Kommunikation, Selbst- und Fremderfahrung, Theater in der Sozialen Arbeit und in der Kulturpädagogik. Lehrbeauftragter an den Musikhochschulen Berlin und Köln. Regisseur und Dramaturg in Theater und Musiktheater.
E-Mail: georg-achim.mies@hs-niederrhein.de

Tiedt, Wolfgang, Professor i. R. und seit 1979 Leiter des Instituts für Tanz- und Bewegungskultur an der Sporthochschule Köln; Lehre an diversen Hochschulen weltweit.
Studium: Sport (Sporthochschule Köln), Anglistik, Kendo und Pantomime in Köln und Tokyo, Leitung künstlerischer Kooperationsobjekte im Bereich Schauspiel, Musik- und Bewegungstheater.
Arbeits- und Forschungsschwerpunkte: Theater, Bewegungsgestaltung, Musik und Szene, interdisziplinäre künstlerische Projekte sowie Kreativitäts-, Interaktions- und Kommunikationstechniken.
E-Mail: tiedt@dshs-koeln.de

Wickel, Hans Hermann, Dr. phil., Professor für Musik in der Sozialen Arbeit an der Fachhochschule Münster.
Studium: Musik (Orgel, Klavier, Musiktheorie); Universitätsstudium (Musikwissenschaft, Romanistik, Erziehungswissenschaft).
Arbeits- und Forschungsschwerpunkte: Musikgeragogik, Musicalarbeit, Improvisation, Hörbehinderungen.
E-Mail: wickel@fh-muenster.de

Grundwissen Soziale Arbeit
Herausgegeben von Rudolf Bieker

Fortsetzung von der 2. Umschlagsseite

Band 21	W. Schönig/K. Motzke Netzwerkorientierung in der Sozialen Arbeit
Band 22	Katrin Schneiders Sozialwirtschaft und Soziale Arbeit (In Vorbereitung)
Band 23	C. Kuhlmann/H. Mogge-Grotjahn/H.-J. Balz Soziale Inklusion
Band 24	D. Wälte/M. Borg-Laufs (Hrsg.) Psychosoziale Beratung
Band 25	W. Eberlei/K. Neuhoff/K. Riekenbrauk Menschenrechte – Kompass für die Soziale Arbeit
Band 26	D. Borstel/U. Fischer Politisches Grundwissen für die Soziale Arbeit (In Vorbereitung)
Band 27	A. Klimsa/A. Lange Medien in der Sozialen Arbeit (In Vorbereitung)
Band 28	Marion Laging Soziale Arbeit in der Suchthilfe
Band 29	Heike Herrmann Soziale Arbeit im Sozialraum (In Vorbereitung)
Band 30	Harald Ansen Soziale Schuldnerberatung (In Vorbereitung)
Band 31	S. Kühnert/H. Ignatzi Soziale Gerontologie (In Vorbereitung)

Mona-Sabine Meis
Georg-Achim Mies (Hrsg.)

Künstlerisch-ästhetische Methoden in der Sozialen Arbeit

Die künstlerisch-ästhetische Praxis hat in der Sozialen Arbeit eine lange Tradition und gewinnt in der Gegenwart zunehmend an Bedeutung. Ihre Methoden spielen in der Arbeit mit präventiver und kompensatorischer Ausrichtung sowie in der sozialen Bildungsarbeit und der Sozial- bzw. Kulturpädagogik eine große Rolle. Orientiert an den Bedürfnissen der Praxis vermitteln die Autorinnen und Autoren handlungsorientiert und anschaulich die theoretischen und praktischen Grundlagen für die künstlerisch-ästhetische Arbeit mit Kindern, Jugendlichen, Erwachsenen sowie Seniorinnen und Senioren. Die vorgestellten Verfahren aus den Bereichen Kunst, Musik, Tanz, dem Theater und den digitalen Medien sind leicht zu variieren und auf die jeweilige Situation in der Sozialen Arbeit anzupassen.

Prof. Dr. Mona-Sabine Meis lehrt an der Hochschule Niederrhein im Fachbereich Sozialwesen mit den Schwerpunkten Kunst- und Kulturpädagogik. Prof. em. Dr. Georg-Achim Mies lehrte dort mit den Schwerpunkten Interaktions- und Theaterpädagogik.